最貧窮的哈佛女孩

Breaking Night

TED × Youth 講者、
歐普拉創辦之「無所畏懼獎」得主
莉姿·茉芮——著
Liz Murray

沈台訓——譯

本書要獻給三位非凡之人，
正是他們的愛，讓這一切成真。

一想及這些年來，我們彼此相伴的美好時光，以及繼續相依相偎的未來，我要將本書獻給艾德溫·佛明（Edwin Fermin）。謝謝你在我們需要你時，前來照護我的父親。謝謝你與我分享你的夢想，並成為我的家人。謝謝你無論何事都為我赴湯蹈火。當我探看著生命中所有的美善事物，我就看見你隱身其中。

本書要獻給的第二名摯友是亞瑟·弗立克（Arthur Flick）：那些一起釣魚、一起騎摩托車出遊的旅行，還有野外露營，以及每一項我們共同經歷的冒險，我將永遠珍藏心底。謝謝你成為我的守護天使與心靈指南針。亞瑟，你說對了，你一定要自己去選擇自己的家人。

而讓人可以全心信賴、始終活力無窮、只懂付出的女友人蘿嬪·黛安·琳（Robin Diane Lynn），我也要將本書獻給她。蘿嬪，妳擁有美麗的靈魂，妳是無私奉獻的化身。這個世界有幸可以有妳來到人間。幸虧有妳的協助，讓我們許多人迄今都受到祝福。謝謝妳讓我知道，無論發生什麼狀況，所謂堅守承諾是怎麼一回事。

「別讓你力所未逮之事，妨礙了你力所能及之事。」

——籃球教練約翰・伍登（John Wooden）

想唱歌的人，總能找到一支曲子高歌。

——瑞典諺語

CONTENTS 目錄

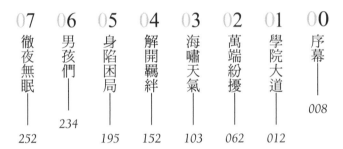

00 序幕

我只擁有一張媽媽留下的照片。這張照片四乘七寸大，是黑白的，而且多處地方有摺痕。在照片上，她微微拱著背坐著，手肘碰到膝蓋，以手臂支撐整個背部的重量。在照片拍攝當時，媽媽過著什麼樣的日子，我幾乎沒有什麼概念；唯一的一條線索是，寫在照片背面的一行橘色簽字筆的字跡。上頭寫著：「一九七一年，在第六街邁克（Mike）的住處前」。往回推算的話，我知道媽媽拍照時的年紀是十七歲，剛好比我現在大一歲。我也知道，第六街位在格林威治村（Greenwich Village），不過，我對邁克是誰則完全沒有印象。

注視著照片，我想著，媽媽當時是位表情嚴肅的青少女。她的雙唇緊閉，若有所思，然後對著鏡頭擺了一個苦相。她一綹綹美麗的黑色鬈髮，如雲霧一般，沿著臉龐的線條款擺搖曳。她的雙眼，是我最愛的部分，如兩枚暗色大理石瑩瑩發光，而她靈動的眼神則就此永遠凍結在時光之流裡。

我仔細研究媽媽臉上的每一個特徵，並且與記憶中媽媽的臉龐一一比對；每當我這麼做時，我都站在鏡子前面，鬆開自己鬈曲的頭髮，讓它自然垂下。我站在那兒，以指尖撫過自己臉孔的每一道曲線，檢視與媽媽的相似之處；我會從我們兩個的眼睛開始進行比較。這兩雙眼睛，都呈現同樣小小圓圓的弧線，不過媽媽有棕色的眼珠，而我則繼承了外婆鮮明的黃綠色。而接下來，我會打量一下我們的嘴唇外觀：兩個人的都是薄而彎彎的嘴唇，而且不管從什麼角度觀察，都一模一樣。雖然我們擁有某些相同的特徵，但我知道，我並沒有媽媽在跟我年紀一樣大時那麼漂亮。

在我無家可歸的日子裡，我常常鎖在不同朋友家的浴室裡，自己一個人祕密地在鏡子前玩著這個遊戲，藉以度過漫漫長夜。我的朋友們在父母幫他們蓋好被子，靜靜進入夢鄉之後，我的腦海裡則播放起媽媽一顰一笑的美麗影像。我兩隻手壓著洗臉臺的邊緣撐著自己，沒穿鞋子的腳被方格子地磚凍得發涼，就這樣站在別人家的浴室鏡子前好長一段時間。

我站在那兒，一個人想東想西，直到破曉的第一抹微微的藍光，穿透結霜的玻璃窗，聽見鳥兒出聲啁啾每日的晨歌，我才離開浴室。如果我人在潔米（Jamie）她家，我會在這個時候悄悄走去長椅中躺下來，然後聽到潔米媽媽的鬧鐘嗶嗶響起，她隨後會進到浴室梳洗。而如果是在巴比（Bobby）他家，一聽見垃圾車處理垃圾的響聲，我就知道是該慢慢走回折疊床睡覺的時候了。

我一個人靜靜地在這些甦醒的公寓中，躡手躡腳走到安排給我過夜的角落。我從未對我的臥鋪感到自在舒服，因為，我不確定隔天是否還會在同一個地方入睡。

躺下來後，在黑暗中，我以指尖輕撫自己的臉，一邊想像著媽媽的生活。我發覺，這一陣子以來，我們兩人的生命歷程的對稱性，變得愈來愈明顯。她也是在十六歲那一年，開始過起無家可歸的生活。她一樣也輟學。媽媽跟我一樣，每天都要決定要去哪條走廊、哪個公園，或是哪個屋頂或地鐵站過夜。對媽媽來說，布朗克斯區（Bronx）這個地方，也同時意謂著，鎮日在危險的街道上遊晃；在這個街區的路燈柱上，總是散亂地張貼著歹徒素描的告示，而入夜之後，則不時響起警車呼嘯而過的警笛聲。

我想著，不知道媽媽是否也跟我一樣，在大部分的日子裡，心裡頭都在害怕自己會發生什麼事。我

一九七一年，我的媽媽，攝於格林威治村第六街。

近來成天擔驚受怕。我老是想著：「明天我要到哪兒過夜呢？」——是去另一個朋友家？還是睡到電車上？或是去某個有樓梯井的地方？

我的指尖撫過前額，往下畫過嘴唇，我渴望可以感覺到，媽媽溫暖的身體再次擁抱我上來。一想到這裡，眼淚不禁奪眶而出。我迅速回過神來，擦掉眼淚，然後把自己整個人蒙在這床借來的棉被裡。

我把渴望媽媽的思緒通通趕出腦海之外。把它推開到這片掛著巴比家人相片的牆壁之外。讓它飄過福特漢路（Fordham Road）上那群拉丁裔醉漢的頭頂上空；他們正坐在牛奶瓶木箱子上，玩著骨牌賭博遊戲，有人啪地亮出了一手好牌。也讓它飄過雜貨店招牌閃爍的橘色燈光，忽忽越過一整個布朗克斯街區的屋頂，愈飄愈遠。我強迫自己放空，一直到媽媽的臉龐細節開始變得模糊不清起來。如果我真的想睡上一會兒，那麼我就必須把對媽媽的思念推開。我需要睡眠；我還有幾個鐘頭可以睡一下，然後我會再度站到戶外街頭，而且，天地這麼大，我卻無處可去。

01 學院大道

爸爸第一次發現我的存在，是在拘留所定期開放的家屬會客時間；在阻隔兩人的玻璃板的另一邊，媽媽淚眼婆娑，還特別撩起她所穿的上衣，向爸爸展示她懷孕隆起的肚子。我的姊姊莉莎（Lisa），那時不過一歲多，倚靠在媽媽的腰際，坐在旁邊。

回想起那一天的情況，媽媽之後解釋說：「小南瓜，事情不該這樣發生的。妳爸跟我都沒有料到會懷孕。」

儘管媽媽從十三歲開始就自己出來混，並且染上了毒癮的問題，她還是振振有詞強調說：「妳爸跟我有一天會翻身的。我們遲早會過著跟別人一樣的生活。妳爸他會找到一份像樣的工作。而我也會成為法庭速記員。我也是有在打算的。」

媽媽的癮頭是古柯鹼，她把溶解的白色粉末注射進自己的血管中；古柯鹼會像閃電一般竄過她的全身，點燃她的感官，讓她「感覺」到所有事情如常地向前跑，即便如此的感受一瞬即逝。

「就是給自己提提神，振奮一下。」她會這麼說。

她從少女時期開始嗑藥；她家當時是一個充滿憤怒、暴力與虐待的地獄。

「小莉姿，妳外婆就是個傻瘋子。而妳外公，他會醉醺醺回到家，隨手抄起隨便什麼東西，比如電源延長線或一截棍子，然後把我們打到屁滾尿流。而妳外婆只會嘴巴哼著歌，一個人去廚房洗洗弄弄，就像沒有事情發生一樣。然後當我們這幾個小孩都被整得慘兮兮之後，她就來你面前上演該死的《歡樂滿人間》（Mary Poppins）！」

在四個孩子中排行老大的媽媽，經常會說她充滿罪惡感，因為，她最後逃離那些惡待苦痛，連帶地，也把她的弟弟妹妹拋棄在那個悲慘的家裡。她在十三歲的時候，就一個人離家出走，開始在街頭討生活。

「我沒辦法待在家裡了，即便心裡想要為了蘿莉（Lori）或強尼（Johnny）留下來，我也沒辦法。還好社福單位鑾可憐吉米（Jimmy）的，把他帶去安置。可是我，我是一定要離開那裡的。窩在隨便哪一座橋底下，都比待在家裡好太多了，而且要『安全』多了。」

我很想知道媽媽「窩在橋底下」，到底是怎樣的情況。

「嗯，小南瓜，怎麼說呢？反正我就跟我那群朋友成天在外面晃，聊天打屁，隨便聊聊什麼生活上的鳥事情。比如，聊我們那些惡劣的爸媽，聊我們現在人在外面過得有多好，我們會一直講話……我想，我們也會嗑點藥，讓自己飄飄欲仙；只要嗑過藥後，自己根本不會在乎人到底杵在哪裡。」

媽媽的吸毒生涯，一開始並不嚴重，她只是抽大麻菸與吸強力膠。在她青少女的時期，晚上居無定所，在不同朋友家的沙發椅上過夜，有時做雛妓，有時打著奇怪的小零工，比如騎單車送快遞，來賺取生活費，然後她漸漸染上安非他命與海洛英的毒癮。

「小莉姿，格林威治村真是個狂野的地方。我穿著厚重的高統長皮靴，完全不在乎自己根本瘦得像皮包骨，然後我穿著小熱褲，外搭一件斗蓬披在背上。沒錯，我就是穿著斗蓬。我當時很敢穿、很酷的。『很搖擺』就是了，我們當時會這麼說。小南瓜，妳真該看看我那時候拉風的樣子。」

一九七〇年代，當媽媽遇見爸爸之時，古柯鹼已經是風行的毒品，當時火紅的潮流還包括緊身牛仔褲、絡腮鬍與迪斯可音樂。在他們陷入熱戀之際，在媽媽眼中，爸爸是「一位英俊、憂鬱，又絕頂聰明的年輕人」。

「妳知道嗎？他就是有點本事。絕大多數我平常混的那些傢伙，根本連銅板的正反面都分不清，但妳爸爸，他就有點東西。我想你可以說他是個滿敏銳聰明的人。」

爸爸出身自愛爾蘭裔的天主教家庭，而且他們是住在郊區的中等家庭。他的爸爸的職業是貨船船長，也是個暴力成性的酒鬼。而他的媽媽則是個既勤奮又頑強的女人，拒絕忍受她稱之為「男人的愚蠢」的所有事情。

「小莉姿，有關妳的爺爺，妳只要知道，他是個喜歡找人麻煩、很討人厭的暴力酒鬼，」爸爸有一次告訴我：「而妳奶奶完全受不了他。妳奶奶她完全不在乎，在那個年代，根本很少人會有離婚這種事情，但她決定要自己一個人去過日子。」很不幸地，在爸爸的父母婚姻破裂之際，他的爸爸從此離他而去，沒有再回來過。

「小莉姿，妳爺爺就是個討人厭的傢伙。他沒在旁邊晃，應該是件好事；生活已經不太容易了，如果他在，事情只會更難搞。」

看過爸爸小時候的人都會說，爸爸當時是個孤單的小孩，而且有顆「受傷的心」，似乎永遠不會從他父親的拋棄中復原過來，而且一直只能做個回家自己開門的「鑰匙兒童」。他媽媽找了一份繁重的全職工作，讓家裡不致入不敷出，但工作時間很長，使得爸爸當時在大部分時間裡都獨自一人在家，小小的心靈於是會想去跟什麼人或事有所接觸，從中尋找感情的出口。在大多數的晚上，他如果不是自己過，就會去待在朋友的家裡，頻率如此之高，使他都快變成了那些人家裡的某個壁紙背景。而回到自己的房子裡，他與奶奶兩人之間的距離也愈來愈疏遠；他們母子之間經常無話可說，氣氛嚴肅。

「妳的奶奶並不是那種愛講話的三姑六婆，」爸爸有一天跟我說：「而這正是愛爾蘭裔天主教家庭出身的氣質。在我們家，如果你說『我感覺……』或『我覺得……』，那麼後面跟著的字眼最好是『餓』或『冷』。因為我們並不重視個人的意見，我們當時的規矩就是這樣。」

奶奶雖然缺乏慈祥溫暖的氣質，但她的彌補之道，卻是不辭勞苦、全心奉獻在為自己的兒子打造安全無虞的未來這件事上。她意志堅定，不讓爸爸因為沒有父親而受苦，她決心給予爸爸她所能負擔得起的最好的教育。她接了兩份記帳員的工作，一心只為讓她的獨生子，日後可以進入長島（Long Island）地區最好的天主教學校。爸爸後來就讀校譽良好、辦學嚴謹的菁英學校沙米納德中學（Chaminade）；他在那兒，首次與一批他從未見識過的、來自富裕人家的同學一起上課與交往。他的同學絕大多數在歡度十六歲生日時，都會收到一部新車當作禮物，然而爸爸卻必須轉搭兩班公車去上學，而且，他的媽媽經常在祈禱，每個月銀行所做的學費扣款，一定要在自己的薪資入帳後才實施……

不過，嘲諷的是，選擇這所上層階級小孩就讀的私立學校，原本意謂著要讓爸爸踏上功成名就的康莊大道，但實際上卻反而使他終身陷入永無休止的矛盾掙扎之中：正是在這個環境中，我的父親一方面受到良好的教育，一方面卻成為一個嗑藥的毒蟲。

在爸爸的青少年進入尾聲之際，他閱讀偉大的美國經典名著；他去同學位於海濱的度假夏屋裡鬼混，無視於奶奶的不斷來電；而作為解悶消遣，他會躲在學校足球場看臺底下吸食安非他命為樂。

雖然他一向學習能力很好，能夠吸收老師在嚴格教學下所傳授的大部分知識，但是，毒品讓他愈來愈難集中精神在課業上，導致他上課經常猛打瞌睡，而回家後，作業也一樣敷衍了事。在中學最後一年，他申請了一所正巧位於紐約市市中心的大學，並且獲得入學許可。他勉勉強強通過中學畢業門檻。而曼哈頓區，此後則成為他新生活的真正起點；一踏進學院的大門，就揮別了過去的一切。可是，不消多時，過往高中的陰霾重新投影在他的四周，除開他現在年紀不再青澀，已經不是住在紐約州鮑德溫（Baldwin）小村郊區的小伙子，而是落腳在全世界數一數二大城市之中的大學生。在幾年的時間當中，爸爸把他的聰明才智全運用在販售毒品，而非大學課業之上。他漸漸在一個小小的毒販圈中闖出名號，晉升至老大之列。作為圈子裡教育程度最高的成員，人們暱稱他為「教授」，依賴他的指示行事。在這個小團體中，他成為發號施令、制訂行動方針的領導頭子。

爸爸在就讀心理學研究所二年級時，決定放棄學業；在那一段時間中，他也在社工領域中獲得某些實作經驗，可以賺上比最低工資稍稍高一點的月薪。但是，為了維持這個雙重生活所需要的支出費用，一方面嘗試走上「正常人的生活」，一方面又要保持嗑藥的「享樂生活」，卻要求他必須投入更多的努力去賺錢。販毒的利潤可觀，對他來說，實在太誘人，遠比朝九晚五的一般生活所能賺得的金錢要強過好幾倍。所以，他在東村（East Village）租了一間公寓，成為全職的毒品販子；在他的周圍，出入著一些有犯罪前科或幫派背景的曼哈頓下城區的怪人，此即他所謂的「手下」。而媽媽，正是在這一段時間中，出現在這個場景之中，混跡在這一落詭怪的人群裡。

幾年過後，他們兩人在一個共同友人的樓中樓寬敞公寓裡墜入愛河。在那個地方，安非他命與古柯鹼如同軟性飲料隨意分送，人們整夜跳著迪斯可舞，空氣中飄散著薰香的芬芳，隨處可見裝飾用的熔岩燈具緩緩發光。他們之前已經打過幾次照面；爸爸曾給過媽媽幾次安非他命或海洛英。一直在街頭討生活的媽媽，對爸爸的第一印象，幾乎如同遇見電影明星一般讓她心跳加速。

「你只消看看妳爸爸在那裡跟人工作的方式，就可以了解。」媽媽告訴我說：「一切事情他說了就算，所有人都對他畢恭畢敬。」當他們陷入熱戀，媽媽才二十二歲，而爸爸已經三十四歲。媽媽一副七〇年代的打扮，身穿嬉皮世代流行的短上衣，再加上一件短到不能再短的熱褲。在爸爸的眼中，媽媽一雙明亮銳利的琥珀色眼眸，襯著一頭烏黑波浪長髮，分外明豔動人，散發著野性美。爸爸說他凝視了媽媽一眼，就愛上她的天真無邪，然而他也著迷於她濃烈不馴的個性。「她完全不可捉摸，」他說：「你分不清她到底是心機很深或天真單純。就好像她兩個樣子都有可能。」

他們立即擦出愛的火花；在許多方面，他們如同任何一對新戀人一般，熱情洋溢，一心渴望與對方天天廝守在一起。但是他們並沒有攜手看電影或上餐館，他們的共同興趣是「嗑藥」。他們在毒品所引起的恍惚神迷之中尋找親密感。媽媽與爸爸漸漸地離開其他伙伴，兩個人相依相偎，沿著曼哈頓街區散長長的步，手牽著手，為彼此取暖。他們帶著小袋裝的古柯鹼與幾瓶啤酒，前往中央公園，坐在小丘頂，沐浴在月光下，放鬆地伸展四肢，在毒品的暈眩亢奮中，彼此沉醉擁抱。

爸媽在相遇之前，他們對於生活懷有不同程度的期待，但為時沒有多久，他們兩人的人生道路就完全相疊重合。原因是，他們在一九七七年初開始同居後，家庭生活過早地在他們眼前展開：我的姊姊莉莎於隔年二月誕生，當時媽媽的年紀才二十三歲。

在莉莎還處於襁褓時期，我的爸媽共同從事了一樁爸爸構想出來的毒品詐騙計畫，相當有利可圖。這個計畫的內容，包括要偽裝出一間醫生的辦公室，以便讓某種需要開立處方箋的止痛藥，能夠順利購買進來；爸爸說，這個藥「勁頭強到可以擺平一匹馬」。一般上，這種藥是專為住院的末期癌症病患所使用的，但在黑市交易上，一小顆這種藥丸要價十五美元。單單依靠他在研究所的學生客源，爸爸每週就能使用偽造的處方箋去買入好幾百顆這種止痛藥，而這可以讓爸媽每個月進帳好幾千美元。

爸爸絞盡腦汁防範自己被警方逮捕。他強調說，唯有無比的耐心與事事謹慎，才能讓他們免於吃牢飯。「一定要一絲不苟做對每一件事。」他說。爸爸慎重其事，使用電話簿並參照紐約市五個行政區的地圖，小心翼翼規畫每一週該造訪哪一家藥局的行程。顯而易見，這個詐騙計畫最有風險的一步，就是拿著處方箋走進藥房買藥的過程，尤其，難上加難的一點是，因為在法律上，藥劑師必須先打電話給醫師，確認是否需要開立藥效這麼強的止痛藥給病人服用。

爸爸設計了一套方法來瞞騙藥劑師的來電詢問。在那個時代，電話公司並不會查證醫師的身分資格，所以爸爸經常性地以憑空揑造的名字，來申請與停用電話號碼；有時他會用之前學校教授的名字，比如紐曼、柯恩與葛雷瑟等，來假造醫師的姓氏。藥劑師確實會在電話那一頭找到一位醫師來回答問題，甚至會有一位祕書協助幫忙轉接。不過實際上，就只是媽媽與爸爸分頭合作角色扮演而已。他們兩人的工作時間很長；他們使用紐約市裡各處的廉價旅館的週租房間來作為工作室，而當時不過幾個月大的莉莎則交給朋友來照顧。

爸爸在他幾名手下的協助下，偽造買藥所需要的處方箋。他分給經營印刷公司的朋友一點利潤甜頭，以換取對方持續提供，特別訂製的違法橡皮圖章，上頭都是假造的醫生人名，以及，一本本看起來幾可亂真的處方箋用紙。爸爸利用他的人脈當人頭，以每張處方箋二十五美元的代價，將這一張張空白的醫師便條紙，幻化成一臺金光閃閃的印鈔機。爸爸說，他的詐騙計畫就設計上而言，可說「天衣無縫」，要不是因為媽媽犯了個小差錯的話，應該可以一直做下去。

即便他確實承認他也要負起至少一半的責任，但爸爸坦言：「我們萬萬不該嗑自己的貨，那只會顯示我們是一批菜鳥。著魔於自己的私貨，除了會讓你腦袋不清，也會讓你不顧一切鋌而走險。」

然而，到底是媽媽的癮頭讓她沖昏了頭，而無視於那麼明顯的危險訊號，或者，只不過是媽媽向來的沒耐性壞了大事，實際情況為何，則不得而知。爸爸已經小心地警告過媽媽，要注意一些藥劑師發現事有蹊蹺的徵兆：比如說，如果你已經在前一天留下一張啟人疑竇的止痛藥處方箋，然後離開藥房，那麼，可以肯定的是，當你回來取藥時，如果藥劑師還告訴你說要再多等二十分鐘的話，原因就可能只有一個——他要打電話去報警！而你當下必須盡快離開藥局走為上策。爸爸已經提醒過媽媽發生這類事情的可能性，而且還講解得一清二楚。

不過，在媽媽被捕的那一天，她被描述成冷酷倔強、毫不退縮想拿到她要的那些藥；媽媽之後解釋說：「小莉姿，我就是沒辦法要去試試看。妳知道，說不定有機會他會給我那些藥，對不對？總要試一試啊。」她在大白天給人戴上手銬，桀傲不恭地走去一輛停在附近的警察巡邏車中；那位接到電話趕來的警官，滿心期盼可以抓到出沒紐約五大區數不清的藥局中的毒販，果然不失所望。媽媽當時還不知道，肚子裡已經懷著我了。

聯邦調查局的探員已經進行超過一年多的案情調查，他們所蒐集到的證據，包括有書面資料與一系列的監視器錄影帶，而幾乎每一次的藥局取藥過程，都可以確證無誤地關連到媽媽與爸爸兩個人。如果這還不夠罪證確鑿，當聯邦幹員破門而入逮捕爸爸之際，他們還在這棟東村公寓裡發現好幾袋古柯鹼與幾十顆藥丸散亂地擺在桌子上，除此之外，他們還找到一些奢侈品，如一櫃子的貂皮大衣、幾十雙的皮靴，還有皮外套、金飾、現金數千美元，甚至有一只玻璃水缸，養著一隻巨大的緬甸蟒蛇。

策畫並執行主要非法活動的爸爸，被控以好幾項詐欺罪名，包括冒充醫師在內。在他出庭受審那一天，檢方戲劇性地推著三輛超市購物車進入法庭，而每輛推車裡，堆滿一疊疊的處方箋紙本，上面都有爸爸的手寫字跡與偽造的圖章印記。法官問道：「彼得．芬納提（Peter Finnerty）先生，您還有什麼話好說？」

「法官先生，沒有，」他答說：「我想這些證據都夠清楚了。」

在受審的過程中，我的爸媽差點就永久喪失莉莎的監護權，但媽媽在被捕至最後宣判間的數個月期間中，堅定不移地持續去上親職教育改善課程，再加上她出庭當天很明顯有孕在身的模樣，激起了法官的慈悲心，讓她免受牢獄之災。

爸爸就沒有這般幸運了。他被判刑三年，於是從拘留所移轉至紐澤西洲（New Jersey）帕特森市（Patterson）的巴賽克郡立監獄（Passaic County Jail）中服刑；移監的日子，正好是羅納德．雷根（Ronald Reagan）當選總統的那一天。

在媽媽要被宣判的那一天，她隨身帶著兩條菸與捲在紙裡的一疊銅板，心中確信自己要去蹲苦牢。但事情接下來的發展，卻跌破法庭裡眾人的眼鏡，連媽媽的律師也不例外，法官面帶同情地瞧了瞧她，隨即判決緩刑，並叫下一個案子的人進來。

先前繳交的一千美元保釋金——這是我爸媽先前詐騙所得的最後一筆錢——也在她步出法院之際，以支票形式退還給她。

看著手裡的支票，媽媽也看到了重新做人的曙光，她要好好把握。這筆保釋金於是花費在，為我們那間位於布朗克斯區學院大道（University Avenue）上的三房公寓的每一個房間，購買顏色清新的油漆、厚窗簾布，並在地板上全鋪滿地毯。不過，這個街區在不久之後，很快就成為紐約市犯罪率數一數二的地段之一。

我在秋天的第一天出生，正值長長的暑熱接近尾聲之際，而在此之前，酷熱的天氣使得街坊裡的孩子們撬開消防栓噴水消暑，也逼得媽媽在家裡每個窗戶邊，都放上一個嗡嗡作響的沉重風扇，讓悶熱的空氣得以流動開來。一九八〇年九月二十三日的下午，還待在拘留所等待罪刑宣判的爸爸，接到我的外婆夏洛特（Charlotte）的電話，告訴他說，媽媽生了一個女兒，嬰兒體內有毒品藥物反應，但並沒有生產創傷。媽媽在兩次懷孕期間，都沒有特別小心不沾毒品，幸運的是，我和莉莎都沒事。我尿了護士一身，體重有九磅三盎司，是一個健康的小寶寶。

「彼得，這個女兒長得像你，跟你的臉很像。」

爸爸當晚在他的囚室中，把我取名為「伊莉莎白」（Elizabeth）。因為爸爸與媽媽並無正式結婚，而且他也不在現場，不能確認父親身分，所以我從母性「茉芮」。

在家裡重新裝潢的嬰兒房中，已經放著一個嶄新的嬰兒床等著我回去。媽媽每次來察看莉莎與我，總是一臉社工家訪員的專注神情。我們兩個小孩身穿全新的衣服，整間公寓一塵不染，冰箱裡也塞滿了食物。媽媽驕傲地微笑著，社福單位的檢視報告也可圈可點。她按月領取社福津貼來照顧我們兩個小孩，我們由此踏上了一條新道路：我們成為彼此相依相偎的家人。

接下來三年，媽媽都單獨前往探望爸爸，並且努力做好自己的新角色——一位清醒的單親媽媽——以獲得持續的協助。偶爾，在附近那所托連汀教會（Tolentine）的側門邊，有一位修女會免費送給媽媽幾塊美式乳酪與幾大桶的無鹽花生醬，以及幾條放在長形的棕色紙袋中未切開的麵包。兩隻手滿滿抱著這些東西，媽媽會靜靜站著不動，讓修女在我們三個人面前，揮著手指畫上十字架。只有等到修女完成祈福手勢，我們才可以離開；莉莎會幫忙推著坐在嬰兒車裡的我，一起回家。

這些補給品，再加上袋裝葡萄乾與燕麥片，就是我們的早餐與點心。在麥特食品超市（Met Food），豬肉熱狗一袋八根，只要價九十九分錢。晚餐就是這些切成厚片的折扣香腸，外加幾瓢罐裝的通心粉與乳酪。

而說到我們所穿的衣服的話，雖然我們從未見過她，但是爸爸的媽媽會幫助我們。在節日假期到來前，她會從一個叫作「長島」的地方，寄來幾個紙箱包裹；爸爸說，在長島那兒，街道兩邊盡是一幢又一幢美麗的房子。寄來的紙箱，都是原本購買大包裝的廚房紙巾或瓶裝水所用過的箱子，儘管如此，但箱子裡頭裝有寶藏。在幾層報紙之下，我們發現有漂亮的衣服、小包裝的廚房用品，以及剛剛烤好、甜香四溢的核桃布朗尼蛋糕，裝在式樣好看的錫盒裡；這些盒子後來都亂糟糟疊在廚房的櫃子中，而旁邊則堆著我們那些「但求便宜、毫無美感」的罐子。箱子裡另外會有一張字跡端正、語調客氣的小便條紙，媽媽從不嫌麻煩地讀上一讀。別在打開的厚紙板的邊緣上，有時會同時附上一張嶄新的五元鈔票，整齊地夾在裡面。

媽媽丟開便條紙，用橡皮圈把鈔票一纏，收在梳妝臺上一個紅色小盒子裡。只要盒子裡的鈔票疊得夠多，她會帶我們去麥當勞，點上兩份快樂兒童餐給我們吃。而她會為自己買上幾包雲絲頓（Winston）牌子的香菸、幾瓶裝在暗色的高高瓶子裡的啤酒，與慕斯特乳酪（Muenster）。

在我三歲的時候，我坐在爸媽房間的雙人床上，看著爸爸在我旁邊把他的服刑期滿釋放令一張張攤開。我好奇地張望著，房子裡現在出現了男人的聲音，媽媽小心翼翼地在他身邊走動，屋裡灑滿午後的陽光。他的舉手投足如此急躁迅速，使我很難聚焦看清他的臉龐輪廓。

「我是妳的爸——爸，」他戴著報童小帽，一個字一個字大聲地向我唸出，彷彿他嚴肅的咬字可以增進我的理解一般。

不過，我反而躲在媽媽的兩腿後面，輕輕哭泣，充滿疑惑。那一晚，我整夜獨自待在自己的床上，而沒有纏在媽媽身邊。在我的生命中，這是第一次見到我的爸媽聚在一起；透過分隔兩個房間的厚重門板，他們令人困惑的說話聲響，冷不防地起起落落傳了過來。

接下來幾個月，媽媽在生活步調上愈來愈見鬆散；完全無心整理家務，髒碗盤可以堆在廚房水槽上好幾天不清洗。她也比較少帶我們去公園玩。我坐在家裡好幾個鐘頭，等待可以被走來走去的媽媽看上一眼；我無法了解，為何他們把我棄之不顧。感覺自己被家庭所起的變化推在一旁，我決心要找到讓媽媽回到身邊的方法。

我知道媽媽與爸爸有一項奇怪的共同習慣，但有關事情的細節，我毫無所悉。他們固定地在廚房的桌子上，擺上湯匙與其他物品，神情顯得焦急地在準備什麼東西的樣子。看著這些排好的東西，他們會簡短快速地吩咐彼此做什麼事。會需要準備水——從水龍頭盛上一點來——另外還要找來鞋帶與皮帶。我不能煩他們，但可以隔著一段距離之外，觀察他們手忙腳亂做事情。我經常從廚房門口望著他們，嘗試要了解他們到底在忙些什麼。但每一次當媽媽與爸爸將所有桌子上的奇怪東西準備好了之後，在最後一分鐘，他們兩個人總會有一個走過來關上廚房的門，讓我完全看不到接下來所發生的事情。

這一切，始終保持得神祕兮兮，一直到有一個夏天晚上才終告改變。那一晚，坐在嬰兒車裡的我（我一直坐到小車子承受不了我的重量、開始塌陷變形為止），把嬰兒車停在廚房門口。當門又再度關上時，我並沒有移動嬰兒車，我持續坐在門前那裡，並等待著。我看見幾隻蟑螂在門縫間穿梭來去——從媽媽開始沒有定時打掃家裡後，那是公寓裡新來的小房客——等待中的一分一秒，過得好緩慢。當媽媽最終出現在我眼前，她的臉色緊繃，嘴唇都噘了起來。

感覺到他們已經結束了事情，我說出了一句話，而此後好多年都被當成有趣的故事，反覆講給我聽。我當時雙手舉起，並且像唱歌般說：「做、做完了！」

媽媽很驚訝，停下腳步，一臉不可置信的表情，彎下身問我：「小南瓜，妳剛剛說了什麼呀？」

「做、做完了！」我又重複講了一遍，很開心引起媽媽突如其來的興致。

媽媽轉頭向爸爸大喊：「彼得，她知道！你來看看她，她完全了解發生了什麼事！」爸爸輕輕笑了笑，走去處理自己的事情。而媽媽繼續留在我的身邊，撫摸我的頭髮。「小南瓜，妳都知道些什麼呀？」

又驚又喜地發現自己在這場遊戲中，找到可以插上一腳的位置，我於是養成坐在廚房門口的習慣，看著他們在廚房裡面弄東弄西。

而最後，他們也不再把門關上了。

在我快要五歲的時候，我們四個人成為依賴政府，而得以運作開來的家庭。每個月的第一天，是媽媽的社福補助金發放的日子，而這一天儼然也獲得如同聖誕節早晨的歡慶氣氛與儀式上的重要性。我們四個人對這筆金錢的共同期待，讓房子裡瀰漫著某種電流，保證了媽媽與爸爸會討人喜歡與快活樂觀——每個月至少會有二十四小時達到這種狀態。這是我的父母的一個共同點。

政府機關按月發放幾百美元，給予因為種種理由而無法自營謀生的人——雖然我常常見到我們那些體格強壯的鄰居，會一起擠在信箱旁邊，急著要察看信件，彷彿他們整個人都被塞進那只薄薄的藍色信封裡一樣。媽媽由於出生時即罹患退化性眼疾，符合政府所規定的眼盲標準，於是成為合法領取「社福生活補助金」的殘障人士。我會知道這件事，是因為，有一天我陪著媽媽去做鑑定。

坐在辦公桌後頭的女人告訴媽媽說，她的視力很差，如果她開車的話，「車子駛過的地方，恐怕所有有生命的生物都會遭殃」。

然後她與媽媽握手，恭喜她通過鑑定，與目前過馬路還沒有發生任何問題。

「請在這裡簽名。妳以後在每個月的第一天，都會收到補助金支票。」

確實如她所言，我們此後都收到支票。事實上，我們一整家人所衷心期待的，莫過於媽媽的這些支票。郵差的抵達會啟動骨牌效應，讓我們的一整天動了起來，上演一整個我們所珍愛的歡欣儀式。首先，我負責從我面街的臥室窗戶探出頭去，只要看見郵差的身影，就立刻大聲告訴爸媽。

「小莉姿，一看見他出現，就要馬上讓我知道。妳要記得，要往左邊那邊看。」

如果媽媽早個幾分鐘知道郵差就要到了，她會從那個放毒品的抽屜中飛快拿起她的社福證件，然後從信箱中一把抓起支票信封，成為第一個衝去兌換支票的商店前面排隊的人。我在那些日子裡所扮演的角色，是這齣平凡家庭戲劇中不可或缺的一部分。

手肘放在身後，我攀抓著窗戶的護欄，盡可能伸長脖子，把頭一次又一次探進早晨的陽光之中。這個任務，讓我覺得自己很重要。當我看見藍色的制服身影出現在小丘上時——這位在市區走動的聖誕老人總是推著一部相襯的小郵車——我幾乎迫不及待要宣布他的到來。但在此同時，我會聆聽一下我的爸媽在等待中的動靜。

媽媽坐在那把過大的搖椅裡面，挑著椅墊裡的黃色棉絮。

「該死，該死，這個人也太慢了吧。」

爸爸在旁邊踱步、比手畫腳講了也許超過一百遍有關花錢的計畫，就好像如此做可以縮短他苦苦等待的感覺一般。

「好了，珍妮（Jeanie），我們中間可以停一下買點白粉，然後去電力公司繳電費，然後再去買個半磅的波隆那火腿片給孩子們吃。而我也要去買地鐵票。」

在我瞄到郵差的那一刻，我可以立即告訴他們這個大消息，但是，我也可能再等個幾分鐘才說出口。這個差異點是在於，我要繼續博取他們的注意，或是就此放手。放棄我成為跟他們一樣重要的這一刻，放棄我跟郵差或那筆錢一樣不可或缺的這一刻。不過我從未忍住不說，當我看到郵差轉過街角，我就開始大喊：「他來了！我看見他了！他馬上到了！」然後我們四個人就往這一天的下一個戲劇焦點邁進。

在那間兌換支票的地方，正面是一扇亮晶晶的落地玻璃，一走進去，每個人都可以找到自己有興趣的東西。小孩子紛紛擠在需要投幣二十五分錢的「玩具機」前；一整排機臺是一個個透明的盒子，分別立在一根金屬桿子上，裡頭則雜亂地堆著玩具。小孩們性急地要上幾個二十五分錢來玩上一玩，以得到不同的玩具，比如，可以從一個指環上解下來的塑膠蜘蛛；或是，丟入水中，就能夠膨脹十倍大的小人；

或是，可以洗掉的蝴蝶刺青貼紙；或是，漫畫書中的英雄公仔；或是，粉紅色或紅色的雞心圖案。在靠近收銀機、釘在高處的地方，則是「刮刮樂彩票機」，可以讓有賭博癮頭的流浪漢，或滿懷希望的家庭主婦——只能從家務費用中分出一點點錢投資在幸運中大獎的夢想上——來試試手氣。這些女士經常在用銅板刮彩票前，戲劇性地在胸前畫十字架祈求好運。但是對於許多人來說，如果沒有先排隊領錢，他們根本連一個子兒也掏不出來。

都是女人在排那無止無盡的隊伍：女人手裡緊握著每個月的支票；女人眉頭深鎖在排隊；女人還帶著小孩一起來排隊。她們的男人（如果人在現場的話）一律都站在一旁，表情冷淡地倚靠在金屬牆面。有些男人會陪伴女人前來，卻站到一旁去，等待支票兌現；有些男人則先來到現場，如常地期待著，心中肯定一定能夠從妻子或女友手中要到自己的一份。而女人則想盡辦法努力擋開這些要錢的男人，放棄所有的矜持，盡可能留下多一點的錢。莉莎與我愈來愈習慣這些烏煙瘴氣的場面，我們後來幾乎不會對這些彼此叫囂的大人多看一眼。

莉莎流連在玩具機那個區域，著迷於那些漂亮的貼紙。我則緊緊跟在爸媽身邊；爸媽跟其他大人不一樣，他們兩個肩並肩如同團隊行動，一起追求彼此同意的共同目標。我是他們兩人所築起的世界的參與者，熱切地希望可以分享他們的開心與歡欣。

如果可以將「支票日」的喜悅細細分析，那麼，什麼也比不上媽媽與我一起排在隊伍中所共度的時光。她在隊伍中等待輪到她的一刻，於是我又成為她的好助手。在這些焦急的時間中，媽媽的內心充滿期待的焦慮，就會依賴我最深。而這卻是我發光發熱的時刻，我總是會利用機會好好表現一番。

「媽媽，在我們前面還有八個人。不是，是七個人。別擔心，出納員的動作很快。」

當她聽完我的隊伍人數即時報導後，所綻放的欣喜微笑，只屬於我一個人所擁有。以讓人放心的口吻所喊出的人數多寡，決定了她關注於我的程度的高低。我多麼願意將支票日所剩的時間，用以交換多十個人排隊在我們前面，因為，這是一段獲得保證的時間，她不會離開我的身邊；我不用再去擔心，媽媽習慣性地把我們扔在一旁，讓我們自己想辦法。

有一回，我們一家四口步行前往大廣場路（Grand Concourse）上的「勒夫天堂劇院」（Loew's Paradise Theater），要去看一齣票價有折扣的《愛麗絲夢遊仙境》的演出。在散步途中，爸爸解釋說，這條大路，從前是很高檔的地段，路邊一整排都是華麗的房子，吸引了很多有錢人入住。但當我們沿路走去，我卻只見到骯髒、巨大的磚造建築，有的在門口處，會裝飾有污痕斑斑的小童天使雕像或怪獸狀的滴水嘴，已經破碎毀損，但仍舊掛在那兒。我們四個人在幾近空蕩蕩的劇院裡坐了下來。

媽媽並沒有坐在那裡直到演出結束。並非她沒有努力耐著性子；她起身一次、兩次、三次去「抽根菸」，然後再回來坐。但當她再度站起來離開位子，就沒有再回來看表演。那天晚上，當我們回到家時，聽見錄音機娓娓傳出一位女歌手沙啞、悲傷的歌曲。媽媽吸了一口菸，在一面全身鏡前，細細查看她苗條的裸露身軀。

「你們上哪兒去了呢？」她尋常地問了一句。我開始懷疑，之前是不是我幻想媽媽跟著我們一起去看戲。

但是在等待兌換支票的隊伍中，媽媽卻哪兒也不能去。即便媽媽煩躁不安，但沒領到錢，她就不會離開。所以我把握機會，牽著她的手，並問問她有關她在我這樣年紀時的事情。

「我不記得了，小莉姿。我小的時候很不乖，我會偷東西，還會破壞學校。小南瓜，我們前面還有多少人？」

我每次看向她，她都會向我示意，叫我往出納員那頭看，催促我要密切注意隊伍的動靜。要爭取她的注意力，是一件很微妙的事情，我經常擺盪在以為自己是她的最愛，與覺得很難如願兩者之間。我總是會說就快輪到我們了，來使她放心；但就我個人的心願來說，我卻希望等待的時間愈長愈好，最好比任何人都久。

「我不記得了，小莉姿。妳是很乖的小孩，當妳還是小嬰兒，妳就不會哭鬧。妳只會發出『嗯』、『嗯』的聲音而已，這真的好可愛，幾乎可以說好有禮貌喔。莉莎就不一樣了，她會尖叫大哭到腦袋要爆炸的樣子，而且會弄翻所有東西，撕爛我的雜誌，但妳從來不哭也不鬧。我曾經懷疑說，妳會不會是個智障，但醫院說妳很健康、沒問題。妳一直都是個好乖的小孩。寶貝，前面還有多少人呢？」

即便所聽到的故事都一模一樣，但我從不厭煩一問再問。

「我學會的第一個字是什麼字？」

「『媽咪』。妳把妳的奶瓶拿給我，然後說『媽咪』，妳的意思就好像在說，『把它裝滿』。那時真的好好笑喔。」

「我那時候幾歲？」

「十個月大而已。」

「我們住在我們的房子裡有多少時間？」

「好多年了。」

「有多少年？」

「莉姿，往前走啦，快輪到我了。」

在家裡，我們分處兩個空間活動：客廳屬於小孩，而隔壁的廚房，則屬於爸媽。每個月的第一天，與平常的大多數日子不同，我們的食物很豐盛。莉莎與我坐在黑白電視機前，吃著快樂兒童餐，而廚房那邊的桌子上，傳來椅子拉動與湯匙叮噹作響的聲音，並且一段時間都沒聽見爸媽在講話，我們心知肚明他們又在專心做什麼事了。爸爸必須幫媽媽弄，因為媽媽的視力很差，她找不到自己的血管。

最後，我們四個人共同享受著支票日下半場的美好時光。我們坐在一起，所有人都在客廳裡，看著閃動的電視畫面。屋外，路過的冰淇淋小販的車子，響起單調的叫賣音樂聲，而玩著捉迷藏的小孩子，則一遍又一遍聚集又散開，

我們四個人，就這麼聚在一起。我的手指上還沾著薯條的油脂。莉莎吃著一塊吉事漢堡。而在我們的後方，媽媽與爸爸的身體抽動著，他們進入極樂神迷的狀態。

「莉姿，就在兩個椅墊之間。沒錯，就是這樣，就在沙發裡面。把妳的耳朵用力壓在上面，等個幾分鐘，妳就會聽見大海的聲音。」

「真的嗎？」

「對呀。不要再叫我重講一遍，妳知道，我不喜歡這樣。要不要聽，隨便妳。」

「我要聽呀！」

「那把妳的耳朵壓在上面，用力壓，然後仔細聽。」

「好吧。」

我的姊姊莉莎，始終有一抹神祕難測的氣質；她具備著某種威力，可以左右還是個小孩的我，而且讓我又敬又怕。她的某一些才能，對當時的我特別印象深刻，比如說，為頭髮編辮子、彈手指發出響聲、以口哨吹出一整首《神仙家庭》（*Bewitched*）的主題曲等等。在我的眼中，她如同一位高高在上的女王，可以對許多事情發號施令，而且隨意朝令夕改；她所宣稱的種種說法，在我小的時候，我全部照單全收，沒有一絲懷疑。即便她所提出的想法有時顯得抽象難解，但我心裡猜想，她擁有某種知識，就像數學老師掌握算術的訣竅一般，經常既神祕而又難以質疑一二。我盲目的輕信，使我成為她好幾個玩笑捉弄的對象。

「好，現在再拿另一個椅墊放在妳的頭上。」

「為什麼要這樣？」

「妳讓我很生氣喔。妳到底要不要聽大海的聲音啦？」

為什麼不呢？我知道我們可以從那些平凡無奇的海螺，幾次跟媽媽去果園海灘（Orchard Beach）玩所帶回家的貝殼裡面，聽見大海的聲音，而這些拿回家裡的海螺一個個都距離大海很遠不是嗎？還不是聽到了！所以，誰說沙發椅墊裡就應該比較不可能聽到海？我怎麼能夠猜到，莉莎接下來會突如其來坐到我的頭上面去，而且還放了一個大臭屁呢？

「把椅墊拿好！現在開始去聽海浪上上下下的聲音！」當我在她屁股下面揮動手臂拚命掙扎，她對我大吼大叫，而我則被她的重量壓得叫不出聲音來。

這次的經驗，應該會讓我在萬聖節時比較有所防備吧？莉莎與她一年級的朋友耶瑟妮亞（Jesenia）決定為了「食品安全」的原因，幫我「先嚐看看」，檢驗一下在我的「不給糖就搗蛋」袋子裡的所有糖果，結果她們吃得只剩下給老女士含的喉糖與幾顆小泡泡糖。在整個「檢驗」糖果的過程中，我偷偷藏了一條口香糖，用手掌緊緊握住，我還以為自己騙過了她而竊喜。

但作為妹妹來說，我並非始終是被欺騙玩弄的對象；有時，事情也有其他可能性。排行第二，也意謂著，我可以藉由姊姊，得到一種「借來的知識」，來接近生活中大多數的新奇事物。我會觀察莉莎如何處理家中的種種問題，如此一來則能較容易地去面對相同的情境，給予適當的反應。

這一個利基點，有效幫助我找到與我的父母一起生活的方法。看到莉莎做錯事，我至少可以了解到，有些錯誤不要犯。我能夠清楚無誤地知道，什麼樣的行為可以獲得父母的贊同與注意——這在我們家堪稱屬於機靈狡黠的氣質。

對於住在曼哈頓區的人來說，星期六是「家具垃圾日」；爸爸不加思索就會說，這群人是「吃好穿好」的人。曼哈頓人會將還非常堪用的東西丟掉；你只要認真找，就會在垃圾堆中發現好東西。爸爸知道好幾個可以挖到寶的好地點。在我的房間中，已經擁有一系列的收集品：三個鐵製軍人雕像，表面僅僅掉了一點漆，而伸出來的步槍，則只在幾個難以察覺的地方有破損；一副老式的魔術手銬，我喜歡將它夾在皮帶上的洞孔上，外帶一支塑膠手槍，讓我頓時以為自己是位真正的警察；還有裝在一只磨損的皮袋子中的彈珠，袋子邊上印著葛里森公司（Gleason's）字樣。

每一個這種禮物，永遠會附上一段得意洋洋的回收故事；內容都是有關爸爸如何在一堆垃圾袋中挖到寶的過程，而他還會描述旁觀的路人如何驚訝不已，對這些「不折不扣的好東西」嗤之以鼻的表情。在爸爸的故事中，他始終以英雄的角色出現，一開始備受輕視，但最後其他人卻都折服在他嘲諷的機智之中。

偶爾，我會跟著爸爸去一趟曼哈頓區。站在那裡，當人們盯著你看，很難知道該如何自處，不過，爸爸只是轉過頭去，毫不在乎地繼續東掏西挑。我嘗試透過路人的眼光，來看看這個男人的模樣為何：他穿著一件骯髒的法蘭絨襯衫，釦子全都扣上，下擺整整齊齊紮進同樣髒兮兮的牛仔褲裡，不停地喃喃自語，從垃圾箱中翻找東西——這一身衣服，看起來彷彿他執拗地穿著多年前職業生涯中的服飾，只不過如今早已失業多時。這一位模樣認真的黑髮男人，瘦削的臉龐讓他看起來既英俊又嚴肅，身邊帶著幼小的女兒，站在垃圾堆裡，而其他路人皆走著路面的外圈以繞過這些髒亂的地點。我還可以記得自己感到異常尷尬，直到爸爸停止我這樣胡思亂想下去。

「怎麼了，莉姿？妳覺得很難為情嗎？」爸爸從一堆臭氣薰天的垃圾中抬起頭，順便脫掉報童小帽，問道：「誰管別人怎麼想，不是嗎？」他眼睛眨也不眨地凝視著我，身體靠向我。「只要妳知道什麼對妳是好的，就勇往直前去爭取它，別人想怎麼看，全都放他們的狗屁，那是他們自己的問題。」

望著不屑一切的爸爸，我感到很驕傲，彷彿他剛剛跟我分享了一個祕密：有關如何做好自己的心理建設，以忽視其他人對你的看法。我想要像他一樣我行我素，但我卻無法不費吹灰之力做到。在陪伴爸爸的那些時間中，我聚精會神努力嘗試，我發覺我可以做到；在爸爸的身邊，我站在那裡，對於盯著看的路人，我也回報以嘲笑的眼神。但是我必須使用爸爸的聲音，一遍又一遍在心中告訴我自己，「那是他們有問題」，不是我。

爸爸在尋寶的過程中，獲得某種自尊。他老是重複講述，有一次，就在他找到一個全新的鍵盤時，突然有個傢伙叫他「撿垃圾的！」；這個人在看到這個鍵盤真的很不錯後，火氣很大地質問爸爸是不是要把它據為己有。爸爸尤其愛重複他對這個傢伙的答話，他氣憤地說：「對！老兄，就是輪不到你！」

當我們開開心心玩著這些幾乎沒有用過的二手玩具，或是當他拿給媽媽一件有點綻線的短上衣，只需要簡單縫補一下，他就會這麼脫口而出：「他們的損失，就是我們的收穫。」

他坐在我們面前的一把長椅上，口中哼著老歌，歌詞難以理解，而雙手則在袋子裡摸索，我們滿懷期待地等待著。爸爸做事情有自己一套習慣，不管是打開背包或解開眼鏡盒，皆有固定的步驟。而且我們不准干擾他；他不喜歡中斷這些習慣性的動作。他只要少做一個步驟，就會變得很慌亂，必須重頭開始一遍才行。媽媽覺得他這些習慣很偏執。

莉莎與我迫不及待想看看袋子裡的東西。

「你找到了什麼東西，先說說嘛！我好想知道。」莉莎要求道。

「對呀，爸爸，請跟我們說嘛。」我也附和。

「小傢伙啊，再等個一分鐘。」

袋子的拉鍊卡住，但並未卡死，他找到方法解開它。他輕哼著歌，繼續下去。

「啦啦，寶貝，妳是我的唯一……」

媽媽剛從午睡醒來，仍舊一臉倦意，看了我們一眼，聳了聳肩。

最後，爸爸拿出一個粉紅色的塑膠玩具吹風機給莉莎。塑膠片被焊接起來的接縫處很髒。貼紙代替了按鈕，而調節溫度的指標，是以顏色區分成「高溫」、「中溫」與……「低溫」——但這個部分的貼紙已經被撕掉，只留下白白的紙面。莉莎溜轉著眼珠，握著吹風機的一端搖了搖它。

「謝謝了，爸爸。」她沒精打彩地說著。

「我想妳可能會喜歡吹風機。」爸爸評論道，然後繼續在袋子裡翻找要給我的東西。

「我們現在可以吃飯了嗎？」莉莎問道。

「再等一下。」媽媽舉起一根手指，回答說。

爸爸接下來舉起一輛藍白相間的玩具怪獸小卡車，配備可以反射人影的車窗與粗厚帶有溝紋的輪胎。污垢已經布滿所有縫隙，白色的部分也都變髒成為灰色，使得這部小卡車看起來真的像是上路折騰過的。

在爸爸還沒將玩具車拿給我之前，我就知道該怎麼對這份禮物予以回應。大多數我在父母面前所表現的行為，都是經過深思熟慮的結果；我小心地想出該怎麼反應與該說什麼話。我並不會隨機碰運氣，相反地，我發展出一種技巧，可以精確地知道如何獲得他們眷顧的方法。比方說，這一次，爸爸其實是要給我一個他認為是給「男孩玩的玩具」，所以我知道我該怎麼回應他。原因是，多年來，我已經悉心注意過爸爸談及「小妞兒的玩意」時，話語中所帶有的嘲諷語氣。

只要媽媽看著電視的脫口秀節目中，討論著一些女人話題，諸如「感覺身材有點發胖」或「站起來對抗妳的男人」，爸爸就會在客廳中隨意走來走去，發出高音調的哀鳴聲，並且以痛苦的哭腔故意模仿講話中的女人。

「喔，世界實在對女人太不公平了！讓我們來辦個可憐人派對吧！而且永遠不得翻身！喔喔！」

他也以相同的方式來取笑莉莎照鏡子的習慣。莉莎喜歡窩在角落，一個人坐著檢視鏡子裡的影像，她會嘗試做出不同的微笑與各式的臉部表情。她可以整整一個鐘頭看著鏡子裡的自己。

爸爸一見到莉莎的這種情況，就會翻起白眼，翹起下巴，兩隻手伸到腦袋後方張開手指成扇形，感覺像一只皇冠的樣子，然後開始講話。他還是故意以尖聲尖氣的嘲諷語調說話，我漸漸將爸爸的這個反應視為是，他看待所有「女性事物」的方式。「你只會看我的臉嗎？喔，嗯，我就是這時候看一下而已啦。」

爸爸在開完玩笑後，都會爆笑一陣子，使得莉莎會藏起鏡子，而且覺得很不自在。

「討人厭！」我有一次聽見她生氣地這麼說。

不過，在此之前，我已經決定站在爸爸這一邊，一同嘲笑所有「女孩子氣」的東西，所以他八成忘記我也是個女孩子。我表現得很明確，絕不讓我說話的聲音聽起來太溫柔。而如果我說出有關服裝打扮的批評，則絕對是玩笑話；我個人對這種「嘲笑女人」的胡言亂語，一點也不感興趣，但我知道這樣做有效，只要看到爸爸開始帶這些男孩的玩具回家給我即可知；我注意到，這樣做會讓爸爸開心，他關注我的時間會遠比莉莎還長。

我粗魯地從爸爸手中拿過來這部小玩具車（我碰巧真的很喜歡），然後大叫：「哇！謝謝爸爸！」我沿著咖啡桌邊緣推著玩具小卡車走，並且大聲地模仿沙啞的引擎聲音，讓他可以聽到我玩得不亦樂乎。

爸爸微笑著讚許我，然後又回到他的袋子上去。

「我把最好的東西留到最後。」他說，轉頭朝向媽媽；媽媽從客廳桌子旁的座位上抬起頭，露出好奇的眼神看著爸爸。她之前把放在桌上的電風扇轉向朝著大家吹，但濕氣很重，只攪動起悶熱的空氣而已。

媽媽的禮物必定很特別……當我看著爸爸小心地拆開包裹東西的幾層報紙時，這麼想著。

「這就是了。」爸爸的舌頭從嘴裡頂著臉頰，一邊以指尖抓舉起一個厚厚的玻璃首飾盒，就像服務生端起精美的菜餚盤子那個樣子。

當媽媽手裡捧著這個禮物時，欣喜地長長嘆了一口氣。稍早，感覺她並非特別感興趣，但從她的反應看來，我可以知道她很喜歡這個首飾盒。雖然，我不由得在心裡自語，她根本沒有什麼珠寶可以收到盒子裡面。在媽媽端詳著首飾盒的時候，爸爸開始講起找到盒子的經過。

「妳真該瞧瞧那個把我當瘋子看的女人，我那時正在檢查她的鄰居的垃圾袋。可想而知，我會對她飆髒話。」

爸爸便向上舉起中指，一臉凶相：「我操！妳想怎麼樣！多管閒事的八婆！」

首飾盒是由玻璃雕刻而成的圓形盒子，盒身很淺。盒子上搭著一個厚厚的銀質盒蓋，裡頭裝有複雜的機關。盒蓋的一角插有一朵銀質的玫瑰，花兒優美地向前彎曲。只要扭轉玫瑰幾下，就會播放出輕柔的音樂，玫瑰則會緩緩地轉圈，宛如跳著一支悲傷的芭蕾舞。真的好美。我突然間想要據為己有。

「爸！可不可以給我？」莉莎大喊，說出了我的心願。爸爸不理她。

「這個盒子這麼漂亮，誰會捨得把它丟掉呀？」媽媽問道。

「誰知道呢，但算他們運氣不好。我是在艾斯特廣場（Astor Place）那一區的那種大型閣樓建物底下找到的。」爸爸一邊又急又粗魯地解開運動鞋，一邊說。他綁鞋帶時，習慣綁雙結，有時甚至綁三個結。

「好吧，現在可以吃飯了嗎？」莉莎問。

莉莎的問題，讓我鬆了一口氣；我的胃已經開始絞在一起，但我並不想打斷爸爸的事情。莉莎與我從早上吃了一份美乃滋三明治後，就沒有再吃過任何東西了。在大多數的日子裡，我們都吃著雞蛋與美乃滋三明治。莉莎與我都很討厭這兩樣食物，但當空空的肚子讓我們絞痛難安，我們就會吃下去，因為，除此之外，家裡有的就是水而已。「支票日」已經過去五天了，所有的錢都已花光，冰箱裡的食物也吃得快完了。我真期待有頓像樣的晚餐。

「再等一下子，」爸爸回答說：「再等一分鐘，讓我把東西收好。」

莉莎在看電視，爸媽在他們的臥室裡忙著自己的事情，而我則從分隔我與他們房間的門邊，一個人觀察著他們的一舉一動。

媽媽仔細地查看他們放在衣櫥中的卡帶。自從爸爸回來之後，她就不再聽茱蒂．柯林斯（Judy Collins）的歌了；她的心情不錯，所以應該聽點輕鬆的歌曲。他們兩個這時候看起來如同一個兩人組的「裝配線」，而且帶有某種神祕的目的。爸爸坐在床邊，揀選著某種看起來像是泥土的東西，他用指尖捏起，小心地攤放在《紐約客》雜誌上；這些雜誌原本是放在床頭櫃咿呀作響的抽屜中，不過抽屜已經整個拉出來，直接放在爸爸的膝頭上。然後媽媽將這些收集起來的小粉末，捲在一張半透明的薄紙上；在紙張末端，媽媽會先舔一下，使它沾黏起來，接著才把它捲緊。媽媽拿起打火機，點了幾次火，才把它點著；她注視著這根「捲菸」。她緩慢地吸了三口，然後把菸遞給爸爸。我在此之前，還從未見過爸爸抽菸。

「你們在做什麼呀？」我情不自禁地問。我問了所有的問題：從「媽媽的梳妝臺上就有現成的香菸，為什麼你們還要自己做呢？」到「為什麼這個菸的味道跟香菸不太像呢？」等等。

他們興奮的笑聲，使我了解到，他們的回答都是謊話。

「夠了，莉姿，別問了。」爸爸一邊跟媽媽吃吃笑著，一邊搪塞我。我感覺自己剛剛說了笨話，一想到這裡，就覺得難為情。我可以感到自己臉紅了起來。

「不要再問了喔。」爸爸說。

奇異的菸味充斥在空氣中，我豎起上衣的領子蓋住鼻子，以免吸進這怪異的氣味。他們處身在自己的世界裡，任我怎麼嘗試，也無法登堂入室。我站在那裡，尋覓媽媽的眼神，希望她能領我進入他們的祕密世界，但她並沒有看我。在他們的床上，《紐約客》雜誌隨意翻開在充滿文字的頁面上，而紙面上布滿星星點點的香菸填料。

「我們有要吃東西了沒？」當我們那臺小電視的螢幕上開始捲動節目工作人員表時，莉莎大吼叫道。

「有啊，寶貝。」媽媽平靜地回答。她搖搖擺擺地起身，走向廚房；兩腿移動的方式，是一大步、一大步向前走，如同太空人在月球上漫步一般。只有我一個人注意到，她笨拙的走路方式。

莉莎與我很快坐在客廳的桌子前，面對一盤炒蛋與一杯冰水的晚餐。當媽媽將盤子放在我們面前之後，立刻進入了爭吵的場面。

「為什麼我們還要吃蛋呢？」莉莎抱怨：「我要吃雞肉。」

「我們沒有雞肉。」媽媽淡淡地回答，隨後走回臥室，從爸爸手中接過菸抽了一口。

「喔，我要真正的菜。我不要再吃蛋了；每一天都在吃蛋，要不是雞蛋，就是熱狗。我要吃雞肉啦！」

爸爸笑得幾乎沒辦法講話，他說：「那就把妳的炒蛋，想像成是一盤小雞。」

「去你的！」莉莎厲聲開罵。

「其實還滿好吃的。」我說，希望可以讓場面不要惡化。

莉莎越過桌子對我小聲說：「妳說謊。妳根本跟我一樣，恨死了這盤大便了。」

莉莎相當討厭我那種主動討好的作法，認為這會阻礙她眼下正在進行的「向爸媽爭取權益」的抗爭行動。

我向她伸了伸舌頭，並且倒了好幾坨番茄醬到蛋上面，以遮掩難吃的味道。莉莎說的沒錯，我也恨死炒蛋了。電視上，一張唐納．川普（Donald Trump）與市政府官員握手的照片閃動著，出現嗶啪作響的靜電干擾的噪音。

我快快地扒著，希望可以大口大口吞下盤子上溫熱的糊狀物。我在我的盤子周圍推著那部小玩具車，發出響亮的噪音，想像將盤子裡的碎蛋一片片射到桌子上面，並且射到莉莎的身上去。

我看著莉莎來來回回爭辯著這一場注定失敗的戰役。如果家裡的食物只有雞蛋的話，那麼我們就只有吃它了，別無他途。對我來說，道理就是這麼簡單。至少，如果莉莎可以安靜點，大家就能夠相安無事過下去。但我一方面倒也很感激，她鬧脾氣、提出要求，因為，這讓我有機會可以表現出討人喜愛的「乖孩子」行為。我是那個「很好養」的女兒。我不需要照鏡子；我也不會虛榮或女孩子氣。我喜歡卡車，而且我乖乖吃下炒蛋。

莉莎繼續吵著、叫著，直到她哭成淚人兒。莉莎確定無望之後，對著爸媽尖叫大喊：「我恨你們」！但是，煙霧繚繞的臥室，傳出慢板的吉他樂音與一個男人的歌吟聲，他們兩人沒有一個回應莉莎的憤怒。

莉莎似乎始終都從某個較高的地方，來提出她的生活要求，這很明顯是來自於只有她才擁有的經驗。假如要來猜測她的這些抗拒來自何處，我會說，應該跟在我出生前一年所發生的事情有關。

媽媽在懷著我的時候，經歷過一次她稱之為「精神崩潰」的事件。當時爸爸人在監獄服刑，媽媽無法同時照顧莉莎，並進行精神治療，於是莉莎被送到寄養家庭安置，持續了近八個月的時間。

照顧莉莎的那對夫婦，生活富裕，卻無法生養自己的小孩，於是他們對待莉莎視若己出，彷彿會永遠成為他們的女兒一般。他們如此悉心照顧莉莎，使得媽媽在健康恢復之後，去接她回家的時候，莉莎生氣地把自己鎖在衣櫥中，拒絕離開。媽媽只好想辦法把莉莎騙出那棟房子，再把她拖回學院大道上的家裡來，她們兩人當時都淚流滿面——似乎，莉莎從未走出那次事件的陰影。從那時候開始，媽媽就覺得很難討莉莎的歡心。她似乎發展出被虧欠的敏銳意識，只要什麼東西少給她了，她很快會提出異議——但是這個家幾乎永遠都會少給她東西。

莉莎從桌子旁最後一遍尖叫「我恨你們」，兩隻手臂交叉在胸前，重新盯起電視看。然後她出聲大喊：「我不是窮人——我的爸爸是『唐納德．川普』！」

「好啊，那去跟妳的川普爸爸要點雞肉吃啊！怎麼還坐著，趕快去啊！」爸爸說。媽媽遮掩住她的笑聲，而爸爸則一邊以手掌拍膝蓋，露骨地對自己的玩笑話狂笑不已。

莉莎突然將她的盤子的蛋整個倒過來在我的盤子上，盤子碰得乒乓作響，炒蛋則堆成小山。她重重踏著步子走開，啪地一聲用力把門關上。然後聽見她的房間裡那部有問題的喇叭，傳出刺耳的流行歌曲的聲音。爸爸與媽媽移到客廳裡來，兩具疲憊的身體癱在椅墊上，軟趴趴地如同煮熟的麵條一般。

「我吃完所有的蛋了。」我說，但沒有人聽見我的話。

外婆住在里佛岱爾（Riverdale）那一帶，從馮・科特蘭公園（Van Cortlandt Park）過一條街就到了；她住的地方是一棟一九六〇年代式樣的老房子。她會抽菸、禱告，並且每天打公用電話到我們家來。除了我們四個人之外，她是唯一一個我們有持續聯絡的家人。爸爸的媽媽，有時候會從長島那邊寄禮物給我們，但是因為爸爸嗑藥，他就被那些中產階級親戚打入黑名單。我至今從未見過爸爸那邊的親戚到家裡來玩；他們從沒有看過我們在布朗克斯區的生活情形。雖然媽媽在十三歲的時候就逃家出來混，但她與外婆之後重拾家人的情誼。在莉莎與我出生以後，外婆每個星期都會來看我們，都選在週六；她會使用年長市民的半價卡，去搭九號公車，來到學院大道這邊。

在外婆到訪之前，媽媽會風風火火進行清掃整理：床單都折進四個床角內，髒盤子則全收到洗碗槽，用熱水沖洗。她把灰塵掃成堆，掃進沙發椅底下；在預計外婆到達前幾分鐘，用空氣芳香劑噴灑在我們頭頂上方，就完成除臭處理。

每次媽媽推著吸塵器擋住了電視，莉莎就會從沙發上把媽媽噓走，因為她在看流行音樂節目《錄影帶音樂盒》（*Video Music Box*）。通常只要莉莎一再轉動電視的選臺鈕，這個節目的畫面就會模糊不清呈現雪花狀。

在一個炎熱的夏日正午，外婆預計在十二點整抵達，但媽媽照例總是直到最後幾分鐘，才開始火速進行打掃。就在我籠罩在空氣芳香劑噴霧的涼涼毛毛雨中，外婆大駕光臨，一身衣著對於當天的天氣來說，有些太暖和了。她才走了兩段樓梯，就氣喘吁吁，當我們擁抱，濃重的菸臭味從她的毛線衣竄出來。她的頭髮紮成一個緊緊的髮髻，閃著銀灰色。綠色的眼珠，明亮有神；皮膚布滿皺紋，看上去很堅毅，並雜有上了年紀的淡棕色斑點。莉莎始終盯著電視，外婆只好彎下身去擁抱她一下。我張開手臂抱著外婆的腰，問她搭公車一路順利嗎——外婆的公車之旅，是她每一週的重頭戲。她的回答總是很簡短，並且會得意地微微一笑。

「親愛的，一切都很好啊。我很開心，天主又賜給我一天來看看我美麗的孫女們。」

外婆虔誠信主。在她的褐色假皮皮包裡，帶有一本——欽定版——《聖經》，以及幾根髮夾、立頓牌（Lipton）茶包，與她特愛的寶馬牌（Pall Mall）香菸兩包。不管外婆上哪兒去，她總是在右手手肘內彎處掛著這只皮包，甚至去廁所一樣包不離身（她把這個習慣歸諸於「國內歹徒宵小橫行」）。

一般來說，只有我一個人願意和外婆講話。媽媽說，外婆自己一個人獨居太寂寞，只要有人願意打開耳朵聽她說話，她就會滔滔不絕起來，而且外婆唯一的興趣是傳教。媽媽也堅稱，說我最後也會沒興趣聽她講話，就像其他人一樣，只要我有一天了解到，外婆事實上根本就是一副「靈魂出竅」的樣子。

「她就是有點問題，老是搞不清楚事情的狀況，」媽媽會這麼說：「我想她對於她讓我經歷過的那些事情，完全愛莫能助。小莉姿，妳有一天就會了解我的意思。」

但我完全難以想像。外婆跟其他的大人都不一樣，她會滿足我的好奇心，不管我問了多少問題，她都會一一回答。我有興趣的問題，從彩虹是怎麼做出來的，到莉莎或我誰比較像小時候的媽媽等等不一而足。而對我所提出的大大小小的問題，外婆總是準備好一一予以回答，而且，所有的解說都來自她虔誠的信仰，她向我保證，整個世界的奧祕皆出自上帝的巧手。媽媽從門邊瞧著我們祖孫兩人，說我們真是天造地設的一對寶。

外婆在廚房中清出一塊小地方，擺著《聖經》與茶水，願意喝的人，就可以去拿。我喜歡熱茶的甜味，外婆會在茶杯內加兩匙糖與一些牛奶一起攪拌；茶香飄散在媽媽香菸的裊裊煙霧之中。我會坐下來，膝蓋收進胸前，拉起睡袍，整個罩在兩隻腿上，慢慢啜飲熱茶，並且聽外婆講述罪行如何讓惡人無法上天堂的道理。

「不要咒罵別人，莉姿；上帝不喜歡口出惡言的刀子嘴。偶爾要幫一幫妳可憐的媽媽，清理一下屋子喔。上帝會看見、聽見我們所做的事情，而且祂絕對不會忘記。祂會知道妳有沒有善待別人。小姑娘，妳要相信我，很多很多有罪的人，都沒辦法走進天堂的珍珠之門；他們無法得到上帝的愛。所以，要常常警惕自己，上帝是我們的主人，而且上帝是萬能的！」

外婆在談話中的另外一個主題，與宗教無關，她喜歡問我，長大之後要做什麼。

「喜劇演員！我要在舞臺上講笑話給大家聽。」我宣布道；我一邊回想起晚間電視節目上的那些男人，他們穿著西裝外套，面向看不見的觀眾，說出一個接一個引人發笑的趣聞軼事，而每一次罐頭笑聲的爆發，他們的自信心也隨之攀上顛峰。我猜想，外婆應該也和我一樣，會對這個點子感覺很震撼。不過，與之相反，她憂慮地望著我，她放下手中的玻璃杯，並朝上舉起一根手指。

「喔老天，不行，別做喜劇演員。不要做這個。小莉姿，沒有人會哈哈大笑的。寶貝，去當個到人家家裡工作的女傭就好。我在十六歲的時候，就住在人家家裡當女傭。妳會喜歡這個工作的。妳去一個富貴人家的家裡工作，如果妳好好照顧他們的小孩，他們會免費提供妳吃三餐，而且妳也可以養活自己、過著好生活，這是一個正當的職業，上帝會以妳為榮。這聽起來不是很好嗎？小莉姿，立志當個女傭吧。此外，在妳結婚前，這樣的工作是很好的磨練，妳以後就會知道。」

我當時的年紀，很難了解外婆話中的道理。我想像有一對夫妻，他們坐在一張方形的桌子邊，住在一棟四四方方、很寬敞的白色房子裡。他們有一名剛學會走路的小孩，胖嘟嘟的，而且哭哭啼啼，正等著我去照顧他，而這對夫妻的臉孔模糊不清。外婆放心地微笑著，我也回報她一個笑臉。她對於我的未來的想法，實在讓我很洩氣，於是我決定在表面上假裝同意她所說的任何事情，而祕密地保存自己私自的願望。我點點頭、微微一笑，假裝自己跟她一樣，對她的建議感到很開心。然後，我對她說很抱歉，我要去客廳拿東西，接著就去跟沙發上的莉莎坐在一起。

不過，外婆並不需要我——事實上，她不需要任何人——來維持一場美好的談天。假使留她一個人在廚房太久，她也會高高興興跪在地板上，與上帝之間進行私人的對話。莉莎調低電視的音量，好讓我們可以從隔壁房間偷聽到外婆充滿熱情的誦念：「萬福瑪莉亞，充滿恩典，主與您同在」。她一遍又一遍呢喃吟誦、數著念珠，以至於她的說話聲聽起來比較像是一首曲調而非一段字詞。這也意謂著，她已經達到直接與上帝溝通的境界。

當外婆的禱告聲愈來愈大，莉莎啪地一聲把電視關掉；而外婆頻頻大聲呼喚上蒼的指引——她彷彿是以自己的無線電臺去召喚上帝——她的聲音引起並深化了我內心裡的某種恐懼。外婆可以維持她的恍惚神迷狀態數小時之久，沒有起身，沒有張開眼睛，直到暮色降臨，房間一片昏暗，而桌子上盛在玻璃杯中的茶水早已變涼。只要外婆開始跟上帝講話，廚房就成為我們的禁區。

「莉莎，講話小聲一點，我想要聽外婆在說什麼。」我相信她可能真的直達天聽，於是想透過外婆的反應，努力去理解所謂上帝直接的教導會是什麼樣子。莉莎歪著嘴巴冷笑。

「妳怎麼那麼笨啊，」她開口罵道：「外婆就是個神經病，媽媽說外婆會聽到聲音。她根本不是在跟上帝講話，她只是瘋了。」

有好多次，當媽媽為著外婆的到來而急急忙忙清掃家裡時，她也順便對我們講述，外婆的心理疾病如何把她的童年生活給毀了的故事。在媽媽還小的時候，外婆命令她，每天放學後要立刻回家，必須在幾分鐘之內，回到好幾個街區遠的家裡來。外婆會將媽媽的手錶跟客廳裡的時鐘對準時間，如果媽媽遲到，儘管只是幾分鐘，她也會被痛打一頓。外婆會用手邊拿得到的任何東西來打媽媽，有時是電源延長線，有時是高跟鞋後跟；而且會特別打在媽媽柔軟的大腿內側，打到她的跨下到膝蓋一片瘀青為止。在大半夜，媽媽與她的妹妹蘿莉、弟弟強尼經常被強行叫下床，手裡被塞上鍋子與湯匙，然後外婆會要求他們用力敲鍋子，愈大聲愈好，並且要他們不斷重複唸出一個怪異的句子，一直到這些噪音可以淹沒折磨她的幻聽為止。

這可以說是，為什麼媽媽會在少女時期即離家出走的部分原因；由此，也可以了解，為何她躲在黑暗的臥室裡聆聽悲傷的歌曲時，只要想起過往所遭遇的種種困境，就不禁淚流滿面的緣由。

「有那樣的童年，是真的會讓你一團糟的。」媽媽說：「經歷過這一切之後，她還能期待我什麼呢？難不成希望我成為美國小姐嗎？」

藉由嚴格的藥物治療與同上帝說話，使外婆之後的生活變得平順一些。媽媽信誓旦旦地說，如果沒有這些處置，外婆體內的惡魔很容易就破繭而出。

「但是妳要知道，這並不是她的錯。」媽媽有一回，語氣溫柔地告訴我說，她很愛外婆，並且解釋：「這一切是因為遺傳的關係。她的媽媽就有這種病，她的媽媽的媽媽也有。所以，小南瓜，我有時也會受到這個詛咒，不過我一點都跟妳外婆不一樣。經過治療之後，我的病就好了，百分之百痊癒！可是她還有一半陷在奇幻島上，她沒辦法出來。」

媽媽所談到的「治療」，是指有兩三個月的時間，她住進北區布朗克斯中央醫院（North Central Bronx Hospital）的精神科病房接受診治，那是在爸爸發現媽媽有幻覺與幻聽之後，所開始進行的處置。在我還沒出生之前，媽媽接受過幾種藥物治療，然後才使用抗精神病藥品「Prolixin」與「Cogentin」來保持她的心理平衡。爸爸解釋說，媽媽不可能會再精神病發，因為幾年前已經出現過了，而且媽媽自此以後都一切正常。總之，我是相信，眼前的媽媽是百分之百的媽媽，而我這麼相信的原因，部分上是因為——只要一想到媽媽有所異樣，就覺得很害怕。

在廚房裡，外婆因為某個自己才懂的笑話，兀自笑了起來。

「妳看吧，就是這樣。」莉莎一邊說，一邊對我翻白眼，並且在她的腦袋旁邊用手指繞著小圈圈。一直到莉莎與媽媽為我點明之前，我一次也沒想過，外婆的自言自語會跟她的精神錯亂有關。我因為自己輕易相信一切，而臉紅了起來。

「我知道她並沒有在跟上帝講話啦。妳以為我相信啊？怎麼可能？難道我是智障嗎？」我回嗆莉莎。

夏天的時候，媽媽藉由政府的其他社福方案，彌補了我們的現金缺口，藉以餵飽我們，比如由各地的公立學校所提供的免費午餐。莉莎與我經常必須設法哄她起床更衣，也幫我們換衣服，可想而知，我們幾乎從未準時到過用餐現場。媽媽總是要熬到火燒屁股，才發狂地在房子裡衝來衝去，十萬火急準備要趕出門。

「坐好、別動！如果妳動來動去，情況只會更糟。」

媽媽的細齒梳子每每用力拉扯我的頭髮一次，我的頭就會不由自主擺來擺去，因為痛得像釘子劃過我的頭皮。「哇哇，媽！」

「莉姿，我們只剩十五分鐘，而我們一定要去。我會盡量輕一點弄。只要妳坐好別動，就不會痛。」媽媽一邊堅持說道，一邊仍舊用力梳我的頭髮來證明她的說法。我早有經驗，知道完全不是她講的那一回事。莉莎站在門口對我伸舌頭；她的頭髮很好梳理。我的臉頰因為生氣而脹得發紅。正當我想要對姊姊回伸舌頭，梳子纏進一小團打結的頭髮中，而媽媽毫不遲疑，猛力一拉，把那團不可解的頭髮像乾草一樣扯斷。我嚇得閉上了眼睛，而且雙手緊緊抓住身邊床墊的一角，來抵抗這一場痛苦。

「妳看，只要妳不動，就會很快弄好。」

我後來整個早上都在按摩發疼的頭皮。

我們很有可能在這一週第三次要吃放冷了的菜餚——甚至更慘，現場可能已經沒有食物可以發放了。尤其當我們已經用光當月的社福生活補助金，而必須等待下一次的支票到來前，這會讓生活更加困難，因為，免費的午餐經常是一整天裡唯一的一頓正餐。

七月的豔陽讓布朗克斯區整個沸沸揚揚起來，彷彿從中間劈開了它，露出了裡面形形色色的東西。

炎熱的天氣逼得街坊的住民，紛紛離開他們沒有空調的悶熱公寓，群集在坑坑巴巴的人行道上。

我跟幾個老太太打招呼，她們現在整天都坐在戶外涼椅上閒話家常，每個人都霸占一塊水泥地，而且帶著自己的收音機。

「嗨，瑪莉。」我對著一位太太微笑；只要我在樓下遇見她，她都會給我一些小錢買花生巧克力棒吃。

「女孩們，早安啊。珍妮，早啊。」她對我們揮揮手。

在街角的商店前面，幾個波多黎各老男人在一疊空心磚上放塊破木板，一起玩著骨牌戲打發時間。媽媽總是叫他們「髒老頭」，而且提醒我說，我要躲得遠遠的，因為他們腦子裡盡想些「不乾不淨的念頭」，只要有機可趁，就會對小女孩做出「噁心的事情」。當我們走過他們面前時，我刻意低頭看著鞋子，讓媽媽知道，我很乖、有聽她的話。他們大聲對媽媽說了一些話，不過我聽不懂。他們吹起口哨，還發出吸吮的聲音，濕濕的嘴唇有啤酒的泡沫反光。

我們經過媽媽幾個住在附近的友人家，她們坐在門前的臺階上，眼睛盯著玩耍中的小孩，一手抓著重重的鑰匙串，上頭裝飾有塑膠質地的波多黎各國旗與戴著草帽的微笑樹蛙。每次只要這些媽媽舉起警告的手勢——提醒自家小孩別玩得太過火——這些塑膠製的亂七八糟小玩意，就會跟鑰匙碰在一起叮噹作響。小孩繞著草坪上的灑水器轉圈圈，而青少年則霸著街角玩樂。

整個街區迴響著騷莎舞的音樂，在我們跨越學院大道，朝向第一八八街走去時，莉莎與我看見媽媽瞇起了眼睛，於是我們拉著媽媽的手臂，帶領她穿越車流。

「媽，再走過四個街區就到了，妳還好吧？」

媽媽心不在焉地微笑說：「喔，我還好啊，寶貝。」

食堂裡充滿著熟魚的獨特氣味。我失望地吸了吸鼻子，拿起被分放成四堆之中的黃色塑膠托盤，開始跟著人排隊。站在堆成金字塔般、閃著油光的炸魚塊之前，我猶豫著要不要吃上一塊。

「妳家裡還有更好吃的東西嗎？」負責分餐的女士問我，食堂內人聲鼎沸。

「沒有。」我答道，接受了軟趴趴的魚塊，我感到很不好意思，

「好吧，往前移動，讓位子給下一個人。」我抓起一瓶牛奶放上托盤，但它滑溜溜的，我很怕拿不穩，而在走向就食的長桌前，我也怕那些小薯球滑出托盤。最後我在與長桌相連的一個板凳上坐下，其他座位都坐滿了人。

莉莎在她的魚塊上刺著洞，然後把明黃色的乳酪塞進魚裡面去。我望著一張褪色的海報，上面的小孩高舉著他們的餐具——一支便宜的塑膠湯匙與一支叉子——為了宣導營養均衡的重要性。就在這個時候，一位帶著記事板的女士開始與媽媽講起話來。

「所以，太太，您的小孩已經幾歲大？」這位女士問媽媽。

「大的七歲，而小的這個快要五歲大。」媽媽瞇起眼睛，含混地笑了一下，但我心裡清楚，那個女人的臉距離太遠，媽媽視力不佳的眼睛根本看不清她的長相。女人一邊在記事板上做紀錄，一邊低聲快快說了句「嗯嗯，是嗎」，彷彿媽媽剛剛講了什麼有趣的事情似的。

她們交談了一陣子，女人問了媽媽很多私人性的問題，比如我們家所收到的社福補助金、媽媽的教

育程度，還有，是否她有跟孩子們的父親一起住——「他人在哪兒？他有工作嗎？」——等等問題。我在嘴巴裡滾著薯球，然後用一顆門牙把薯球咬成小塊。薯球的中心涼涼的，吃起來很像被冰塊弄濕了的厚紙板。

「我了解。那您計畫什麼時候開始讓這一個上學呢？」女人指著我問道。我警覺地往媽媽的身邊靠近。這個女人對媽媽問話的語氣，跟其他大人彎身問我幾歲大時如出一轍。

「今年秋天。在家裡附近的公立學校。」媽媽回答說。

「嗯嗯，是嗎？那今天謝謝您了，太太。孩子們，好好吃飯喔。」在她告誡了我們後，就轉去訪問另一個家長。

「我的小寶貝已經長大了。」媽媽說；完全對於那位女人的侵擾無動於衷，媽媽將我擁向她的身邊抱了一下。「兩個月後，妳就要上學了。」

我想著「長大」是怎麼一回事，默默對自己唸著這兩個字。我注視著食堂裡的大人們。試著尋找「長大成人」會像是什麼，希望可以找到某些可以期待自己的印記。

我望著記事板女士訪問又一位新的太太，當她彎身記下所問到的資訊，被詢問的太太露出緊張的表情。我很不喜歡這個女人在詢問媽媽問題時，媽媽微笑以對的模樣；當她去社福機關辦事情，她也對那位像個貴族般坐在木桌子後面的冷淡女士，露出客氣親切的面容——媽媽這些應對方式，感覺上如同她在乞求什麼東西一樣。我並不喜歡，要對媽媽的社工師畢恭畢敬，尤其當社工師進行家戶訪視時，所有人在家裡忙來忙去協助打掃的情景，真的讓我很厭惡，而我也不喜歡需要過度有禮，去感謝食堂裡那些臉色陰沉的工作人員。一想到陌生人有權可以定奪我們賴以生活的資源，我就不寒而慄。

這個免費食堂有條規則表明，食物僅提供給小孩果腹，但在媽媽的要求下，莉莎偷偷遞了一塊魚給媽媽吃。為了不讓管理午餐的小姐發現，媽媽小心地一口把魚塞進嘴裡，而且叫我把風，以免被發現偷吃。看著她與莉莎，我腦子裡想著媽媽剛剛所說的話，有關我已經長大的事實是怎麼一回事。

我注視著通往樓梯間的門口，那兒對我來說，蘊藏著許多祕密；在許多個夏天，我曾經來到這所公立學校，享用免費的兒童社福午餐。我很珍惜最後那幾年，因為莉莎一早就要到學校去，所以只有我與媽媽一同度過早晨的時光。我們想起床的時候才起床，媽媽會讓我到沙發上坐下來，如果我們有足夠的食物，我就會吃到罕見的美味——塗著花生醬與果醬的三明治。然後我們會看早上播出的猜謎遊戲節目；媽媽打開電視，轉到鮑勃．巴克（Bob Barker）所主持的《價格大猜謎》（*The Price Is Right*）節目。媽媽說，這位主持人是「最後的真正紳士之一」；她永遠坐在電視機前，距離螢幕超近，瞇著眼看著主持人的特寫畫面，他一頭白髮整齊伏貼，而西裝燙整得英挺端正。我們會一起猜測獎金轉輪的落點數字，輪流扮演參加節目的競賽者，贏得遊艇、新穎的客廳家具，與讓人羨慕的出國旅行假期。我會為贏得大獎的參賽者起立鼓掌，而且拍手拍得震耳欲聾。在我守著電視機幾小時期間，媽媽有時會拉著吸塵器吸地板，或是輕聲講著話，整個家裡沐浴在明亮的晨光之中。在這些為時甚短的時間中，是我感覺媽媽僅僅屬於我的美麗時光。

而在有些日子裡，爸爸會帶著我去圖書館，幫我挑選主要以圖片為主的書給我讀。他則為自己選擇一些厚厚的書籍，封底上的作者介紹，印有穿著西裝上衣的男人沉思的照片；他會將這些書借回家，堆放在各處，卻不再拿回去歸還。他總是以新的名字去申請圖書館的借閱卡。有些晚上，我喜歡選一本他的書，帶到我的房間裡翻閱，並且我會試著模仿爸爸讀書的方式——直接就著床頭燈的燈光閱讀，然後在書頁中尋找我熟悉的文字；那是在其他的夜裡，媽媽在我床邊讀書給我聽時，所認得的字眼。但是一頁又一頁滿滿的文字讓我睏倦；我嗅聞著發黃的書頁，因著感覺到與爸爸分享了特別的事情而心滿意足，最終在書本的陪伴下，進入夢鄉。

我只要想到，我可能遠離這些早晨，錯過所有這些事情，就滿心憂慮起來。我感覺到有什麼東西從我指間流過，我抓握不住，而且，我覺得，如果這一段特殊時光消逝不見，只有我一個人會感到遺憾。

我想著，去上學是怎麼一回事，去上學會如何幫助我長大。只要我身邊出現模樣氣質不同的大人，我就會去想「長大成人」意謂為何。雖然我很想問問媽媽，來幫我解決這個疑惑，但我不敢問，因為，我知道這樣的問題只會讓她感覺自己很糟，而且，我也應該離開問問就獲得解答的階段了。有些事情必須由自己去找出答案。

那一週接近週末的時候，晚間新聞的播報員——一位穿著西裝的男性白人，頭戴一頂三角形的帽子，帽頂飄動著五彩繽紛的彩帶——說那一天是「七月四日」，是歡慶國家獨立的紀念日。然後播報員與坐在他身邊、頭髮蓬鬆的女人，在畫面捲動著工作人員表時，向我們揮手說再見，一邊同時吹奏卡祖笛（kazoo）。笛聲響亮地迴蕩在我們的客廳裡，其刺耳的程度，僅次於位於我身後、架在窗戶上轉個不停的通風扇。我一個人坐在沙發上一動不動。稍早，媽媽答應我，如果外頭天色還亮，她會帶我們進城到河岸邊，跟著其他群眾一起觀賞煙火。所以我之前就換好衣服，我選了藍色的短褲與一件以結染（tie-dye）方式染成的多彩上衣，以搭配慶典活動的氣氛。但是我在臥室待得太久了，當我出來時，媽媽已經去了水道酒吧（Aqueduct Bar），而且事先沒有跟任何人說。這間酒吧是她最近發現的新地方，而且愈來愈常跑去消磨時間。

媽媽的酒吧行，是從三月過後的聖派屈克節（St. Patrick's Day）那天開始的；媽媽與爸爸當天從電視上知道遊行活動的消息後，就自動地帶我們上街去看熱鬧的遊行隊伍。

天空下著密密的小雨，我們站在公園外邊的第八十六街上看活動；穿著蘇格蘭裙的男人以風笛吹奏出奇怪的樂音，而鼓隊所敲打的聲音，如此震撼人心，連我的胸部、我的腿也跟著鼓聲的節奏同步震動。莉莎與我的臉頰上畫上四葉的酢醬草，以取幸運之意；搭火車回家的時候，我睡著了，全程躺在爸爸的腿上。

媽媽並沒有跟著我們一起回家。在我們要走過福特漢路時，媽媽遇見了一位老朋友，正要去水道酒吧，於是她決定讓我們先走，她晚一點再回家。是媽媽的友人堅持要她一起去的；那個人說，聖派屈克節不喝點酒，還算過什麼節呢？回到家後，我完全不想費力洗掉臉上的圖案，直接拿出毛毯鋪在臥室的窗臺上，等待媽媽回家。我等了好幾個鐘頭，靠在窗戶上打盹，最後媽媽在凌晨三點左右回到家來；她渾身酒味，走路歪歪斜斜。媽媽倒頭就睡，就像她在徹夜的古柯鹼派對狂歡結束後一般，她一次也沒起身，一直睡到隔天晚上。自此以後，酒吧就成為她的固定流連之處。我們可能講話講到一半，或者剛坐下來吃晚飯，她說走就走，完全無所謂，直奔酒吧而去。

七月四日當晚幾小時後，身上還穿著結染上衣與藍短褲的我，坐在沙發上，轉著電視頻道鈕，觀看各家電視臺的國慶轉播節目。我當時坐在那裡推斷，媽媽會偷偷離開，肯定全都是因為我的緣故。正因為我已經養成了習慣，會一遍又一遍逼問她，「是否真的要去水道酒吧」，而如果要去，「幾點會回家」

等問題，才導致她選擇偷溜出門。有時我很難克制自己不問，我甚至會纏著媽媽走到門口，盡可能多一分鐘握住她的手。我們兩隻手握得這麼緊，在她出門前，都到了十指緊扣的程度。「媽，要快點回來喔，好嗎？妳說好嗎？」我反覆地喊道，直到我聽見樓下門廳那邊的門關上為止。我猜想，這應該漸漸讓她覺得很難與我面對這個問題，所以她才會覺得今晚有需要偷偷溜走。如果我不要那麼難搞就好了。

兩個多鐘頭過去後，連新聞報導都已經結束，我站起身，走出客廳，準備上床睡覺。就在這個時候，媽媽進門來了。

「看看誰在這裡？」她唱歌般說道。我聽見打火機兩聲打火的聲音，我想她點了一根菸。然後我聽到一陣陣剝剝作響的聲音，彷彿有一群小蜜蜂飛來。

「媽！」

「小南瓜，來看看我帶了什麼東西給妳。把妳姊姊也叫來。」

媽媽的手裡彷彿拿著一根魔杖，她的眼睛注視著其上的煙火。媽媽的手指捏著這根魔杖，客廳裡一團熾亮的光點，就在媽媽裸著的手臂周圍，放射出燦爛的銀亮絲線。媽媽的眼底閃著繽紛的光輝。

「很棒吧！」媽媽開心地說，舉起手中的仙女棒。而我這時才注意到，她的另一隻手提著一只很大的塑膠袋，裡頭滿滿裝著煙火爆竹。

那個晚上，我們並沒有進城去河邊放炮玩，而是在公寓其他鄰居的簇擁下，坐在門口臺階上施放煙火；我們將媽媽帶回來的所有爆竹玩到一支不剩。我們跟著鄰居的小孩，一起蹦蹦跳跳玩著開合跳（Jumping Jacks），還有旋轉舞蹈。小鞭炮此起彼落爆開，震耳欲聾。爸爸是莉莎與我的安全督導員。爸爸從垃圾桶檢來一個玻璃瓶，用報紙擦拭乾淨，教我如何避免傷到手指，卻可以製作出一個可以遨遊太空的空瓶沖天炮的作法。媽媽坐在臺階上，跟住在A1的鄰居露薏莎（Louisa）聊天；她的幾個女兒也在我們旁邊玩著她們的爆竹。

「來，莉莎，」爸爸低沉的嗓音讓人很放心，他對我說：「妳首先要把綁上棍子的炮放進瓶子裡擺好。妳不會想要被炸傷。」

我整個人伏成球狀蹲在地上，幫爸爸點燃引信。爸爸則貼在我身上，將我小小的身體包起來保護我。我聞到他的氣味，麝香與汗水混合著剛剛點燃的火柴的味道。他的大手覆蓋並抓著我的手，教導我怎麼去點燃那個小鞭炮。然後我們一起往後退，看著鞭炮沖飛，呼嘯著衝進空中，在黑色的夜空燃出一條燦爛的粉紅色光焰。莉莎與我輪流發射空瓶沖天炮，不到半小時就把所有爆竹玩光光。我每發射一枚小炮升天，就拚命拍手叫好，並轉過頭看看媽媽，她以手臂圈著爸爸的頸子，靠在他的肩膀上，滿臉笑意。

這是一九八五年的夏天的事了，在我還沒上學之前，也是我所能憶及的最後一次一家四口如此親密與快樂的時光。而自此以後，不管我們家經歷什麼樂事，都無法拿來與之相比。在那一天，我完全不覺得，我們這家人與一般人能有什麼不同。我所知道的是，媽媽那時就是一位真正的媽媽，而我的父母，他們一起來滿足我們的生活需要。或是說，即便他們並沒有這麼做，也一點都不要緊，因為，我自己壓根也不清楚自己還需要什麼其他的東西。

隨著這個夏天所消逝的，不只是親情的溫暖，而且是我直到那時所認識到的「家人」這個聯繫的瓦解，而我最後關於安定生活的清晰記憶，也隨之煙消雲散。我想，你或許會說，我們在此之前的生活，宛如活在某種氣泡之中，一個小小的世界，僅由我們四個人所組成。但在我的眼中，我們只是許許多多為生活打拚的家庭之一，我們住在學院大道上努力過著每一天。事情有時並不順遂，但我們擁有彼此，而我們只要擁有彼此，我們就擁有了全世界。

那年八月，我養成了一個習慣：我經常站在一張廚房的椅子上，探看冰箱旁邊、被高高釘在牆上的麥特食品超市所贈送的免費月曆，數算著還剩下多少天——這是我觀察姊姊所學得的習慣。過去兩年的八月，我看見莉莎常常在瞄月曆，注意著一個被清楚框起來的日期——就在特價雞肉與九十九分錢捲餅的優待券旁邊——然後她會出聲抱怨，對學校的開學日發出誇張的怨懟聲。而明天，我就要跟著姊姊，展開我的上學的日子。

「妳現在也要上學了。」姊姊說，一邊在找著她多出來的文具用品，要分一半給我。「可以確定的是，妳以後不會在這裡沒事幹晃來晃去了。妳現在也必須要工作，就像我們其他人一樣。」

我想起，莉莎總是在回到家後，直奔她的房間，埋頭寫回家作業，然後過了幾個鐘頭才出來，兩眼無神、精疲力竭，而在大多數的晚上，我卻只是坐在媽媽的膝頭上看電視。她在從房間出來後不久，一般上會跟我發生小小的爭執，想要轉到她想看的電視節目，或是搶我坐在沙發上的位子，因為她整晚努力做功課，而我只是坐著那裡沒事幹。對我來說，莉莎幫忙我準備上學一事，感覺上如同某種形式的報復。

莉莎從她的衣櫥裡找出一包陳舊的橫格活頁紙，拆開包裝，分成兩疊。

「妳會需要這些紙，」她說，並遞給我一疊。「用的時候，不要上下顛倒搞錯，不然人家會笑妳。小孩會嘲笑別人很多事情，妳後來就會知道。」我的小手努力要將一整疊紙扣進三孔活頁筆記夾裡面，就像我之前已經看過很多次莉莎這麼做過。媽媽忙亂地在房間裡轉來轉去。

「莉姿，就是明天了。我真不敢相信。才沒有多久之前，妳還包著尿布啊！妳知道嗎，包著尿布耶！」媽媽的聲音聽起來很驚恐的樣子。我不清楚她知不知道自己在大吼大叫。

媽媽剛剛跟爸爸待在廚房裡一段時間，他們在嗑藥。現在，她的下巴僵硬，眼神狂野，嘴唇嘛了起來；我知道她會持續這個樣子一陣子，到處轉來轉去，並且大吼大叫。一整個星期以來，我不停要求媽媽幫我準備上學的事情，但她都一直窩在床上不想動。還好，「支票日」的到來，讓她站了起來，再度渾身是勁。不管原因為何，現在獲得媽媽的關注，卻讓我有點害怕。

「妳看看妳，我的小寶貝，妳就要去上學了，真是好難相信啊！」她點了一根菸，深深吸了一口，菸頭瞬間發紅。

「妳會喜歡上學的，小莉姿。妳一定會很喜歡的！」

她興奮的心情也感染到我。我「可能」會喜歡上學的。

「對了，妳有筆記本嗎？」她突然熱切地問我。

已經是晚上十一點半了。我在幾個鐘頭前，在莉莎的床底下，找到一只舊的活頁紙夾。莉莎給了我紙裝了進去。那包橫格活頁紙，是去年春天我們從樓下垃圾間中撿回來的，紙頁已經發黃。

「已經有了。媽媽，妳看，就是這本。」我花力氣把這一大本活頁紙夾舉得高高的給她看，但她並沒有瞥上一眼。

「好，那我來幫妳剪剪頭髮好了。」

「剪頭髮？不要。不過，我需要剪嗎？」

「妳需要，小南瓜。開學的前一天，每個人都會得到新東西，也會剪頭髮和刷牙。去坐在咖啡桌旁的地板上，我去找剪刀來，然後幫妳好好剪一剪。妳用不著整個都要剪，修一修瀏海就可以。反正那也是所有人最注意的地方。」

媽媽跑去她那個放毒品的抽屜中翻找。她整個人浮浮躁躁、粗粗魯魯，就像她說話時，經常句子停頓下來，卻沒有說出重點。

「小莉姿，妳就……這樣很好。待會妳就會知道……」感覺她的行動能量很紊亂。

當媽媽在廚房裡那個放毒品的抽屜中東翻西找，我可以聽見裡頭東西碰來碰去的聲響。莉莎已經上床躺下，她說她需要睡覺，因為要早起，並且警告我，最好聰明一點，跟她一樣趕快上床去。

媽媽忙來忙去的方式，讓我有點緊張。她懂得怎麼幫人剪頭髮嗎？她不是視力不好嗎？我可不希望我的頭髮跟她一樣，既長又鬈，而且又糾結又蓬亂。一想到這裡，使我更為憂慮起來。

「好了，來剪吧！」她握著一把生鏽的剪刀喊叫道。爸爸還在廚房裡；我可以聽見他有點坐立不安的樣子，而且自己一個人喃喃自語。反正也沒有其他事情可做了，所以我只好剪髮了。

媽媽每剪一次，她會一手扶著我的下巴調整到定位，我必須保持不動，不然會打斷她的專注力；媽媽叫我閉上眼睛，以免剪落的頭髮掉到眼睛裡面。我在下巴底下，平平拿著一張活頁紙，用來盛接剪下的髮絲。我一向都沒有留瀏海，但媽媽似乎沒有意識到這件事。媽媽只是撩起我的長髮，然後剪上必要的幾刀。一直到我感覺我的前額上、在眉毛上方一英寸的地方，滑過剪刀涼涼的金屬觸感，我才真正開始緊張起來。

「媽，妳確定不會剪得太短嗎？」我問道。

「小南瓜，不會啊，不過我需要把它剪齊一點。我以前也幫人剪過類似瀏海的髮型，我只需要試看看就可以。幾乎快剪好了。妳別亂動，安靜坐好。」

在我兩旁的地面上，散落著一撮撮的頭髮。媽媽沒耐性地抖著腳，不時輕輕罵上一兩句「該死！」。我的心怦怦跳著，儘量不表現出退縮的神情，以免媽媽因而分心。

媽媽一點點地修剪我的瀏海，直到真的很短，只留下一道看得出剪痕的窄邊，如此之短，有些部分還從我頭上直直向外豎起來。當媽媽把剪刀放上咖啡桌，我觸摸我的額頭，焦急地摸來摸去以尋找頭髮，不可置信地捏著那刺刺短短的瀏海髮叢。眼淚不禁奪眶而出。

「媽……媽媽，」我啜泣著說：「妳真的把我剪得好短喔，媽。這樣不會太短嗎？」

她已經穿上鞋子，準備前往酒吧。從她臉部消沉的表情，我可以判斷毒品的亢奮狀態已經過去。現在她需要的是酒精，以撫慰她的情緒。她又再一次讓我接近不了她。

「我了解，小南瓜，但它會長回來的。我必須把它剪齊。那把爛剪刀很難用來剪頭髮，我不得不來來回回修剪。」

莉莎說，小孩子會嘲笑別人很多事情；一想到學校裡其他小朋友看見我這個樣子會有的反應，我不禁默默掉下了眼淚。媽媽牽起我的手，走到門口玄關旁的浴室裡。她站在我的身後，我們兩個人一起看著鏡子。她已經穿上夾克。她突然彎下身，下巴觸碰著我的肩膀，用手撫摸我的前額。

「寶貝，不過就是頭髮，它會長回來的。在我小的時候，我的妹妹蘿莉把我最喜歡的一只洋娃娃的頭髮剪掉。我當時好氣好氣。她告訴我說，『它會長回來的』，而我竟然相信了她！妳可以想像我有多蠢嗎？」

我抹去臉頰上的淚水，端詳著映在鏡子裡的我們。媽媽的眼睛動來動去，搭在我的肩膀上的雙手有一點血色小疹子，有一些碎髮黏在她的手指上。

「至少妳的頭髮還會長回來，小莉姿。所以沒問題的。上學會很好玩的，妳後來就會知道。」

媽媽話一說完，我從鏡子裡看見她在我的頭上親了一下，然後她就從門口出去了。我聽見重重的腳步聲踏在破損的大理石樓梯上，她很快走下樓去。然後她走出了公寓大門。

「牠們不喜歡紅色。我告訴妳，如果妳在頭髮上放上紅色的東西，牠們就會跑光光。莉姿，我發誓我講的是真的，我就是這樣做才清掉的。」

「是喔……妳騙人！」

很明顯地，莉莎只不過是因為無聊的關係，就趁著爸媽不在來折磨我。只要爸媽一整天不在家，或是他們忙於料理嗑藥的事情，在房子裡進進出出，整個晚上讓我們自己玩，莉莎就會突發奇想，搞出一些可怕的新把戲來捉弄我。

「聽著，莉姿，首先我會幫妳綁辮子。但可不是什麼普通的辮子，而是一根根可以豎起來的辮子，而且每根辮子的方向都不一樣。」

「但是，幹嘛要這個樣子呢？我知道妳在騙我。我綁不綁辮子，跟這件事有什麼關係呢？」不過，我幾乎相信莉莎告訴我的每一件事情，但是，在我讀一年級之前，已經被她捉弄過很多次，所以我也漸漸變得比較敏感起來。雖然，我想，這樣說她似乎有點過分，但她確實詭計多端。

「好吧，莉姿。」她一邊說著，一邊轉身離開我：「我是這裡唯一一個想幫妳忙的人。妳不就是需要別人幫忙嗎？而我，剛好知道該怎麼做。不過如果妳不想清除妳頭上的蝨子，那我想我也沒什麼辦法了。」

但我衷心希望能把頭蝨殺光光。蝨子已經在我頭上爬來爬去幾個星期。我用指甲尖追著牠們，頭皮被我刺得紅紅發疼，一碰就很敏感。我可以感覺蝨子在夜間遊走在我的頭髮裡面，叮咬我的頭皮，我只能拚命抓來抓去，稍解那令人難受的癢痛。我經常半夜做惡夢醒來，夢見憤怒的蟲子啃著我的頭皮，下蛋在我的皮膚裡面，而嚇得不知所措。

一開始，情況並沒有這麼糟。我幾乎沒有注意到頭蝨的存在。有一天，公寓管理員的女兒黛比（Debbie）來敲門，告訴媽媽要留心我們的頭髮裡有沒有蝨子；在這之後，我才將頭皮持續的搔癢感，跟這個小東西聯繫起來。

「我爸爸是在下面那裡染到蝨子的。」黛比說：「我確定有一半的蝨子是從排水溝那裡進來的，珍妮，檢查看看妳的女兒們的情況。她們跟妳待在地下室的時間也夠久了，很可能沾上蝨子什麼的。我花了整個下午的時間，才把這些討人厭的蟲子從我的頭皮上挑掉。」

我突然想起，上個週末，我們去那個管理員住的地方的事。我在管理員的公寓與地下室之間的門邊等著，看著媽媽給包柏（Bob）一些錢，以換取一小包用錫箔紙包好的東西。那時是正午時分，我手中的香草冰淇淋很快融化，弄得我滿手都是。地下室的地板上放著兩張骯髒的床墊，躺在上面的人，要不是還在睡，不然就剛睡醒。黛比也在那裡，她起身跟媽媽與我擁抱招呼，可以聞到她的身上散發出啤酒的臭味。房間裡的人，有的在打鼾，有的衣衫不整。從天花板上垂下長長的黏蒼蠅的膠帶紙，上面布滿死掉的黑色蟲子；唯一的光源是沒有裝燈罩的燈泡。

就在媽媽帶我離開那裡之前，一個沒穿上衣的男人坐起身，揉著充滿睡意的眼睛。他並沒有注意到我，他搖了搖另一個還在睡覺的女孩，叫醒了她。當他們親吻起來，我站在那裡，兩腳不安地動來動去；空了的啤酒瓶與堆滿菸蒂的菸灰缸，就擱在他們的腳邊。

在黛比離開我們家後，媽媽走進客廳，漫不經心地詢問我們是否有被傳染到蝨子。我並不是很確定，就這麼說了一句：「我的頭會癢。」莉莎說她也一樣。媽媽答應要幫我們買驅蟲洗髮精，不過，結果是說說就忘了。差不多一個月過後，誰也沒見到有什麼驅蟲洗髮精可以用。所以，我才會心不甘情不願對莉莎讓步，讓她幫我綁沖天炮辮子；當她拉扭著我的頭髮，我的臉痛苦地扭曲起來。

「現在，拿髮夾給我。」莉莎每綁好一根辮子，就繞著我轉一圈，告訴我目前的進度；她的兩眼發亮，彷彿因為觀察著我的模樣，而得到某種祕密的樂趣。當她不加掩飾地笑了出來，更增加我的疑慮。

「對不起，莉姿。只是因為看起來很有趣，我實在忍不住要笑一下。當我幫自己綁成這個樣子時，如果妳看到的話，妳也會笑我的，相信我。妳當時真應該看看的，簡直是場大麻煩。不過，妳現在別擔心，這一切都是為了趕蟲子。」

我相信莉莎很高興可以讓她這樣為所欲為，而她同時也嗤嗤在笑，使我更難壓抑愈增的怒氣。她看起來如此樂在其中，我一度說我不弄了，但最後卻只是讓莉莎想盡辦法叫我哀求她完成而已。畢竟，她似乎是我趕走蝨子的唯一希望所繫。她勉為其難同意繼續做，並且提醒我說，我不應該對於來自別人的好意，還這麼疑神疑鬼的。我告訴自己，不要那麼在意她，應該把思緒集中在，當一切結束時，蟲蟲危機隨之解除的快樂。

她抓著我的頭髮，扭得很緊很密，使得小蟲子慌亂竄走；我害怕地畏縮起來，眼睛盯著時鐘，覺得指針走得像老牛拖車。稍早，爸媽說要去食品雜貨店，但已經好幾個鐘頭過去了，卻還沒回家。一想到他們走進門看到我，所可能會發表的評論，我就很苦惱，因為，這將只會變成又一個莉莎搞出來的惡作劇玩笑而已。我祈禱著莉莎趕快編完辮子才好。

感覺好像經過三個鐘頭之久，我的腿因為跪在薄薄的地毯上，已經開始發痠，怎麼換腿都不舒服，整個人變得很煩躁——就在這時候，莉莎終於把手從我的頭頂拿開。

「好了……完成了！莉姿，現在要仔細聽我說，下一步，我們需要去找一些紅色的東西，來插在妳的頭上。這些頭蝨怕死了『紅色』。我們只要放上去紅色的東西，妳就會了解這種驅蟲的方法了。但妳要快速地抖動身體，不然牠們又會附著上來。」

「紅色的東西嗎？」

莉莎找來爸爸的一項「垃圾尋寶物」，一件紅色的芭比娃娃洋裝，她輕輕地把它穿進我的腦袋正前方一根最大的辮子上。洋裝空空的袖子朝外伸出，而蓬鬆的領口則如同一團髮飾別在頭髮上。

「是這個樣子嗎？這樣就會有效嗎？」

「我們還需要更多紅色的東西！快點，蟲子通通正往某一邊逃去。這樣會讓驅蟲工作更難弄喔。趕快再找找！」

四下所見，都沒有可用的東西，我飛快跑進我的房間，打開我所有的抽屜翻找，把各式小玩意與所有亂七八糟的東西，丟得到處都是。我狂亂地尋找，但似乎並沒有任何一件「紅色」的東西——直到我想起媽媽的梳妝臺。我的手臂一揮，就從梳妝臺上的綠色瓶子裡，抓起一束紅色塑膠玫瑰花，然後一屁股坐到床上去。莉莎在我身邊歡呼叫好。

「趕快，莉姿！把假花插到頭上去，有縫隙的地方就插，快點弄！」

我一個接一個把花朵從塑膠枝子卡筍處扯開，然後循著每一根髮辮的底部，開始往上插上假花。我奮力插進每一個可以插的地方。在辮子緊緊的麻花形狀上，玫瑰花漂亮地依序攀附著。當我做完後，我的腦袋之上，彷彿展示著一頂明亮的紅色玫瑰頭盔，而其中有一小件紅色洋裝如同獨角獸的角一般，從前方伸出來。我注視著莉莎，尋求她的確認。

她解釋說，必須保持這個樣子持續至少二十分鐘，才會產生明顯的變化。現在，最重要的事情是，要盡可能保持安靜不動。所以我跑進浴室，關上門，然後坐進浴缸裡面。我盤算著，一旦蝨子逃離這些牠們所害怕的紅色花海，那麼把噁心的牠們通通沖進排水孔中，應該是個不錯的善後方法。

我決定脫掉身上的衣服，以防蟲子逃進上衣的某個縐摺裡面或躲進口袋中。我整個人脫光光，蹲在浴缸裡面，然後開始等待。

時間一分一秒過去，但什麼事都沒有發生。莉莎敲著浴室的門，要求看看驅蟲的進展情況，但我叫她走開。空空的浴缸，在我腳底下，變得冰涼起來，我開始發抖。然後，出乎意料之外，一隻蟲子掉了下來。

一股輕微的毛骨悚然的感覺傳遍全身。我抖了抖腦袋，另一隻蟲子落下。我繼續等著，但始終並沒有出現其他隻奔逃的頭蝨。而那兩隻蝨子在白色的浴缸中扭動著，看起來好渺小；牠們爬動的方式，就跟我最近在學校裡見識到的一模一樣，可想而知，這造成了我的大麻煩。

遠在一年多前入學的時候，我就覺得自己與眾不同。幼稚園老師指示我們要兩兩排隊走路，但只要一到配對的時間，我就開始哭，原因是我不要別人靠我太近，因為他們會仔細瞧著我那短短尖尖的瀏海。我知道其他小朋友會忍不住盯著看。很快地，我成為大家口中頂著怪異髮型的愛哭鬼。我備受嘲笑，於是我也不跟其他人玩，這使我成為如同被排斥在外的怪胎。好不容易現在上了一年級，我不停告訴自己，我完全是一個「正常」小孩，結果頭蝨的出現卻再度毀了這一切。

事情發生在麥克雅當思太太（McAdams）的拼寫測驗課上。我的座位是在三號桌，旁邊坐著一個叫作大衛（David）的男孩。而教學助理雷諾絲太太（Reynolds）是一個行動笨拙、頸部肌肉鬆弛的女人，她在頭髮上別著一個已經用舊了的灰色髮飾；在麥克雅當思太太大聲唸出該週的拚寫單字時，她會在教室裡來回走動，以確定我們做測驗時會守規矩。

教室裡只聽見，鉛筆寫字的沙沙聲與雷諾絲太太所穿的無鞋帶淺口便鞋拖過磁磚的腳步聲。測驗紙面上，有我馬馬虎虎的筆跡；我一直在想「sunday」這個字到底該怎麼拚。

麥克雅當思太太從她的辦公桌上，大聲唸出下一個字：「time」。就在我低下頭嘗試寫出這個字，我的頭皮突然有一處劇烈發癢。當我往頭皮用力一抓，一隻微小的灰色蝨子輕輕啪搭一聲掉在我的測驗紙上頭。我的心跳加速，一股刺人的恐懼感，頓時使我原本懶散的睏意全消。我很快把蝨子從我桌上拍掉。我的眼睛迅速四處瞟來瞟去，查看有無同學注意到我，幸好沒人發現。

搔癢感並沒有持續，我以為危機解除，但我又抓了頭皮一下，這次有兩隻蝨子掉下來。我再度把牠們拍掉。一隻彈到地上；另一隻則越過我的桌面，降落在桌子另一邊的大衛的桌面上。麥克雅當思太太又大聲唸出另一個單字，但我沒聽見是什麼字。因為我太急於想假裝，沒看到落在大衛的鼻子底下那隻掙扎著站穩的蝨子。還好大衛已經寫完字，正抬著頭看著麥克雅當思太太，準備聆聽下一個單字。

然而，搔癢感居然變本加厲愈來愈強，要求我正視它。但我使盡全力拚命忍住，不要去抓它。然後，大衛突然舉起手來——於是，小蟲的出現，成為一個全班注目的事件，測驗也因而不得不中斷進行。

「麥克雅當思太太！我的桌子上有一隻怪蟲。」在大衛的測驗紙的前端上，有一隻小東西停在那裡休息，剛好就在大衛以端正的小字所拚寫出的「time」一字之上。

坐在他另一邊的一個女生大叫說：「哦哦，好噁喔！大衛，你真噁心！」

「這不是我的啦！我不知道牠是怎麼來的！」現在教室裡一片吱吱喳喳的說話聲。大衛的臉色脹得很紅，兩隻手臂交叉在胸前，感覺就要哭出來。

雷諾絲太太快步展開調查，卻錯誤地在所有桌子裡面檢查有沒有存放食物點心。她一邊還語調發顫地滔滔講述，偷偷把食物帶進教室會引來蟑螂——我實在不得不抓一下頭，又一隻蟲子啪搭掉下，在我的測驗紙上彈了一下。這一次，就無法躲過坐在我右邊的女孩的眼光了，因為，小蟲從我的頭髮上掉出，落在幾乎空白的白色測驗紙上。

「喔我的媽，蟲子是從她的頭髮裡跑出來的！」塔米卡（Tamieka）驚聲尖叫。

整間教室因此爆出做噁的叫聲與驚呼。

在同學的一片低吼聲中，雷諾絲太太伸出涼涼、瘦削的手，拎著我的手腕，帶我走出教室，往走廊走去，然後走進一個房間。在一位祕書小姐的監視下，她指示我坐進一張辦公椅上；這張椅子先被拉到房間的中央，遠離所有其他桌椅。她從一個小包裝中，取出兩支厚厚的壓舌板般的木片，然後以木片尖端撥開我的頭髮，立刻發現頭蝨的存在。但她並沒有驚嚇後退，她反而沿著頭皮到處探探，並且評論蝨子「猖獗滋生」的程度。她還挪了一下身子，讓祕書小姐也來看一眼；她用木片撥鬆幾隻頭蝨，讓牠們掉落在綠色的磁磚地板上，然後這兩名女人認真觀察了一下。

雷諾絲太太把我帶回教室，指示我站在門口。她繼續走到老師用的櫥櫃邊，在裡面翻找著什麼東西。

塔米卡瞅著我瞧，然後跟另一個女生咬耳朵講悄悄話。她們一邊吃吃笑著，一邊指指點點、盯著我不放。麥克雅當思太太猛地在桌子上用力拍了一下，大聲指責她們「不要太過分」，可是卻不經意使得班上其餘同學注意起我來。就在這時候，雷諾絲太太舉起了一瓶醋，在一片安靜之中，叫道：「我找到了。我們走吧。妳走在我的前面，那些吸血蟲可是會跳來跳去的。」同學們在我身後哄堂大笑。但是儘管我羞愧得沒臉見人，我卻更擔心雷諾絲太太要怎麼使用那瓶醋。

她帶我來到學校校門外，那裡站著兩名老師，輪流抽著一根菸。街道車水馬龍，汽車呼嘯而過，而電車駛過的隆隆聲不絕於耳。有那麼一刻，我考慮要不要逃之夭夭。

不過，逃向自由的希望瞬間化為烏有，因為雷諾絲太太抓住我的肩膀，她推著我，讓我彎下身來，並且叫我用雙手壓在粗糙的磚牆上撐住身體。她接著捲起袖子，準備就緒。

「現在，我要用我家的祖傳方法來治療妳。妳不用怕，做的時候也不要緊張，這個方法完全不會傷害到妳。妳要做的只是閉上眼睛，其他的事就由我來處理。」

涼涼的液體潑向我的頭來，刺激著先前我抓搔的幾處頭皮的地方發疼。雷諾絲太太在我的頭皮上粗魯地來回按摩，我的頭髮因而打結起來。我不斷吸著濃重的酸醋氣味，讓我頭昏腦脹，並且想吐。

從我彎腰站著的地方，只看到潑灑的酸醋滴流到水泥地上，以及我們兩雙腳——我的球鞋與雷諾絲太太無鞋帶的淺口便鞋。很快地，我就看到旁邊出現一些新的腳——那是幾位下課休息的老師走過來查看。

想當然耳，我絕不可能再走進教室一步。我如何有臉面對同學，更不要說還想去坐在大衛與塔米卡的中間！但願我會死在這些刺鼻的酸味之中，而且雷諾絲太太會因為害我死掉而遭受譴責。

雷諾絲太太終於讓我可以站直起來，她發表了看法：「這樣就夠了。如果再倒的話，可能就會讓別人誤以為妳是一盤灑上酸醋醬的生菜沙拉了。」她噴著鼻子笑了出來，不過隨即止住。「我們走吧。妳，回到教室去。」

蹲在家裡的浴缸裡面，我轉開水龍頭，看著小蟲無助地漂浮在水流之中，流進排水孔。我的頭皮因為緊緊紮著一根根辮子而發緊，並微微顫動著。我想著，為何雷諾絲太太的「家傳療法」會沒有效呢？而莉莎指導下的「治療」方式，看起來也同樣起不了作用。

我站起身，端詳著鏡中的自己。鏡子裡回望我的人影，看起來真嚇人。我原本想在頭上均勻地插上假花，但做得不甚理想，那時莉莎自告奮勇要幫我弄好。結果一個完美的玫瑰花頭飾，沿著我的頭頂四散綻放，堪稱是一叢插得極為對稱的花束。

一隻小蟲爬在芭比娃娃洋裝的邊緣上，悠閒地遊走在這件紅色的小衣服上。難道莉莎又騙人了？或者，她忘了告訴我什麼重要的步驟？我重新穿上衣服，離開浴室，喊姊姊過來。

「沒效耶。我該怎麼辦？」

莉莎極力要忍住笑聲。就在我打算想個什麼辦法時，聽見爸媽講話的聲音從樓梯井底下傳來。莉莎捧腹大笑，笑得身體都抖了起來，享受著我的恐懼。在這恐怖的一刻，我理解到，這一切不過是個戲弄我的惡作劇。她又再一次讓我上了大當。

莉莎抓著我的手臂，以防我拆掉她的傑作。當我掙脫開來，衝進我的房間，把房門轟地一聲關上，還是聽見她咯咯的笑聲。我一朵朵把假花從頭上拉掉，扯到一朵不剩。

我拉掉芭比娃娃的洋裝，拿著它跑到窗戶邊上，氣憤地把它丟出去。我也一併把髮夾往下丟，它們無聲地墜落在街上。在隔壁房間，爸媽拎著塑膠袋走進去，可以聽見塑膠袋發出沙沙的響聲。我用整個身體擋住臥室的門，讓它無法打開。在門板的另一邊，莉莎正以她身體的力量與我對抗，想要推開門。我以一隻手解開我的髮辮，但同時仍擋住門，讓門關得緊緊的。然後我在一個恰好的時機點上，把自己的身子挪開，於是莉莎撞門而入，跌了個狗吃屎。而我站在那裡，低頭注視著散落在我的兩隻腳丫子周圍的紅色假玫瑰花。

「發生什麼事了？」媽媽把頭從門邊伸進來。我嚎啕大哭起來。

「到底發生了什麼事？莉莎，妳又在搞什麼鬼？」

「沒有啊。我沒麼事也沒做！莉姿說她要我幫她弄頭髮，現在又在那邊哭，我也不懂怎麼會這樣。」

「妳出去！」我尖叫。

「莉莎，跟我說實話……」媽媽說。

「出去！白癡！」我尖叫怒喝。

莉莎站起身來，並沒有嘗試要進一步折磨我，就走出我的房間。

媽媽蹲下來，張開雙臂，把我擁入她的懷裡。我整個人融化在媽媽溫暖的懷抱之中。

「我的小南瓜怎麼了啊？跟媽咪講發生了什麼事？」

她的手指穿進我頭髮，幫我輕輕梳理；她用拇指拭掉我的淚水。媽媽親吻我的臉頰與前額，她的雙眼盈滿不捨之情，讓我以為她也要流下眼淚。在她的懷抱中，我的憤怒一掃而空。

「跟我說說話啊，別哭別哭了，小南瓜。」

然而，哭泣正是讓她這麼靠近我的原因，所以沒辦法停下來。

這個世界充滿引我反感的人。只有媽媽知道我值得被呵護。所以我讓她繼續擁抱我，繼續不斷問著我到底怎麼了，如此一來，我就可以聽見她的聲音，感覺到她說話時胸部所起的輕微震動，並且迴蕩在我的全身，一遍遍地撫慰我，讓我徜徉在安全感的大海中。我把臉埋在媽媽的頸畔；只要我懷疑她要起身離開，我就微微發抖，更加緊抓她的上衣。

我一直努力要做個好學生。我真的打從心底想這樣做。我想要成為那些上課會舉手、知道各類問題的答案、會交作業的學生。就像蜜雪兒（Michelle）一樣——在說故事時間，她總是可以一字無誤地大聲朗讀故事給全班聽。或者像馬可（Marco），任何數學習題都難不倒他。我努力想做個跟他們一樣的好學生；我想要用功讀書獲得好成績。但實際上卻事與願違。實在是發生太多事情干擾我了。

也許，在上課日的週間，如果我可以睡飽一點的話，將會有所改善。但是我根本無法入睡；沒人可以讓我睡。幾乎一週七天，我目睹著無止無盡的毒品交易在我們的公寓發生。媽媽與爸爸一整晚在房子裡穿進穿去，宛如不知疲倦的慢跑選手。他們對毒品的癮頭已經達到空前失控地步，而他們的嗑藥習慣則成為常態，占據了我們日常作息的所有空間。我可以拿出月曆，直接點選隨便一個日子，就可以預先猜出那一天會發生什麼事、在幾點發生。這一切都成為可以事前預測的事情了。

每一個月，在過了第六天或第七天之後，爸媽就將補助金支票揮霍一空，使我們一家人又陷入一文不名的境地。然後，如果因為花完支票沒錢了——這已經是固定戲碼——媽媽會去水道酒吧或邁克葛文酒吧（McGovern's）對幾個常客要個幾塊錢。她可以從某一類的年紀較長的男人身上，這裡要一塊錢，那裡要兩塊錢，或從酒吧櫃臺一頭要到扔過來給她的幾枚小零錢。有時她會跟人要兩個二十五分銅板，說要投點唱機聽歌用，但卻收到口袋裡存起來。有時候，媽媽會帶男人進廁所或出去外面的暗巷，只要花個幾分鐘的時間，就可以賺得更多一點。

媽媽這樣子攢錢，為了存到夠她去嗑一次藥。最少需要五塊錢去買一小份古柯鹼，雖然這只能稍微解解癮頭而已。媽媽從酒吧回來，會直接跟爸爸報告說：「彼得，我有五塊錢。有五塊錢喔。」爸爸之後會悄悄地在他們的房間穿上外套，然後躡手躡腳地偷偷溜出門，以免被還沒入睡的莉莎發現。因為，爸爸知道，如果我們在挨餓，而莉莎抓到他出門去買毒品，那麼他就會聽到無休無止的埋怨。他完全沒有辦法可以躲開謾罵、詛咒、尖叫與大哭大鬧。

「你不能把錢花掉！我們需要食物！我好餓，我的胃好痛，我們都沒吃晚飯，可是你卻要去嗑藥嗎？」莉莎會這樣大吼大叫。

聽著莉莎與爸媽吵架，我知道莉莎絕對有理。當冰箱只剩下一瓶壞掉的美乃茲醬，與一棵放很久的濕糊糊的萵苣，爸爸與媽媽實在沒有任何藉口，可以把最後的幾塊錢花在買毒品上。莉莎完全有理可以生氣。

但是，對我而言，事情並不總是如此黑白分明，一如莉莎所感知到的那樣。媽媽說，她需要毒品來幫她忘記糾纏她不放的悲慘記憶，忘掉她的媽媽與爸爸，他們造成她今日仍舊受苦不已。即便我並不十分清楚，爸爸他那邊嗑藥是為了忘記他過去的什麼事情，但我想必定是很痛苦的事，因為，如果爸爸沒有嗑藥，他會呈現戒毒所引起的憂慮症狀，好幾天癱在沙發上無法起身。他只要陷入這樣的狀態，我常常都快認不得他出來。

莉莎對我們父母的要求很簡單，她所全心盼望的，不過是一頓熱呼呼的晚餐，與好好地養育我們。我的要求也如出一轍。然而，我忍不住還是會注意到，如果我們一整天都沒有熱食可吃，那麼爸媽就是兩三天沒吃到熱食。當我需要一件新的冬季外套，我就會發現，爸爸的球鞋已經開口笑，只是用一塊粗膠帶黏合起來。不管如何，有一件事對我來說始終很清楚：爸媽只是沒辦法給我他們所沒有的東西。

他們完全無意傷害我們。他們並沒有比如說，大白天跑出去，去當其他小孩的好爸媽，然後晚上回來虐待我們。他們只是沒有具備，我所希望的為人父母的性格罷了。所以，我要怎麼來責備他們呢？

我記得，有一次在我生日的時候，媽媽從我這邊偷走了五塊錢。這個錢是爸爸的媽媽從長島那兒郵寄給我的禮物。奶奶寄來一張漂亮的生日賀卡，在她手寫的祝福話語與簽名之上，端正地浮貼上一張嶄新的鈔票。我把這五塊錢藏在我的梳妝臺上，心裡盤算著要去糖果店走一遭。但是我的糖果美夢並沒有成真。因為，媽媽等我一離開房間，就取走了錢去買毒品。

半個鐘頭後，媽媽手裡拿著一個裝著毒品的小袋子回家，我真的氣炸了。我要媽媽還錢給我，我對她飆罵許多惡毒的字眼；現在回想起來，還是很心痛。但媽媽完全沒有回嘴。媽媽突然從廚房桌子上抄起她的東西——注射針筒與古柯鹼——衝向浴室去。我繼續跟在她的後面，喊叫一句又一句刻薄刺耳的話。我以為她想逃開我，自己一個人躲在浴室嗑藥，但我猜錯了。從浴室門口，我反而見到媽媽把手中的東西丟入馬桶中。然後我意識到，媽媽在哭，她按下馬桶按鈕，把古柯鹼沖掉。儘管她如此渴望，她居然把全部的毒品沖掉。

她淚眼婆娑地看著我。「我不是怪物，莉姿，」她說：「我抵抗不了。原諒我好嗎，寶貝？」然後我也哭出來，我們母女相視而泣。我們最後在浴室地板上互相擁抱在一起；注射針筒漂浮在馬桶的水中，而我看著媽媽上上下下布滿打針針孔痕跡的手臂，內心很難過。媽媽繼續以溫柔至極的聲音重複問我：「小莉姿，原諒我好嗎？」

所以，我原諒媽媽。

她並非故意要偷我的錢，如果媽媽能夠忍住毒癮的話，她就不會這樣做。我向媽媽保證：「好啊，媽。我原諒妳。」這一次，我原諒了她，而在兩個月後，媽媽把冰在冷凍庫裡、教會送給我們的感恩節火雞，拿去賣給鄰居，然後把錢拿去買毒品，我也原諒了她。原諒她，並非意謂我沒有受到事件的打擊。只要爸媽讓我們挨餓，我就會心痛不已。但我不會因為這樣的原因而責備爸媽。我對他們並不生氣。如果要說我有厭惡什麼的話，那麼我恨毒品與上癮這樣的事，但我並不恨我的父母。我愛他們，我也知道他們愛我。對此，我毫無疑惑。

晚上的時候，媽媽在注射毒品的空檔，會來到我的床邊看我，幫我蓋好棉被，哼歌給我聽——不過只是重複吟著一句「妳是我的陽光」。她對我微笑，輕撫著我的頭髮；她親吻我的臉頰，告訴我她的孩子是她這一生最寶貴的珍寶。「妳跟莉莎是我的天使、我的寶貝。」她這麼說著，而我知道我備受寵愛。媽媽散發著雲絲頓香菸的氣味，而若隱若現的、酸酸的古柯鹼味道則始終縈繞不去——我就在這些氣味中，被哄著入睡。

在一個冬天的夜裡，凌晨四點左右，天空飄起冬來第一場的雪花，雖然爸爸已經很累了，但還是答應我的央求，一起到附近街區踏雪散步。清晨的初雪，在布朗克斯區街燈的照耀之下，如一床燦爛的鑽石閃爍著光輝，包圍著我們；整個世界彷彿只剩下我們兩個人，方圓數英里之內，只聽得見我們窸窣的腳步聲。我持續地懇求爸爸，於是我們愈走愈遠。他對我講述他以前在大學裡所進行的心理學研究；他教我一些他在學校裡所學得的知識，他堅稱有一天我會用到。「莉姿，我很愛妳。」爸爸這麼說著。在這個晚上，我們散了好遠的步，走過白雪覆蓋下、空蕩蕩的街道，所到之處皆無其他人影，感覺猶如真的沒有其他人存在，彷彿爸爸只屬於我，這個世界只屬於我們兩個。我心裡知道，我被濃濃的愛意呵護著。

毒品如同那種用來摧毀老舊屋舍的「大鐵球」，一次又一次地重擊我們家，即便莉莎與我因此受害甚深，但我依然無法不感覺到，需要去保護媽媽與爸爸。我想要把保護爸媽一事作為我的職責。他們有某種不堪一擊的弱點。儘管許多新聞報導指出，附近街區有強暴、強盜等犯罪事件發生，甚至在離我們公寓十條街遠的地方，有計程車司機遭歹徒持械搶劫而中槍，但是，他們的毒癮，依舊逼使他們不顧自身安全，整夜在街上出沒。

媽媽在夜間出入學院大道，全然不帶一絲恐懼，即便她視力有問題，讓她穿行在黑暗的布朗克斯區困難重重，但，媽媽來去自如，就好像她不會遭受任何傷害事件，而且她的視力也沒有被認定為已達眼盲程度一般。媽媽的視力糟到如果她在人行道上與熟人——甚至是家人——擦身而過，她也認不出對方。但她倒是很熟悉如何依據物體的運動狀態或形狀，來判斷車子開動與否，或有人朝她走近或走遠，以及此刻到底是紅燈或綠燈亮起。儘管如此，但她並不能讓自己全然免於碰到一些危險的事。

媽媽在附近街區遇過幾次攻擊事件。這些事件讓我很驚嚇，我會懇求媽媽待在家裡不要出門，但只要媽媽毒癮一發，任誰也無法攔阻她。有一個晚上，媽媽碰到一個歹徒用刀抵著她，要搶她的錢。顯而易見，她無法注意到有人盯住她圖謀不軌，而如果是視力正常的人，就能輕易發現有人鬼鬼祟祟。有一次，媽媽回家時，一隻眼睛青腫，嘴唇破裂；她跟我們描述說，搶錢的人一發現她身上沒有一點值錢的東西時，更加憤怒起來，於是把怒氣都發洩在她的臉上。

另外一次，當媽媽回到家時，就像以往一樣，一進門就帶著古柯鹼二話不說直接衝進廚房。我花了一點時間才注意到，她一側的牛仔褲沿著腳邊都破了，而且腿流著血。媽媽說，她被車子撞了一下。

「莉姿，不要緊的。那輛車並沒有開多快，我很快就爬了起來。我以前在做單車快遞的時候，也發生過同樣的意外。沒事的，我很好。」媽媽長話短說事發經過，就要求爸爸幫她準備注射針筒。很難判斷媽媽對於這些九死一生的經驗，是過於健忘，或是她一點也不在乎。不過，唯一可以肯定的是，只要媽媽一心想要得到什麼東西，她就會不顧一切去做。

媽媽的視力如此之差，她卻在一九七〇年代之時，為期三週，做著騎單車送快遞的工作，天天奔馳在繁忙的曼哈頓區的街道之上。當然，雇主顯然並不知道她有視力缺陷，但媽媽需要錢，所以她也不會主動明說自己的視障問題；她反而向一個朋友的哥哥借來一部越野單車。由於採論件計酬制，媽媽於是以會危及性命的車速，騎入川流不息的車陣之中。媽媽後來在發生第二次事故時，就結束了這次打工，但原因是因為借來的那部單車已經扭曲變形，而她借不到第二部。媽媽的個性就是這樣，一旦決心得到什麼，誰也阻止不了她，而她完全無所畏懼，似乎也不清楚自身所會面臨的安危情況。

在照顧自己方面，爸爸的情況也是半斤八兩。為了毒品出門奔走，爸爸會快步走上學院大道，穿越幫派混混出沒的區域——危險的富麗大道（Grand Avenue）與第一八三街。有一次，他傷痕累累回到家，鮮血自臉頰淌流而下，滴流到頸子與襯衫之上。就在我們這個街區不遠處，有一個男人把爸爸按在水泥地上揍他的頭，使得他幾乎花了一個鐘頭，才搖搖擺擺走到家。但是，隔天，爸爸照舊出門去買毒品。爸爸跟媽媽一樣，毒癮很頑強，使得他賭上自己的安危，一夜復一夜出門找貨，眼前只看得見自己要去的目的地，而漠視環伺的危險。他要去的地方，是位在富麗大道上的一棟房子，有著藍色的大門；他爬上樓梯的時候，會一邊把媽媽給他的皺巴巴的紙鈔撫平，然後把錢交給藥頭，換得一兩包粉末——而就是這些粉末擺布著我的父母，控制著他們的世界。

所以，在要上課的日子裡，晚上想好好睡覺，對我根本不可能。總得有人查看窗外，並注意他們是否遲遲沒有回家。總得有人負起注意他們安全的責任。而這個人，如果不是我，會是誰呢？出門買毒品的時間，平均來說，大約三、四十分鐘。假使超過這個時間太久，就表示有問題發生。我倚靠窗戶看著爸爸緩慢走在路上，身影在路面彎曲延伸的學院大道上愈來愈小，他又要去買毒品，而我腦子裡想著報警的電話號碼「九一一」。如果他遇到麻煩，我會有應變方案。家裡的電話，因為經常未繳帳單而斷線，但我可以很快下樓去街角打公用電話。

但我的夜間警戒任務並不止於此。在爸媽一次又一次的買毒過程中，我會鎮夜陪伴在他們身邊，尋找我可以出力的地方。爸媽很樂意把我納入他們的活動之中，而能成為他們的一分子，我是又驚又喜。我想到我最能發揮作用的一個地方是，協助爸爸躲過莉莎的注意，因為，只要莉莎抓到爸爸想要出門買毒，一定會大聲抗議。由於莉莎的房間就在門口旁邊，如何讓她無法察覺房子裡的動靜，始終是爸爸的難題。於是這就成為我可以介入的地方。

當爸爸想出門而躊躇不前的時候，我會像個把風的偵察兵一樣，站在連接門口的走道上，協助觀察。我感覺自己很勇敢，如同爸爸所喜愛的警探影集《山街藍調》（*Hill Street Blues*）裡的角色一般，我們兩個彷彿由此成為犯罪搭檔。

「跟我講什麼時候可以出去。」爸爸輕輕地說。他穿好衣服、做好出門準備，躲在客廳隔間後面，等待我的訊號。

「現在可以了喔。」爸爸在出門前，總是會讚許地對我點點頭，這讓我的心頭掠過一股幸福感。我們是一個團隊。「不用擔心，」我跟在他身後走下門廊，小聲說著：「我會掩護你。」

而在媽媽等著爸爸待會帶貨回來，一邊準備著吸毒器具，一邊心情變得急躁起來，我如何能在這種時候上床睡覺呢？看著媽媽叨叨絮絮說著話，明亮的琥珀色眼睛散發著激動的光芒，我絕不可能放棄這些短暫出現的時刻。媽媽與我共度只屬於我們兩個的這樣難得的時間，有關上學的事情只會被拋諸腦後。我們會坐在客廳裡，一起聊著她在六〇年代末、七〇年代初，還是個青少女時，在格林威治村所發生的故事。

「小莉姿，妳真應該看看我那時候的樣子的。我那時候會穿高到大腿的皮靴，而且靴子的鞋跟還是木頭做的。」

「真的啊？」我假裝不知道她已經講過這些事情上百遍，我反而還會表現出每一個情節都像是首次聽到一般，假裝很驚奇、充滿好奇心。

「對啊，不騙妳！我還頂著一顆非洲爆炸頭喔。我的髮型總是走誇張怪異路線，這是來自我義大利裔的血統。不過，每個人也都這麼做。妳爸爸他還留著很大一叢絡腮鬍。真的不蓋妳！」

在這些等待的夜裡，媽媽如同跟老朋友談天般，對我掏心掏肺，有關她浪跡街頭的生活、嗑藥的場景、與過去男友間的做愛記憶，特別是她深深受創的童年，無一不鉅細靡遺說給我聽。媽媽在分享心事時，我完全沒有對於那些事情表現出受到震驚或覺得粗野下流的反應。我反而冷靜以對，讓媽媽感受到我在專注傾聽，我甚至會對一些我幾乎一點也不了解的事情，點頭表示心有同感。媽媽從未注意到談話內容與我的年紀問題；她只是持續不斷地講，沉浸在自己的記憶裡。

在這些夜間談心中，最有趣的部分是，媽媽所憶起的過往故事，總是出之以正面的方式，彷彿在講述一場場的冒險經驗。但我心知肚明，這只不過是她期待嗑藥前、為時甚短的副作用。當她嗑過藥，情緒漸漸平復，毒品開始失去神迷的效應後，相同的往事卻會使她沮喪消沉。在她來到如此低潮的時刻，我依然會陪伴在她的身邊。當她需要對人吐露心聲，如果我不在旁邊，那麼會有誰願意傾聽呢？但在我們等待之時，一開始總會有這樣一段短暫、美好的親密時刻。我會不時去窗口探看爸爸回來了沒，而媽媽則以罕見的喜悅語調，娓娓回憶過去。

「啊，我那時候總是會因為吸毒而產生幻覺喔！迷幻藥真的會把人搞得亂七八糟，小莉姿。特別是當你去聽演唱會的時候。絕對不要吃迷幻藥，好嗎？它會引起你滿腦子跑著不真實的事情。那樣真的好怪！」

在走廊響起爸爸沉重的腳步聲之前，媽媽就已經擺好要盛放粉末的湯匙，她後來會用針筒將溫水注入湯匙中，以溶解粉末。她會擺上一只舊的塑膠餛飩湯碗，用來盛水。然後旁邊會擺上鞋帶，這是用來綁手臂，以浮出靜脈；他們會使用個別的針筒來進行注射。我們的對話持續進行，媽媽一邊檢查針頭，把它舉高，透過閃爍的日光燈管來查看，然後再擺回廚房的黑色美耐板桌子上。觀看著她準備這些器具，也成為我的習慣的一部分。

「嗯，我以前老是會碰到星探，說可以讓我當模特兒。不過，大多數這些經紀人都只是想上床而已。

妳要小心這些傢伙，他們到處都可以碰到。等一下——」媽媽停了一會，在針筒裝水後，測試針頭噴水有無阻礙。「對，我是要跟妳說，很多男人可能都是一些爛貨色，要小心注意。不過，不管怎麼說，我那時候是玩得蠻開心的。」在她說話的時候，我的眼睛注視著媽媽身後的牆面上，一點一點已經乾掉的血滴印子，這是有時候他們在注射時，靜脈跑掉後，將針筒噴出所留下的痕跡。就只差沒有消毒的過程，不然這個準備儀式像極了醫生助手羅列器具，等著接下來要進行的小手術。爸爸不久就會帶回一小包錫箔紙包裝的粉末，用來治療他們的癮頭。

每一個晚上，都上演著如此這般的戲碼。在爸媽跑進跑出、注射古柯鹼期間，他們就像一對相互搭配的摔角隊友，而只有我陪伴在他們身邊，與他們共度漫漫長夜。莉莎早已上床睡覺，他們兩個人只屬於我一個人，而我會幫忙注意他們的安全問題。即便他們進入嗑藥後的恍惚狀態，他們還是在那兒，在我身邊咫尺之處。

爸媽嗑藥後的反應總是一模一樣：眼睛張得老大，宛如處於永遠的震驚狀態的神情；臉部會出現不由自主的小小抽動，就像有電波通過一樣。媽媽會被某種反射性力量所促動，在房間裡繞圈圈，鼻子呼呼作響，手指夾緊，朝著天花板講話。在毒品藥效發作期間，媽媽不會跟人有眼神接觸。

大約二十分鐘過後，當她經歷飄飄欲仙的快樂，逐漸平復下來，一個鬱鬱寡歡的媽媽就出現在我眼前。這個轉變，可以從她講故事的方式中看出。

「他答應我們了——我爸爸他甚至發誓說，要帶我們離開那裡。小莉姿，他要帶我們去巴黎喔。妳知道，我是她最疼的女兒，我很清楚，連蘿莉她也很清楚。每一個人都知道他最愛我。妳知道，在我很小的時候，他打斷我的鎖骨，他還想要把我從窗戶扔出去！」媽媽嚷道，眼睛盯著客廳的天花板。媽媽過去的苦難讓我很心痛，我打從心底希望，可以抹去她的爸媽對她所做的每一件壞事。我只願我能一筆勾消她的所有痛苦。

在媽媽身後，爸爸的身體抽動著，一邊煩躁不安地擺弄那些吸毒器具，他以極緩慢的動作，一遍遍清理那些用具——灑出了什麼東西，不小心絆倒，到處摸摸弄弄，他一整個人完全陷在毒品發作的效應裡。

「小莉姿，都是酒精害了我爸，讓他搞出這些壞事。他一直都很對不起我。他很愛我。妳也覺得他愛我，對不對？」她問我，一邊敲著啤酒罐發出突突的聲音。媽媽接著就會開始哭泣。

媽媽三番兩次往下拉開 T 恤的領口，讓我看看她的不平整的鎖骨。一根骨頭突出來，與對稱的另一邊骨頭分開；這是在她才會走路的時候，被甩去撞牆、發生骨折後的結果。媽媽每每談到此事，臉上所出現的驚恐，在在說明她還在事發現場，彷彿她重新經歷那些記憶中的恐怖情節。她為了逃離過去、為了重拾生氣而嗑藥，但是不知何故，毒品總是讓她重返創傷，彷彿她一而再、再而三發生悲劇，而且就在我們的客廳裡面。

「媽，我愛妳，我現在就跟妳在一起，」我安撫她：「媽，我們都很愛妳，我們人就在這裡。」

「我知道，小南瓜。」但我可以看出，她根本沒有把我的話聽進去。她的哀傷太濃重，把她自我的眼前遠遠拉開，誰也難以觸及。

當媽媽講著話，我就放棄了我的需求：我不睡、不寫回家功課、不看電視、不玩玩具——所有玩具都堆在我的黑漆漆的臥室裡。她的痛苦急急地將我包覆起來，以至於愈來愈難以理解存在於我們之間——在年紀上、在責任上——的所有距離與差異。

所以我學會像友人一般與她說話，即便我並不十分清楚自己在講些什麼。我不停地說：「他應該是愛妳的；他是妳的爸爸呀。媽，我想是啤酒弄得他很生氣。如果他可以不喝酒，那麼他就會是妳的好爸爸。」這些話假使有撫慰媽媽的心，那也只能發揮一時的效果而已。半小時過後，媽媽套上袖口很髒的米白色外套，一邊擦去發紅的臉龐上的淚痕，準備重返黑暗的街道，為下一次忘我亢奮籌錢去。而在他們的臥室，只見街燈映入污濁窗戶的微光，爸爸沉入肢體僵直的昏睡狀態；入夜後的幾度嗑藥使他的昏睡情況更為惡化，但是他有時仍會被留存在體內的毒品藥效所驚醒。

我照例回到窗邊守望著，確認媽媽沿著學院大道往前走。「九一一，」看著媽媽的身影愈來愈小，我喃喃自語：「九一一。」她要再去水道酒吧轉轉，如此一來，她才能再度啟動這一整個吸毒儀式。

媽媽消失在我的視野之後，我會藉由那些我愛看的夜間情境喜劇節目如《歡樂酒店》（*Cheers*）與《蜜月中人》（*The Honeymooners*），來數算半小時的時間。在爸媽吸毒循環中的所有空檔，我總是藉由電視的陪伴來等待。我通常會看這些喜劇節目，還有電視購物廣告，最後則以清晨五點的晨間新聞，來結束我的夜間生活。當我準備上床睡覺時，天際已經出現微弱的藍光。到了這個時間，酒吧終於關上門，而還逗留在街上的人，只有妓女、流浪漢與毒蟲——所有這些人，都跟媽媽一樣身無分文，向他們討錢只會自討沒趣。所以媽媽會回到家來。最終安全在家，她會癱倒在床上，躺在爸爸身邊，疲憊與倦怠這時終於戰勝嗑藥的癮頭。確實，疲憊感是少數幾樣可以與毒癮較勁的對手。當我確定媽媽已經躺在床上，我最後也鬆了一口氣，我們所有人現在都可以休息一下了。

黎明時分，晨間新聞的快活音樂與媽媽的打鼾聲，交織成家裡唯一的聲響。我準備要上床睡覺，穿上那件寄自長島的藍色長睡袍；爸媽的身體隨著呼吸的節奏起起伏伏，媽媽沒有換衣服就睡下，而爸爸穿著內衣，早已睡著。我把電視關掉，回到床上攤開被褥，心裡想著，如果爸媽毒癮沒有這麼強的話，應該會有比較多的時間陪伴莉莎與我，而且他們的生活也會比較上軌道。

「莉姿，趕快起床啦！」當我還在幼稚園班時，莉莎就已經對我那時候經常遲到曠課，失去了耐性。到了我上一年級，她就徹底不加掩飾她的敵意。

「妳每天都很爛，快點，趕快爬起來！」她整個將我的被子掀開，使我冷得直打哆嗦。可以聽見窗外傳來小朋友嘻嘻鬧鬧趕公車的聲音。一位穿著藍色雨衣的女人穿著哨子，在引導他們上車。我卻還睡不到兩個鐘頭。

每天，莉莎因著某種自發的神祕堅毅力量，用不著跳起床來按掉尖叫的鬧鐘，就可以自動起床，自己用水洗臉，從掛在衣櫥外的兩三件舊衣服選一件穿。一旦著裝完畢，她就會在出門前展開與我之間的每日戰鬥劇碼。

她一開始會很溫柔，輕輕搖我的肩膀叫喚我：「莉莎，起床的時間到了哦……莉莎，早上了哦。」她這時候的語氣溫和又具建設性。但過不了幾分鐘，她就了解到，她需要以更為堅定的作法才能讓我醒來，更不要說接下來還得洗臉、穿衣服。

幾個月下來，莉莎扯破十幾次我的床單，在鮮少開暖氣的家裡，室內空氣很凍，我暴露在外的手腳冷得直發抖。為了保護自己，我會緊抱枕頭、蜷縮身體成球形，而她會用力拉扯枕頭一角，讓枕頭脫開我的掌握。在這種時候，我恨她更甚討厭上學；即便我心中牢牢記得一個個可怕的、愛嘲笑我的同學臉孔，但我拚命掙扎想留在家裡的動力，卻是因為莉莎。我尤其厭惡我所感受到的來自她的那種喜悅——她因為主動想扮演監督我的大人角色而沾沾自喜。

「我是妳的姊姊，」她大叫：「妳必須聽我的話。妳再不起來，我會把冷水倒在妳的頭上！」

她說到做到。莉莎於是潑了一杯冰水到我頭上，我氣瘋了。但是即便又濕又冷，在某些日子裡，這一招並不一定奏效，我還是可能死命窩在床上。

陪伴爸媽熬夜後的那些早晨，就好像我才躺下不久，莉莎就氣急敗壞站在我的床頭前。而這一天，我終於勉強起身，隨便套上前晚扔在一旁的衣服，躡手躡腳小心走著，以免吵醒還在睡覺的爸媽。但是莉莎似乎沒有注意到他們還在睡覺，天亮後每五分鐘就對我大吼，警告我如果不快點，我們又會上學遲到。而一來到街上，戶外的冷風刺激著我的臉，讓我稍微醒來一點，然而到了學校後，教室裡的吵雜聲與日光燈的照明，又使我昏昏欲睡起來。我很睏，感覺腦袋昏沉不清，壓根兒沒有任何學習的興致。

麥克雅當思太太每天都會考課文聽寫，我已經多少能自己應付閱讀。媽媽已經在我床邊讀了夠多遍的《荷頓奇遇記》（*Horton Hears a Who!*），所以我漸漸領悟該怎麼自己去看書，我也嘗試讀了其他書籍，比如莉莎三年級的英文課本，以及一點點爸爸在讀的那些犯罪小說；家裡到處都看得到這裡一本、那裡一本的。這使我不免對那些按部就班教導正確拼寫與文法的作法，提不起興趣，而任由自己在睏倦中昏昏沉沉。我的意識漂浮，目光環視教室遊移不定，直至兩眼最後不支、闔了起來。

在半清醒的狀態下，我想著，媽媽不知道起床了沒？如果起來了，她會自己一個人看《價格大猜謎》節目嗎？她會心情還不錯，決定出外散散步嗎？如果我這時候在家，她會帶著我跟她一起出門嗎？

麥克雅當思太太結束了閱讀課，接著複習起幾個數學練習題，我就很難跟上進度了。上課的每一分鐘都度日如年。她持續講課，我通常會做做白日夢來殺時間，比如想一下，我該如何跟學校護士捏造必須送我回家休息的理由：胃痛、感冒、發燒，或者得了鼠疫。這些理由，有些其實也有點道理。每當麥克雅當思太太停下來掃視全班，想隨便點一名同學來回答問題，我的胃總是尖銳絞痛，我發著抖，感覺自己可能會吐出來。

當下課鈴聲響起，我很快就把作業簿塞進包包。我總是努力要趕在全班同學前面，偷偷溜出教室。這些同學讓我很緊張。如果在離開教室時，走在他們之間，我會全身緊繃。我想，至少媽媽已經用驅蟲洗髮精與梳子，把我最後幾隻頭蝨都挑光光了。不過，我依舊是班上的怪胎。他們這麼想，而我也是；我從他們瞧我的眼神就可以了解。我身上穿著髒兮兮的衣服；我的襪子已經好幾個星期沒洗；而內褲會穿到褲襠處都綻線破了為止。我知道我有臭味，所以我知道他們也必定聞得到。

爸爸曾經這麼說：「誰在乎別人怎麼想？他們要怎麼想，是他們自己的問題。」我試著告訴自己，同學對我的評價與判斷都不關我的事。從某一方面來說，我的生命歷程要比他們所有人都快——他們誰可以在父母面前隨意口出惡言，或是自己決定何時上床睡覺？他們知道性愛嗎？他們的年紀雖然也是六歲大，但他們可以大略解說有關注射毒品是怎麼一回事嗎？比較起他們而言，有關這類事情的知識，無疑給予我某種早熟的感受。同樣地，對比於我，其他的小孩似乎全部都比較像是「真正的小孩」，而我有點難以捉摸原因所在。他們很容易彼此相處與交朋友，他們充滿自信舉手回答老師的問題——這在在都讓我備感威脅。或許我較為早熟，但我擔心自己一路走來是否跳過太多階段，抄捷徑的結果使我感覺自己支離破碎、坑坑洞洞——真的感覺自己像個「怪胎」。

正是這種自覺與眾不同的感受，讓我處身在教室內備受折磨，把我更加推向疲憊的深淵，絞弄我的胃發出劇痛。一天末了，我總是深感慶幸，因為我終於可以走了。

我很快走到學校外面，接著再快快走上一段路，我就會到家，很開心可以把學校的一切遠遠抛在身後。我只是欣慰自己有其他地方可以休息一下。我確實在整個午後直至晚上，都躺在沙發上睡覺，而當我醒來，我就有力氣進入家庭生活的中心，讓風暴把我吞捲進去。

經過幾個星期向媽媽解釋學校如何令我失望，到了十二月，媽媽允許我可以待在家裡多一點時間，儘管她說這完全違背了她對上學的看法。於是我們又再度一起觀看電視猜謎節目，坐在沙發上吃著美乃滋三明治。爸爸每天都睡到中午過後，每次他起床後發現我在家，總是很生氣。「莉姿！妳怎麼又沒去學校？」他對我大吼，彷彿他完全不了解原因，如此驚訝於已經成為常態的事實。「妳明天要上學，知道嗎？」他說著；但卻從未去解決早上叫我起床的問題。他只是一天又一天看著我待在家裡，不滿地搖了搖頭。

在我缺課三週後的一個星期四早上，莉莎又在叫我起床穿衣服的戰爭上敗下陣來，於是自己去了學校，但不久之後，我聽到重重的敲門聲。只有我一個人因為砰砰的門板聲響而醒來。我聽見外面門廊上有兩個人在講話：有一個女人與一個男人。他們再度敲起門來，這次敲得更大聲，也敲得我心驚肉跳。我躡手躡腳走到爸媽的大床旁邊。他們睡得很沉，沒有醒來的跡象。我接著又聽見門廊上那兩人彼此對話的聲音，好像在討論什麼臭味的問題。我知道他們在講我們家。差不多六個月以來，爸媽幾乎沒有在清理家裡。所有家具上都積著灰塵。而有一晚，因為媽媽大發脾氣，一拳揮向窗戶，導致玻璃破裂，而且割到她的手——那塊破掉的玻璃，一直都沒有換掉。為了防止雨雪打進廚房裡，我們所能做的，就是在破窗上偶爾設法黏貼上一個塑膠袋；但效果有限，廚房經常濕漉漉的，而房子裡的氣溫則很凍。莉莎與我在那個冬天都得了感冒。而家裡的冰箱也壞了，自此以後，爸爸都把整瓶牛奶與一包包乳酪直接放在外面的窗臺上。不過，在門廊上的陌生人所聞到的臭味，則八成是來自浴缸。

浴缸的排水管不知何故堵塞了起來。然而，莉莎還是在裡頭淋浴洗澡；她會用水桶先汲出一部分的髒水，然後反轉水桶，放進浴缸內，宛如一缸濁浪中的小島，她接著就站上這個水桶小島上洗澡。莉莎就這麼形成淋浴新習慣，但她沖洗身體的水，卻從未排空，幾個月下來，水色已經轉黑。而同時間，浴缸邊緣也積著一層黑垢。如果去攪動浴缸的水，會有一股臭水溝的味道衝鼻而入。

有一會兒，沒有敲門聲；那兩個人講著話，一邊從門板底下的縫隙，塞入一張紙。過了幾分鐘，我聽見他們離去的腳步聲。

我從臥室的窗戶，偷偷看了看樓下的街道。一名黑皮膚的男人提著一只公事包，而女人有著褐色肌膚，身穿長外套，正一起走向一部跟別的車子並排停車的轎車。男人抬起頭張望，我立刻躲起來，但心中猜想他八成看到我了。不過，他們只是把車開走。

我悄聲慢慢走向門邊，撿起那張紙。這封通知信要求，伊莉莎白．茉芮的父母或監護人必須就有關她的曠課一事，打電話給敦比亞先生（Doumbia）說明源由。通知信底下有一支電話號碼，旁邊還畫著一名大人握著小孩的手的漫畫圖案。我並不清楚「曠課」這個詞到底是什麼意思，但我猜應該跟我沒去上學脫不了關係。

我再去爸媽臥室，確認他們沒有聽見任何異樣。然後我把這張通知信折了好幾折，然後撕碎它，接著把這些碎紙片分成幾個部分，塞進垃圾桶裡不同的位置裡面，混在濕濕的衛生紙、香蕉皮與啤酒灌之間，直到完全看不見痕跡為止。

有一天晚上，媽媽回家後，對大家宣布說，她在附近認識了一位新朋友，是一位名叫泰拉（Tara）的女人。

「我在藥頭那裡排隊等著要買一小包五塊錢的貨時，看見另一個『白人』小姐也站在那裡。這很少見，對吧？所以我就跟她聊上幾句。」媽媽講到這裡停了一下，似乎就在我們的客廳裡，鄭重下了決定，說：「我喜歡她。」

她們兩個如此投合，一離開那裡，就一起走去泰拉位在第二三三街與百老匯大道（Broadway Avenue）交口附近的家中，一起嗑古柯鹼。不久之後，媽媽、莉莎與我就成為泰拉家的常客。

泰拉留著一頭柔軟的金色長髮，不過前額與頭顱兩側的頭髮卻都剪短；生起氣來，臉部會輕微地抽動一下。她穿著粗毛線毛衣與有破洞的石洗牛仔褲，如果忽略她的年紀的話，她這個模樣的打扮，彷彿永遠都準備好，待會就要去參加某場八〇年代華麗金屬搖滾演唱會的樣子，雖然她應該已經四十出頭了。她有一名七歲的女兒史蒂芬妮（Stephanie），個性潑辣，隨時就會無緣無故發起怒來，莉莎與我會在她背後，口出惡言取笑她為樂。史蒂芬妮一身棕色肌膚，眨著一雙小小的黑眼珠，一頭鬆散的黑髮，看起來應該比較像她的爸爸；不過，泰拉已經跟小孩的父親失聯了。媽媽告訴我，這個男人過去曾經參與演出某個七〇年代的情境喜劇，好像還蠻有名氣的。泰拉說，這個男人所賺的錢，史蒂芬妮幾乎一毛也沒花到。

在泰拉的家裡，莉莎、史蒂芬妮與我一起玩玩具或看卡通，而媽媽與泰拉則在廚房嗑藥。我注意到，在泰拉家，她們在準備吸毒過程中所傳出的聲響，相當不同於爸媽在家裡的氣氛；泰拉在整段時間中，都不停跟媽媽聊著天。以前，我總以為，存在有某些技術上的原因，使得爸媽在嗑藥過程中如此安靜。聽著泰拉與媽媽東拉西扯，我理解到事情並非如此，這使我懷疑起，爸爸與媽媽的關係，是否真如我所以為的那麼親密。

媽媽與泰拉在一起時，她們只談三種話題：史蒂芬妮的爸爸、毒品的品質，與兩個人所選擇的吸毒方法。泰拉直接以鼻子吸進古柯鹼粉末；我發現，這是大多數吸毒者所採行的方式。爸媽則相當不同。幾乎每一次泰拉看見媽媽使用注射針筒，我都會聽見媽媽要為自己辯解一下。

「老天，珍妮，妳用那個東西要幹什麼喔？」

「這總比讓這些白粉把妳的鼻子搞壞強多了吧。妳想難道我要在五十歲的時候，鼻子那裡的軟骨都不見了嗎？」媽媽說。

「好吧，珍。妳知道，那個男人以為養小孩，就是你想到時寄張支票來那麼簡單——我應該說過了吧，可是他從來也沒寄來任何一張支票過！反正，妳知道，養小孩是遠遠難上加難得多了。」

我發現，媽媽在新朋友面前，並非是很稱職的聊天對象；至少在她嗑過藥後，她的表現更差。

「我了解。」她通常的回話，就只說這麼多；不過，這已經足夠讓泰拉繼續講下去。

「嗯，只要我上法院告他，告到他一塊錢不剩，他肯定被搞得七葷八素。這個有頭有臉的大人物，他是逃不了這個懲罰的。」泰拉信誓旦旦地說，一邊舉起夾著香菸的兩隻手指向上指來指去。

媽媽與泰拉發現她們之間有好多相似的地方。她們都有個虐待成性、經常不在家的爸爸；她們在還沒準備好時，就生了小孩；她們都依賴政府補助金過活。她們都偏愛勁頭強的古柯鹼，勝過其他毒品；不過她們在一項關鍵點上，兩個人的作風很不一樣——為了維持嗑藥的習慣，她們所訴諸的掙錢辦法。聽著媽媽講說她如何討厭每個月死等活等補助金支票，與在酒吧跟人磨蹭要錢或在路上攔人要錢，其實也並非是多難的事……泰拉誇張地點頭，表示理解。

「至少，我知道用這些辦法，可以讓我不用死等。我真的好討厭等支票。」媽媽說。

泰拉說媽媽跟人要錢是「叫化子」的作法，她說她們犯不著這樣做。但媽媽想要嗑藥時，比較可以不在乎自尊的問題。

「喔，不是這樣的，珍，我們要來幫助妳擺脫這種辦法。妳應該認識一下朗恩（Ron）這個人的。」她告訴媽媽。「他照應我的生活。他可能也可以幫妳一把。妳不要再去向人討錢了，那真的很不好。」她再三強調。

就在接下來的星期天，我們一群人跟朗恩碰了面。他年紀稍長，大約六十好幾歲，身形瘦削，膚色蒼白，有一對大大的棕色眼睛。他穿著深棕色的夾克，兩個手肘處縫有防磨損的布片。他會使用與平常不同的腔調，來對小孩子講話。

「哇，哈囉，妳們這些可愛的小女生啊，我們大家今天要去玩什麼呀？」我們在泰拉的沙發上坐成一排，看著他對我們說話。剛過正午的陽光穿過半透明的窗簾灑了進來。

史蒂芬妮起身抱著他的腿打招呼。莉莎與我有一點怕生，所以我們並沒有動作。他試圖給糖果來討好我們。我從他手裡飛快拿來三顆奶油糖，並且急急拆了一顆。他一臉微笑，摸著我的頭。

「好乖的女生喔。」他說。

莉莎一直安靜不語，握著手裡的糖果，直到朗恩回頭走向廚房。他在離開前，對她眨了眨眼睛。莉莎轉過頭來，對我說：「別吃這些臭糖。」還一把從我手裡搶走糖果。

「為什麼？」我低聲抱怨。

「我們不認識他。就是這樣。」

「妳永遠在搞破壞！」我尖叫。

從一開始，莉莎就不喜歡朗恩。「他是陌生人。」她總是提醒我說：「我們又不認識他，要把他當陌生人。」

但是，如果他是泰拉的朋友，他還算是陌生人嗎？而且，陌生人會帶我們出去吃東西嗎？甚至，陌生人會買糖果給我們，並且開著那輛紅色大車，載我們到處兜風嗎？尤其，媽媽會對陌生人這麼熱絡嗎？

泰拉的貨，大多數都是朗恩帶給她的；她也預測，朗恩也會給媽媽帶貨來。果不其然。

當莉莎、史蒂芬妮與我趴在泰拉家裡的厚絨布地毯上看卡通影片，泰拉會把媽媽與朗恩帶進廚房。不久之後，她們三個人會悄悄走進臥室，關上門，有一陣子不會出來。偶爾，我們會聽見吃吃笑聲或是一個什麼碰撞聲，但很難判斷他們在裡頭做什麼。朗恩會率先走出來，回到客廳。

「現在，哪一個小女生肚子餓了啊？」他搓著手問道。

朗恩帶著我們一群人去國際鬆餅屋（International House of Pancakes）用餐，離泰拉的公寓不遠，就在百老匯大道上。他說我們想點什麼就點什麼吃，讓我們受寵若驚——因為，莉莎與我在此之前都從未有過如此的待遇。朗恩話裡所暗示的「無限供應食物」，感覺很不真實。我點了一大份鬆餅，我們兩個一起吃都可能會吃不完。莉莎也點了一大份。鬆餅送上來後，我開心地幾乎把整瓶糖漿都淋了上去。沒人注意我在做什麼。史蒂芬妮照例點來煎蛋，讓我跟莉莎頻頻作噁，因為我們實在吃了夠多的蛋，而且我們吃蛋只是為了活下去。史蒂芬妮一邊吃，一邊用叉子像打鼓一般咚咚敲著桌子，並且兩隻腳到處踢來踢去。

在用餐時，媽媽、泰拉與朗恩小聲地彼此講著事情。大部分時間都是朗恩在講話，他傾身靠向她們，以便能講悄悄話，並且把手放在她們的大腿上，我看到這讓媽媽有點坐立不安。

我們的下一站，去到了布朗克斯區一處荒涼的地方，靠近幾棟燒毀、廢棄了的建築，那兒有一些男人戴著俗麗的鍊飾站在街角，旁邊放著很大的一臺錄放音機，一邊跳著舞。朗恩從夾克胸側的口袋拿了一些錢，遞給媽媽與泰拉；媽媽叫我跟莉莎待在車裡不要出來。她跟著泰拉走了過去，把錢交給那些男人；我知道她們是去買毒品。當我們等著她們回來，朗恩轉過頭來跟我們聊天。

「妳們這些小女生怎麼這麼可愛呢？」他問：「就像車子裡面都坐著超級名模哦。」

史蒂芬妮咯咯笑了出來。我則專心注意著媽媽的動靜。

媽媽與泰拉所攀談的那些男人的神色，讓我很緊張。我緊緊閉上眼睛，一直到我聽見媽媽坐進車子裡才睜開來。當車子再度啟動，泰拉以「拚字母」的方式，告訴朗恩說她們兩個人各買到十元一包的貨。

不管媽媽怎麼跟泰拉解釋，莉莎與我都知道毒品是怎麼一回事，但泰拉在我們與史蒂芬妮的面前，都儘量小心講話，有關毒品的事情保持得很隱晦。

「泰拉，我知道妳講的是『十元一包的貨』，我知道那個字怎麼拼。」莉莎說。

「是喔，閉嘴，莉莎。」泰拉怒斥。

回到泰拉的住處，在朗恩的陪伴下，她們兩個嗑藥嗑了好幾個鐘頭。

朗恩開始在每個星期天，開著他那部沾滿灰塵的車子，到泰拉的公寓，來載我們出門繞繞。這些坐車出遊，成為我一整個星期中最期待的事情。不管發生什麼事，我天天數算著日子，一心想著星期天。不過，從媽媽給我的暗示，只要爸爸人在旁邊，我就會隱藏起我的興奮心情，並且絕口不提跟朗恩一起做的事情。比較是出於本能，而非對全局的了解，我知道，我們那些出遊玩樂，媽媽並不想讓爸爸知悉太多。而就他所知，我們只是去跟媽媽的朋友們瞎混而已。

朗恩八成也跟我一樣很期待星期天的到來，因為他從不曾遲到。他會在早上十一點整，出現在泰拉的公寓樓下，按喇叭按三次。我們會隨意開車兜風幾個鐘頭。泰拉在前座把收音機開得很大聲，我們一路上都跟著唱歌。

同樣是去國際鬆餅屋，我們大啖鬆餅、香腸與柳橙汁，而朗恩則跟媽媽與泰拉咬著耳朵講著神祕兮兮的事情，有時故事的內容會使她們笑得前俯後合。

「為了不賠上老命，當然得想辦法找出路！」泰拉在朗恩的話尾，附上這麼一句，並且用拳頭啪地一聲敲在桌子上，把刀叉弄得叮噹作響。

「泰拉，妳也太好笑了。只有妳才會這樣。」媽媽說道。史蒂芬妮一直很過動，始終在踢著自己的椅子。不管媽媽與泰拉有無注意到，朗恩的眼睛不停上上下下瞄著她們的T恤。

有一天，泰拉有事要忙，所以我們單獨跟朗恩碰面。他建議說，媽媽、莉莎與我可以去他家玩；他家位在皇后區（Queens）。

「走吧，珍。」他拉著媽媽的手腕，哄著她走出我們公寓前門。「我們可以去買一包貨。妳會喜歡我的住處的，我家還不錯。」

開到那兒的路程很長。這是我記憶所及，第一次開上快速道路。兩旁颼颼奔馳而過的車輛，讓這一趟旅程蒙上些許冒險色彩，不過莉莎卻睡著了。

沒有泰拉隨行，媽媽與朗恩彼此之間似乎找不到閒聊的話題。朗恩放上卡帶，車子裡於是縈繞著一位鄉村音樂歌手低吟的歌聲。一整趟靜默的車程中，媽媽焦躁不安地坐在位子裡。我想我看到一次朗恩把手伸過去，放在媽媽的大腿上，不過媽媽很快動來動去，以至於我無法清楚確認發生這件事。

朗恩的住處，是一棟真正的房子，有兩層樓高，前面有個院子，還有一個車庫。客廳與餐廳之間，用一格格方形玻璃所砌成的厚牆隔開；在一臺黑色大鋼琴上方，懸掛著藤蔓植物。所有裝潢都使用閃閃發光金黃色的木材做成。朗恩與媽媽直接朝廚房走去。莉莎轉開電視，我們一起坐在好大的一座黑色皮沙發上，看著卡通片。

幾個鐘頭過後，朗恩粗糙的手搖著我的肩膀，我醒了過來。

「女孩們，醒醒喔。」

「媽媽在哪裡？」莉莎問。

「她去雜貨店買啤酒，待會就會回來。」

我之前從未看過朗恩穿著短褲。媽媽怎麼把我們丟在這裡呢？

「雜貨店離這裡有點遠，所以要等個一會兒。她叫我要照顧妳們兩個；她還說妳們需要洗個澡。」他告訴我們；他的手掌交握，表情嚴肅地垂著下巴，但有股虛偽的神色。

由於，我一兩個月不洗澡、不刷牙，並非多不尋常，所以，這個洗澡的指示突然讓我覺得很奇怪。有一次，我在學校教室裡幫忙掛上表現優良的測驗卷，老師注意到我的脖子上有一塊有污垢的地方，她當時告訴我說，晚上淋浴的時候，要很用力把那兒擦洗乾淨。雖然家裡的浴缸堵塞，使我不能洗淋浴澡，但我回家後，還是很尷尬地拿著毛巾用力擦著脖子。然後就看見一點一點的污垢丸子掉落到我的手上。

我於是想到，也許是家裡浴缸無法使用，使得媽媽要我們利用機會在這裡洗洗澡。

當莉莎與我一起坐進飄著肥皂泡泡的洗澡水裡，朗恩從馬桶座那兒瞧著我們。我不只之前沒見過朗恩穿短褲，我也沒看過他沒有穿上斜紋軟呢夾克的時候。在熱氣蒸騰的浴室裡，我看見，沒穿夾克的他，顯得如此苗條，幾乎像個女人的樣子，他的兩個大大的乳頭，還從上衣底下透出形狀來。我真希望他穿回夾克，然後走開。白色的磁磚潔淨地閃閃發光，整間浴室飄著檸檬的香氣。當我們洗著身體時，他的眼睛一直盯著我們脖子以下的地方看。在那個目光裡，有些異樣，讓我想要遮掩我自己。我縮起身體成一個球形，把膝蓋縮到胸部前。莉莎的臉色，看起來介乎擔憂與氣憤之間。

「妳們的媽媽要我確認，妳們每一個部位都洗乾淨了。」他說：「我要看到每一個地方都洗得乾乾淨淨喔。先看看妳們的腳，再看看腿。要伸出洗澡水外面來洗，不然不會洗乾淨。」

在他的要求下，莉莎與我舉起腳、腳踝、小腿、大腿，舉出水面，然後擦洗乾淨。

「好，現在要來洗一個最難的部位，就是妳們下邊那裡，所以，妳們要把那裡舉高，離開水面，把每一個縫隙都洗得清潔溜溜。來吧，我要看得一清二楚，看那裡有沒有洗乾淨。」

「怎麼做呢？」我問。

「不會嗎？就是用手把自己從浴缸裡撐起來，讓妳們那裡離開水面啊。」他興奮地說道。

「我知道要怎麼洗澡，」莉莎皺著眉頭說：「你不需要看著我們。」朗恩吞著口水，眼睛看向浴室其他地方；這是他第一次沒盯著我們的身體看。

在莉莎講話的時候，我已經站起身來，擦洗著胯下。我多少有些疑惑，為什麼莉莎沒有早一點發表意見？在朗恩一開始叫我們去洗澡的時候，我就可以感受到她很生氣。

「現在，換莉莎來洗。我只是要確定一下，有沒有洗乾淨喔。」他小心翼翼地說：「莉姿就很了解，對不對，莉姿？」

我只知道莉莎現在一肚子怒火；媽媽還沒有回來，朗恩盯著我看的模樣，讓我愈來愈緊張。

「你給我出去！我們自己就可以洗！」莉莎突然驚天一吼。

「好吧、好吧。我想姊姊是要自己來處理所有的事情，她自己就會做得好好的。」朗恩一邊說，一邊往後退。

「你給我趕快出去，該死！」她尖叫。

朗恩隨後把浴室的門關上。莉莎與我一言不發一起把衣服穿上。

五個星期過後，超過六年沒有精神困擾的媽媽再度發病，莉莎與我被帶往家庭服務中心進行身體檢查；我們待在那裡有一個晚上的時間，不過如今我只能片片斷斷記得一些事情而已。

我仰躺平臥著，看到醫生從一個盒子裡抽出一只乳膠手套——是一只，而非一雙。他戴上手套時，發出啪的一聲的聲響。我之前從未看過別人只戴一隻手套。我想要告訴他，他忘記戴上另外一隻。但我才要說出口，他即轉過身去，走到後面跟一位金髮女人講話。我無法越過他們的身影看到櫃臺那邊，他們似乎在那兒有什麼東西急著要處理。我只能看見他們所穿的白色制服，以及白色的牆壁，還有放在櫃臺上的白色文件——在那個文件上，寫著我的名字，「伊莉莎白．茉芮」，旁邊則註明我的出生日期，「一九八〇年九月二十三日」。我已經六歲，我想著；很驕傲自己可以數算數字這麼快。「伊莉莎白」，而不是「莉姿」；在這裡，我的名字是伊莉莎白。

「伊莉莎白，妳肚子餓了嗎？妳今天吃過東西嗎？想不想來喝點湯或吃一塊三明治？小朋友，妳可以跟我們說喔，嗯，伊莉莎白，妳的爸爸有碰過妳嗎？」

這個晚上，是如此漫長，然而，此前的幾個星期，感覺上更是度日如年。媽媽完全變了個人。一開始時，她不時莫名喊叫；她會無緣無故斥罵開來，雖然沒人在旁邊，或出言威脅著誰，但並無特定對象：「把你的手拿開！否則我要殺了你！」

然後有一天，一切都停止下來，她不再出聲咒罵，彷彿所有的喊叫與淚水都包裹進她那件長及腳踝的羽絨大衣裡——她宛如活在那件大衣所築成的世界裡，她是這個遠不可及的世界裡的唯一住民。如果試著跟媽媽講話，她會突然用她瘦巴巴的手指緊緊抓住那件大衣的衣領。她的眼神就像通了電，我們必須小心留意她的動靜。她不再認得我們是誰。

當警察來到家裡，要帶她上救護車，她以為他們是要來搶她的大衣。媽媽的掙扎很快就被有效制伏，不超過兩次短暫的衝撞抵抗——警方在我們眼前，展現了訓練有素的專業背景。媽媽淒厲呼救的聲音，迴蕩在整棟公寓的門廊。鄰居的門從近至遠，一個接一個發出開門的聲響。很快地，混亂的場景移向公寓面街的窗戶之外，於是所有的門又一個接一個啪地關上。

「醫生要給妳做個檢查，好嗎，伊莉莎白？這不會痛，只是會有一點不舒服。妳要保持躺著不要動，做個勇敢的乖女孩，好嗎？」

「精神崩潰」。我聽見某個人這麼說媽媽。爸爸提醒我，這並非媽媽第一次發作，而且可能也不會是最後一次。莉莎與我被帶進一部警車——爸爸沒有隨行——跟著載送媽媽的救護車前進；當我們沿著學院大道向前行使，車子並無響起警笛，只有紅色的警示燈劃破黑夜。

我坐在警車內，整趟車程都緊緊閉著眼睛。

我完全沒有跟任何人提起，導致媽媽精神病發是我的錯；就是我告訴媽媽之前所發生的事情，才讓媽媽崩潰。當媽媽帶著六罐裝啤酒從雜貨店回到朗恩的住處，莉莎把她叫進浴室裡來，跟我們聚在一起。我想莉莎會道出事情原委，所以我先一步說出口，然後我就看見媽媽滿臉恐懼的神色。我從未見過媽媽如此氣憤，她跑出浴室，我聽見她朝著朗恩的臉狂打過去。她隨後帶著我們搭火車回家；路途很長，途中莉莎告訴媽媽，有一次，在泰拉家，朗恩要求要用拍立得相機拍她。她們之間的對話讓我很不自在。我的頭髮還是濕漉漉的，我一直安靜無語，然後趴在媽媽的腿上睡著。但是之後幾天，媽媽就一直對我不停追問。

「小莉姿，朗恩做出任何讓妳感覺不好的事情，妳通通要告訴媽媽。小南瓜，妳可以都說出來給我知道，好不好？」

實在太羞愧了，我無法直視媽媽的眼睛。當我跟媽媽講，我那回洗澡時，心中有多害怕，還有，我看到朗恩因為史蒂芬妮不聽話而捏她的胸部後，一直好擔心——我講著講著，就覺得喉嚨發疼。然後，我跟媽媽講到，有一次他幫我拉拉鍊，那時我們兩個單獨處在泰拉的房間，他用手指摩擦我的皮膚。他在進行這些事情期間，我完全沒辦法動，尤其當他把手指插進我裡面時，弄得我很痛，我整個人像凍住一樣，只能抬頭盯著木製的吊扇，聆聽它一圈圈轉動時所發出的卡噠聲，並且數算著轉動的圈數。朗恩另外一隻手牢牢抓住我，讓我站在那裡，而我的私處像火炙般疼痛。我緊咬著下嘴唇，免得讓自己掉下眼淚。

我什麼都說了，除開一項細節——在事發當時，我自己就知道這些事情不對勁。而我也知道，打斷這些事情的進行，我只消大聲叫媽媽來就好了。但我並沒有這樣做，因為，朗恩做了一些不錯的事情，對媽媽、對莉莎與我都是。我不想毀了這一切，所以我沒有出聲求救。當他結束之後，他悄悄走回廚房去跟媽媽與泰拉說話，而我則從浴室的小櫃子中，取出凡士林來擦，以減緩我的疼痛。

這就是為何我知道是我導致媽媽瘋了的原因。我可以在任何惡事發生之前，就阻止朗恩的作為，可是我沒有。而我之後還坦白告訴媽媽朗恩的所作所為，這於是成為最後一根稻草，媽媽因此喀嗒一聲斷電崩潰。

在醫生的辦公室裡，傳來一個聲音說：「她全是因為『濫用毒品』使她自己精神崩潰的……她始終沒有讓她所服用的精神分裂藥物，有機會好好發揮作用。」我只知道他們的推論都是錯誤的。「檢查一下那兩個女孩，」另一個女人頓了頓後腳跟，指示一位護士說：「妳應該聽到那個媽媽怎麼講她們的父親的吧。找一位醫生來檢查檢查孩子。我們務必查明到底發生了什麼事。」

醫生兩隻手指向上指著，看起來像是教士要做祈禱儀式，他的手套上塗著某種果醬狀的東西。護士從桌子邊拉出兩個馬鐙般的金屬腳踏板；每一個伸出時，都發出金屬卡榫固定的啪嗒聲。

「伊莉莎白，乖女孩，很快就會弄完喔。我們現在需要妳把腳放在這裡。要乖乖的，保持不動就好了。」

我的腳跟靠上去，卡進冷冷的金屬板子上。我的兩條腿像青蛙後腿般打開，形成一個菱形的空間，掀動了醫院給病人穿的紙製袍子，紙袍子如船帆迎風飄飛，我的皮膚因涼風起了刺刺的雞皮疙瘩，大腿感到涼涼的觸感。當醫生把椅子拉近，一股寒顫竄過裸著的骨盆。

躺在那兒，我想要媽媽在我身邊，握著我的手讓我放心；我好希望手指滑過媽媽的頭髮，再一次感受那種柔軟與溫柔。醫生轉來一盞燈照向我，我感覺到燈光的熱度，而我渴望媽媽的心情無以復加，極度盼望一切都回到原本的樣子。要是我早一點告訴她所有事情就好了。

當醫生開始在那個爸媽叮嚀我沒人可以碰的地方，連我自己都沒有碰過，進行檢查時，一股劇痛穿透全身。即便沒人相信，但爸爸從未碰過我那個地方。

我感覺有一根金屬棒要將我扯開。當醫生的手指要進去時，我拚命忍住，只發出一點點的啜泣聲。醫生的侵入，產生一股隱約的疼痛感，使我的背部拱了起來。護士抓著我的小腿，她貼著假指甲的手夾擠著我的肉。眼淚不聽使喚，滾落至耳朵裡去。

「伊莉莎白，都做完了喔。我們會到外面去。乖女孩，妳現在可以起來穿衣服了。」

腹部感受到陣陣疼痛逐漸加劇。我小心地慢慢從桌子上下來，細細一長條的鮮紅色血印子染紅我的大腿。

在附近的某個房間中，姊姊也正在忍受同樣的檢查過程。

我撩起沙沙作響的紙袍子，彎下身查看一下。著實嚇了我一跳，兩腿之間流血的地方，看起來像是一個憤怒的紅色大傷口。我的胸口因恐懼怦怦跳著。我掃視這個無人的房間，想找個什麼東西來把那個洞包紮起來。我很快從一個藍白相間的藥盒子裡，抓來幾塊紗布墊。我原本渾身發抖，現在已因為受驚而哭泣起來。

眼淚一點一點滴落在紙袍子上，逐漸暈染開來。我望著天花板嗚嗚哭著，一手緊緊用紗布壓住我的傷口，無法想像一切可以重新恢復正常。

03 海嘯天氣

隨著媽媽在一九八六年崩潰發病，媽媽的精神健康狀況顯示出，遠比我們任何人所預料的都還要嚴重。媽媽在僅僅四年之間，總共遭受六次精神分裂症狀發作；每一次都需要住院治療，為期一到三個月不等。一開始，我把媽媽的發病想得很可怕，因為她整個人都變了樣，而且我會不停想起媽媽瘋狂行徑的畫面。

媽媽在跟電視螢光幕上閃過的人物對話。制服員警穿著靴子重重踩在地毯上，進到客廳來要帶她走；幾個人站在我們的家具之間，嗶剝作響的對講機牢牢夾在他們所繫的粗獷皮帶上。我縮著身體躺在沙發上，一遍又一遍玩著粉紅色睡袍的衣角，看著他們一起抓著媽媽的手腕，套上手銬，因為媽媽從來都不願自動配合。

精神病房耐髒的地板，鋪著米色的磁磚；媽媽在被分配到的病房中，過著單純的生活；房間中有一張床可以睡覺，一個方形櫃子可以擺放私人的東西，還有一個洗手臺。媽媽渙散失焦的眼神，張得老大，宛如兩顆水煮蛋，朝前直視，卻空洞茫然。

媽媽的毒品濫用問題，可說逐年惡化，使用量上先增至兩倍，然後是三倍。毒品上癮後的現象處處可見，比如，連貫說出一整個句子的能力下降；前臂上那些過度使用的打針處，始終呈現感染狀態，又黑又粗，如同裂開的李子……等等不一而足。我開始從不同的角度，來思考她住進精神病院幾個月這件事。媽媽只要可以想到辦法，就會去嗑藥，而精神崩潰反而成為唯一可以使她戒毒的途徑。

在學校的海報上，把毒品濫用問題稱作是一種緩慢的「自殺」形式。依照媽媽病程進展的速度，我開始以為，精神病院是解救她的唯一藥方。媽媽每一次去住院，都燃起了我們的希望——儘管頗為渺茫——盼望媽媽出院之後，可以保持清醒下去。

媽媽每次從北區布朗克斯中央醫院精神科病房出院返家後，似乎都準備好要迎向一個沒有毒品啃噬的健康生活：她的大腿跟腰都變胖了些，眼睛底下的黑眼圈也不見了，而一頭漂亮的黑髮也像過往一般閃亮與濃密。她固定去參加「匿名戒毒組織」（Narcotics Anonymous）的聚會，而在那幾個禮拜期間，爸爸撿給她的那只玻璃首飾盒，很快就堆滿那個組織所贈送的洋溢希望的七彩鑰匙圈——只要她能維持一天、一週或一個月不碰毒品，在每一個階段都能獲得鑰匙圈獎勵。不過，媽媽總是在差不多要裝滿首飾盒時，就停止努力了。

如同春去秋來一樣無可避免，媽媽會逐漸出現摒棄已養成的好習慣的徵兆，而且總是從不去參加匿名戒毒組織的聚會開始。她會在客廳中逗留太久的時間，來來回回轉著電視頻道，一直待到下午六點；她於是因此錯過一次、兩次、三次的戒毒聚會，而等到社福生活補助金支票一來，她會一整個星期把錢虛擲在嗑藥的歡愉中，使我們家又陷入一文不名的窘況。然後她會睡上幾天補眠，而匿名戒毒組織的督導打來的電話響了又響，都得不到回應。事實證明，古柯鹼有抵銷媽媽所服用的精神藥物的效果，只要嗑藥又嗑多了，總是又會把媽媽帶回精神病院去，於是留下爸爸一個人父代母職，成為全職的單親父親。

然而，一肩扛起重擔的爸爸，可說不辱使命。如同爸爸在監獄服刑時，媽媽發現比較容易處理家裡的經濟問題一樣，爸爸似乎也找到一個我無從了解的方法，盡其所能善用每個月所發放的補助金，以維持每日的開銷。當我知道，僅僅依靠同一張支票，我們三個在一整個月的每個晚上都吃到晚餐，而在白天通常也能有東西可吃，而過去幾年來，卻看著爸媽在兌換支票不到幾天的時間就揮霍一空，我不禁感到某種程度的欣慰與心痛。難道自始至終，我們本來就有可能如這陣子一般衣食無虞嗎？入夜時，爸爸一邊哼著他心愛的老歌曲調，一邊汗流浹背在爐子前煎著兩元一塊買來的牛排，並煮著馬鈴薯泥或義大利麵當配菜。我們每星期會去醫院探視媽媽兩次；在那一天，爸爸會給莉莎跟我每個人四枚二十五分的銅板。我每次都會把其中兩枚存到我的小熊維尼撲滿當中；這些小錢還不夠多到可以在日後買上什麼東西，不過逐漸增多的硬幣卻能讓我用手把玩著，知道它是屬於我自己的錢。在媽媽前前後後發病住院的四年期間，我最後理解到，我可以藉由數算二十五分銅板的數目，來估算媽媽的時間週期。直到一九九〇年的年中之前，我不只一次將硬幣存到二十元，然後就被媽媽發現，把我的小積蓄一舉偷走。我當時把這些零錢稱作「瘋狂的銅板」，以對應媽媽的發病。那時候，爸爸的手頭也比較不那麼緊，因為，在媽媽住院後，爸爸嗑藥變得較為保守，一星期不會超過七、八次。而且，媽媽不在，毒品不用買上雙份，自然錢就不會花那麼兇。爸爸看上去似乎也對那些沒嗑藥時的清醒時段感到滿意。

而在媽媽出院返家，直到他們兩個又整個過起嗑藥生活之前，總有一小段時期是他們兩個人都處於半清醒狀態。我們一家人這時候會去勒夫天堂劇院看電影，媽媽會為我的頭髮綁辮子，爸爸則會安排上圖書館轉轉的時間，而地毯也會使用吸塵器吸乾淨。

雖然，就像鐘擺一般，我知道爸媽有時會整個擺向和善可親、善解人意這一邊，有時卻又會擺向另一邊，幾乎在每一個面向上，全然性格大變，並且拒人於千里之外。這個殘酷的鐘擺效應，其改變的動力，取決於媽媽的精神疾病問題所處的階段。直到一九九〇年的夏天，他們才打破這個變化形態；在那個時間點，他們已經持續了八個月前所未有的嗑藥糜爛生活，嚴重性令人震驚。而並非出於偶然，這也約莫是他們問題重重的婚姻關係陷入谷底的時刻。當媽媽處在過去四年來為期最長的一段心智健康時期之中，他們兩人的關係似乎也漸漸惡化下去。他們之間的冷戰，僵持如此之久，感覺上如同會永遠持續下去，也讓我開始思考我對媽媽的愛的問題。我發現自己幾乎天天都在盼望媽媽發瘋，希望她被關進精神病院，如此一來，籠罩在我們家上空的迷霧就能吹散開去。

在經過一連串的天天對嗆，有時甚至口無遮攔破口大罵。這些多半是由媽媽所挑起的爭端，叫罵聲持續了一整個六月之後，爸媽開始分開睡覺。那年夏天，我還未滿十歲。他們後來的爭吵新主題，主要是建立在媽媽對爸爸的某些模糊未明的懷疑之上，她說他這個人「天殺的爛到透」。

「他就是這個樣子，」媽媽說：「老是偷偷摸摸跟別人在幹什麼壞事。」

雖然媽媽在最後三次左右出院時，醫生都認為，她已經從精神崩潰當中「完全康復」起來，但媽媽對於爸爸的看法，還是持續保有非理性、說不清楚的成分，她認為爸爸有些事情「不對勁」。

「小莉姿，他的個性就是這樣，妳長大後就會了解。」

不像許多媽媽因為發病的關係所空想出來的事情，我不禁也開始去思考，媽媽對爸爸的猜疑是否也有她的道理。即便當媽媽忿忿講起爸爸的不是，我都會為他辯護，但我也不免想著，爸爸從來沒有交待過他不在家的那些時間，到底都去了哪裡。而有時候，我會突然想起一則有關爸爸的記憶。

在記憶中，我那時可能六歲，而莉莎大約八歲。爸爸帶著我們沿著曼哈頓的一個街區散步，我可以看到我們正要往一座公園走去。當快要到達公園之前，爸爸放開我的手，把我推向莉莎身邊。我記得，爸爸整個人流露出某些讓我不安的神色。

「莉姿，跟莉莎去。她會帶妳去找梅勒德絲（Meredith）。」

我當時在想，那麼我們要去哪裡呢？而且，為什麼爸爸不跟我們去公園？我張開手，向爸爸跑去，但爸爸往後退，擺著手示意我不要過去。

「來吧，莉姿，」莉莎說，一邊拉起我的手。「我們去找梅勒德絲，她就站在那邊。」

在通往公園的小路前方的對街邊上，站著一位十幾歲的女孩。她有著棕色的頭髮，對我們揮著手招呼，堆著一臉的笑意，彷彿我們彼此再熟稔不過。幾年之後，莉莎說她記得我提起的這件事，並且告訴我，在爸爸遇見媽媽之前，他已經有個女兒。我們有個姊姊，名字叫作梅勒德絲；在她差不多兩歲大的時候，爸爸就拋棄了她。

我回想不起，爸爸是否曾經在家或在媽媽面前談起梅勒德絲的事。這個姊姊也從未到家裡來玩。有時候，有關這件事的記憶，感覺就像我自己虛構出來的故事，不過，我知道我並沒有憑空捏造。莉莎與我偶爾會聊起，想要跟梅勒德絲再次碰面，好好認識這一位我們的姊姊。但是沒人在我們面前談過爸爸另外的生活，或者這另一位姊妹的事情。於是，琢磨起爸爸不在家的那些時間，使我想著，到底爸爸還有多少我不知道的祕密存在。這不禁使我感覺到，爸爸多少有些神祕兮兮的一面。

不管爸爸的神祕費解是否真是導火線，但媽媽依舊經常對他大發雷霆或疑神疑鬼；她出言不遜，對他大吼大叫，處處挑釁，要激他反擊。爸爸則遠為低調散漫，漸漸對於媽媽的大發脾氣無動於衷。他告訴我說：「當你忍受很久很久之後，你就沒什麼感覺了。」但這樣的態度，只是加深媽媽的猜疑與憤怒。所以，當他們最後再也不像是一對夫妻的樣子時，其實一點也不叫人驚訝。從某個方面來說，媽媽其實老早就該一個人搬到沙發上睡覺才對。

客廳裡增加了媽媽個人的東西，蒙上了一層臥室的氣氛；她的香菸、火柴、鑰匙與內衣散亂地擺放在咖啡桌上，旁邊則擱著幾本過期的雜誌，而愈堆愈高的盤子裡，黏著吃剩的麵包皮，始終有蒼蠅在上面繞飛。白天的時候，媽媽在睡覺，而爸爸已經去了市區，我輕手輕腳走過沙發，去把窗子關上，免得媽媽吹風受涼，或者幫媽媽拉上被單，蓋住她裸露的身體。如果湊近聞，隨著媽媽一起一伏的打鼾聲，可以在她的氣息裡，聞到一股啤酒的酸味。當她醒來，她會在公寓裡走來走去，而放眼所見之物，莫不令她沮喪。她一天會跑好幾趟雜貨店，去買瓶裝的百威啤酒（Budweiser）；她大口大口狂灌，有時突然會大哭起來。

嗑藥，於是成為爸媽兩人最後共同從事的活動之一。他們如果沒有在注射毒品，那麼，爸爸就會在床頭几旁讀書，有時一個人笑得如此大聲，我可以聽見笑聲一路從他們的臥室傳來。爸爸對吵架興致缺缺，一個人躲在被他占為己有的私人臥室裡，讀書打發時間。他真正關切的只有一些非常特定的事物。只要他在意的事情井然有序，例如他那些陳舊發黃的雜誌，以某種對他個人有意義的次序排列堆放著；而床邊固定擺著一只空了的果汁塑膠瓶，以免晚上要跑廁所。那麼，他可以好幾個鐘頭躺在臥室不出來。他說，他躺著休息完全沒問題，只要我們記得將百事可樂那該死的瓶蓋扭緊——「要緊緊旋上！」——或是，只要他可以理解，為何有人會覺得不能用兩片火雞肉做三明治的道理；或是，只要他可以確切地知道，爐子的所有開關都已經關上！

當爸媽的爭吵愈形激烈，莉莎與我會關在位在公寓兩頭各自的房間裡，她去聽她的音樂，而我則讀我的書。我坐在書桌邊，一讀好幾個小時不間斷。我以蝸牛的速度閱讀爸爸那些犯罪小說、傳記故事與其他亂七八糟借來的書。我最後終於可以讀得愈來愈快，差不多一個多星期就能結束一本書。雖然我在學校的出席率一直以來並不正常，但我這個樣子的閱讀經驗卻讓學期終了的考試得以過關。即便我幾乎沒在教室露面，但埋首在測驗卷上，我可以理解大多數的語文性句子的意義。在接連幾度考試高分之後，我總是順利繼續升上下一個年級，不管我有無真的在學校裡學到任何東西。

而且，不久之後，我就開始尋找在學校之外、在閱讀之外、在我們家之外的新出路。在一年級學期結束之後，我每天都會出門在街區附近轉轉，想找看看有什麼能讓我忘掉鬧烘烘的家的辦法。一九八七年七月，這場尋覓的過程讓我認識了瑞克（Rick）與丹尼（Danny）。這一對兄弟，年紀彼此差兩歲，在我們一起四處溜達的時候，卻經常被誤認為是雙胞胎。這兩兄弟有著同樣的焦糖膚色，微笑時會露出牙齒，而且髮型也一模一樣，都剪得短短的。我比瑞克小一歲，而比丹尼大一歲，這使我覺得我像是他們的姊妹，除開他們是波多黎各裔這一點之外。

我是有一天早上在學院大道上遇見他們的，當時他們兄弟倆正在垃圾堆中的一塊床墊上玩耍。我一看見他們，心中立刻想到，他們看起來跟學校那些同學很不一樣——比較髒兮兮，完全像個野小孩，就跟我差不多——這使得找他們一起玩的想法，變得很容易說出口。

「我可以到你們的彈簧床上玩嗎？」當他們在我面前跳上跳下，我向瑞克問道。「可以呀，來玩啊。」瑞克移到一旁，微笑對我回答。於是我們三個在那一天，一起在垃圾堆上玩耍、聊天，度過超過一個鐘頭的時間。我們好驚訝彼此之間擁有這麼多的相似點。丹尼的幼稚園老師跟我以前的是同一位老師；卡夫牌（Kraft）的乳酪通心粉也是他們最愛的點心。瑞克同樣比較喜歡捉迷藏而不是一二三木頭人，而且我們的生日是同一天，儘管他比我大一歲。而就在那一天，幾個鐘頭之後，我的人就來到了瑞克與丹尼他們那間乾淨得亮晶晶的三房公寓之內，周圍聚集著他們的家人，有他們的大哥約翰（John）、小弟西恩（Sean），還有他們的繼父，而他們的媽媽，名字也叫莉姿！她是一位善良親切的婦人，身上散發著奧勒岡草的香草氣味，笑容可掬地看著我，大方地舀上好幾瓢的米飯與豆子到我面前的晚餐盤子上。晚飯過後，我在瑞克與丹尼的房間中，跟他們對打電玩、廝殺無數回，玩到很晚。不知道是誰拉了條毯子蓋在我的身上，當時我已經躺在下鋪上睡著了，而且腳上還穿著運動鞋。

此後三年，我彷彿在瑞克與丹尼他們這個六口大家庭中，擁有了半個歇腳處。我經常在他們家過夜，晚餐吃著他們的西班牙式食物，讓「莉姿媽媽」領著一起去主題公園與布朗克斯動物園遊玩，而在他們的家族相簿與家庭錄影帶中，我也出現其中好多次。一想到，賀南德斯（Hernandez）這一家人在給新朋友瀏覽他們家的紀念收藏品時，也能在相簿裡看到我，不管是自然地站在男孩們旁邊擺姿勢拍照，如領聖餐禮之時；或者，在某次家族出遊上，我的手臂環抱著他們的祖母，我就覺得無比開心，而且，瑞克、丹尼、約翰、西恩與我，隨著相簿一頁頁翻過去，身形也漸漸長大起來。我最愛的照片，則是在瑞克與我兩人的生日派對上所拍攝的。莉姿媽媽總是會記得請麵包店在鳳梨口味的瓦倫西亞蛋糕上，以糖霜的筆跡寫出我們兩人的名字。我們兩個一同吹熄雙倍歲數的蠟燭的情景，就拍上十幾張的照片；莉姿媽媽在我們上方興奮地拍手，畫面上可以看到她的兩隻手定格成一串的模糊連動的影像，生動醒目，如同蜂鳥振動不停的翅膀。

我好珍惜瑞克與丹尼這一家人的情誼，但是在我與他們相處期間，我不曾提起自己的家人，也從未講述過我家的任何真實情況。並非瑞克、丹尼或莉姿媽媽沒問過我，而是我很善於隱藏祕密，比如我可以立即轉移話題，或是，我也會修飾自己可能會露出馬腳的地方。比如，原本頭髮糾纏打結，都可看到一顆成高爾夫球大小的結晃在腦後，但我會用橡皮筋，將髒兮兮的頭髮，改紮成一束馬尾。關於我脖子上那些讓人難堪的斑斑黑垢，我會在一進他們家時，計畫好先用浴室，在洗手臺上擦洗脖子，直到污垢搓成一條一條細線掉落下來，皮膚還因為猛力摩擦，而發紅起來。為了掩蓋我那雙髒黑的運動鞋所發出的惡臭，在我因為過夜而必須脫下時，我總是努力把我的鞋子藏在公寓裡某個遙遠的角落，或是塞進男孩們的衣櫥裡，或是擱在廚房的垃圾桶後面。如此一來，莉姿媽媽如果聞到異味，也許會誤以為是垃圾的臭味。如果我可以把那些讓我感覺自己異類的面向都掩藏起來，我就能比較放鬆，而且會感到自己跟他們如同一家人。同樣地，當我回到自己的家，我也對自己的家人有所保留。

我在直覺上就知道，我不該讓爸媽知道我與瑞克、丹尼互動的全貌，尤其是與莉姿媽媽之間的美好相處經驗。當媽媽癱在沙發上，蒼蠅繞著她的頭上嗡嗡飛，擺在一旁的啤酒瓶內浮著菸蒂，這個時候如果告訴她，我跟瑞克、丹尼一家人一整天都在戶外野餐、去池邊戲水、在陽光下嬉鬧、品嚐莉姿媽媽準備的餐點，似乎並不妥當。而我也沒辦法對爸爸與莉莎坦白說出來。對我來說，任何在這個家之外所體驗到的快樂，感覺上都如同是一種背叛的形式。我發現，我始終都在躲躲藏藏；不管是在自己的家、在瑞克與丹尼的家、在學校，或在任何我所到之處，都沒有空間可以讓我展現完整的自我；我必須分開處理，每個地方所可以流露的自我。如果我想要在學校不被當成「異類」，或是想成為家裡的「乖女兒」，或是在朋友面前，可以表現得如同「一般人」，那麼，我就需要掩藏起部分的自我。

在我九歲的那個夏天，我愈來愈渴望到外面去晃蕩，希望可以成為外面花花世界的一分子。家裡附近的布朗克斯區的街頭，川流不息的人群與蜿蜒曲折的後巷，散發著迷人的魅力；那些掛在戶外的晾衣繩，一條又一條遠遠近近、高高低低晾曬著衣服，迎風翻飛著醒目的紫色、綠色、金色，宛如一面面新旗幟。我渴望變化，我盼望能找到某種發洩的出口，而我與瑞克、丹尼所建立起來的友誼，如果沒有他們父母的陪伴的話，很快便成為這種種浮躁情緒的宣洩管道。

我們三個一起在布朗克斯區漫遊，四處閒逛直走到兩腿發疼；我們走過富麗大道，沿著杰羅姆大道（Jerome Avenue）往下走，想測試看看徒步到底可以走多遠；我們看著四號線的高架軌道，漸漸轉彎進入地下，這時已經走到接近洋基體育場（Yankee Stadium）附近，離學院大道好幾英里遠了。而此處是布朗克斯區與上曼哈頓區交接之處，路牌上都寫著陌生的街道名稱；路邊的或紅或棕的磚造建築裡，是一間間陳舊的汽車修理廠，迎接著由附近幹道匯入的車流。然後我們選擇與前來時完全不同的一條路折返回家；落日餘暉此時照射在布朗克斯區，街道掩上一層危險的色彩，黯淡的街邊傳出手提錄放音機嗶啵啵的聲響，路燈下聚著幾個默不作聲的人。我們的遊戲行徑，經常一轉而為惡作劇之旅。我們一路上變成淘氣破壞王、街頭小頑童，上了年紀的人會說我們是一群流浪兒。經過一段時間之後，我們三個人最喜歡做的事情，就變得愈來愈誇張過分、愈來愈危險，而且特別是我們不被允許做的事情，我們愈愛做。

所以，有一次，我們意外燒毀了一間老舊房舍的倉庫小屋。在那一天，一開始，我們待在瑞克他們家，一起觀看一部有關洞穴探險家的影片。當那些人在電視上巧妙攀爬險惡的地域，莉姿媽媽端來果汁與火腿乳酪三明治，給我們當午餐。「來吃飯吧，」她說：「你們這三個『三劍客』。」她總是這樣叫我們。那天稍晚，我們去了水道公園（Aqueduct Park），我突發奇想，把一捆紙袋用橡皮筋綁在一根粗樹枝的頂端上，用來作為我們的冒險工具。我接著用瑞克的打火機，點燃這根「火把」。我向男孩們宣布說，我們的任務是去「調查」附近那家老人療養院外面那間堆放工具的小倉庫。那個地方夠黑暗也夠神祕，足以讓我們成為貨真價實的探險家。

當我們擎著火把從倉庫後方的一個洞爬進去時，一不小心在幾秒鐘之內就讓倉庫著起火來，引起主屋內的警報聲大響。我率先往後退開，而丹尼則楞楞站在那裡，看著明亮跳動、燃燒開來的火焰，不敢相信自己的眼睛。

「天啊，著火了！」

我抓著他們的上衣，用力拉他們走。

「趕快跑！」我大吼：「快點！」

我們一句話也沒說地飛快往外衝，一直跑到附近的一輛卡車邊才停下來，卡車夠大，可以遮住我們三個人的身影，我們於是一起躲在它的後面，手掌撐在膝蓋上，上氣不接下氣地大口喘氣。驚魂甫定，我們站在那兒呆呆地望著；消防人員很快來到現場，拉起水管噴灑倉庫小屋，而二十幾位穿著寬鬆長袍的老人擠在人行道上，眼神呆滯；瑞克說，他們剛剛應該在玩賓果猜謎遊戲。

我們探索第二〇七街那座橋底下的區域，走過通勤電車的北郊軌道，我們沿著鐵軌擺放石頭，電車通過時就會碰撞出軌。我們直直奔過布朗克斯快速道路，只為了感受閃避高速車輛的驚嚇快感。在照例繞巡我們附近街區時，我們有時會跑進超市，在口袋裡塞滿糖果；為了保證偷竊得逞，我們會謹慎地分別離開超市。然後我可以在離開商店五個街區之內，就一個人吃光三根巧克力棒。我們會把拳頭大的石頭直直丟向大倉庫的窗戶，窗玻璃像爆炸一般應聲破碎，隨後響起碎片落地時清脆悅耳的聲音，在在叫我們心滿意足。我們的笑聲，讓我們在這些時刻中更加不分你我；大膽的惡作劇則是我們這些玩鬧遊蕩的精彩焦點。

一九九〇年七月初的一天，我們花了好幾個鐘頭沿著富麗大道進進出出每一棟公寓大廈，只是為了把放在門口階梯最後一階上的門毯，拿去丟入電梯的垂直升降過道空間中；我們會停一下，聆聽門毯軟趴趴落地的聲音。我們會忍住笑聲，直到下到一樓來，以防被人發現。

丹尼站在一樓門廳，希望可以更刺激過癮，他於是從自己褲子的後口袋裡取出螺絲起子，開始撬開某個人的信箱。我瞥見有一根金屬製的窗簾桿靠在牆壁上；我檢起它，拿給瑞克。

「來檢測一下吧。」我說。瑞克瞪著窗簾桿，然後看看我，要求我進一步說明。我用手指著開著門的電梯裡面一個像捕鼠器大小般的神祕盒子。

「對呀，試一試啊。」丹尼一邊高高揮動著信封，一邊說。

瑞克於是毫不遲疑，將細細的窗簾桿的一端直接鉤掛在那個盒子上；當兩邊才一接觸，立即爆出一記火花。瑞克整個人往後踉蹌退開，但似乎並非他自主這麼做，而是彷彿有力量把他推開。他低頭看著自己的手，並且張開手指，全都被弄得黑黑的。丹尼首先爆笑出來，然後我們也接著哄堂大笑，笑得肚子都痛了起來。我們的笑聲迴蕩在樓梯間，並且聽得見笑聲的回音。我可以聞到一點點燒焦的煙燻味，但是瑞克只是聳聳肩膀。

「至少我做過了。」他說，眼神還因為驚嚇而睜得大大的。然後我們之間無人講話。

「對呀，你做了。」丹尼笑著說。

我並不像瑞克他們，我沒有一定要回家的時間，我總是又哄又求他們一起玩到很晚，以至於違逆了他們媽媽的規定。我並不是想造成他們的麻煩，而是我真的不願他們離開。有時，我們會在街上待到黑暗的夜空漸漸轉亮，我們在布朗克斯區將這個樣子的熬夜，稱作「打破黑夜」。

在男孩們最終必須回他們家去的那些晚上，我都一個人無事可做。我盡可能拖延走路回家的時間，一邊回想著我們三個在白天所一起經歷的冒險。而在走進我家那棟公寓大門後，我就開始計畫隔天要做的事情。我們或許會偷偷溜進電影院，一整天躲在裡面看片子，或者，我們會趁著星期三免費入園日，去布朗克斯動物園繞一圈……

比較起室外夏天乾燥的空氣，家裡總是瀰漫一股濃重的潮濕氣味，主要是從浴室裡所散發出來的濕氣；浴缸堵塞的問題還是沒有解決，而且臭味比起之前更加刺鼻難耐。爸爸甚至還為浴缸裡漂浮的黑色東西取了暱稱：「小斑點」。房子裡黑漆漆一片，除了電視畫面閃著亮光，而音量則小到幾乎聽不見。我知道莉莎待在自己的房間裡，因為我可以聽到黛比．吉布森（Debbie Gibson）的歌聲，從她的錄放音機中傳出來，而音量也已經調低。我往房子後部走去，循著媽媽的吸氣聲，來到她伸手不見五指的臥室，在黑暗中，我僅能辨識出媽媽菸頭上的橘紅亮光。她依舊播放著哀傷調子的卡帶，她說那是「座頭鯨的呼叫聲」，這也意謂著她已經聽膩了茱蒂．柯林斯的歌聲。

「嗨，媽。」我望向香菸亮光出聲說道。一時之間，沒人接續說話，然後我聽見她深深吸了一口氣，接著是啤酒瓶挪動的聲音。

「嗨，伊莉莎白。」鯨魚的鳴叫聲達於頂點，遮掩了媽媽問候語的尾音。她會以全名叫我，只有在她又落入精神分裂的疾病狀態中，所以一聽到我的完整名字，會使我整個人緊張起來。

「媽媽，怎麼了？」我僅僅往前走上兩步，感覺到接近床墊的邊緣，我坐上床墊一角，但盡可能離臥室的門愈近愈好。當媽媽講起話來，我玩著床墊裡一個裸露出來的彈簧。

「喔，」她邊笑邊說：「我只是……我不知道，伊莉莎白。我好孤單。」她的香菸頂端突然燃亮一下。

「爸爸在哪裡？」

「誰知道。」她語氣平淡地答道。

「你們又吵架了嗎？」我還是準備好隨時要離開媽媽的臥室，我來來回回擺動著腳。

「妳爸爸不是個會照顧人的傢伙。伊莉莎白，妳知道他的個性吧？不過我想以後等妳長大一點，我再跟妳講更多的事情。」她說。當她在黑暗中為了強調所說的話，手隨之擺來擺去，可以看見菸頭的亮光變成流動的細細光線。

「我現在就想知道爸爸的事情。」我說。

「不要，妳只會為妳的好爸爸辯解而已……而妳會想我只是孤單而已。唉，我只是需要有人愛我……妳知道，誰都需要被愛的！」她語氣變兇、提高聲音說著，然後又喝了一口啤酒。錄放音機繼續響著，房間裡充滿深沉、律動的海洋的聲音，時而被不可見的龐大鯨魚叫喚聲所穿破。

我感到心臟跳動快了起來。我不喜歡她這個樣子，帶著幾分惡毒心思，一個人躲在一角。所有這些徵兆都預示著媽媽就要發病，跟先前幾次精神崩潰發作的情形一模一樣。上一次發作時，她整個人全然陷入妄想的世界中；她當時不經意拿起電費帳單，卻誤以為是社福生活補助金支票，而且把電力公司的名字「愛迪生」（Edison）當作自己的名字。我那時不小心叫了她一聲「媽媽」。「我不是妳的媽媽，我是愛迪生，妳這個小賤人。」她說：「妳休想拿走我的任何一毛錢，滾開！」而真正的補助金支票卻始終沒有兌現，它一直收在媽媽褲子口袋裡，我們只能絕望地看著空空的冰箱幾個星期。而幾個晚上之後，我們因為飢餓而肚子發疼，卻又不好意思再去敲鄰居的門要剩菜剩飯，於是莉莎與我只好分著吃一管牙膏與一根櫻桃口味的護唇膏來稍稍充飢。

我坐在床墊那兒，可以推算出，在媽媽的疾病循環中，她目前走到了哪個階段。她現在會漸漸不再對我們講話，甚至認不出我們來。我想，再過不久，她就會退回到幾乎靜默無聲的狀態，只跟自己對話，或者跟她以為站在旁邊的人講話。而我們必須等到她整個人完全飄忽難解之後，才能合法地讓她被人帶走，尤其是在違反她的意願的情況下。到了那一天，莉莎與我會盡全力打掃房子，用大袋子把垃圾一袋袋清走，在各個房間噴灑空氣芳香劑，而且務必要把浴室的門牢牢關緊。然後爸爸會打電話通知警察與救護車，媽媽隨後再度踏上住院之旅。依照媽媽目前的情況判斷，我想大概不到一個月，她就要被送走了。

「嗯，不過我很愛很愛妳。」我以最最溫柔的聲音對媽媽說。

「喔不，伊莉莎白，我需要的是男人來愛我。懂嗎？大家都了解吧？我只是需要男人的愛。」媽媽開始啜泣。她接著不斷重複說著：「我需要男人愛我。」

「爸爸他愛妳呀。」我說。在黑暗中，沒有任何回應的聲音。「他真的很愛妳的。」我喃喃說出口，彷彿自言自語，而非說給媽媽聽。

一個星期四的下午，正當我準備出門，為球鞋綁上鞋帶，突然聽見一陣刺耳的敲門聲。我整個人立刻切換到「社工人員進行家訪」的應對模式，我躡手躡腳、小心翼翼往門口走去，準備從門板上的貓眼瞧一瞧，以確認訪客是誰。讓我大感意外的是，媽媽已先我一步來到門邊，並且已經轉動鎖頭開門——只要想到媽媽此時並非處於神智清明時期，而且只穿著一件明顯太髒又過長的T恤，我不免憂心忡忡起來。眼看著家裡處處髒亂的情況，腐臭的垃圾、成堆的髒衣服、皺巴巴的地毯上隨處可見菸蒂與被香菸燒焦的痕跡，讓我更加驚惶失措。當門板咿呀打開後，我看見媽媽讓一位二十多歲、一身筆挺西裝的男性白人進屋來，我頓時四肢無法動彈，因為，那無疑是一位社工師，奉命前來調查我們不健康的生活條件。

我無法立刻清理那些大面積的髒亂，我於是跑去清出一張廚房的椅子，用一條毛巾擦了擦椅面，搬去給這個男人，讓他至少有個地方可以坐下來。就在這時候，莉莎從她的房間出來，跟這個男人用名字相互問好，完全讓我不知如何反應。

「你是麥特（Matt），對吧？」她謹慎問道。難道莉莎為了我們兩個，主動打電話到兒童福利處嗎？

「妳是莉莎？」他反問，語氣聽起來很驚訝的樣子。

「是呀，」她對他說：「我們可以到客廳那邊去，坐在咖啡桌邊，會比較好。」

儘管一頭霧水，我還是跑去快快套上一件長袖的上衣，好讓我看起來可以稍微胖一點。這是由於，有一次，來訪的社工師對我體重過輕很有意見，並且警告說，如果沒有改善的話，就必須把我們帶去安置；自此以後，我想到可以多穿衣服的應急對策。莉莎坐上沙發，坐在媽媽的牛仔褲上面，她一邊把臉側的長髮順到耳後去。媽媽也跟著她坐下來。我則坐在靠近社工師的一把廚房椅子上，因為我想那裡是監控全場動靜的最佳位置。爸爸此時從雜貨店回來，把門砰地一聲關上。我的肚子發緊，扭成了一個結。

爸爸吹著口哨走進客廳，半途停了下來，他看見這位陌生人正在尋找一個乾淨的地方，好用來放他的公事包。我在內心禱告，希望他不要瞥見那隻在他鞋子附近爬動的蟑螂。「喔，嗨。」爸爸說；可以感覺爸爸的心情明顯往下掉，說話的聲音很刺耳，而且故意表現出不友善的樣子。

「先生您好，我叫麥特。」這個男人打招呼回應，並且起身跟爸爸握手。他的舉止態度實在太過禮貌客氣，完全不具權威感，我想著，總之，就是有點怪。當他們握手時，我觀察到爸爸臉上的表情，我可以知道，爸爸也注意到這一點。我搬走一些碗盤以清出空間來，不過這個男人已經決定把公事包放在大腿上。

就在這個時候，我的心又沉到谷底，因為我瞥見媽媽明顯為了舒服之故，而把兩條腿打得開開的。爸爸對我使了一個一切小心的眼色，拉了一把椅子在我對面坐下來，一起圍著小小的咖啡桌，占滿桌邊最後的空位。我頃刻理解到，這是第一次我們一家人一起坐下來，維持坐姿最久的一段時間。客廳裡一時靜默無聲，我們等待著，一起盯著麥特瞧。

「嗯，」他的眼睛掃視了整個空間，多看了一眼我們很少使用的髒骯百葉窗，以及一只撐破了的垃圾袋，裡頭的蛋殼果皮殘渣溢流到地板上，十幾隻蟑螂爬進爬出。他準備開始說話。他用力扯了扯襯衫的領子，清了清喉嚨。

「我……我被指派今天到府上來，為你們說明一個……（他咳了一下）……由『大英百科全書』（Encyclopedia Britannica）所提供的大好機會。」

我體內所有的張力頓時解除下來，不過只維持了短短幾分鐘。在我才理解到這名男人並非社工師，因而獲得某些舒坦，我就瞥見到爸爸的臉色，於是立刻又緊張起來。

「抱歉，你是說……」爸爸揚起眉毛，有點過於傾身靠近那個男人，說：「你說你是從哪個單位派來的？」爸爸的兩隻手臂交叉抱在胸前，埒著下巴，眼神充滿猜疑。

我的心中忽然掠過三個禮拜前某一天的情景。那天夜裡很晚的時候，莉莎與我正在收看重播的《蜜月中人》影集，在廣告時間中，電視機螢幕上出現《大英百科全書》的廣告畫面：有一名男孩與一名女孩正埋頭努力寫回家功課，他們不停轉頭詢問他們的爸媽，來幫幫他們解題；而這對父母的穿著打扮，一副專業人士的典型。對於一雙兒女的所有提問，爸媽皆僅僅回答這麼一句：「親愛的，去查查就知道。」小孩也確實去翻查值得信賴的《大英百科全書》來獲得解答。後來，小孩帶著高分的作業回家，一家人歡聚在壁爐火焰嗶剝作響的客廳裡，享受這值得慶祝的一刻，旁邊可以看見一張遠比我們家更新、更乾淨的咖啡桌。

莉莎當時一直專心盯著螢幕。然後，當畫面的旁白說，非常歡迎我們打電話預約專人到府介紹，並且來電者有機會獲得「免費的」兩冊百科全書。我現在帶著某種程度的無力感回想起來了，莉莎立即抓來一支筆快速記下電話號碼。我萬萬意料不到她真的打了電話。

「這是有關百科全書的介紹冊子，」麥特從公事包中取出亮晶晶的宣傳小冊子，說：「你們可以看一下。」

他每隔一下子，就用手指梳著上了膠的整齊頭髮，而在說話之前，都會舔一舔嘴唇。

「你要不要喝杯水？」我問道。我極度想告訴他，至少我還是正常的。

「不，不用，謝謝妳。」他立刻回答，看都沒看我一眼。我可以感覺我的臉頰紅得發燙。「這是給你們的。」他以逆時鐘的方向，發給我們每人一本小冊子。他才要遞給莉莎一本，媽媽卻直接從他手中搶來那一本。麥特稍微驚跳了一下，卻很快繼續發冊子，他大步繞開媽媽，把冊子拿給莉莎。我可以感覺自己開始滲出汗珠。

他明顯地也在流汗。我可以看出來，他幾乎每講一個字就要清清喉嚨，是因為浴缸飄來的惡臭氣味，讓他快要窒息。莉莎取出眼鏡戴上，來瀏覽百科全書的說明書。我倒是一點也無法判斷，她是否感到難堪彆扭。

「能夠擁有自己一套……（他咳了一下）……《大英百科全書》，是真的有很多很多……（咳！）……優點的。在教育子女方面——」

爸爸是如此用力握緊手中的小冊子，以致拳頭上的指關節處都發白起來，他差不多每一秒鐘都插話說著：「是喔，是喔」，好像在催促麥特介紹的速度。

在麥特進行解說時，有幾隻蒼蠅從垃圾袋那邊飛到他的臉旁嗡嗡轉啊轉。他假裝要翻動小冊子的內頁，利用搖動的紙張來驅趕蒼蠅。而當媽媽開口說話，我真想當場立刻死掉。

「你以為你可以帶著這些東西就這麼來到這裡，然後再走出去嗎？」她嘲笑地對他說道。

「對不起，女士，您是說……？」麥特結結巴巴。

「沒事，」我很快搭腔：「沒事，請趕快講完。喔，我是說，請繼續講下去。」

媽媽的眼睛張得老大，一看就知道神智不清；她正對著只對她存在的什麼東西，頻頻點著頭。

「媽！」莉莎從冊子上抬起頭說：「是我叫麥特來的，所以他才會在我們家。」媽媽繼續大剌剌地瞪著麥特瞧。

莉莎跟媽媽講話的方式，總是不考慮媽媽的心理狀態，彷彿事情完全沒有異樣一樣。不過只要媽媽的行徑不合莉莎所期待的該有的邏輯結果，她又會大發雷霆。我以為，她跟媽媽的互動模式，既令人洩氣，又不合情理。因為，那似乎意謂著，不只是媽媽神智不清，連莉莎也脫離現實。情況如此頻繁，導致有時候，莉莎的表現看起來並不像姊姊，反倒像是我的妹妹。

「這樣一套是多少錢？」莉莎抬著頭接著問麥特，而他在媽媽絲毫不鬆懈的瞪視下，不安地動來動去。

「嗯，很棒的是，我們提供了很多種的付費方案，可供選擇——」

爸爸再度把手臂交叉放在胸前，自負地笑了一下，打斷麥特的說話：「所以，先生，這一套書，跟附近那個公立圖書館中放著的那一套，是一模一樣的囉？」爸爸說話的樣子，就好像有人想占他便宜，而他並不想讓對方得逞，於是起身迎戰對方。

「嗯……事實上，自己擁有一套，所帶來的滿足感……（咳）……是超過大家的想像的。為了回答女士您的問題，」他轉頭對莉莎說：「我們有好幾種付費方案……（咳）……幾乎每個人都可以選到一種適合自己的購買方式……」

媽媽忘了麥特還在旁邊，心不在焉地拿食指挖著鼻孔。麥特假裝沒有注意到，但當媽媽把鼻屎抹在沙發把手上時，他皺起眉頭，洩漏了自己的心思。我可能是另外一個注意到媽媽噁心行為的人。我當時希望自己可以想辦法向麥特解釋；我知道這一切看起來是怎麼一回事，我了解置身其中的困窘。我的眼神持續跟隨麥特，希望他能看出我理解眼前這個局面所帶給他的為難之處，但他總是看了我一下，就把眼睛轉開。

「如果說，我們只想要其中幾冊的話，可以嗎？」莉莎問：「比如以『總統』或『戰爭』為主題的特別專書。」

我的好姊姊妳到底在想什麼啊？她每天早晨醒來時，到底身處哪一個家啊？如果我們經常三餐不繼，那麼，可以查到「伯羅奔尼撒（Peloponnesus）戰爭始末」或「林肯總統哪一年出生」，究竟有什麼重要性呢？看著她對麥特所提出的付費方案點著頭時，我知道我們根本沒錢可以買，就如麥特八成也看得出我們不會買一樣；媽媽在旁邊吃著她的鼻屎，而爸爸不斷動來動去，我極端希望莉莎可以明瞭這一切有多愚蠢，我希望她可以像我一樣把事情看得很清楚。

當這場嚴酷的考驗終於結束後，我不確定麥特或我誰比較能夠真正感覺鬆了一口氣。接下來的三個半月，媽媽度過了另一次的住院之旅，而每次只要看到《大英百科全書》的廣告片，爸爸就會叉起手臂，偷偷對我使眼色指著莉莎。而每一次，我都反覆重溫，我們家史上第一次接待訪客當天的羞辱感。

讓莉莎沮喪莫名的是，免費贈送的兩本百科全書，始終沒有送來。

媽媽再度住院後五天，當月的支票一直沒有寄來。我在櫥櫃裡東找西尋，裡頭完全沒有任何一點可以吃的東西。我餓極了。當胃疼轉成如同胃火的感覺時，我整個人發起抖來，我決定出門去，看看有什麼辦法可以讓我充飢。我心中記起一個人，瑞克與丹尼認識一個叫作凱文（Kevin）的男孩，雖然他的年紀並沒有比我大多少，但他的口袋裡總是有錢，而且經常滔滔不絕談著他所做的零工小差。

由於已經早上十點鐘，而且從未見過凱文在白天時在附近閒逛，我們三個於是匆匆趕到福特漢路與學院大道上去，我們也許可以在那裡碰到正要去打工的凱文。我們在十二路公車站牌發現他的身影；站牌位於水道公園某個區域的前方，而人們都把那個區域稱作「死貓小徑」。住在富麗大道上的人會來到這裡，放開他們所豢養的比特犬，去隨意追捕野貓；在大部分的星期天早晨，都可以在這邊的水泥地上，發現沿途散落著支離破碎、血跡斑斑的野貓屍體。我只有在非不得已時，才會靠近這條小路；看到癱軟的貓屍，或者瞥見染紅貓毛的血漬，會讓我晚上做惡夢。

當我們穿越學院大道，走向福特漢路，凱文剛剛從一部公車的前門下車，而司機不知道對他吼著什麼，我聽不見；司機吼完後，才關上車門開走。凱文對司機的反應置之不理，當他看見我們走過去，卻似乎一點也不感到驚訝。從他臉上漫不經心的表情，半垂的眼皮與既沉著又無聊的臉色，你會以為他早就等著我們過來。我叫瑞克為我們介紹一下。

「嘿，凱文……這位是我的朋友伊莉莎白。嘿，不錯吧，我們想知道有關你做的那些工作，你講給我們聽聽。」

「你們想要賺錢嗎？」他的臉上綻放微笑。瑞克與丹尼半是聳肩、半是點頭回應。

「對呀。」我立刻脫口而出，並向前走上一步：「我想賺錢。你可以告訴我哪裡有工作嗎？」我感覺胃酸已經腐蝕掉我的胃。「我到哪裡都可以工作，」我告訴他：「我們可以現在就去嗎？」

凱文接下來先教我們怎樣逃票搭公車的方式。我們不能站得太靠近，要離公車後門大約幾英尺的地方，等在那裡，如此一來才不會引起公車司機的懷疑。當要下車的乘客聚集在後門時，我們要快速擠進去，依靠人群來阻擋司機的視線。凱文告訴我們，目的地是布朗克斯動物園旁邊的自助加油站；在那個地方，車子可以從福特漢路銜接上主要幹道。而在加油站那裡，我們要做的是，當有人要加油時，快速跑上前去，幫對方服務把車加滿油，然後希望對方可以打賞一點小錢。

在整趟公車旅途中，凱文進行打工行前教育。我點著頭，安靜地聆聽，希望可以藉之掩飾我的猶豫。當我理解到，凱文口中的「工作」，其實比較像是詐騙行為，而非正當的職業時，我飢腸轆轆的感覺就轉變成焦慮不安。但是，在公車沿著福特漢路一路駛去時，我依舊維持嚴肅的表情，把擔憂給嚥下去，仔細聽著凱文的建議。

「你們只要站在那裡，盯著他們看，就好像你是個啞巴一樣，而且完全不懂他們居然會想要不給你小費！要讓他們感覺自己很小氣，他們後來就會給你一點小錢，尤其是面對一個白人女孩。你們男孩子也會拿到錢。我們都會！反正只要抓緊加油槍，不要給他們說不的機會。」

這個辦法，果然行得通。一開始，我花了一點時間，才能順利把加油槍掛上汽車油箱開口，而不會把汽油灑了一地。但做了幾小時以後，我就掌握了箇中訣竅。在入夜之前，我就賺了超過三十塊錢，是我這輩子頭一遭一次可以獲得這麼多錢。但是，這項工作並不容易做；加油站的員工有時會從玻璃窗後的座位起身，跑出來驅趕我們。他們說我們非法入侵他們的場地，他們要叫警察。不過，我們有四個人，而他們只有兩個人，很難抓到我們；而且，對我們有利的一點是，每次只會有一個人出來趕我們，另一個工作人員則留守在小亭子中做事。我們四個人會為彼此把風，而且說好有狀況時分頭跑開，以造成對方的混亂，所以，加油站員工根本逮不到我們。而只消不到五分鐘的時間，我們又回到加油槍附近守株待兔。我注意到，凱文有一次瞥見那些員工從小亭子裡兇兇地瞪著我們看，他向他們豎起了中指。

起初，想要加油的汽車駕駛看見我的反應，是既驚訝又厭惡；每次被人拒絕，都讓我的自信很受傷。我問話的聲音變得害羞又發抖，我不得不重複講上幾次，才能讓他們理解我要做什麼。「妳說妳要幹嘛？」或者：「我要加油，怎樣了嗎？」或者，更糟的情況是，汽車駕駛不說話，一臉困惑，直到我厚起臉皮，大聲而清楚地詢問「我可以為您加油嗎？」，才結束懸疑的對峙。在我講話支支吾吾的這些情形中，我不下被拒絕了好多次。最後，我理解到，我必須表現得更加自信一點，而這個領悟讓我比較容易鼓起勇氣。不久之後，我就快速拿起加油槍，面向對方禮貌地微微一笑，直接說：「請讓我幫您加油！」而如此一來，幾乎每次都成功。

因著可以自己賺上錢而滿心雀躍，我在那裡留到將近黃昏，在凱文、瑞克與丹尼回家之後，我還待上長長一陣子；不過，我中途休息一下子，去附近的一家麥當勞，點了一份快樂兒童餐來吃。在排隊等著出餐時，我忍不住流下口水；我一邊走回加油站，一邊兩三口吃完漢堡，還把手指一一舔乾淨。這可算是我曾經品嚐過的最美味的餐點之一了。我的胃痛終於緩和下來，我重新回去工作，繼續待在加油站好幾個鐘頭之久，直到天色轉為暗藍，夜風吹過我的手臂與雙腿，渾身起雞皮疙瘩為止。我於是走向公車站，準備回家去。在回程的公車上，我感到自由自在，腦際不斷回想這一天的點點滴滴，並且，因為自己可以賺上錢，而思考起所有在眼前打開的新可能性。這場經驗實在太令人振奮了。

我突然想到，凱文帶我們來一起做，可能是想解決他一個人時所無法克服的障礙——加油站員工會不時驅趕他。有了我們為他把風，他就可以一整天賺上能賺的錢，幾乎不會受到干擾。不過，我們只跟凱文一起工作一天而已，那一天之後，我再也沒有跟他碰面講話的機會。但是，跟他這個短暫相遇的經驗，卻啟發了我，我知道我可以做點什麼事來改善自己的處境。雖然他並非我的朋友，但我真的很佩服他可以找到方法，只依靠自己來解決困境，而且，他把「沒錢」當成是可以克服的困難，而這個問題大部分人都會以為無計可施，這點也讓我眼界大開。那麼，還有什麼事情是不可改變的呢？我開始思索起，在我眼前所揭開的其他新機會。

沿著福特漢路，櫛比鱗次的商店在夜色中瑩瑩發光。從公車車窗往外望，我看見逛街的人們穿進穿出，手裡緊緊提著大包小包，裡頭裝著剛剛買來的商品。我自忖著，我跟媽媽搭公車經過那個加油站也不知道有多少回了，卻從未想過那兒有機會可以來解決我的飢餓問題。現在，當公車經過這個商業繁華的路段，我不免思索著，是否還有我迄今尚未看到的機會在等著我。每間商店裡肯定都有個老闆，他想雇用誰，誰就有差事做。雖然我知道我才九歲，年紀還沒大到可以成為正式員工，但也許只要說服一下，某些老闆可能不會介意讓我掃掃地、做做清潔工作賺點小費。如此一來，或許我們可以不必總是三餐不繼，或甚至在花完補助金支票後，只能一籌莫展。在所有的商業活動中，我想必定在什麼地方，至少會有一個我可以勝任的位置等著我。

公車行駛在福特漢路的上坡路段，我沉沉靠向座椅，疲憊感讓我感覺鬆弛。短褲口袋裡的零錢沉甸甸的，在我的大腿上滾來滾去，去買中國菜當晚餐給莉莎、爸爸與我一起吃，是綽綽有餘了。我已經在想像我隔天又出外工作掙錢的情景。我的頭倚傍著車窗，恍恍惚惚墜入輕盈、愉快的睡眠之中，腦海裡浮現我們終於有好事發生的想像，讓我小小的打盹益形甜美起來。

隔天早上，我把賺得的錢所剩下的二十元藏在房間裡，然後出門沿著福特漢路來來往往尋找工作的機會。由於加油站的員工會趕人的關係，幫人加油絕不能算作是一份真正的工作；我希望可以找到能夠仰賴它、持續做下去的差事。我走進每一家商店，請求跟某個員工談話，盡可能表現出認真負責的樣子，希望博取好感。但是無論我怎麼努力，都沒有人把我的意願當真。

「『妳』想要工作啊？妳去問問別人吧。『妳』真的要工作啊？」即便我已經盡力表達清楚——是的，我希望你們有一些事情在找人做，並不一定要是一份真正的工作，比如說，也許你們會需要有人來打掃一下。但是，不管是亞歷山大百貨商場（Alexander’s）、湯尼披薩餐廳（Tony’s Pizza）或伍爾沃斯商場（Woolworth），他們的反應皆如出一轍。似乎沒有人想多搭理我。有些人甚至還很不客氣地笑出來。

「小朋友，妳至少要十四歲才可以做。妳幾歲大啊？十歲？」有個女人還從櫃臺上彎下身子，拍拍我的頭，對我微笑，她咖啡色的胸部上掛著一串粗粗的金鍊子。然後整個出納櫃臺區響起了一陣哄笑聲。我拖著步子離開，感覺很難堪，深受挫折。只要他們可以讓我做看看，我很確信自己的工作能力；不過，我愈被拒絕，我也變得愈有自覺起來。我開始注意起自己打結的頭髮、骯髒破爛的球鞋，與指甲下變硬的黑垢。昨天才擁有的興高采烈的感受，這時想起來顯得很愚蠢。

我沿著福特漢路走得如此之遠，不斷被一家又一家的商店拒絕，都走到整個商店區的末尾了，正好可以踏上往加油站的方向去。我原本不想去加油站，因為有躲避那些員工的麻煩。而瑞克與丹尼昨天已經讓我知道，他們在那裡一天所賺的小費已經夠他們花用。當我往那裡走去時，我想著，至少我試著去做一下，今天就不至於空手而回。

我決定中午之前開始工作，幫人加油加到過了午飯時間後就收手。然後我會回頭走上坡路直到大廣場路，那邊有一整排的商店可供我碰運氣。

除了必須經常回頭探看加油站員工的動靜之外，頭兩個小時可說做得頗為順利。我因而得知，這些早上來自布朗克斯動物園的車流，一輛接一輛湧進加油站裡，都是攜家帶眷出遊的家庭。我應接不暇在廂型車、轎車、休旅車之間跑來跑去，每一部車都擠滿著父母與他們的小孩。小嬰兒在哭叫，大人在算錢，跟我年紀差不多大的小孩在後座爭吵不休，還一臉好奇地望著我看；從他們打開的車窗，朝我衝鼻而來的是尿布與速食的氣味。

我忙著在車子與汽油泵之間來回跑來跑去，而我一跑動，小費中的那些零錢銅板就一直撞著我的大腿。錯過一部車，就意謂著損失利潤，所以我絕不浪費時間。我很快對於自己有能力可以購買麥當勞的任何餐點，感到相當開心。我望著一部公車駛去，我想著，如果我要的話，我也可以流浪天涯海角，只要我可以工作……我開始感覺自己不必受困在一個地方動彈不得。我有選擇的自由。我重新感受到昨天衝擊我的興奮感，我來回不停在一部接一部加油的車輛間奔跑，口袋愈來愈鼓脹，渾然不覺經過了多少時間與那兩個惱人的加油站員工。

在一點鐘的時候，我幾乎快要賺到昨天一整天所收到的錢，但我也被驅離加油站三次。在最後一次被趕時，一名加油站員工抓著我的T恤後背，對我鬼吼，威脅要叫警察逮捕我，我於是決定收工離開。那名員工當時還想把我拖去他們那個小亭子那邊，不過我奮力掙扎，從他手中掙脫開來，然後拚命以最快的速度逃走，我瘦巴巴的兩隻腿勉力奔跑，愈跑愈遠，漸漸聽不見那個人所傳來的謾罵聲。

我在小丘下的一座長椅上坐下來喘氣，一邊數算著我收到的小費，一共有二十六元。經過幾個小時站在太陽底下，我的皮膚變得紅通通而敏感。我把錢塞進口袋，重新沿著大廣場路進行尋找工作之旅，在熙來攘往的人群中邁開步子；擦肩而過的行人手肘與他們沉重的購物袋，一碰觸到我曬傷的手臂，就痛得要命。我的T恤在腋下與上背的部分都被溫暖的汗水浸濕；每當我走進一家又一家開著空調的商店，一遍又一遍詢問著相同的問題時，濕掉的衣服頓時又變得冰冷刺骨。

下午的時光一分一秒過去，我在大廣場路上找工作的運氣看來一點也沒有比較好。我無法碰到認真看待我的問話的人。最後，我轉頭回家。我一邊走著，一邊試著考慮其他找工作的可能區段，比如，國王橋大道（Kingsbridge Avenue）附近，或是過了橋那邊的迪克曼街（Dyckman Street），不過，懷疑自己白費力氣的想法卻也讓我止步。

我走進離家裡四個街區遠的麥特食品超市，我穿過自動門，進入空調涼爽的賣場之內。偷竊，是我知道我能勝任的事情之一。我可以隨手偷走一包牛排肉與一塊奶油。我是可以用那些賺得的小費來購買食物，不過，直到我確定自己能持續地賺錢之前，我不想花掉口袋裡的任何一毛錢。而在此之前，隨手牽羊是最好的辦法；在我跟瑞克、丹尼做了那麼多次之後，我有自信不會失風被逮。

超市擠滿傍晚的購物人潮，更讓我信心滿滿可以偷偷進出，而不會有人察覺。顧客排成彎彎曲曲的幾條長龍，而穿著白色外套的搬運工，衣服有牛血的污漬，在肩膀上扛著板條箱來往穿梭其中。我搜尋著經理與協理這兩人的身影，因為我知道只有他們才會留意扒手。不過，我反而注意起其他的事情，有幾個只比我大幾歲的小孩分別站在收銀機櫃臺的末端，他們穿著自己的尋常衣服，而不是工作人員的制服，但他們正在幫顧客打包貨品，以收取小費。

我數了數，有四個打包小孩，我發現他們有一些共同點。他們都是男孩子，有的是拉丁裔，有的是黑人，而他們都在自己前面擺著一個容器，好讓顧客離去前丟下幾枚零錢。我有衝動想立刻在剩下的兩個收銀機櫃臺中選一個去服務購物的客人，不過我先站在前面的麵包貨架旁觀察，學習他們幫人打包物品的方式。麵包與雞蛋要用單一個塑膠袋分別包裝；東西比較多、比較重時，要分裝成幾袋，以免過重；面帶微笑、禮貌應答，更能讓客人大方掏錢。我深深吸了一口氣，心裡交織著興奮與害怕的情緒，我走向一個收銀機櫃臺。

收銀員是一群西班牙裔的年輕小姐，穿著緊身制服與一條淡藍色的圍裙，而且所有人的髮型一模一樣，皆經過上膠梳理。我在櫃臺尾端站定位子，收銀員小姐對我甜甜一笑。我們彼此並無交談，但她的姿態表情顯示，我站在那裡沒問題。我從塑膠袋架上撕下一只袋子，在我還來不及準備就緒之前，她就伸手操作，把計過價的貨品往我這一邊推滾過來。一盒蛋糕與冷盤滑向我來；跟著送來了幾罐即食湯與一瓶胃藥。一位壯碩的中年男人注意著他所購買的物品，在經過一塊瓶蓋般的厚玻璃的偵測後，進行登錄，並且逐個發出響聲。我很高興他似乎沒有注意到我在幫他打包。

盒子的邊緣比較銳利，需要用兩層塑膠袋來裝；冷盤剛好可以放在上面，它並不會因此壓壞盒子，所以兩個可以裝在一起；兩罐湯，剛好可以一起裝……

我七手八腳在他付完帳前就把所有物品打包完畢，這讓我感覺很驕傲。不過，當我將整理妥當的塑膠袋交給這名男人，並且直接注視他的眼睛，但他卻沒有多看我一眼，在拿到收銀員給他的收據後，就往大門走去。我繼續注視著他的背影，希望他能突然理解自己的錯誤，轉頭回來。但他頭也不回往前走。我備感挫折，想起其他打包小孩的前面都放著一個盛裝零錢的塑膠碟子。

我看見經理倚靠在他的辦公小房間的隔板上，他出聲大喊：「各位顧客，請注意，本公司的營業時間將在十分鐘後結束，謝謝您的光臨，晚安！」我在金屬櫃臺平臺底下，找到一個半品脫大小的容器，然後我在口袋裡搜出幾個硬幣，快速地丟進小盒子中。

一名身形高大、穿著花卉圖案的寬鬆長衣的女人與她的小孩，推著三輛裝得滿滿貨品的購物車，靠近收銀機櫃臺來。由刷過計價後這麼多的食品雜貨看來，這一家人應該一整天都窩在超市裡進行採購。看著這一大落的物品朝我快速滾來，我感到緊張萬分。女人的小孩從購物車上卸下物品的速度之快，我怎麼飛快打包都跟不上。這位媽媽舉起一疊優惠券搖了搖，她手臂的鬆弛皮膚也跟著抖動起來。

「小姐，我手上有優惠券，別讓我抓到妳後來多算錢喔。」

收銀員的眼睛幾乎抬都沒抬，一直在敲著數字鍵盤。

「好吧，」女人強調說：「我會盯著妳看喔。」

她的三名小孩，其中兩個開始拌起嘴來。女人轉過身，打了男孩的後腦杓，爭執戛然而止。「趕快把那些該死的東西拿過去，你們不要再鬧了啦！」我感覺肚子緊繃了起來；我不確定這個女人所給的小費，可以值得我應付這麼麻煩的整理工作。

女人轉頭瞪著收銀機。洋芋片、沾醬、布丁、各式各樣的厚肉片、兩公升瓶裝百事可樂一個接一個滾到我這邊來，撞上櫃臺邊緣的檔板。我快速工作著，避免與那名婦人有眼神接觸，不過一心期盼著豐厚的小費。

肉類一起放；早餐穀片可以跟麵包擺在一起；大瓶牛奶要單獨裝……

當收銀員在整理女人的優惠券時，我已經打包完成。低頭看著這些裝好的塑膠袋，我又感到以自己為榮的興奮情緒。每一個袋子皆打點妥當，重量也都平均分配，而且物品皆以正確的分類分開放好。我靜靜站在那裡，耐心等待。

就在這時候，我看到離我腳邊最近的一只塑膠袋裡，最上方放著一盒黃色包裝的「午餐盒」（Lunchables），讓我眼睛為之一亮。

在這個塑膠盒子裡，可以看見粉紅色的波隆那火腿片、一排脆餅，以及一小疊乳酪片。我可以想像咬下肉片的質感，以及乳酪淡淡的氣味。

注視著這一盒食物，我才理解到我有多餓。我的雙眼像被磁鐵吸住一樣，突然升起一股強烈的渴望，想要吃下它。嘴巴裡面開始分泌口水出來。在我四周，超市已經結束營業，有幾個收銀員正在計算收銀機裡一天的帳款，而有人把窗戶外面的鐵門拉下來，我瞬間領悟到，我沒辦法如同原先所期待的，來這裡順手帶走我要吃的食物了。

我彎下身，假裝要綁鞋帶。沒有人注意到我；收銀員在跟一位搬貨工人講話，而那名婦人則在整理自己的食品優惠券。我鬆開鞋帶，然後飛快地把那一盒午餐盒偷偷藏在金屬櫃臺平臺底下外人看不見的地方；之前，我就是在那裡找到放零錢的小盒子。我站起身來，愚蠢地四處微笑張望，依然沒人在注意我，我的心噗通跳著。

「孩子們，走吧，」女人一手抓著收據，出聲喊道：「我們不會去玩那個二十五分錢的『玩具機』，你們想都別想！」

我兩個一組把沉重的塑膠袋交到婦人的手上，她再一一分配給她的孩子提。當我意識到她在開口對我講話時，我真想死了算了。

「看看她笑得多甜啊。」她親切地低頭看著我。

我的罪惡感讓我很難直視她的臉。「這是給妳的，可愛的小女孩。」她彎身遞了一張濕濕軟軟的一元鈔票到我手中。我勉強自己擠出另一朵微笑，說：「謝謝您，女士。」

「妳笑得好美啊。」她重複說：「好了，孩子們，走了。」

她大步往自動門走去，三個孩子使盡力氣提起沉甸甸的塑膠袋，跌跌撞撞跟在後面，最小的一個搖搖擺擺如同一隻企鵝吃力地前進。

我把鈔票收起來，等了一下子，確定他們已經走遠，再悄悄把午餐盒放進一只新的塑膠袋裡。其他幫顧客打包的小孩都已經走了；只剩下幾個收銀員在仔細清查一天的帳款。

當不再需要擔心被抓到的危險，我就抓起塑膠袋離開。回家的路上，我走得比所需要的速度還快上許多，頻頻回頭察看動靜，一直到我走上學院大道為止。在離家還有兩個街區的距離，我撕開午餐盒的包裝，把脆餅、火腿片與口感涼涼的美味乳酪片，一個接一個塞進嘴巴；滿懷著罪惡感與飢餓所引發的頭暈腦脹，我狼吞虎嚥，一下子全吃光了。

在北區布朗克斯中央醫院精神病房區的康樂室中的電話，不停地響著，直到電話鈴聲逐漸變成遙遠的嗡鳴聲。在電話線的這一頭，聽筒靠在我的耳朵上變得愈來愈溫熱。使用家裡的轉盤電話一再重撥相同的七個數字，聆聽著電話接通的喀嗒聲與不斷反覆輪轉作響的鈴聲，讓我油然生起一股平靜安詳的感受。爸爸在一旁觀看電視猜謎遊戲節目《闖通關》，只要他猜對了答案，他就會重重拍一下膝蓋。我的頭平靠在桌子上，讓遠方電話接通的鈴響聲哄著我輕輕入睡。

在夢中，媽媽既遙遠又渺小，正從某個地方喊我，要引起我的注意。「小莉姿，」她音量細微，反覆叫喚：「小莉姿，是妳嗎？」我猛然驚醒，才想到是媽媽真的在電話那頭對我講話，可是聽筒已經離開我的耳朵，被連接線拉到桌子一邊。我抓起聽筒。

「媽？」

「小莉姿，我就想一定是妳，我的寶貝。我們剛剛又再做手工藝。我幫妳做了一個東西喔。是一只杯子。它並沒有我想像得好，因為我看不到白板上的說明。」

「妳在捏陶嗎？妳會做杯子啊？」這個訊息讓我有點震驚；這顯示她似乎很有自理能力了。「媽，妳有感覺好點嗎？」

「好多了，我想。怎麼說呢？事實上，還滿辛苦的……我只是需要一小包貨解解癮。已經好一陣子了，對吧？這裡的護士就像那些天殺的蓋世太保一樣壞。我完全沒辦法跟人要菸。我現在覺得這實在很差勁。」

媽媽接著抱怨起，那些護士總是因為她「表現不佳」，比如她出口罵人或參加團體治療時遲到，而把她關在禁止吸菸的區域中。

「我感覺自己像個該死的犯人，」媽媽說：「他們根本不知道想抽菸而抽不到，是怎樣的一種感受。他們絕對沒有經歷過。妳了解吧？」

「媽媽，我了解。」

媽媽住進精神病房之後，所遭受的人格地位降低的處境，是一件很難應對的棘手問題。北區布朗克斯中央醫院的員工現在已經認得莉莎與我；他們會詢問我們上學的情形、乳牙掉了後的情況，他們也記得我們的生日。不過，我拒絕接受來自他們的善意。比較起他們對待媽媽的權威姿態，他們對我們的興趣，總讓我覺得自己像個背叛媽媽的人。所以我假裝沒有注意到，他們在公布欄上所張貼的屬於媽媽的「行為計分表」，或者，當他們以大多數人訓練孩子時所用的語氣對媽媽說話時，我也充耳不聞。當他們叫媽媽站在他們後面十英尺處，換上醫院用的鞋子與失物招領處回收的褪色毛衣，我會轉開頭去；當他們以鑰匙開開關關病房裡的各扇門，以管制媽媽的出入，我也會視而不見。我毫無辦法一方面接納這群工作人員，卻同時忘記媽媽沒有受到監禁；我左思右想，也尋不出一個好方法，可以讓自己能夠跟他們隨意談話，卻不會同時帶有藐視媽媽的含意。所以，去醫院探視媽媽時，如果醫院員工有所詢問，我總是站到一旁去，眼睛看著地板，低聲回答問題。

還好，去觀看其他病人的行徑，倒是有助於降低這種壓力：有一個經常汗流浹背的華裔男人，會慢慢將西洋棋的棋子一個個極為緩慢地塞進他的褲子裡；或者，那個噘著嘴唇的老婦人，把病房的走廊當成伸展臺，不停來回走著臺步；或者，面壁站立的那個男人，一直有口水從他嘴角流出。不管這些人到底活在哪個世界，我卻知道，媽媽在藥物的協助之下，只消一個月左右，狀況就會好上十倍。媽媽的病是發作性的，跟這些人不一樣。觀察著其他病人，我可以清楚辨別出他們與媽媽之間的不同之處，因而增加了信心；他們的差異點使我確信，有人的情況是可能更糟糕的，而媽媽卻可以恢復過來。

「媽，我告訴妳，當妳回家來，我們就一起去麥當勞吃東西。」我在我們的對話中，想尋找機會告訴她，有關我的新工作的事情。

「好呀，小莉姿，沒問題。」

「不是，媽媽，我不是要請妳帶我去；我是說，妳回家來時，我們就可以去吃麥當勞了。我有錢可以請妳吃，我找到一個工作了。」

「什麼？小南瓜，是真的嗎？妳知道，在我還小的時候，我曾經在一個農場中打工，雖然只工作一陣子而已。那是我被帶去寄養家庭監護安置的時候，屬於那個計畫的一部分，差不多有六個月之久。」

媽媽再度神智清楚了，而且很讓人信賴而安心。我可以從她說話的語氣中聽出來。

「我們那時要幫牛擠奶，那真是太噁心了。不過，吃的東西都比在商店裡買來的新鮮，妳了解嗎？妳可能想像不到那種罐裝四季豆已經給放了多久了。」

「所以妳很快就會回家，對吧？我聽得出來，妳已經好得可以回家了。聽妳講話都覺得沒有問題。」

「快了，小莉姿。醫生說星期二就可以出院。星期二。」

「真的嗎？妳保證？」

「當然，小南瓜。」

「好。這就是說，不管怎樣妳這個星期就會回家，對吧？」

「對啊，莉姿。寶貝，我好愛妳，妳叫爸爸來聽電話，好嗎？」

「好呀，媽。我也愛妳。」

爸爸接過電話後，嘆了一口長長的氣，眼睛則始終盯著電視畫面。「嗨，珍，」他說：「別擔心。好，好啊。」

在爸媽講電話的時候，我蹦蹦跳跳往莉莎的房間跑去，直接進到她的房間裡，出聲喊她的名字。莉莎正坐在床上，很快拉緊被子，遮住她的胸部。她沒有穿上衣。我立刻回頭走到房間門外。

「喔，不好意思。」

「莉姿，妳進來時，可以先看一下嗎？我正在穿衣服耶。」她生氣吼道。

在她的床邊放著一個皺巴巴的塑膠袋；袋子外面的中央部分，可以看到以彩虹圖樣寫著「年輕世界」幾個字。

「對不起啦，因為爸爸正在跟媽媽講電話，妳知道嗎，媽媽就要出院了。」

「等我一下，」她避開我的眼光。「把我的門關上。」

「好。」我說完就離開。

當她的房間的門關上時，又反彈打開了一道小細縫，細細的光線映入昏暗的走廊上，也順便提供了可以窺看莉莎的機會。走廊那頭，傳來爸爸大約每分鐘就對著電話發出「嗯、嗯」的聲音。我假裝走了幾步，離開莉莎的房門，但卻更靠近了一些，往裡頭探看。她過了一會兒才將拉著的被子放下，於是我看到她的胸部上，半掛著一件淡粉紅色、帶花邊的胸罩。這幅景象讓我萬分震驚。她之前從未提起跟胸罩有關的事情。雖然我記得有一天，她在沙發的椅墊之間找銅板，並且數算著自己所存下幾張一元鈔票。媽媽自己只有一件骯髒的胸罩。直到那時，我還尚未多想，有一天我們兩個也會需要買上胸罩來穿。

莉莎往兩側一起拉齊，手指捏著位於胸罩正中的小小塑膠扣環，摸索著要扣緊它。她一頭濃密的頭髮，已經先用鯊魚夾高高夾在腦後。胸罩已經跳開她的掌握兩次，她只好又重新開始嘗試，直到最後就定位扣好為止。看著她上身赤裸，我幾乎想別過頭走開。在我三歲、她五歲之後，我們不再一起洗澡，自此以後，看見對方的裸體會覺得很奇怪。但是胸罩實在太神祕了；注視著她怎麼調弄胸罩，令人充滿好奇心，很難轉身不看。我想著，莉莎已經變成女人，就像媽媽一樣。我有遭到背叛的感覺，如同第一次瞥見她的床頭几上擺著一盒衛生棉時一樣。或許，如果我們姊妹倆的關係親密些，如果我們不要一個月彼此只講上幾次話而已，她應該會信任我，與我分享她的祕密。

反觀我的行為舉止，我穿著短褲與T恤，特別是我的身體，我想，看起來就像是一個男孩子。我會跟其他男孩一起爬樹，弄得渾身髒兮兮，而有些小孩經常也會喊我「男人婆」。我一聽到這樣的叫法，就會氣得臉紅，心臟怦怦跳。我只是事事主動、很享受體力的活動，我不明白為何如此的表現，別人就會把我拿去跟男孩比對。不過，我倒是與那些穿著美美的洋裝、一整天不動、曲腿坐在椅子上或其他乾淨的地方、只會聊八卦的女孩，沒有任何相似點。但是，我也並不覺得自己是個男的。我想著，我兩者都不是，我是個異類，一個半男半女。親眼目睹莉莎的樣子，更讓我覺得自己像個怪胎。

莉莎脫掉胸罩，從頭上罩進一件T恤穿上。然後她從衣櫥中取出一個衣架，小心地掛上胸罩。她的房間牆壁上，貼滿流行少女雜誌上撕下的圖片，以及亮晶晶的男孩明星與頭髮蓬鬆的少女偶像海報。莉莎隨手拿起一小面略有破損的鏡子，走回床上去，對著鏡子嘟起嘴唇而且還眨著眼睛。

我靠著牆壁，低頭看著自己的胸部，平坦得跟瑞克或丹尼一模一樣。我穿著忍者龜T恤與黑色高統球鞋。我的頭髮糾纏打結。莉莎在房間裡開始塗起唇膏。畫上去的是亮粉色的唇彩，她還用紙巾在嘴巴上壓了壓，好讓顏色更為閃亮。她抓了抓瀏海，對著鏡子，笑得好燦爛。

我開口想說話，卻差點撞上她的房門，待我站定，卻渾然不知道自己想要說什麼。不過，我反而繼續留在門邊一會兒，注視著房間裡姊姊的一舉一動。

前門砰地一聲關上，把我從沙發上驚醒過來。我抬起頭，看見媽媽心煩意亂、淚眼婆娑衝進房子裡來。她手中抱著一件莉莎的冬季外套，她把它扔進靠近我的一張椅子上，然後衝向她的臥室，咚地一聲倒在床上。我爬起來，關掉電視，走去看看發生了什麼事。

當我站在門邊，媽媽扭熄了她房間裡的電燈，開始放聲哭泣。她並沒有看到我的人。

「怎麼了，媽媽？」

「小莉姿嗎？」她問著，語氣裡顯示她很驚訝發現我在家。

「嗨，媽……妳怎麼了啊？妳還好嗎？」

「沒事，小南瓜……我只是今天晚上很倒楣。」媽媽說，一邊在黑暗中把鞋子踢掉。「那個傢伙……

我以為我可以跟他換到貨……我想要用莉莎的外套跟他們交換，但他們不肯。我從那裡一路走回家來，我連一小包貨也沒拿到。」她涕泗縱橫，躺在床上痛苦哀嚎。聽她哭成這樣，讓我好心疼。媽媽落到如此田地，我真恨自己無計可施，無法改善她的處境。

媽媽所提到的「那個傢伙」，是我們街區附近的一個藥頭，而她所說的「交換」，是指要用莉莎的外套去換一小包古柯鹼；這種以物易物的作法，是媽媽慣有的策略。一般上，當媽媽一文不名，她會在家裡翻箱倒櫃，遍尋所有有點價值的物品，帶去給毒販看看，讓他們考慮一下以物易物的可能性。在我們這個街區裡，從事毒品交易、前科累累、還配備槍枝的毒販分子，已經很習慣媽媽出現在他們眼前，而且還拿著舊鞋子到鬧鐘不等的亂七八糟的東西，要求交換一包白粉；他們甚至還給媽媽取了個外號「Diabla」，西班牙文的「女妖魔」之意，因為她是這麼執拗冷酷。

媽媽彷彿壓根兒從未想過藥頭都是一群危險人物，她跟在其他會付錢的買家後面排隊等待，輪到她時，她並非將現金擺上毒販的桌子來買貨，媽媽反而毫無懼色地放上她努力從家裡挖出來的各式物件，比如錄放影機、電玩遊戲帶、玩具或其他雜貨用品等等。然後她開始為自己辯護說理，不願離開現場，即便藥頭出言威脅，她也不為所動。我不懂為何他們沒有傷害她，或者，他們曾對她做出什麼壞事，而她從沒告訴過我。不過我確實知道，有一位與我爸媽很熟的毒販，有一次要爸爸保證，他會一個人去買他們兩個人的貨，而讓「女妖魔」留在家裡，因為她會擾亂買賣的進行。那個人還告訴爸爸說，有時候他們會給媽媽一點白粉，目的是要讓她走開。

而這個晚上，當媽媽重施故技，嘗試要用莉莎的冬季外套去換貨，藥頭卻斷然拒絕，並非因為外套不值錢，而是基於人道原則。

「啊，他們自以為比天高，」媽媽說：「他居然給我這個爛東西！」媽媽沮喪萬千地遞給我一枚奇怪的硬幣。「而且他還開始對我說教……就好像他是個好人一樣！」

當藥頭看出這件外套是小孩的尺寸時，他把衣服交還給媽媽，附帶一個大硬幣；他告訴她回家去陪小孩，這讓媽媽怒不可抑。媽媽稍後對我解釋說，這種硬幣是匿名戒毒組織給予參加戒毒的人的代幣，用以標示參加者所達到的戒毒天數，代表著他們在該階段中的進展，並作為他們繼續堅持下去的鼓勵。媽媽似乎一點也無法消受藥頭給她這種代幣的嘲諷意味。她倒在床上，因為成癮症狀而渾身發抖，整個人被痛苦吞噬，為了渴望吸毒而受苦。

我陪在媽媽身邊，直到她睡著為止，然後我回到我的臥室，拉起被子蓋上，我躺在床上，開始琢磨起這枚代幣。我之後將它藏在梳妝臺的抽屜裡，一放好幾年。我偶爾會拿出來，用拇指擦擦上面的浮刻文字，對其神祕的話語驚訝許久；代幣背面寫著一段「平靜禱文」：

主啊，求您賜予我平靜之心，去接受我無法改變的事物，並給予我勇氣，去改變我能改變的事物，以及，讓我擁有能分辨兩者差異的智慧。

我並不明瞭禱文的確切含意，但我對於這段文字的聲音倒是十分熟悉，這是由於媽媽參加無數次的匿名戒毒組織聚會使然。那些聚會都有一個固定的模式：當吸毒者在市區教堂的地下室裡，手拉著手，一齊出聲朗誦「安詳禱文」，他們的小孩包括莉莎與我，則跑去拿免費的甜甜圈與甜膩的檸檬水。禱文會在聚會開始與結束時分別齊聲唸誦一次。匿名戒毒組織的所有聚會都這麼做，並且會請過來人做見證；這些戒毒的人說他們「一步步按照各個階段的建議去做，對毒品宣戰」，並且最後「成功戰勝了毒癮」。見證人站在房間前頭講述戒毒始末，這些故事聽起來都很相似，也很熟悉：某種生活方式導致自己、家人、愛人陷入混亂；經由匿名戒毒組織的協助，讓他們成功獲得救贖；而處在以上兩者之間，則是一段黑暗、嚇人的低潮期，這一段時間標誌著新舊歲月的分水嶺，透顯著個人生命所關切的最最深層的意義。

這些「已經康復」的吸毒過來人，有時會在聚會結束後，上前來跟媽媽講話。他們想要幫助她，我可以感覺到他們想藉由莉莎與我來接近媽媽。在我的記憶裡，有一位身高非常高、有著綠眼睛的白膚男人，他蹲下來注視著我，問我喜不喜歡吃餅乾。在他問我的那一刻，我的手裡抓著好幾塊餅乾，而且嘴巴裡還塞著一塊，我搞不清楚他是在開我玩笑或是要罵我貪心。我只是蠢蠢地回望他。他微微一笑，站起身來跟媽媽談著戒毒的話題。當男人講話的時候，媽媽一根接一根抽著菸，並且迴避與他眼神接觸；她的身體一直動來動去（這是服用精神分裂藥物的副作用），男人想跟她建立關係的努力，只是白費力氣。媽媽那時候剛剛從北區布朗克斯中央醫院精神病房出院不久，也就是說，她戒毒已經好一陣子，而且差不多可以預測已經達到門檻。那一晚，在聚會結束後，我們就陪著她直奔毒販那兒。但是這個男人所講的話，卻清晰有力，對於不願聆聽的人，也能影響個幾分鐘。

「小姐，妳知道要怎麼判斷自己已經走到最壞的地步了？」他問道：「當妳停止想這一切問題的時候，就是妳最壞的狀況！這是我的指導人以前告訴我的。」他誠摯地想跟媽媽建立起眼神接觸，不過他所說的話並無法撼動媽媽。

當晚很晚的時候，媽媽拿著烤麵包機與我的腳踏車，又去換了一次貨。

經過這麼幾年的經驗之後，我知道存在有幾種不同版本的媽媽，總共差不多有五種相異的人格展現：有發瘋的媽媽、嗑藥與酗酒的媽媽、清醒而親切的媽媽、快樂支票日的媽媽，與剛剛出院的友善媽媽。最後一種也許是最受歡迎的版本，雖然存在的時間長度大概只有兩週左右。

當她出院返家，以另一個自我的面貌與我們互動，她會對我們講述精神病房其他病患的有趣故事，來逗我們開心；每一個小故事都讓她笑得喘不過氣來，她的嘴角會往下拉，用拳頭搥著桌面，對自己的玩笑話笑彎了腰。她的頭髮與皮膚上，還帶著醫院香皂的氣味；當她剛回到家時，她會不停地抱一抱我，我就會聞到這種氣味，我很喜歡這種味道。處於這個狀態的媽媽，會抽比較少的菸，而且相當在意，客廳窗簾的對稱性。她在房子裡走動，會輕哼一支小曲，經過沙發時，會停下來吻一下我的額頭，然後再往走廊走過去，完全不需要理由。彷彿只是待在家裡，就足以讓這個版本的媽媽開心。

不過，這一回很不一樣。這一次醫院送回來給我們的媽媽，是一位陌生人，跟先前我所歸納的各種版本的媽媽都不相同。他們只是給這個人穿上媽媽的衣服，送她到同樣的家來，並且讓她熟悉我們的名字與周遭環境，只是他們忘記給予她應該會出現的人格樣貌。我注意到的第一個異象是，她的肢體出奇地靜止不動；在她進門時，她的手腳律動的方式太穩定不變，彷彿她頭上頂著一疊書，走路時要保持平衡，不讓書掉下來的樣子。完全沒有她平常浮躁難安的模樣；她原本的神經質，已經整個從她的舉止行為中移除。

媽媽進門後，還是做完所有的動作，有氣無力地分別抱我們一下。她想擠出一個微笑，但是她大部分的臉部肌肉都不肯合作。「妳這次換吃不同的藥嗎？」我問道；在讓人困窘的靜默下，她打開行李箱。

「我不知道，小莉姿。有可能。」

莉莎就比較積極，接連問了媽媽好多問題。媽媽幾乎沒怎麼回答她，莉莎話說到一半，她就走了開去；她的眼睛搜尋著牆壁、天花板、地板，就是沒看著莉莎的眼睛。爸爸親切歡迎她，媽媽也是；他們同床共睡了一週左右。然後媽媽又回到了沙發。媽媽現在會坐在窗邊，一坐好幾個鐘頭，眼睛張得老大，把頭髮梳在腦後，身體靜止不動，彷彿凍結在她玫瑰色的袍子裡，如同梅西百貨公司（Macy's）櫥窗裡的一具假人，展示著美麗的哀愁景象。而窗外的天氣，似乎也契合她的心境。

她回家來的頭一週，每天不間斷地下著雨；路面的坑洞積著水，而雨水也將排水溝中的舊啤酒罐與菸蒂沖走。雨下得如此無日無夜，致使氣象播報員在電視廣告時段中，也會勤奮地提供即時氣象分析。天色陰霾，一整天彷彿入夜一般。在雨連下第三天的晚上，媽媽說這就像是「海嘯般的天氣」，誇張地形容雨勢的嚴重性。

「遭受海嘯衝擊的地區，天氣大概就像這個樣子吧。」媽媽說。當時我跟媽媽一起坐在傍晚的窗邊，看著雨滴打在巷子裡的柏油路上。

「什麼是海嘯呢？」我問；我比較是想以之判斷她的心情狀態，而非真的多好奇。

她剝下一小片牆壁上的舊油漆，在窗臺上把它捏碎；隨著每一陣吹入的冷風，飄進來雨的氣味。「莉姿，海嘯是一片巨大的海浪，可以淹死人、摧毀房屋與村莊；它無比巨大，跟山一樣高。」

有時候，媽媽在對話中所隨意提起的話題，使她聽起來像個陌生人。我很難說，我喜不喜歡藉由這樣的方式，來得知有關她的事情。她的過去，猶如一團黑暗的空間，而片片段段的媽媽的記憶，在其中上上下下浮動著。實在太模糊不清，很難與媽媽在分享的故事起共鳴。彷彿我可以很容易就得知有關媽媽的重要事情，卻同時不得其門而入。腦子裡一直轉著我實在不了解媽媽的念頭，讓我很困擾，彷彿我們不再相親相依，我真討厭這樣的感覺。

「如果只是海浪的話，怎麼能摧毀東西呢？而且海浪是在海裡，而村莊與人卻在陸地上。」

「對，小莉姿，不過這個海浪很不一樣。妳知道，它跟那些沙灘上的海浪是兩回事。它非常非常巨大。」一閃電劃過我們的窗口，照亮了玻璃上的水漬，宛如印在窗戶上的字畫。緊隨而來的深沉雷鳴，讓停在外頭的車輛警報器隨之嗡嗡作響。

「是有多大呢？」我問著，一邊拉上床單蓋在肩膀上，以防自己被雨水潑到。

「超級大。而且很高。有六層樓那麼高，像我們的公寓一樣，有時甚至更高。」媽媽一邊說著，一邊把手往頭上伸出比畫著。而且她皺起了臉，用以強調所講的事情。「像我講的，莉姿，像這麼高的海浪。真的非常巨大。在海嘯撲過來前，首先會因為遮蔽起了天空，四周突然變暗。」

「哇。那妳看過海嘯嗎？」我設法將這個話題，跟媽媽過去的日子聯繫起來。

「喔，沒有，絕對沒有。海嘯只發生在離這裡很遠很遠的地方。但我經常夢見海嘯的惡夢。在我小的時候，我看到一個有關海嘯的新聞報導，之後，我就經常夢見，在我背後有一個超大的海嘯在追著我，我於是拚命往前游啊游。而且，我從來沒有成功逃過；每一次在夢中，我都被天殺的海浪淹沒。」

「妳現在還會夢見海嘯嗎？」

「偶爾就會夢到。像昨天晚上。我猜可能是這場雨讓我想起海嘯。」

「那人們為什麼不在海嘯來之前趕快離開？」我問。媽媽再度盯著窗外的巷子。

「如果他們能知道什麼時候海嘯會來，他們就會先跑走，可惜很難。海嘯總是讓人措手不及，想要逃走都來不及了。小南瓜，我現在想去睡一下覺，我累了。」

「但是，媽媽，如果他們跑得很快很快呢？」

「小莉姿，不管他們跑多快都沒用。只要他們看到海嘯，就已經來不及逃了。」

爸爸與媽媽在幾天的時間中，就可以把媽媽先前存下來的補助金支票飛快地花光。他們為莉莎與我採買了三十元左右的食品雜貨，不過之後不到一個星期，錢就捉襟見肘，我們不得不再度小心分配給每個人吃的食物量。我每天都嘗試去麥特食品超市工作，可是每一個收銀機櫃臺都已經有人在做。所以莉莎與我只好平分所剩下的食物。那一晚，依照配額，我為自己做了一個花生醬加果醬的三明治來吃，一邊做著班寧女士（Benning）的課上所指定的模型勞作作業。外頭依舊是轟轟作響的滂沱大雨，從客廳敞開的窗戶，突然吹進的冷風，讓我的手腳涼颼颼。

那年十月的五年級課上，我們指定閱讀《夏綠蒂的網》（*Charlotte's Web*）一書，預先為「秋天閱讀節」的活動做準備。我從美術材料行買來彩色美術紙，先描繪出蜘蛛夏綠蒂、小豬韋爾伯（Wilbur）與小老鼠坦伯頓（Templeton），然後小心地剪下來，貼在一只鞋盒裡；我想要組構出的場景是，夏綠蒂編織出「謙遜」字樣的蜘蛛網。每一班將選出三個最好的作品，在十二月時，展示在學校川堂上，所有人都看得到。明天早上，學校的圖書館長平德絲女士（Pinders）所要做的第一件事情，就是挑選優秀的作品。如果我把這些書中的角色做得栩栩如生，我敢說我的模型將有勝出的機會。

我整個晚上都在進行完成前的修飾工作：我用膠水黏上冰棒棍當作穀倉前的矮柵欄。我將削鉛筆剩下的刨片當成一堆乾草，放在穀倉裡面。我偶爾就會退後幾步，來觀看我的勞作進展，竊喜於一切如此按部就班進行。我在客廳裡的桌子上工作期間，爸媽在我身後衝進衝出，有時要去酒吧，有時要去弄毒品。從他們大呼小叫但無法聽清楚的對話中，肯定發生了什麼事。不過，無法了解到底是出了什麼大事。媽媽不只一次淚眼汪汪、腳步蹣跚走出家門，要上酒吧去。我從窗口探看，看她逐漸消失在大雨之中；雨勢整個遮掩了望向學院大道的視線。

到了清晨四點左右，我的兩手發痠、眼皮沉重。雖然爸媽兩個人都還沒回家，我決定先去睡覺。我小心翼翼把完成的模型放在梳妝臺的桌上，在沒點燈的臥室中，我鑽進被窩，把頭埋進枕頭裡面。窗外，夜車呼嘯而過，在我空空的房間牆壁上，投下快速移動的陰影。哪裡的一扇門嘎嘎作響，但在嘩啦啦的雨聲中，只剩下若有似無的聲音。不過，門板反覆傳出的碰撞聲，卻讓我沉入夢鄉之中，直到一個離我比較近，而且比較急切的聲響，又把我拉出夢境，驚醒了我。那是媽媽的腳踢到啤酒瓶，酒瓶翻倒下來，濺出啤酒的聲響。

「嘿，寶貝。」媽媽坐上我的床鋪一角翹著腿，手裡拿著一瓶快喝光的啤酒。

「嗨，媽。」我揉了揉惺忪的睡眼，立刻準備好仔細聆聽到底發生了什麼事情，並且要來安慰媽媽。

「媽媽，妳想要講什麼嗎？妳還好嗎？」我問。

媽媽的眼淚沿著臉頰細細淌流，淚珠在窗外街燈的映照下閃著微光。她用手背大力抹去眼淚。她一時無語，只是深深喘息，讓眼淚撲簌簌流下。只要媽媽講話，我就知道接下來該怎麼做，但是此刻的靜默太陌生，讓我緊張，一時不知如何是好。

「媽，告訴我嘛……妳知道的，我很愛妳，媽媽。我很愛妳。不管有什麼事情發生，妳都應該告訴我。是不是酒吧裡又有人對妳說難聽的話了？妳知道我想要聽到底怎麼回事……」

「小南瓜，我也愛妳。絕對不能有任何人來告訴妳說，妳不是我的孩子。妳了解嗎？妳會愈來愈大，不管妳幾歲，妳永遠都是我的孩子。」

「媽，妳說嘛，到底發生什麼事了？」看著她扭曲的臉龐，沉浸在自己的某種痛苦當中，我多麼希望我們可以重溫那些美好的夜晚——當我躺在床上，媽媽放下她濃密的鬈髮款擺著，髮絲輕輕撫掠我的臉頰；她會故意對我搔癢，直到我忍不住放聲大笑。不過，她有時並無如此的溫柔心思；我知道，她在有些夜裡過得並不好。而她需要我的協助，以度過其他更難熬的夜晚，就像今天晚上一樣，當她又籠罩在過去的記憶中無路可出，這正是我要來傾聽她的心聲、撫慰她的時機，也是她最需要我在場的時候。

「媽媽，我愛妳，妳不應該哭。我們都在這裡，而且很愛妳。不管怎麼樣，都會沒事的。」

我尋求她認同我的話語的眼神，但她整個人彷彿徘徊在某個很遠的地方。我可以確定，這又將是一個漫漫長夜，我們會談到天色發白，外頭的鳥兒開始啼鳴為止。一想及此，我感到身心俱疲。我開始想到平德絲女士在早上要挑選「秋天閱讀節」的優勝作品，我希望可以找到辦法讓媽媽跟我一樣又倦又累，如此一來，她可能就會睡著。

「好不好，媽媽，告訴我。」我抓起她的手；因為沾著淚水，她的手濕濕潤潤的。

「小莉姿，妳聽著，我永遠都會跟妳在一起。永遠永遠。在妳長大以後——」她突然嗚咽哭出來，沉重的呻吟聲嚇到了我。「在妳長大以後，生了自己的小孩，我也會幫妳照顧小孩。我會看著妳從學校畢業。妳永遠都是我的孩子。妳懂嗎？不管妳幾歲，妳都是我的寶貝孩子。」

「來，讓我抱一下妳。」我開始發抖，但拚命掩飾我的恐懼。「我知道妳永遠都會在我的身邊。我也會永遠在妳的身邊。媽媽，不要這麼擔心了。」

「小莉姿，小南瓜，我生病了……我得了愛滋病。在醫院的時候，我做了檢驗。妳爸爸認為，等到我發病後再來說比較好……他們那時候幫我抽血做檢驗。莉姿，我得了愛滋病。」

我腦子裡浮現起，臉色蒼白的人躺在擔架上的電視畫面；躺臥在病床上的人個個因為疾病的發作而虛弱不堪。我記起不知是誰說過的話：罹患愛滋病的人最後都會死去。我花了幾分鐘，把這樣的畫面跟「死亡」，與眼前的媽媽聯繫起來。媽媽就要死了嗎？我的肚子掠過一陣燒灼的震顫感，我突然大哭起來。

「媽媽，妳就要死掉了嗎？真的嗎？」

我全然清醒開來。媽媽持續啜泣，我望著她身後那迷濛的落雨。街燈掩映著，照出她的側影，宛如一幅荒涼空虛的畫像。不過幾分鐘之前，雨一樣靜靜下著，而媽媽全無死亡的徵兆。不知何故，我的床、我的家具通通都在原位，窗戶護欄的陰影依舊不變地映在牆上，可是媽媽卻已完全改變。

媽媽把我攬進她的懷裡，她手裡的啤酒瓶碰在我的背上。我們彼此擁抱，在我的床上，兩個人都在顫抖，並且不可置信地靜靜哭泣好長一段時間。我的母親，還有死亡，一起坐在我的身旁，依偎在我的臂膀中。抱著她，也同時抱著死亡；我跟死亡分享她，我想盡可能帶走酒精與疾病之外的母親。

「媽媽……妳不能離開。」

「小南瓜，並不是現在。我還會陪著妳一段時間。至少有個幾年。」

「什麼幾年!?我不要！」

現在是我哭得泣不成聲，不時因為流下的眼淚而嗆到。

「我的意思是說，我還會陪妳很長很長的時間。妳不要擔心，我哪裡也不會去。我愛妳，寶貝。我不會死的。媽咪還有好久都不會死的。我說不定也沒有真的得到愛滋病。別管我剛剛說的話。」

但這些轉圜的話，說得太遲了。我太了解媽媽了，她根本沒辦法保守祕密。我確定她之前所講的都是真的。她已經無法把話收回去。我極度希望，這一切只是她的妄想，只是她另一次精神崩潰發作前的症狀。可惜我知道這一切都是真的。

「但是妳剛剛說……媽，妳不要騙我。妳真的就要死了嗎？」我再度嗆到眼淚而咳了起來，整個人變得歇斯底里。

媽媽突然站起身來，走過去握住我的房間門把。

「小莉姿，忘了那些話。」她說：「妳現在去睡一下吧。別管我跟妳講的話。天知道我到底得了什麼病。這些日子以來，沒有人確切知道那個病是怎麼一回事。所以，妳不要擔心，我只是在開玩笑而已。沒事的，我很好。」她喝了一口啤酒。「我們會沒事的。」她又加了一句，然後走出我的房間，把門關上。

「等等，」我尖叫：「媽！妳等一下啦……媽！媽！」我知道她離去的原因，是因為我沒有給她「正確」的回應。一定是這樣，她才走開的。我恨我自己哭個不停，還變得這麼黏人。只要我要求過多，總會把爸媽從我身邊推開。我應該要更了解這一點的。我最後一次再度出聲大吼：「媽——！」

然而，不管我叫得多大聲，哭得多慘，媽媽並沒有轉頭回來。而我卻也找不到起身追她出去的力量，彷彿我只要爬下床去，就會讓這一刻變得更為真實。

我深呼吸了幾口，努力讓自己平靜下來；我拉著被子，試圖平撫我顫抖的身體。四周的寧靜讓房間顯得比之前更為空蕩蕩。僅僅在十分鐘之前，我還很想睡覺，而媽媽也還沒有得愛滋病。

儘管我多麼希望要固守住所有事情，但我卻始終任它崩毀離散。我努力幫助媽媽，給予她所需要的一切，但我可能只是把事情弄得更糟而已。即便知道媽媽拿錢要做什麼，我還是會一而再、再而三，將在超市打包所賺得的小費，或是從長島寄來的生日卡片上所夾帶的鈔票，拿給媽媽花用。彷彿有一把鐵鎚敲在我的胸膛，我驚覺，也許是我導致她發瘋的；而且，最後讓她感染上愛滋病的原因，或許與我也脫不了關係，因為我會給她錢去買注射針筒。

「大笨蛋！」我吼出口：「白癡！」

我猛力把枕頭丟出，它凌空越過房間，砸爛了我之前完成的穀倉模型。冰棒棍做成的柵欄，一開始還黏在一起，但又摔落到地板上，馬上折成兩半。

04 解開羈絆

如果我們這個家原本即形成一個自足的世界，那麼，在我大約十二歲的時候，我們四個人卻彷彿已經全然分居於不同的大陸之上，各自鎖在自己的房間裡，彼此分離、各自飄蕩，以至於我開始憂慮起，我們將再也不會如同過去一般攜手相聚在一起。我大部分的時間都不在家裡；我要不是跟著朋友在外面晃蕩，不然就去超市幫顧客打包貨品或去加油站幫忙加油，以賺取小費過活。莉莎則待在她自己的房間裡，房門始終鎖上，只能聽見收音機的音樂震天價響。爸爸固定往城裡跑，其他時候則經常在街區裡花上幾個鐘頭獨自散步。媽媽有了一個新朋友跟她作伴，是一名討人厭的男人，他出現在我們家，造成我們彼此更顯隔閡，尤其因為，我們一家人處在遠比之前更為疏離的脆弱關係當中。

他的名字叫作里奧納德·莫亨（Leonard Mohn），個性浮誇、骨架細瘦，模樣很像畫家孟克（Munch）的作品《吶喊》（*The Scream*）中的人物。他禿頭，不過在腦子兩側還長有一小撮頭髮；他的眼睛從眼窩處往外突出，彷彿有人一直掐著他的脖子一樣。他的性子很急躁，而且很神經質，備受某種心理疾病的困擾，跟媽媽的病有點類似，不過他所服用的藥丸五顏六色好多種。他與媽媽有一晚在酒吧相遇，然後從此成為好朋友，因為他們發現，他們所喜歡的男人類型如出一轍。里奧納德·莫亨與媽媽一起占用了我們家廚房，並且將廚房的氣氛一轉而為介於牢騷告解室、吸菸夜店與毒蟲喜於稱呼的「嗑藥遊廊」，通常地處偏僻，只供熟客群聚嗑藥的複合式空間。

他們倆的活動週期，是依照每一輪的政府補助金支票發放日而展開：爸爸擔任跑腿的工作，負責買毒品，而媽媽與里奧納德則坐在廚房裡閒聊生活瑣事，一邊狂飲一瓶又一瓶的百威啤酒，將吸毒器具準備好，耐心等待爸爸回來，然後一起進行飄飄欲仙之旅。這個過程會無休無止反覆進行幾近兩週之久（媽媽與里奧納德的兩張補助金支票皆告用罄的時間），直到他們的眼睛浮出嚴重的黑眼圈，完全沒有一毛錢可花才結束。當里奧納德或媽媽的支票再度寄來，就可以預期他這個人重新在家中出現。他在月中的時候，多半不會在我們家裡逗留，他會去酒吧買醉。他一離開，媽媽就會睡上好幾天。

爸爸、媽媽、莉莎與我都會在里奧納德的背後取笑他。我想我們家沒人喜歡他，連媽媽也是。他講話的聲音很刺耳，個性過度自我膨脹，而且不加掩飾討厭小孩的態度（儘管他還是個小學代課老師），在在使他很難討人喜歡。但是，爸媽並非以喜不喜歡他的標準來跟他往來，他們也沒有以這個人對我們家是好是壞的標準來做判斷。爸媽心裡面的量尺是「毒品」，他們只是因為里奧納德有錢可以提供毒品，才接納他。他只要出現在家裡，就意謂著有更多的補助金支票可供運用，他們更能嗑藥嗑到天堂。所以，在許多個夜晚，我陪著爸爸走長長的路去買毒品；在路上時，爸爸會模仿里奧納德女人氣的尖銳嗓音，以及他那些叨叨絮絮的怨言怨語，逗得我笑得合不攏嘴。爸爸同時也教我怎麼使用提款機；我們在發光的鍵盤上打入里奧納德的密碼「WATERS」，每按下一鍵，就發出一個嗶聲，按完後，就可以拿到下一輪古柯鹼派對所需的現金。而我也會表演里奧納德模仿秀：我把眼睛瞪得又凸又大，唯妙唯肖地用他的嗓音學起他在廚房裡對媽媽講的埋怨話：「喔，珍妮！喔，日子實在太難熬了，喔。」爸爸每次聽到，也是哈哈大笑。

爸爸有時會拍擊著膝蓋、抱起肚子狂笑，那時我們站在空無一人的提款機隔間中，地上散落著收據與垃圾；我們父女倆會一起度過這樣黎明前的深夜時段。然後在我們走去買貨與返途回家的路上，爸爸會不斷要求我再表演一次模仿秀。在我們回到家時，甚至還沒用鑰匙打開前門，就已經可以在走廊上聽見里奧納德尖銳的說話聲。

「珍妮，要不是這些小孩，我的工作會更不得了。唉，這些天殺的小怪獸。」他說：「當他們吵吵鬧鬧、管不住的時候，我真希望自己可以卯起來毒打他們一頓。這些小魔鬼！」

里奧納德不贊成生養小孩，其強烈的程度就如同他那消極悲觀的戲劇性格一樣。而且他一點也不避諱大聲嚷嚷這個話題。他每次來我們家，我都可以聽見，就在隔壁房間，而且房門開著，他扯著嗓子對媽媽抱怨小孩的種種不是。

「珍，這些小孩一個個都是忘恩負義的混蛋。我不知道妳怎麼可以受得了。」他吸菸的聲響清晰可聞；當他吸上一口時，總會伴隨一個宛如親吻的小噪音。「我連在工作時都無法忍受，妳還可以把孩子『養在家裡』，希望老天保佑妳！」

「喔，里奧納德，別說了。」媽媽無力地說。

這是媽媽唯一的答話。我願意這麼去想，僅僅只是里奧納德的支票讓媽媽閉嘴，但我始終無法確定，媽媽為何可以滿意地坐在那裡，啜飲著啤酒，無視於他對我們的口頭攻擊。

如果我只是需要去面對他這個討人厭的態度，我想我還是可以容忍里奧納德．莫亨。不過，使他從令人生厭的難搞，變成令人難以接納的怪叔叔，卻是他跟媽媽反覆分享的另一個話題——他們兩個都是呈陽性反應的愛滋病帶原者。這樣子的對話太傷痛，讓人聽都不想聽。這使我不得不躲開他，連帶地，也要躲開媽媽。

這個話題總是在他們所施打的古柯鹼效力消退之際上場；在這個階段中，亢奮的眩暈效果逐漸失去力道，隨之而來的是憂鬱浪潮一波波將現實感衝向他們來。

「珍妮，我的心臟跳得好快。珍妮，握住我的手。」儘管媽媽上次所給我的真正擁抱，可以上溯自她告訴我檢驗結果的那個晚上，而她也已經好幾年沒握過我的手，但她此刻坐在那裡，緊握里奧納德的手，兩個人還十指交纏在一起。

「珍妮，我真不想生病，」他說：「嗯，我們後來都會生起病來，但至少我們不會老。感謝老天，我們永遠都不會變老。珍，妳不覺得很感謝這一點嗎？」

大部分當他們聊到這個地步的時候，我都處在不過十英尺之外的地方，躺在沙發上，所以，他們講了什麼，我都聽得一清二楚。我與他們之間的距離，已經近得可以聞到啤酒的酸味，看見香菸的煙霧從廚房門口飄出來，並且聽見每一句他如此露骨講出的悲傷話語，還夾帶著哭腔。

「喔，珍妮，說起來，在某個方面，這也是可喜的事。不管怎樣，我們在四十歲之前，好日子就會結束。」

「我知道，里奧納德，那是一件好事。」媽媽點點頭。「我們絕不會變老。」

任何有關爸媽的嗑藥習慣有可能對他們無害的幻想，都隨著媽媽被診斷為帶原者與里奧納德的介入後，一一化為烏有。我漸漸長大，最後卻無法再忍受目睹所有這些事情：閃爍不定的日光燈，照著我爸媽裸露的手臂；注射筒的針尖，刺入他們薄而脆弱、如葡萄皮般的皮肉裡；血液如一朵紅雲被拉進針筒，然後再連同溶解的古柯鹼被注射回去，由此竄過一陣帶電的快感，可由他們的臉部表情看出，他們臣服在神迷的狀態中。到處皆可看見斑斑血跡；牆壁上有點點細細的血、他們的衣服上、剛買的袋裝土司上、糖罐上都沾著血。在種種事情之中，或許最糟的是，看見他們重複注射身體的某個部位，使那個地方發腫、變黑，甚至會發臭。媽媽急切地找尋腳上或腳趾之間沒打過的部位來下針，讓人看得無比心驚。不過，比起血漬、腫塊來說，經過這麼久以後，我看在眼裡的卻愈來愈是他們那種不顧一切的癡迷狠勁。這就是他們的人生戲劇的精神主題，在我眼前，他們不斷搬演著不顧死活往前衝撞的劇碼，彷彿我獨自一人坐在黑暗的電影院中，觀看著一部慢動作播出的怪異黑白影片，而內容是有關他們跳進火坑燃燒自我的毀滅生活。這一切讓我既無力又氣憤；我曾經如此努力想參與他們的生活，現在卻愈來愈厭煩，而且渴望離開這裡，逃離他們的陰影。

當爸媽準備進行他們的夜半嗑藥派對，我開始不再隨著爸爸出門買貨，而且我全然沒有對他解釋原因。相反地，我被一股明確的抗拒情緒所促動，我會悄悄地從前門溜出去，沿著福特漢路漫無目的地晃蕩，獨自在空無一人的購物商圈區段來回遊逛。有些晚上，我沿著人行道翻找垃圾袋，看可不可以找到一些商店丟棄的成衣；這是爸爸教過我的一個訣竅。我把一些破損或車工上有瑕疵的衣服塞進背包中，而爸媽他們依舊從家裡進進出出家，有時甚至會待在外頭直到日出破曉。有一天深夜，當我在垃圾袋中翻找衣服，我看到爸爸腳步輕快地走過福特漢路，而我對他一句話也沒說。我並沒有出聲喊他，我只是站在垃圾堆前，望著他快速走向富麗大道。因為某些原因，如果喊他的話，會讓我悲傷莫名；而沒有喊他，卻也一樣讓我心頭苦澀。

學校的同學有時會嘲笑我身上所穿的亂七八糟的衣服，比如，上衣的背部居然縫上口袋，或是尺寸過大的牛仔褲。不過，在大多數日子裡，我根本沒到學校去，我會選擇完全不同的路出門，早上很早就來到麥特食品超市，跟著來上班的收銀員一起站著，觀看超市經理開鎖、拉開鐵門，準備開始營業。

但是，我並非完全沒上學；我上學的方式，比較像是在水面上撒出漁網，被動地等待看有什麼東西會漂進漁網裡面。我所接受的正式教育，除開我出席上課的那些日子裡所學到的知識之外，還包括，來自我或爸爸那些愈來愈多沒有歸還的圖書館書籍，我隨意閱讀因而吸收到的大雜燴資訊。只要我在學期末了的最後幾週天天報到，參加期末考試，我都能僥倖繼續升級讀上去。

在逃課的時候，我會走路或是搭地鐵，周遊整個布朗克斯區與曼哈頓區，只是為了可以感覺自己身在人群之中，可以聽見其他人的談話、爭吵，或乞丐的歌聲；而我最喜歡聽到的聲音，則是別人的笑聲。我可以在人群之中消失——誰會注意起，這個需要洗澡、留著一頭髒亂打結的頭髮、又矮又瘦的女孩呢？如果我還穿著帽T，把兜帽往頭上一戴，而且壓低著頭走路，誰會瞥見我的存在呢？即便我擔心會被抓逃課學生的督察員逮個正著，但還是很值得冒險一試。我只是需要我身邊圍繞著活生生的人們，在外面世界裡的人們，他們有脈搏與心跳，而且他們正努力做著什麼事情。我願意用學校來交換這個感受。我也願意用我家來交換。很快地，我就累積起了雙重缺席：我沒去上課，而且我也不在家。

有時候，我在外面晃蕩會有同伴相隨。瑞克與丹尼也跟著我一起逃課，我們搭上四號線，沿著萊辛頓大道（Lexington Avenue）來來回回坐上好幾個鐘頭。如此集體曠課的日子就顯得很不一樣；不像我的單人晃遊那般平靜，三人同行時的遊玩重點是冒險。我們在地鐵車廂中，會抓著車桿上的吊環擺盪；踢開沒人的車掌小間，使用廣播系統，通知乘客在最後一個車廂裡，有供應三明治與飲料的服務。我們會拔開一個「臭氣彈」，一根小玻璃管裡，填裝著臭氣薰人的液體，丟在擁擠車廂的地板上，看著所有乘客皺起眉頭，面露嫌惡表情而大樂。

滾球草地（Bowling Green）地鐵站，是我們唯一會下車的車站（除非我們中途遭車掌驅趕）。然後我們去搭乘史泰登島渡輪（Staten Island Ferry）；我們站在底層甲板，當渡輪往前駛去，海風吹撫我們的臉頰，水浪則在我們底下碎裂並掀起泡沫。返回曼哈頓的回程票要價五角，我們卻毫不擔心，因為我們會躲在男生廁所，沒辦法，他們跟我，兩票對一票，只能選男生廁所，兩腳頂在馬桶間的隔板上，以支撐身體重量，如此一來，當渡輪的員工到處巡察有無逃票的人時，就抓不到我們。

在返家的地鐵上，總彷彿又啪地一下把我帶回到現實的世界裡。擠在一大群要轉車的學生當中，看著他們身上所穿的嶄新制服或時髦的衣著，我總是感到孤單寂寞。在一個小時的回家車程中，我擔憂地想著，不知道學校今天上了什麼課，我又錯過了什麼課程內容。

任何一天都可能發生，社工師的不定期家訪探視，就像我搭完渡輪回家，乍見柯爾女士（Cole）出現在家裡，並不特別感到意外。這是她這個月的第二次到訪；大約在我到家前半小時，媽媽讓她進到屋裡來。當我抓著像個道具的書包，剛踏進家門時，她們兩個講話正講到一半。在我走過前門，要進到客廳前，就已經聞到柯爾女士身上所擦的紫丁香香水氣味；這個味道完全迥異於整個房子所散發出的腥臭味。

她首先開口說話，以建立起她高於媽媽與我之上的優越性。「很高興看見妳啊，伊莉莎白。」她抬起下巴，眼睛瞅著我說道；見她的兩隻腿交疊在一起，雙手則平擺在膝蓋上。爸爸的電風扇已經從臥室裡搬出來；看著它放在客廳窗邊，對著柯爾女士吹送，感覺很不習慣。當她說話的時候，涼風掀起她毛茸茸的髮尾飄動著。

「伊莉莎白，我今天來到妳家的原因，是因為，即便妳已經答應要去上學了，但我還是接到打來的電話。皮柏絲女士（Peebles）幾乎一個禮拜沒見到妳去上課。我現在想要聽聽妳這邊的解釋。妳為什麼沒有去學校，伊莉莎白？」

她的問話如此直接，在邏輯上如此無懈可擊，頓時讓我很吃驚。一方面，我很能夠理解她為何會如此詢問的原因，但另一方面，只要考慮到我們家這一團亂的情況，我就全然無法理解，她怎麼能如此直率地提出問題。因為，如果邏輯就足以改變事情，那麼我想，她可以簡簡單單、輕輕鬆鬆轉過頭去問一問媽媽：「女士，為什麼您要嗑藥呢？冰箱怎麼什麼食物都沒有？您為什麼讓自己感染上愛滋病？尤其您有一雙女兒要養，而且眼前還有很長一段人生要走，為什麼呢？」柯爾女士其實只消詢問以上任何一個問題就已足夠。但是，相反地，她對我們家的這些問題隻字未提，卻直接針對我來問話。

我望向媽媽，她彎腰駝背坐在椅子上，眼皮半闔。「小莉姿，我沒辦法。妳要去上學啦。妳一定要去。」她最後一句話，是瞪著牆壁說出的。柯爾女士輕輕拍著咖啡桌，手上的金戒指也一起敲著玻璃桌面。

「伊莉莎白，坐下來說。」她說。我厭惡她叫我伊莉莎白，我厭惡她來我們家對我們頤指氣使。我順從地坐到桌邊。她睨視我一眼，暗示著她接下來要處理正事了。要不是我之前已經看過許多次這種表達方式，不然我八成會更為認真看待她所說的話。

「伊莉莎白，妳一定要去上學。如果妳不去，我就會把妳帶走，事情就是這麼簡單。妳媽媽告訴我說，她有叫妳上學，但妳卻沒去。嗯，這件事絕對要改變。而且，妳跟妳姊姊必須一起幫忙媽媽，把家裡好好打掃一下。記得跟莉莎講這件事。我不是開玩笑隨便說說的，這間屋子很『噁——心』，跟豬窩沒兩樣。」

她使用「噁心」這樣的字眼，並且面帶微笑拖長這兩個字的語音，我可以從她這個說話方式中察覺，她因此感到自己握有權威地位。柯爾女士喜歡她這次的權威展演之旅。

「我真不知道妳們怎麼能住在這裡？妳現在年紀已經夠大，可以『幫忙做一點事了』。」她會不時揚起聲調強調重點，不過隨即以矯飾的平靜語氣說：「是有一些地方在收容像妳這樣的女孩子的。」

她的滔滔演說直到這一句，可說刺耳至極。她就是那種壞心腸的差勁人物，讓人想從屋頂偷偷拿一個水球往她砸去。我想像她屆時會有的反應：當水球打到她時，她首先會驚聲尖叫……而這樣一砸，肯定打爛她品味低俗的髮型。我想，我要來捉弄他，而且我到時候會大笑到在地上打滾。

「妳不會喜歡那種我可以把妳安置進去的收容所的。坦白告訴妳，如果妳不打掃妳家，妳後來就會去那裡打掃。他們會叫妳去刷廁所。而且那裡的女孩子個個都很兇。」我想像自己趴在比家裡馬桶還髒的廁所裡，那些馬桶黏著一圈黑垢，地板又滑又髒；而年紀比我大、一臉兇相的女孩，身穿破爛衣服，站在我的身後，監督我的刷洗進度。「如果那是妳要的，我之後就會帶妳去那裡。妳只要不去上學，妳就一定會進收容所去。」接下來，就來到這場戲中她最喜歡的情節；你可以從她半笑的臉上看出，她這一整天的處心積慮，就是為了等著說上這麼一句：「伊莉莎白，妳要不就改進，要不就走人，自己挑一個吧。」

柯爾女士的臉混合著厭惡與憤怒的情緒，因而扭曲起來。「小姐，妳不希望妳的生活步上正軌嗎？妳曾經這樣反省過嗎？」她很享受這一刻；我可以偵測到她的沾沾自喜，彷彿像一股熱氣般從她身上傳來。我憑直覺就知道，這位女士完全不安一點好心。她如同其他教訓過我的社工師一樣，很享受能當面數落別人的快感；她對於自己的表現可說意猶未盡。

我思索著，能使她的話語在我身上起作用的那種關愛之心，如果有的話在哪裡呢？「讓妳的生活步上正軌」——人們隨時都能隨便脫口而出這樣一個句子，但有誰可以一五一十詳細地去解釋，那到底意謂為何？有誰曾經努力去讓我明白，為什麼我應該要認真上學，並且還要保持家裡整齊清潔的道理？大人們難道完全不清楚這些字句的輕重嗎？這些話大大超出我的理解範圍，兩者間的鴻溝如此巨大，只會使我迷失其間。我每天醒來所必須面對的事情，與柯爾女士期待我去達到的模糊目標，兩者之間到底有何關連？她究竟在講什麼？如果接受教育與擁有工作真的如此重要，為什麼我的父母都沒有做到？「讓妳的生活步上正軌」，所謂「正軌」的生活，是怎麼一回事？難道我應該自己心領神會嗎？如果我想不通的話，我要如何去理解柯爾女士的長篇大論呢？特別是當她如此義憤填膺對我說三道四之時，我可以接收到怎樣的訊息呢？

我一肚子怒火，不過盡力保持平靜。我陪她走到門口；她一手提著公事包，遂舉起另一隻手，可以看見她長長彎彎的指甲，對我指指點點，並且說出最有張力的結尾獨白，這雖然火上加油，但我還是壓抑住自己的怒氣。

「妳知道，伊莉莎白，如果我真想的話，今天就可以把妳帶走。事實上，我哪一天想帶妳走，就會二話不說直接上妳家來，妳要好好記住這一點。我是好心才再給妳一次機會。」

如果她這樣是好心的話，我難以想像柯爾女士會怎樣去對待敵人。

一直待在客廳的媽媽，已經躺了下來，拉來枕頭放在自己的臉上。我望了一眼時鐘，現在還不到下午三點，莉莎待會才下課回家。當媽媽從枕頭底下胡亂地講著話時，我走進我的房間，正要把門關上。

「小莉姿，妳今天有去超市幫人打包東西嗎？我是想問，妳有錢嗎？我可以跟妳拿五塊錢花花嗎？」

「我沒去，我今天一毛錢也沒有。」

媽媽翻了個身，吐出了幾個聲音，半像呻吟，半像抱怨。她的屁股上黏著一枚一分錢銅板。我的身體竄過一陣氣憤的冷顫，但旋即平息下來。我不知道自己是不是想要對她發脾氣，或者她只是讓我悲傷。我走進房間去，在床上躺平，了解到自己只是感覺麻木而已。媽媽開始在枕頭底下哭泣，哭聲很響。我眼睛瞪著天花板，心裡面什麼感覺也沒有。

那一晚，里奧納德．莫亨帶著補助金支票的款項前來。他和爸媽又一起狂嗑好幾個鐘頭。我在臥室裡，可以聽見他們一回又一回注射毒品的過程，以及他們的腳步聲、啤酒瓶碰撞的叮噹聲、前門持續開開關關的響聲。我在某個時間點上，出來撥了個電話到瑞克與丹尼他們家。我一邊拉起上衣蓋在鼻子上，以過濾濃重的菸味，一邊盤算著，待會要跟他們出門去，一起在外頭混到天亮才回家。我們也許可以溜進電影院，不然到時候邊走邊想，看可以做什麼有趣的事情。

當我套上毛衣、準備就緒，媽媽與里奧納德的某些對話引起了我的注意。他們低聲談著某件事、某個人。里奧納德神經質的跺腳聲響，有時會蓋過他們講話的聲音。我靜靜站立不動，豎耳傾聽。

他們正在討論一個媽媽在酒吧認識的男人。從我的判斷來看，她並非這一陣子才認識他，不過那個男人最近又開始跟她聯絡。他的名字，或說他的外號，因為每個人都這麼叫他，叫作「磚頭」。

「里奧納德，我不知道怎麼說。你知道，他會聽我講心事。我很喜歡這樣。我真懷念跟會聽我說話的男人在一起的感覺。我們在一起時都過得很開心。」

媽媽在跟一個男人約會！

「珍妮，這個讓妳感覺不錯的男人，可別讓他溜走喔。如果是我，就會緊緊抓住。有工作的男人，成熟多了。」里奧納德低聲講出下一句：「珍，放膽去做吧，妳值得更好的男人來愛妳。」

我真想抓起里奧納德，把他扔到屋子外面。他居然是這個樣子的人，前一分鐘還當著爸爸的面有說有笑，下一分鐘就鼓勵媽媽去追求別的男人。他是個卑鄙的雙面人。聽著他們繼續往下聊，我花了一點時間才通盤掌握事情的來龍去脈，不過我快就了解，媽媽已經跟這個男人在一起一段時間了。我偷聽到，媽媽在描述說，這個男人在她身上花了多少錢；他們做愛的感覺；她好喜歡他完全不碰毒品；他有時為了放鬆情緒才會喝點小酒……當我站在那裡，隨著媽媽所講述的事情，這個人變得愈來愈有血有肉起來，各種細節漸漸讓這個叫「磚頭」的男人的真實性不容置疑，從頭到尾威脅著爸爸的地位，而我們家的存在基石彷彿也將毀於一旦。

磚頭他的生活穩定，有工作津貼、有保險，在曼哈頓一家知名藝廊當保全。媽媽誇讚他以前在海軍服役過。他的房子位於遠比我們這兒好多了的街區，是一間帶一個房間的公寓，而且他還是單身。顯而易見，我並非我們家唯一一個在外過夜的人。我頓時領悟，這必定意謂著爸爸也知情。

我的眼睛掃視一遍我們所住的這個家；當我不在的時候，家裡的狀況已經糟糕到可怕的地步。到處皆有惡化的痕跡：壞掉的燈泡、堆著的空啤酒瓶、地毯上散落的菸蒂……破敗髒亂的情況，一切都比以前更嚴重。空氣有潮濕的氣味。污垢彷彿也飄浮在室內的空間中，只要你一呼吸，馬上就感覺到。媽媽有了里奧納德可以談心，再加上他所提供的金錢，爸媽他們每個月可以持續兩週半，通宵達旦進行嗑藥小派對。我突然為我所有的鬼混晃蕩，感到椎心的罪惡感；當我放棄了在家中所扮演的角色，所有事情就走上崩毀的道路。

爸爸吹著口哨從前門走進來後，媽媽與里奧納德就停止說話。我打開臥室的房門，迅速把它關上，連連咳嗽起來，我走進客廳中。媽媽走到廚房門邊，從門把上取下一條已有磨損的陳舊皮帶，來當作綁血管用的帶子。「等一下喔，彼得。」她回頭對爸爸說。爸爸正在數零錢，好還給里奧納德。

我張開嘴，想對媽媽說什麼話，但又立即閉上，因為我壓根兒不知道自己要講什麼。電視畫面上，捲動著《蜜月中人》影集的工作人員表，一邊揚起主題曲的音樂聲。從媽媽的姿勢中，可以猜出，她根本不知道我的人就在她的附近。我大聲地咳了一下。她往我這個方向看了一眼，僅僅看了一眼。「彼得，我要第一個打。」她一邊說，手裡拿著皮帶走回去。

媽媽與我之間的親密關係已經消失，我們彼此的互動，形同兩個有點距離的一般人。自從兩年前，她的愛滋病診斷出來以後，我們的關係就產生質變。我從未跟任何人談過，那一晚媽媽對我所說的話。我經常告訴自己，也許那是一場夢；我猜想她沒跟莉莎吐露過隻字片語，要不然我敢肯定莉莎應該會提及一二。我感覺，彷彿媽媽與我共同分享了一個骯髒的祕密，而這似乎使她怕起我來。我是從她對我保持距離的作法看出來的。我們幾乎不知道彼此間有什麼話好說；也許正因為有許多事不能說，才讓我們走到這步田地。

爸爸先幫媽媽施打；我可以聽見媽媽大口吸氣的聲音。之後輪到里奧納德．莫亨。爸爸照例會避開他們，自己一個人到浴室去打。當里奧納德又因為進入亢奮而開始流淚呻吟，我站起身，準備出門去跟瑞克他們碰面。

媽媽告訴我罹患愛滋病的實情，剛好使我成為她所極欲逃脫的痛苦事情的一部分。我很確定這就是她放棄我、讓我心碎的原因。而當我誠實面對自己，儘管百般努力不願承認，我卻必須說，知道她得病的事實也使我想要逃避她。一接近媽媽，彷彿也接近她的疾病，腦子裡會立刻產生我很快就會失去她的想法，而這實在太令人難過，我一點也不願意承受。

我揹起背包，經過廚房門口。里奧納德在裡面哭泣大吼：「喔，老天。珍妮，我的心臟跳得好快好快喔。快握住我的手。」

看著媽媽握緊他的手，一股深沉的心痛從我體內升起。我要趕緊離開，以免再度聽到他們兩人那可怕的對話，我很確定他們又會講起愛滋病。我快步走開。

之後，不到一個月的某個週間的日子，我跟那個男人碰頭，碰上面了。媽媽讓我蹺課一天，帶我去他工作的藝廊那邊，我們三個於是一起吃午餐，並且由他買單。我們在第二十三街走出了地鐵站，媽媽開始顯得煩躁不安，一看就知道她很不自在。

「小莉姿，我看起來還好嗎？這件毛衣還不錯吧？」媽媽身穿毛茸茸的 V 領毛衣與一件上緊下鬆的喇叭褲，而且她已經有一整天的時間沒有喝酒或嗑藥。她把長鬈髮束起，伏貼地繫在腦後。這是好幾年來，我首次沒看見她一身髒兮兮的 T 恤與牛仔褲，隨便亂穿就出門去的。

「很好啊，媽媽，妳看起來很漂亮呀。別擔心啦。妳幹嘛擔心他認為妳好不好看？誰在乎他的看法。」我說。

「我會在意啊，小南瓜。我喜歡他。」

這一句話講得如此露骨，讓我頗為驚訝。我跟媽媽兩個人講話直來直往，已經有好長一段時間了；但這一句話聽起來，似乎像在測試我的接受度。

「妳的媽媽在喜歡某個人喔。我已經好久沒有來電的感覺了。」她緊張得笑了一下，完全把爸爸拋諸腦後。

我知道不只是要跟磚頭見面使她緊張；其實我這個女兒也讓她很緊張。在莉莎出門上學，而爸爸往城裡去之後，我至少花了半個早上的時間，說服媽媽讓我加入她的生活。這是好一陣子以來，只有我們兩個人在一起，即便也不過是在跟那個男人見面之前與之後這樣的時間而已，但卻真的只有我們兩個人。我知道她覺得難為情，因為我也很不自在。雖然我發現自己對媽媽講話大小聲，但我真的很盼望，她能握著我的手，跟我談天，一起走路，來度過這一段屬於兩個人的時光。我希望她會在乎我的意見，詢問我對於她的情事的看法。不過，她反而沿路只講著磚頭這個人的事情，說他如何以工作為重、生活穩定，是一個顧家的好男人。我沉默不語，腦子裡盤算著反擊計畫：我要想盡辦法趕走磚頭；媽媽將會從我不喜歡他的反應中，看到他的缺點，也會看出她自己想法中的不足之處。而我們家將因此解除危機。

在我們沿路走去時，媽媽以敬畏佩服的語調描述著那間藝廊，彷彿這個專業的場所足以去證明磚頭為人可靠的樣子。我們穿越馬路，朝向那棟門面窄仄但高聳的大廈走去；每個樓層皆鑲上從地板直達天花板的大片玻璃帷幕，我可以透過玻璃，看到裡面的畫作與雕塑品。媽媽興奮地推著我從側門進去，這是員工出入口，直接通到畫廊的衣帽間；磚頭就在那裡工作，朝九晚五，有時負責幫來賓掛外套，有時則站崗看守藝術品。

「小莉姿，如果在展覽期間，想要進去裡頭逛逛，就必須買票才能入場。在一般的情況下，妳也要付錢買票，不過不用擔心，磚頭會幫我們打點這一切。」她神色驕傲地對我說明。我發現，只要媽媽表現得跟他很熟稔，我就愈覺得她像個陌生人。這使我很後悔，對她疏遠這麼長一段時間。我一想到她發現有遠比家人更為有趣的人事物，心裡就深感驚慌。她從未滔滔不決講述有關我或莉莎的事情；她對我那麼努力工作，也從未表達過以我為榮的讚美話語。當我看著媽媽熟門熟路穿越員工區，既自信又巧妙地領著我走到磚頭的座位上，我突然恍然大悟，她之前已經私下來過藝廊許多次了。不知何故，我覺得自己有一點遭到背叛的感覺。

磚頭禿髮、身形壯碩，惜字如金，香菸一根接一根，對於媽媽所講的大部分事情，他都點著頭表示同感。他想要她；我可以從他這麼直接、大膽注視著媽媽的臉與身體的眼神中看出來。我不信任這個人。我對於會給你好處的陌生男人，特別有所疑慮；我認為他們也會要求有所回報，如同朗恩一般。

我們在這個街區附近一家簡餐店中用餐。我可以點任何我想喝的湯品。餐桌上，放在我的前面有一張免費的藝廊參觀券；我用湯匙攪動著我的奶油蘑菇湯，然後看著湯面上的漩渦。媽媽的手放在桌上，磚頭把自己的手搭過去，在她談話的時候，直接在我的面前，撫摸它。他的指甲泛黃；他有咬指甲的習慣，可以看到指甲下的肉。他的手指尖端有一點凹凸不平，就好像他連那裡的肉也會咬的樣子。

媽媽講話的時候，注視著他的眼睛，一刻也沒有離開。我從不知道媽媽的注意力可以維持這麼久的時間。

「我跟小莉姿說，你的公寓好大好大，你自己一個人住在那裡好孤單。」她說。

他對她不解地笑了笑，以老菸槍的菸嗓說：「珍，我還好啦。」

媽媽打趣地拍了拍他的肩膀。「嗯，磚頭，我知道你很孤單喔。小莉姿，他對我這麼說過。」她轉頭看著我一會兒。「磚頭，你很孤單寂寞，你跟我說過的喔。」她笑得很神經質。

之前，在我們走進藝廊，往衣帽間走去時，我錯把一位站在磚頭身後、較為年輕的男人當成是他，那人髮色較深，還算英俊，不過，當媽媽張開雙臂環住磚頭的粗脖子時，我知道我搞錯了。當我們走近他的身邊時，他正把一份小費塞進口袋。當他們擁抱，他從媽媽的肩膀上對我眨眼微笑，露出一口發黃的爛牙，然後嘴巴噘成「噓」形，用手指著上方一塊銀色的小告示牌，上頭寫著：「您無須給小費，謝謝」。媽媽不停地笑，一直鉤住他的脖子講話，我只好站在一旁等待，身體重心有時放在左腳，有時放在右腳。

在我們要去吃午餐前，磚頭偷偷帶我們去到一個無人的區域，由於我的眼力較好，被指派擔任把風的角色，而磚頭從一個黑色垃圾箱裡頭的垃圾袋下面，悄悄拿出一瓶大瓶裝的啤酒。當他走進男廁所鎖在馬桶隔間中灌啤酒時，媽媽向我保證說：「他只是偶爾喝一下來放鬆自己。妳知道，全職的工作是真的會讓人很累的。」

看著他們在餐桌上肢體彼此接觸的方式，實在讓人難以消受。看著媽媽把手放在磚頭穿著制服的粗壯大腿上玩鬧，我才意識到，我至今才見過爸媽親吻兩次，而且兩回還都只是輕啄一下而已。看著媽媽的手在磚頭壯碩的身體上摸來摸去，這似乎不只是背叛爸爸，而且還背叛了媽媽原本的自己。發現了媽媽的差異，使我感覺孤單無助。當媽媽繼續講著磚頭寬敞的住家時，我幾乎要從椅子上摔下來。我不得不打斷她：「媽媽，現在可以走了嗎？走了好不好？」

當午休時間快要結束時，我們陪著磚頭走回藝廊，媽媽親密地與他親吻告別。然後我們兩個一層樓、一層樓參觀了好久的時間。當我們走動時，我一點都不想與媽媽互動，我的眼睛一直看著牆壁上的畫作。她不斷要跟我講著什麼，但我都假裝沒聽到。當我們來到另一個展覽區段，站在附近的員工介紹說這是「當代藝術區」，我們只見純白色的畫布上潑濺著油彩，或者孤伶伶畫著幾條幾何線條，媽媽這時候第三度想要對我誇讚磚頭這個人有多棒多好，彷彿我很想要了解他一樣。

當我們走過第一層樓、第二層樓，我持續假裝什麼話都沒聽到，而直到最後一層樓，來到專為某位藝術家展覽他所重製的埃及歷史古物的展區時，我才打斷媽媽的話頭。

「媽，很抱歉，但我真的不想知道他的事情。我不了解他，又沒有什麼關係。」我依然背對著媽媽，細細觀看以現代手法雕刻出來的一具木乃伊。「我知道他是妳的朋友，但妳也許不應該花那麼多時間跟他在一起。對吧？」媽媽一時陷入沉默；過了一會兒，她向一位看展覽的人詢問現在幾點。我們走進一座由黏土塑成的小墳塚；裡頭的四壁與天花板，滿滿裝飾著粉紅色的象形文字，而在軌道燈的照射下，則轉為橘黃色。

「他不久就會下班，也許我們到時候三個人一起搭地鐵離開。」媽媽提議說；她站在那裡，剛好擋住了這個小墳塚唯一的出入口。

「媽媽，這裡很不錯，對吧？」我問；一邊審視在我眼前，雕刻在泥壁上的幾行象形文字。「我們學校的練習簿上，有一次有翻譯這些象形文字喔。或許我可以想起來幾個字的意思。妳知道，有一些字其實是咒語，用來嚇走那些盜墓的人。很可怕吧？」

「莉姿，妳聽好，我一直在想著戒毒的事情……我，我想要戒掉。」

「媽媽，我了解……」我溫和地說，希望不要潑她冷水。「不管怎樣，我都會幫妳的，妳知道我肯定會幫妳的。」

「小南瓜，妳是說真的？妳真的會幫我？因為這一次我絕對會真的去做。我只需要去到一個沒有毒品的地方就好了。妳了解嗎？」她說；我坐在地板上，曲腿交疊，佯裝不了解她意指為何，她在我身邊蹲下來。她的臉乾淨清爽，她的大眼睛分外清醒。然後我突然想到，她真的已經幾乎一個星期沒有嗑藥了，即便她連續幾個晚上，去酒吧點喝她目前最愛的調酒「白色俄羅斯」。我自忖，也許她這一次是認真的。

「如果妳不希望身邊有毒品的話，只要不買毒品回家就好了啊。」我說，再度轉開了頭。「很簡單啊，如果妳真想那麼做的話。」

「小莉姿，但是妳爸爸他會帶回家啊。他只要繼續用，我是不可能不用的。我怎麼可能假裝沒看見，而不去打上一針！絕對不可能的。」我想不出任何可以回嘴的話。我知道她講得有道理；我不曾聽過，爸爸自己講他要來戒毒的話。處在這個封閉的小墓穴中，我開始感到類似幽閉恐懼症的感覺。我沉默不語，用手觸摸起防護藝術品的樹脂玻璃，以指尖描畫著眼前那個身形僵硬、一身盔甲的士兵，他正勇敢地張望前方，可是前方並沒有什麼特別的東西可看。

「媽媽，我不想搬走。我不要離開爸爸。」我能說的就是這兩句話。

「小莉姿，我並沒有要離開。我會給妳爸爸一個機會。他或許也會戒毒，那麼我們哪裡也不用去。」她的手搭在我的肩膀上。「莉姿，妳知道，我並非常常可以這樣。小南瓜，妳很清楚，我過得並不好。

而我不能再這樣過下去了。我希望我可以振作起來，看著我的女兒長大。所以……有些事情需要改變。」

我的眼睛噙滿淚水，然後沿著臉頰滑落。我最後轉頭面對媽媽。媽媽一屁股重重坐下，坐在我的對面，拉起我的兩隻手，緊緊握在她的雙手之中；她的撫觸是如此溫暖而安心。媽媽已經少之又少如此全然回應我的情感呼求，我極度希望可以將這樣的感動持續到永遠。

「媽媽，也許爸爸也會戒掉。」我說。

「他可以的，小莉姿。」

我們靜靜地坐在那裡一會兒，但兩個人的心裡清楚知道，沒有人相信他會想戒毒。

我並不指望自己可以從六年級畢業，然後升上初級中學，只要想想我缺課的嚴重性即可知，不過，不知何故，我卻辦到了。顯而易見，我的一些同學也跟我一樣同感意外，因為，當他們看見我跟著他們一起領取畢業證書，現場響起了一陣竊竊私語。「伊莉莎白，他們居然讓妳過了?!」克里斯汀娜・莫卡多（Christina Mercado）首先開口，然後轉頭對她的姊妹淘說：「真是的，如果他們決定放棄標準，那我們幹嘛那麼辛苦天天上課！妳們懂我的意思吧？」這幾年來，只要我上課坐在克里斯汀娜或她的其他姊妹淘旁邊，她們就會集體拿起紙張，在鼻子前面搧，並且還故意大聲咳嗽，以讓所有人注意我髒骯的衣著與需要洗澡的事實。她們有時會在走廊裡噓我，或是畫著有關我的漫畫，可以看見蟲子在我的頭髮裡滋生，並且臭味一直從我身體一波波飄散出去。當我坐在禮堂之中，聆聽校長一個個唱名，身上所穿著的閃亮畢業袍讓我出汗，而我的同學們，因為聽到克里斯汀娜所講的取笑我的事情，而笑成一團。我很高興媽媽、爸爸、莉莎沒有參加我的畢業典禮，不然他們一定會看到這一切。

當我在學校領取畢業證書，媽媽因為前一晚白俄羅斯調酒的後勁，在家裡躺平休息。爸爸已經出門，往城裡去做他的私人晃遊；在以前，媽媽還很在意他的所作所為時，曾經對他這些見不了光的溜達大發雷霆。在典禮結束後，家長們忙於為自己的小孩與他們的師友拍照，我靜靜地從側門離開學校。走進公寓的門廊裡，我在進屋前，就把禮帽與畢業袍子脫掉，免得後來媽媽看見，又為了錯過我的畢業典禮而懊惱。那天傍晚，媽媽才起床，對我道歉她沒有參加典禮，我安撫她說：「媽媽，那實在太無聊了，妳應該會覺得很煩。我離開的時候，還覺得很開心。原本我想要留在那裡睡覺，但我不想讓我的老師感覺不好，妳可以了解吧？」

我感覺才畢業不久，媽媽有一天就來站在我的床邊，一再要求我跟她一起搬到磚頭的家去住；那一天，媽媽身穿合身T恤，頭髮齊整地整個往後梳，看起來精神奕奕。

「寶貝，我已經盡了我最大的力氣了，」她說：「我求妳，跟我一起走。」

不過我死抱著我的枕頭，一點都不想從床上起來。「我不去，妳也不應該去！我們是一家人，媽！妳不可以離開！」我大吼：「媽媽，求求妳留下來。」我一邊哭，一邊懇求她：「妳不要走啦，跟我留在家裡啦。」我不停地乞求媽媽，甚至當她與莉莎一起坐進計程車中，我還從臥室的窗戶往下對她狂吼。我記不起自己在此之前，是否曾有過這麼真誠的呼求，但這依然撼動不了媽媽。莉莎似乎跟媽媽一樣，一直準備著要離開家裡，因為她用兩個大枕頭套，裝滿她的衣服，把計程車的後車廂塞得滿滿的，彷彿她全無意願再回到這裡。在車子開走前，媽媽搖下車窗。

「小南瓜，我會等妳，」她大喊：「妳什麼時候想來，就過來。」話聲一落，車子開走，她們從家裡消失了。

在與爸爸兩個人單獨一起住的最初幾個月裡，我一直忙著維持一個家的模樣。我撕開舊Ｔ恤當抹布，以滾燙的熱水擦洗客廳與廚房的所有桌面。我清洗碗盤，天天倒垃圾。每一個晚上，只要我們喜歡的電視節目的播出時間一到，我就會扭開黑白電視機，並且調大音量。當天色變暗，我會把這間三房公寓的所有房間的電燈打開；我也會打開那臺被莉莎丟下的收音機（因為機型太大而帶不走），讓她的房間持續不斷傳出流行音樂的歌聲。媽媽與姊姊雖然不在家了，但聲音與燈光的感覺，還一直模仿著一家人天倫相聚的景象。

她們離開以後，爸爸從未表示過傷心。他也全無抱怨隻字片語。雖然比起平常而言，他也變得比較安靜起來。沒在嗑藥的時候，他一整天關上燈、拉上窗簾，睡在自己的房間裡。在他醒著時的大部分時間裡，一臉孤單落寞的樣子，彷彿穿著一件舊夾克。我可以從他聳肩的方式與避免提及她們名字的態度中，看出一二。

有時候，當爸爸出門往城裡去，在他從學院大道轉彎處消失不見之後，我會打開還收著媽媽幾件舊衣服的大抽屜，挑一件穿上身，在家裡四處走動。我很喜歡穿著媽媽那件玫瑰色的袍子——一走動，就會在地上拖行——我會坐在客廳裡，一邊吃著一碗早餐穀片，一邊觀看遊戲節目《價格大猜謎》。我確信，媽媽有一天就會回來跟我一起看電視，跟我說她很抱歉離開家裡，並且不斷保證她再也不會離開我們。穿著她的衣服，是我在這個時期中，召喚媽媽的方式。

在我開始上初級中學的時候，家裡的電話短暫地恢復通話一段時間，媽媽每天至少打四次電話來，跟我說磚頭他家有多乾淨整潔。「小莉姿，貝德佛德公園大道（Bedford Park Boulevard）這一區的感覺好太多了。莉莎也這麼覺得喔。」媽媽總是在做飯的時候打來電話；跟磚頭一起住之後，媽媽開始做三餐。「我已經好幾個月沒碰古柯鹼了。小莉姿，妳可以了解這件事的意義嗎？我現在感覺很棒。我跟妳說，我只要離開白粉遠遠的，我就可以戒掉它。」她這些話讓我很難反駁，完全想不到可以說出口的有力話語。

從電話中，我聽見磚頭在旁邊叫她：「珍，珍，切好的豬肉要放下去了，珍！」聽見油脂爆響的聲音。媽媽停了一下子，再度跟我講話：「小莉姿，我要掛電話了。我們要吃飯了。我愛妳，寶貝！」我一顆心往下沉。「我也愛妳，媽媽。」然後我聽見掛斷的聲音，電話中只剩下切斷後的嘎嘎聲。

初級中學是一個全新的學習系統，等著我去適應，但我卻希望，可以使用過去從小學混到畢業的方式來打發，依靠每一學年的期末考表現來勉強過關。那年秋天，我開始擠在一群十二、三歲的野蠻學生當中，搭半小時的公車去上學；在開學的第一個月裡，我天天全勤報到。

不過，跟在小學時一模一樣，我後來也變得蹺課天數多過上課天數。唯一的差別是，由於學校比較遠，而且同時有好幾個老師要應付，讓人太吃力，所以我後來幾乎天天缺席，曠課變本加厲。當我極為罕見去學校上課時，有幾個老師甚至叫不出我的名字，而我也同樣不知道他們的姓名。

在那個學期初，只要我在缺課幾天之後返回學校，我就會在我的學生信箱裡，發現好幾張手寫的便條紙，通知我去見學校的輔導員，以討論我的曠課問題。我一看到這些便箋就一肚子火，完全不想理會。我手裡拿著這些手感厚實的辦公室信箋，在往公車站走去的途中，一一撕成碎紙片，然後往身後一拋。

我頗擅此道：對於那些來自學校與兒童福利機關的正式信件，一律不予理會，就如同，我也漸漸習慣了，視而不見一個個急著上門來突擊的「官方」人員，如社工師、媽媽的福利督導員、失望的老師與學校輔導員等。對我來說，他們從來就不是一個個有所分別的個人，他們反而比較像是一個集合體，咄咄逼人，一再威脅我要把我帶去「安置」，對我所犯下的錯誤大搖其頭，並且還指導我的家人該怎麼過生活。而我對他們的反應則一模一樣：繼續丟掉來信與躲在家裡。

爸爸依然固定上城裡找朋友，我則每天滿足於躺在沙發上看電視打發時間。有時候，我會在媽媽的梳妝臺的抽屜裡翻找東西，藉以想念媽媽；而有時候，我只是鎮日睡覺，身上穿著媽媽的那件袍子，感覺就像一床溫暖的大毯子。

有一天，爸爸已經出門去市中心溜達，我花了一整個下午的時間，細細琢磨他與媽媽放在衣櫥裡的東西。我發現在衣櫥深處，藏著一大堆爸媽在七〇年代時的老東西。在一箱沾滿灰塵的錄音帶後面，放著一只塑膠袋，上面印著「農夫市集」字樣，還畫著一位身穿吊帶工作褲的老傢伙，正在一方乾草田地上剷土犁田。我在爸媽的床上，把塑膠袋裡的東西通通倒出來，裡面有一組外觀很相配的天藍色菸斗、一枚淚滴狀的琥珀墜子、一張博物館入場券票根，以及厚厚一疊舊相片，因為日久塵封，相片的邊緣都已經有點捲曲起來。還有三只小小的銀戒指；最小的一只，上頭刻有一個象徵和平的符號，戴上我的手指剛剛好。在照片之間，散落著從菸斗中掉出來的小顆粒的物質，散發出菸草的辛辣氣味。照片中所拍攝的人物，大部分我都不認得——合起來差不多總共有那麼二十來人，頭上綁著頭巾，身穿結染的上衣，站在城市公園裡或是舊款福斯汽車前擺姿勢拍照。這些相片，在在證明媽媽在我出生之前，已經過著屬於自己的日子，卻也令人不安地提醒我，在離開我之後，她也能建立起自己的生活。

我看到一張爸媽的合照，照片已經褪色；他們站在家裡的廚房拍照，當時的廚房看起來好新。爸爸那時候蓄著好大一片色澤暗沉的絡腮鬍，可以跟頭髮整個接起來。而媽媽頂著爆炸頭，穿著有螺旋紋圖案的短上衣。他們兩個人都沒有抬起頭來看鏡頭，而是雙雙垂首低眉，彷彿剛剛聽到什麼壞消息。

「你們看起來好悲哀，」我對著相片說：「你們真慘啊。」

不過，當我瀏覽其餘的一堆相片時，卻發現有好多張足以證明爸媽曾經擁有無比快樂時光的影像紀錄。比如，有一張合照，他們站在一個我認不出是誰家的客廳中，兩個人戴著大大的紅色鏡片太陽眼鏡，笑得好燦爛；他們穿著很相配的情侶皮大衣，而且還手牽著手，我還從未見過他們彼此牽過手。在另一張照片裡，可以看見媽媽盡情大笑；她曲腿坐在厚厚的橘色地毯上，身穿白色T恤與一小件牛仔布質料的熱褲；在那歡樂的一刻，她笑得頭都往後仰了起來，而在她的肩膀上，環繞著一條長長、肥碩的大蛇，她舉起她的小手撐著它。另外還有一張，媽媽正在吹生日蛋糕上的蠟燭；在她的身邊，站著幾個我不認識的人，他們拍著手，手部都凝結成一連串模糊的影像。而爸爸站在媽媽身旁，他的手搭在媽媽的肩膀上，正傾身吻上她的臉頰。

這張照片所捕捉到的親吻，是我見過他們之間唯一最溫柔的親熱表現。我感覺自己好像在看著兩個陌生人。

但我最最喜歡的一張照片，卻是一張媽媽的黑白大頭照，是她在高中階段所拍攝的相片。她美麗的臉龐上，有沉思的表情；我認為，媽媽確實有成為模特兒的本錢。這張頭像深深吸引著我，我細細審視好長一段時間，思索著媽媽人生的這一刻；在這個時候的她，還沒有意外生小孩，也沒有心理疾病的牽絆、沒有福利補助金、甚至沒有愛滋病。我思索著，這是否是媽媽一直想重返的時光——在這一段屬於過去的快樂日子裡，她沒有小孩，沒有會煩她、使她發狂、糾纏她、使她生病的逃課女兒。當我把所有東西重新裝進塑膠袋裡面，我留下了這張頭像，把它塞入我的牛仔褲的後口袋裡，而我身上依然穿著媽媽的袍子。

想把塑膠袋放回衣櫥的層架上，比起拉下它來還麻煩許多，所以我去廚房拿來一把椅子，站上它，以便能看清楚放錄音帶的箱子後頭的空間。但我這麼一看，卻看到先前沒有注意到的東西；在衣櫥的層架上的深處，放著一只覆滿灰塵的木製箱子。我先把「農夫市集」塑膠袋放回原處，然後從錄音帶箱子的後方，把這只木箱拿出來；它比我想像得還要重，因為箱子的尺寸並不大。我從椅子上爬下來，坐在爸媽的床上，把小木箱放在我的膝蓋上。

箱子裡，有一本剪貼簿，用橡皮筋捆著；由於年代久遠，我一拉動橡皮筋，就啪地一聲斷掉，裡頭的一些照片也因而滑落到地板上。在剪貼簿的許多頁面頂端，潦草地寫著「舊金山」字樣，可以看得出是爸爸的筆跡。在每一頁上，一張接一張照片上的爸爸，遠比剛剛那些與媽媽一起合照時的模樣還要年輕許多，他的頭上還濃密地長著頭髮。這些照片上的他，有時手指著一段距離之外的金門大橋，有時在沙灘上曬太陽；也可以看見他跟著朋友烤肉，一邊做著漢堡，或是在派對上開懷大笑的情景。

有一張照片，爸爸站在一個叫作「城市之光」（City Lights）的書店前方；他跟著朋友一排四個人，衣著光鮮，表情嚴肅地看著鏡頭，頗為有趣；他們下巴昂揚，神采奕奕，眼睛因為陽光的關係，全都瞇了起來。

另外有兩張爸爸的黑白照片，在背後，有看起來不熟悉的字跡寫著「攝於城市之光」；其中一張，爸爸獨自在看書，似乎不曉得自己被拍下來。而另外一張，他坐在一群表情嚴肅的人中間，像是一群聽眾，而前方有一位蓄鬚的男人，舉著手臂的模樣，看起來應該在進行演講。

有一封泛黃褪色的信件，夾在剪貼簿的封底裡側，郵寄地址是「長島」，可以認出是奶奶寄給爸爸的信。我展開這張手寫的簡短信箋，奶奶告訴爸爸說，她收到學校以郵件寄回的未兌現的學費支票，頗感訝異。在這封短信裡，奶奶還解釋說，是爸爸的前室友給她加州這裡的地址；她問爸爸打算何時重拾學業，還有他預計在美西「度假」多久。奶奶在信末寫上「愛你的媽媽」，就如她每次寄生日卡片到家裡來給爸爸時一樣。

夾在奶奶的信件後方，還有兩封信；信件都沒有拆開過，收件人也不是爸爸，反而是他寫給一位住在舊金山、名字叫作華特．歐布萊恩（Walter O'Brien）的先生。兩封信上還都同樣蓋上「退回寄件人」的印戳。我從出生到當時，還從未見過爸爸寫信給誰過，我想著信裡面不知會寫些什麼，但我知道，自己已經犯上偷窺的錯，如果我還拆開信件來看的話，肯定逃不了一頓臭罵。所以我略過它，直接去瀏覽明信片。有一張，上面的圖片，是從一個小丘底下拍攝的，可以看到彎彎曲曲的街道延展而上，底下寫了一行字「倫巴底街」（Lombard Street），這張明信片是一個女人寄給住在紐約某處的爸爸，我現在已經不記得她的名字。她告訴爸爸說，她想念他，也想念他關於詩歌的「壞品味」。她也要他知道，他們的朋友華特也很想念他；她希望爸爸可以回到舊金山聚一聚。「爸爸喜歡詩嗎？」——這完全難以想像。我想著爸爸那些犯罪類型小說與其他不值一提的雜書，似乎他有興趣的書籍都是有關罪惡的主題，而且通常是十惡不赦的罪孽犯行，而他所閱讀的其他的書，內容也大都缺乏嚴肅意義。詩，完全與此大相逕庭。

我撿起之前從剪貼簿上掉出的那些相片。其中有一張照片，是一名穿著粉紅色洋裝的小女娃兒。一開始，我以為那也許是我，只不過我從未看過，而且照片嚴重掉色。然後我翻到背面，赫然發現上面寫著「梅勒德絲」。

我胸口一緊。我久久凝視相片，不停比對她的臉龐與記憶中的模糊情景：那一天，在公園附近，爸爸要莉莎與我走去找這位大姊姊。我梭巡著梅勒德絲還是個小娃娃的臉，並與爸爸的臉做比較。腦子裡思索著她當時如此稚弱的身影，我在想，她現在人在哪裡，爸爸怎麼能這樣拋棄她，而且，為何我們從未談起過她。我的心緒翻湧不定，一直想著爸爸到底還做出什麼出人意表的事情。

在最後幾張照片中，有一張，我先看到背面，其上寫著「彼得與華特，七月四日」。我翻到正面來看，看見爸爸在微笑；他的雙眼明亮有神，彷彿兩隻眼睛也在笑。在他的身邊，站著那位名叫華特的男人，身材清瘦，面容俊秀，看起來比爸爸還年輕；他膚色白皙，一頭紅髮，臉上有雀斑。他的手臂搭在爸爸的肩膀上，一樣面對鏡頭在微笑。在他們的背後，有許多人拿著美國國旗，一起站在一個公園裡，看上去並不像在紐約，是我不曾見過的地點。照片裡整個場景的感覺，彷彿人人都在戶外野餐的樣子。

這一落照片最底下的一張，是拍立得相機所拍攝的相片。一開始，我搞不清楚這張照片是怎麼一回事。我盯著看了一陣子，但就是不明瞭我所見到的影像。不過，慢慢地，我逐漸有所領悟。首先，我理解到，我看到兩名男人在親吻。其次，可以推論出，照片裡的紅髮男子就是華特，爸爸的朋友華特。在之前那張明信片上，所提到的華特；以及，那兩封被退回的信件上的收件人華特。華特正在親吻另一名男人，而那個男人就是爸爸。

突然一陣驚嚇，還來不及思考，我整個人跳起來，開始把信件、明信片與照片等一干物事通通夾進剪貼簿裡面，然後迅速闔起來。我接著匆匆忙忙把剪貼簿塞入木箱子裡，就好像只要我速度夠快的話，我就可以把我所有的發現全都塞回小箱子裡面去。我飛快地把這整箱東西放回衣櫥原處，也脫下媽媽的袍子收回去，然後快步跑回自己的房間。

躺在床鋪上，我把臉埋在枕頭上，媽媽要我提防爸爸的那些警告轟轟然在腦際翻攪。我記得媽媽總是指責爸爸有所隱瞞，而且不愛她。我以為那只是她的精神錯亂，造成她的猜疑妄想。我還屢屢為爸爸辯護，對於他要忍受媽媽無理的攻訐，感到很難過。我剛剛真的看到了什麼嗎？！那是千真萬確的嗎？媽媽知情嗎？

我趴在枕頭上嚎啕大哭。我思念媽媽與莉莎，哭得肝腸寸斷。我的五臟六腑全都亂了位子，我哭得傷心欲絕。我涕泗縱橫，是因為，在爸媽曾經共處的臥室裡，那個衣櫥深處所埋藏的祕密，正透露出，我對自己的爸爸一無所知。他到現在還在跟華特碰面嗎？或是他有了其他男人？他愛過媽媽嗎？會是爸爸傳染愛滋病給媽媽的嗎？

接下來的幾個月，我大部分時間都待在自己的房間裡，並且把房門關上。每天晚上，當爸爸買毒品回來，或是從城裡溜達後回家，我會走出房間一下子，拿走給我的那一份外帶食物，這已經成為我們的例行晚餐作法，外帶一盒炒飯或是一片披薩。我們簡短講幾句話，然後爸爸會準備去廚房嗑藥，而我則退回到房間裡，獨自吃飯。有一天，爸爸從垃圾堆中帶回一部陳舊的小電視機，他給我放在自己的房間中。我解釋說，客廳的沙發很難坐，一點都不舒服。有時候，爸爸在上床睡覺前，會過來輕輕敲我緊閉的房間，說：「晚安，小莉姿，我愛妳。」我會讓他等個幾秒鐘，最後才從門的這一邊出聲回答：「……

我也愛妳，爸爸。」

過了幾個月後，當我年滿十三歲，主管兒童福利的機關最終取得監護我的權利。當他們來把我帶走時，我並沒有反抗掙扎。即便是現在，在我心底深處還是很難去思考事發經過；在那一天，因為爸爸竟然沒有向他們抗議，我的一顆心當場徹底破碎了。

因為接連接到初級中學有關我的曠課情況的報告，兩位不苟言笑、身穿筆挺西裝的男性事務人員接獲指示，開車前來我們家，要護送我去進行「安置」。其中一名男人，自我介紹姓敦比亞，另一個則默默無語。當爸爸簽好文件，把我的法律監護權交予政府機關，我只有十分鐘可以整理衣物裝入書包。淚水在眼眶裡打轉，心中惶惶不安，我收了幾件衣服，還有媽媽那枚「匿名戒毒組織」的青銅色代幣與她的黑白頭像照片——這就是我的全部行囊。在家門邊，爸爸給我的擁抱很僵硬、很激動。「我很抱歉，小莉姿。」他只說了這麼一句話；他的手因為驚恐而顫抖著。我別過臉、不看他，我不想讓爸爸看見我哭。如果我有去上學的話，就不會發生這樣的事情了。

坐進車子後座，我把書包放在膝蓋上。沒有人對我說話。我試著傾聽那兩個人的談話，想理解我接下來會發生什麼事。但他們說話時的喉音很重，經常淹沒在隆隆的汽車引擎聲響之中，使我聽得不是十分清楚。車子上上下下駛過布朗克斯區的街道，我望著窗外的街景，漸漸認不出置身何處。他們最後帶我來到一棟看不出特徵的巨型磚造辦公大樓，建築已顯陳舊，我在走進去前，注意到入口處上方並無掛上任何名稱招牌。

我被帶到一間小辦公室中去；看起來像是一間醫生的檢查室，不過裡頭並無檢驗病人用的長桌。「在那兒坐下。」一位高大的女人指著一張椅子說道；她說完話後即步出房間，而且敞開著門，沒有隨手關上。四面牆上，全無任何裝飾。窗戶上都安裝上粗粗的鐵欄杆，鏽斑處處，而陽光照著建物後方一條堆滿垃圾的小巷子。我坐在椅子上，可以看見另一名女孩單獨坐在門外的走廊上；她的頭髮編成一排排的小辮子，穿著一條運動長褲。她的兩眼倦怠無神，看東西的眼神很像是媽媽去的精神病院中，那些人在服用藥物後的模樣。過了半小時後，依舊無人回到這間辦公室，我於是站起來，壯著膽子走過去，對那名女孩講話。

「嗨，」我說：「妳在這裡做什麼呢？」

「他們認為我刺傷了我表弟。真討厭待在這裡。」她發著牢騷，並沒有抬起頭看我。

「喔……這樣啊……抱歉。」我就說了這麼一句話，過了一下子，就走回到我的椅子坐下。我不知道到底經過多久的時間，才等到那名高大的女人回來，但她一走進來，就把門關上；辦公室裡只有我們兩個人。她在檯燈下，打開了一個文件夾，閱讀了一會兒，然後她轉過頭，從她所戴的眼鏡上方注視著我。這是自從我被帶進車子裡後，第一次有人正眼看著我跟我說話。

「我需要妳先脫掉衣服。」她沒多加說明，就這麼一個指令。

「全脫掉嗎？」我問。

「是的，我要幫妳做檢查。請把衣服脫掉。」

我最不想做的事，就是脫掉我的衣服，但我能怎麼辦呢？如果我不脫，會怎麼樣？不過，我還是脫了。我把脫下的衣褲放在另一張椅子上，她則翻閱著文件夾裡十來頁的紙頁。辦公室很涼，我略微弓著背站著，摩擦著我的手臂以平撫冒起來的雞皮疙瘩；我等著下一個指令。

「內衣褲也要脫掉。全部脫掉。」

「為什麼？」我問，一邊脫下內衣。「這樣要做什麼？」如果可以有個人像個正常人般對我講話，對我解說這些事情所為何來，絕對非常有助於事情的進展，而且不會使這一切那麼令人害怕。但是這個女人卻沒這麼做，反而官腔官調對我講話，明顯表明我不是人，而只是一項她要處理的事務。

她並無直接回答我的問題，但她從文件上抬起頭，講話的方式感覺上就是照本宣科。

「伊莉莎白，我們今天要對妳進行檢查，我會問妳一些問題，妳只要誠實回答就好。妳可以做到嗎？」

「可以。」我說；我赤身裸體站在那裡，她注視著我瘦巴巴身體的目光，讓我很反感。

她抬著頭，用手裡的鋼筆筆尖指著我小腿上的一處瘀傷，問說：「伊莉莎白，妳那個瘀青是怎麼來的？」

我的身體上有很多瘀青。我的膚色一般上就比較蒼白，若有碰傷，總是很容易留下青青紫紫的印子。我只要從外頭玩耍回家，就會發現又有磕磕碰碰的瘀青，所以我怎麼可能會知道「這一個瘀青」是什麼原因造成的。

「嗯……可能是在外面玩吧？」

她在紙上記下來。「那麼，那一個，還有那一個呢？」她指著同一隻腿上另兩處約略在相同區域上的瘀傷。

要怎麼回答才算適當呢？如果我說我不知道，會怎麼樣？他們會以為是爸爸打我所造成的嗎？而如果是這樣的話，我是不是永遠都不能回家了？這裡要考慮的關鍵點是什麼？這一切如此撲朔迷離，而愈不清楚，她就愈能完全掌控我，而我也愈不信任她。為何沒人好好來對我說明這些事？

「嗯……是腳踏車弄的；我要爬上腳踏車時，結果撞到我的腿。」

如此的檢查過程，持續了一段時間。我被要求轉過身，向上舉起手臂，兩腿打開站立。直到最後，我終於可以重新穿上衣服坐下來。她走了出去，一名拉丁裔男人接著走進來，為我帶來一些食物。他同樣也沒有對我開口講話。他只是點著頭，把一包用玻璃紙裹著的東西放到桌子上；裡頭是一個很難咬的麵包捲，夾著一片厚火腿片與一片厚乳酪片。他給了我一瓶果汁，然後無聲離開，如同他不發一語進來時一樣。過了不久，敦比亞先生出現在辦公室門口，要接我離開這裡。坐進車子裡，我把兩隻手縮進胸口，恍恍惚惚凝望著車窗外面，無神看著流逝而過的景物。

位於曼哈頓下東區的聖安之家（Saint Anne's Residence），是一棟樸素的磚造建築，外觀看起來一點也不親切，像是公立學校與養老院的混合體。我後來從住在這裡的其他女孩的口中才知道，聖安之家是一間「診斷收容中心」，專門收容在生活行為上有偏差的女孩；那些有逃課、精神疾病、少年犯罪等等問題的女孩，在被送去長期安置之前，會先送來此地進行「評估」。整個評量的過程，會包括與所有各類心理健康專業人員的諮商與輔導；有人說，如果要全部做完，至少要花上三個月的時間。

我待在聖安之家的時間，大約有一整季之久，如今回想起來，記憶片片段段，腦海裡只閃現某些氣味、影像與聲音而已。在這一段時期中，我比較像是我的人生的一個旁觀者，而不是參與者。即便我努力回想，但終究只記起幾個段落而已。

我還記得被送去聖安之家當天的情景。在兩位陰森森的男性人員一左一右護送下，我們走了進去；

他們兩人在接待窗口上遞出印有相片的證件接受檢查，然後等待自動門打開。機械門自動開關的聲響，如同我在媽媽的精神病房那兒所聽見的一樣。當我想著，難道這些人也覺得我瘋了嗎？我的胃頓時升起一股難受的感受。我被送來這樣門禁森嚴的地方，而且沒有人像正常人一般對我講話，這是否意謂著，我真的有了什麼問題？我想，一定是我哪裡不對勁。

一位禿髮、身材魁梧、像個怪物的女人，對護送我來的那兩個人，點頭表示感謝，他們於是轉身回到門邊。當自動門咚地一聲開啟，來自外頭城市的聲音，瞬間盈滿這個原本安靜無聲的入口區域，那是享有自由的人們所發出的嘈雜音響。在這一刻，我感覺自己生而為人的地位降了一等；我不再屬於外面人們的一分子。

這實在很糟糕。我不應該待在這裡，而且爸爸很脆弱，無法單獨過日子。我知道自己已經十分了解地鐵系統，可以獨自找到回家的路，只要我能從這些人的手中逃出去的話。但當我查看四周，我明白這兒已經對任何逃脫的企圖有所防備，他們已經做了一些預防措施。每扇窗戶皆裝有細密的鐵網，看起來很堅固；而且，每個地方的布置都很簡單，可以一覽無遺，根本沒辦法躲藏在哪裡。

「叫我『阿姨』就可以，」這個女人說：「我是這兒的負責人。妳會被安排住在三樓。妳只要不惹麻煩，就會過得不錯……小女孩，妳有聽到我的話吧？」我的喉嚨哽住悲傷與無助；我點了點頭。

在樓上，面色憂鬱的女孩們在工作人員的監視下，走在長長的走廊上；長廊一側是一間接一間的房間，裡頭則擺著二至三張床。「這是妳的房間，妳跟芮娜（Reina）與莎夏（Sasha）一起住。妳們彼此要相互尊重，否則就有苦頭吃！晚上九點熄燈，早餐是早上七點。所有上課都要到。不能吵架。其他規定的話，妳問問她們就知道。」她抬了抬鼻子，指著另兩名女孩。

芮娜表情嚴肅，膚色很深，臉孔窄小，身體瘦長，而頭上紮著一捲又一捲鬈曲的小辮子。一整天講著那些「大嘴巴、嘰里呱拉」的女孩的壞話，「後來她們都得到報應……妳懂我的意思吧？」她講話經常會停下來，以尋求我的肯定。

「了解。」她絮絮叨叨講著話，而我只回應這兩個字。

我的另一名室友莎夏，則無比安靜寡言，芮娜在場時，更是如此；我想，她這麼做，理由明顯易見。因為，只要莎夏一離開房間，芮娜立刻會講她的壞話，說她有「多醜」或「多自私」。「像我，在來到這裡之前，我可是個模特兒；而我所穿的衣服，還沒被收容所這邊洗壞之前，一件件都美翻了，不過妳見識不到我比你們所有人都美的樣子！讓她繼續踐下去好了，有一天我會給那個小妓女好看的。」

在聖安之家，穿著的風格的確並非可以自行決定，因為，任何有點價值的東西無可避免地會被偷走，而所有人的衣服，全都一起放進顏色混來混去的滾燙熱水中洗滌，好看的衣服最後也毀了。不過，芮娜事實上並不是模特兒，而莎夏的沉默，比較是出於策略考量，而非自我中心使然。

芮娜打量著我，彷彿在盤算著要如何與我相處。「白人女孩，我看妳還不賴，我們可以組成一個二人組，相互幫忙，妳懂我的意思吧？」

「當然。」我對她說。

在聖安之家的第一個晚上，當我在餐廳入座，默默地因為可以吃到一頓熱食而欣喜，但才沒吃幾口，一股熱燙的液體突然潑到了我的大腿上，並且濺到了我的肚子。燙到的地方像火一樣灼熱，我痛得大叫起來。色澤偏紅的湯汁浸濕了我的衣服，留下一些紅蘿蔔丁與米粒黏在我的上衣與牛仔褲上。有一組女孩露出了馬腳，她們離開時，一邊笑彎了腰。但不是只有她們在幸災樂禍，在我同桌的一名女孩也低聲喃喃說著：「白人女賤貨」。

一天的末了，所有人在吊著日光燈管的浴室前排成長長的隊伍，等著輪到自己去刷牙，而浴室內已經有一排女孩對著顏色慘白的洗手臺在盥洗。那兒的窗戶也都裝有鐵柵欄。在排隊等著的時候，我可以藉由觀察某個人刷牙用了稍微長一點的時間，或是動作誇張自在，或是悠閒地梳理自己頭髮的方式，來判斷這個女孩擁有高於其他人的權力。其他人都快快地往臉潑水，機械性地抓著牙刷刷洗牙齒。

牙膏、洗髮精與香皂的氣味很強烈；奶油色的香皂，一塊塊沿著淋浴隊伍發送給我們。我們一個挨著一個，手拿著毛巾，赤腳站在地磚上等待著，而夜班警衛會從點名板上叫我們的名字，並且用碼表計算我們淋浴的時間。香皂所具有的可可油的獨特氣味，從分隔每個淋浴間的浴簾下散發出來，充斥在所有淋浴間外的空間中，加重了浴室水霧蒸氣的濃厚程度。

沒有人膽敢拖拖拉拉，因為，無所不知的「阿姨」，使我們感覺彷彿她就站在妳的身後監督妳，隨時都準備要來威脅妳、催促妳。所以，在主要的走廊上，總是無人逗留閒晃，只看得見從各間敞開門的臥室裡所映出的燈光。

「瑞琪雅（Raguia）、蘿倫（Lauryn），還有伊莉莎白，這裡不是妳們的個人浴室，動作快點！免得阿姨我到時候生氣喔！妳們又不是蝸牛！」這是我生平首度，被強制要求保持身體衛生與準時上床睡覺；當我了解到一般人會天天洗澡，而且如今我也跟他們一樣，感覺實在很奇怪。不過，我還滿喜歡身體乾淨清爽，以及洗過的衣服穿在身上的觸感。一到九點，阿姨會確認每個人的燈都關掉；而會有工作人員坐在走廊上，負責晚班監督工作。

除開被監禁、失去自由之外，在這裡最難熬的事情之一，居然是每週一次、半小時的「打電話時間」。另外，則還有阿姨從早到晚響亮的吆喝聲，隨時通知我們照表操課；她始終穿著同一件家務工作服，一走動時，可以聽見她掛在腰際上的一串鑰匙發出叮呤的碰撞聲音。每天早上，我們在六點半前，必須起床，否則就有苦頭吃；當我們房間的門被啪地一聲打開，日光燈在我們頭頂上閃爍，四處迴蕩著阿姨的吼叫聲，我們最好立刻下床去。

「女孩們，趕快起床！起床了！快！」

偶爾會聽見有女孩拒絕下床的爭執聲，通常是新來的成員，但接著就會傳來女孩被拉下床、又踢又鬧、不停尖叫的聲音。

「不要想要挑戰阿姨，阿姨我說話可不是鬧著玩的。如果妳膽敢作亂，阿姨就會讓妳吃不完兜著走。」

「妳先來談談吧，告訴我住在這裡的感覺。」

「覺得自己被困在這裡。」我答道；隨著時間一分一秒緩慢過去，我保持靜默，無視於她臉上的失望表情。百憂解藥廠贈送的時鐘上，在滴滴答答的聲響中，時針幾乎文風不動；鐘面上數字「12」原本的位置上，放上了一顆顏色明亮的百憂解青白相間的膠囊圖案。

醫生艾娃．摩瑞列絲（Eva Morales）從印著「康乃爾大學」字樣的馬克杯中，喝了一口咖啡；在這間無窗戶的小辦公室中，馬克杯哪兒也去不了，只會往她的嘴巴送，然後回到屬於它的杯墊上，而這只布墊的顏色恰恰跟她的亮粉色唇彩一模一樣。如同所有其他女孩，醫生跟我的晤談時間也是四十分鐘，每週三次；在我來到聖安之家之後，持續施行至我離開為止。

「只要持續保持努力，就會進步，而能夠持續下去，就是進步的指標。」摩瑞列絲醫生輕聲講話，每講一個音節都會點著頭，嚴肅看待我們所討論的主題，通常都是在談我的「紀律問題」。不過，她有時候也會趁機談談其他的話題：「妳臉上長的那根毛，妳的媽媽不會覺得怪嗎？」或者，「妳如果一直這麼害羞，妳會沒辦法交到朋友的。」

她的臉部表情只有兩種：表示同情理解的皺眉（一隻手會撐著臉頰），以及表示進行思考的聚精會神的樣子（她會咬著嘴唇，兩隻手的指尖相碰成塔狀，置於桌上）。我最不願看到的就是第二號表情，因為隨之而來的，一定是討人厭的振振有詞：「人生就是要負起責任，要對自己負責。」

然而，我自出生以來，就幾乎鮮少對自己負起責任，但還不是活到現在。

她是如此不痛不癢講著話，以至於我有時候覺得，這場晤談主要是為了摩瑞列絲醫生她這個人而進行的，讓她有機會來練習執業之前所學到的技巧與說話術。所以，我待在她的辦公室裡，有一半的時間都是用來滿足她的需要，我會認真點頭表示同意，假裝自己對於她的洞見頗有同感。

「我想要幫助妳，但每個人都知道，你不可能去協助一個不想讓你幫他的人。」她揚起眉毛，嘗試要讓沉默無語的我多說一兩句話。

「我了解。」我不斷這麼告訴她。

我一臉凝神專注望著她，我的演出如此成功，所以我不至於承受太多來自她的疲勞轟炸。這就是摩瑞列絲醫生與我所共處的四十分鐘——以進步之名，彼此相互「理解」。我了解她的告誡，因為，只要我了解，我就離回家之路又更靠近了一步。如果她手握我的回家之鑰，那麼，我會盡其所能表現出，我的進展情況，完全不應在聖安之家多待一分鐘。

所以，我殺時間的方式，就是一臉專注、不停點頭，彷彿我已經被她的論斷所感動，接收到她的訓話的啟示。是的，我的確認為，現在已經是要開始思考自己未來的時候了。是的，既然您提到此事，我真的很願意成為一個有教養的大女孩，去發揮我的潛能。是的，您的教誨非常有效，我已經因為您的努力而脫胎換骨了，摩瑞列絲醫生。

那一週過後的一天下午，當阿姨氣沖沖猛然打開我們臥室的門，把整個人濕答答、眼睛充血、一邊啜泣的莎夏拉到她的身後，我終於了解芮娜之前所說的「相互幫忙」是怎麼一回事。

「妳們兩個誰也別跟阿姨耍把戲！」她噴著火的小眼睛，射向我與芮娜身上。她一頭禿髮，頂著一個朝天鼻，使她看起來就像隻剪小了耳朵的牛頭犬。「妳們兩個，是誰把漂白水倒進莎夏的洗髮精裡面去的？可別讓我來猜，誰做的直接承認！」芮娜堅稱不是她做的，而且講得理直氣壯，有那麼一刻，我還懷疑起是我自己闖的禍。

「那是伊莉莎白做的！我有跟她講這裡不能這樣子，但是阿姨，她根本就不想聽我的話。」她的腦袋激動地搖來晃去，她繼續說：「她跟我說別理她，免得我也會有麻煩，但是如果我去告發她，我也會倒大楣！阿姨，我以我的性命發誓，我絕對沒做這件事。」阿姨居然相信她說的這一套。

「我沒——」我才想要開口辯解。

「我才不管妳是誰的女兒，但是這裡，絕對不容許這樣的事情發生——妳是逃不開阿姨我的法眼的！妳跟我走！」我跟著她亮晃晃的禿頭，離開房間，看見芮娜偷偷在笑。

我最後被關進「反省室」。這是一個六英尺乘以十英尺大的空間，光線很差，地毯坑坑洞洞，只要是行為表現不良的女孩，就會被抓來關在這裡。

房間有一扇小窗，同樣也裝上鐵欄杆，投射進來的光線有點詭異；它面對著隔壁建物的紅磚牆壁，我必須很努力貼在窗面往上看，才可以瞥見一小片天空。房間裡散發著乾掉的汗水與尿液的氣味，我坐著，不敢大口呼吸，感到無比憤怒，獨自在這個簡陋的房間裡哭了起來。「我恨透了這個地方，」我大聲對自己說：「我恨死了。」

經過芮娜的漂白水惡作劇後，我被指示搬離她們那間寢室，搬去另一間只有一個女孩入住的房間。她叫作黛爾莎（Talesha），年紀十五歲，比我大兩歲。她有一雙小小下垂的眼睛與咖啡色的皮膚，而且她有一個六個月大的兒子。由於她比我大，阿姨認為我「不敢對她造次」。

我用一只垃圾袋裝著我的衣物，來到新房間，黛爾莎一臉笑意，打開門讓我進來。她一頭細細長長的小辮子，像瀑布一般垂在身後；她的臀部很豐滿，指甲都有個一英寸長，塗著金屬質感的紫色指甲油。

當房門才一關上，她立刻跳上她的床鋪，打開話匣子：「芮娜老是在搞鬼！小姑娘，我知道不是妳放漂白水的……特別妳是這兒唯一的白人女孩，妳大概要瘋了才會做出那樣的事情。不過妳看起來沒有瘋。」她的眼睛流露溫柔。

「我沒有對莎夏做那件事。」我說。

「可是妳怎麼會來到這裡的？」她問：「妳的家人在哪裡呢？」

我不知道該怎麼回答她，我不想告訴她有關爸爸的事情，我甚至也不願去想，因為我的關係，他現在只好一個人住在學院大道那兒。所以我只是聳聳肩，然後打開我的垃圾袋行李。

黛爾莎到現在已經待在這裡接受照護，超過一年的時間。這是她第二次來到聖安之家，她知道這兒所有人的大小事。跟她住在一起，使我了解這兒許多女孩之前生活的祕密，甚至連阿姨的故事，她也知道。原來，芮娜的媽媽是個大毒蟲，有一次身無分文去藥頭那裡買貨，於是把芮娜帶去換取一些古柯鹼。「她的媽媽只是跟對方說，『芮娜可以幫妳打掃家裡喔』諸如此類的話。對方想想也覺得不錯，就讓她來做事，這也滿值得的。但是，妳知道嗎，芮娜的媽媽卻從此再沒有回來接她，嗑藥嗑得忘了魂！」

聽著芮娜的故事，我感到自己很幸運，我的媽媽不會這樣。她絕不會做出這樣的事情。

黛爾莎繼續講古：「還有另一件事！妳知道阿姨以前也有一綹一綹、粗粗的長鬈髮嗎？只不過她後來生病，所以都掉光了。她把那些長髮都收在一只大塑膠袋裡頭，直到現在還藏在她辦公室裡的沙發後面！」

「喔，不會吧！真的假的？」我說。

我完全不相信這件事，直到一兩個月後，當我親眼目睹阿姨自豪地把這些頭髮展示給其他同事看時，我才信以為真。她將一條條凌亂的長髮束從大塑膠袋裡拉出來，就像罐子裡突然彈出玩具蛇那樣，一邊說明：「我的家族有印第安血統。我爸爸是卻羅基族（Cherokee）的，所以有一天我的頭髮還會長回來。綁著這樣的頭髮，在我頭上，還真好看！」

不過，黛爾莎最常講的事情，是她的小娃娃馬力克（Malik）。我們通常在熄燈後躺著講話，講上好幾個鐘頭；我津津有味聽著，交上男朋友以及懷孕是怎麼一回事。「很棒喔。當妳挺著肚子上公車，人們會讓座給妳，真的對妳很尊敬喔。當妳懷孕，總是有人愛著妳，妳也有人可以愛。」

在許多個晚上，我睜眼躺著，聆聽黛爾莎輕輕哭泣，對我訴說她有多想念她的兒子。她也談及她很討厭她的媽媽，把嬰兒抱走，強迫她住進收容所。有時候，我們睡不著，她會心懷嚮往地告訴我，當她可以出去，接回馬力克後，生活會是多麼美好。他們會在紐約上州靠近匹克斯奇爾市（Peekskill）的地方，找到一棟房子，讓馬力克在美麗的院子裡玩耍。有時候，在黛爾莎已經睡著很久之後，我會在漆黑安靜的房間中，想念我的家人而流下淚來。爸爸自己一個人住在大公寓裡，莉莎離我愈來愈遠，而愛滋病的病毒正一分一秒繼續侵入媽媽的身體裡面，而我卻完全無計可施。

在春天來臨，櫻花沿著下東區的街頭綻放之際，我獲准離開聖安之家。我不知道到底是阿姨、摩瑞列絲醫生或敦比亞先生，是誰做出最後的決定，把我的監護權轉給媽媽的男友磚頭，但可以離開這裡，我真的喜出望外。除開要跟黛爾莎說再見外，關於離開此地，我一點都不感到悲傷。

「小姑娘，祝妳好運啊，我會想念妳的。」她說，一邊給了我長久以來所不曾感受過的最溫暖的擁抱。我對她道謝，也祝她好運，拿起裝著衣物的垃圾袋，走下樓去跟敦比亞先生碰面。

直到我走到聖安之家外面的街道上，站在人行道邊，感受著曼哈頓區白天繁忙的人車喧囂，我才突然思考起，我對於自己未來的日子壓根兒一無所知。即便我要「回家」去與媽媽與莉莎團聚，但我並非回到我熟悉的事物之中。每週的「打電話時間」，媽媽每次都向我保證，去跟磚頭一起住，對我再好不過——對「我們」每個人都很好。但是，媽媽口中的「我們」，已經不再把爸爸算在裡面了。

我坐進計程車的後座，坐在敦比亞先生旁邊。當我聽到他交代司機我們要去的地址時，在貝德佛德公園大道上的一個地點，我清楚感受到胸口上浮出一股非常熟悉的情緒。我很害怕，這個感覺是如此明晰。自己並非要「回家」去，而只是被送往另一個我不想去的地方。

05 身陷困局

磚頭所住的帶一個房間的大公寓，雜亂地堆著不可勝數的贈品或折扣品；這些東西是你在超市隨意採買後的購物證據。印有萬寶路、雲絲頓與紐伯特（Newport）字樣的T恤，這裡一落、那裡一落，堆得到處都是。他有一整組五顏六色的塑膠碗，形狀如同倒放著的棒球帽，是從家樂氏早餐穀片包裝背面小心地剪下條碼去換來的，現在收在櫥櫃裡沒人用。一整箱大量訂購的百事可樂與法美牌（Franco-American）肉汁罐頭都已經開了箱，而且一罐罐都撕掉了標籤紙，隨便堆在各處，想用的時候，隨手就拿得到。而也是利用大量訂購附加贈品的機會買來的唐肯．海恩斯（Duncan Hines）蛋糕粉，則讓磚頭可以免費訂閱《運動畫刊》（*Sports Illustrated*）與《美好家園》（*Better Homes and Gardens*）這兩份雜誌。在兩座髒兮兮的沙發兩邊，到處擱著一個又一個的菸灰缸，全都塞滿了菸屁股與用過的火柴。而我知道，如果爸爸來這裡一遊，他會這麼評論道：這兒放眼所見，看不到一本真正的書。

在我跟著敦比亞先生來到磚頭家的那天早上，媽媽在幫磚頭準備烤牛肉三明治，正往麵包上塗著厚厚一層美乃茲，而磚頭則坐在旁邊等著大快朵頤。他們叼著的香菸，讓室內煙霧繚繞。可以聽見，桌上的一臺破爛收音機，傳出五黑寶樂團（The Platters）所唱的〈唯有你〉（*Only you*）的歌聲。是莉莎開的門，她輕輕抱了一下我，跟我打招呼。她擦著深色的唇膏，戴著一副圓形金色大耳環，感覺上耳環的圓周比她的臉還大。

「啊，小南瓜！」媽媽看見我，驚呼：「妳終於來了！」她兩隻手臂緊緊抱著我，一隻手上還拿著油滋滋的餐刀。擁抱著媽媽，我立刻感覺到她體重變輕了；在我的雙臂中，她纖細的身體，彷彿孩童一般。我現在已經長得比她還高大了。媽媽與我在體態上的差別，讓我頗為驚訝，使我感覺自己的年紀好像比她大。「我好想妳，媽媽。」我溫柔地在她的耳邊低語，然後看見站在媽媽身後的磚頭，正查看著敦比亞先生攤在廚房桌子上的文件，並逐一簽名。

「獲得自由，感覺不錯吧？」磚頭一邊如吸菸人士慣有的咳嗽，一邊咯咯笑著問我，但卻被自己的笑聲嗆到，而咳得更厲害了起來。我覺得他的問題很沒禮貌，於是沒有答腔；我轉過頭看見媽媽滿臉笑意凝視著我的眼睛。「小莉姿，我好高興妳來到這裡喔。」

「提醒你們一下，」敦比亞先生講話時，摘下了太陽眼鏡；他咬著一根牙籤，在下唇邊晃動著。「目前還處於觀察保護時期，我們要看看接下來上課的出席情形，才能確定這樣的安置是否有效，不然，伊莉莎白小姐就需要再回到聖安之家受訓。」

即便聖安之家裡面的課程，不過就是在一間簡陋的教室裡面上著縫紉課，由一個叫作歐爾加（Olga）的女老師教授，但我已經通過七年級的測驗，順利升級。在我來到磚頭家的隔天，已經安排我到附近一家初級中學上八年級的課程。媽媽必須陪同我去註冊。「妳知道嗎，電影圈那個潘妮．馬歇（Penny Marshall）跟設計師勞夫．羅倫（Ralph Lauren）都讀過這所學校。」當我們穿越莫休魯大道（Mosholu Parkway），往新學校走去時，媽媽一邊聊著天：「不過這個設計師當時姓『李普須茲』（Lipshitz），想想看，『勞夫．李普須茲』（Ralph Lipshitz）高級服飾……這聽起來，什麼『SHIT』的，好像要去買大便裝。」我並沒有笑。「小莉姿，這間學校真的很棒喔。我真想可以重新回到學校讀書，妳知道，我中學都沒讀完。我希望妳可以好好讀到畢業。」她最後這一串話，比較像是說給自己聽的，而不是給我聽。我連可不可以上滿一個星期的課都不太確定。不過，一想到可能被送回聖安之家，卻使我的胃頓時痙攣了一下。

門口的警衛引導我們走到一間小辦公室中，我們在那裡等輔導員前來為我安排插班事宜。剛好碰到學生要換教室上課，於是一群學生推推擠擠進出各間教室。看著他們的新穎服飾與所揹的後背包，在走廊上彼此追逐笑鬧，我不禁感覺自己比這兒所有學生的年紀都要大上許多。而當我踏入這間辦公室時，我突然理解到，媽媽的存在，讓我很難為情。

她在經過的其他孩子面前大聲嚷嚷講著話，完全沒有意識到自己不當的用語措辭，尤其她正對我講述，她在磚頭家附近一間叫作麥登（Madden's）的酒吧裡所認識的新朋友，所發生的一些難登大雅之堂的故事。由於已經戒毒，媽媽持續服用精神病藥物，但副作用使她會有神經性的抽動現象，彷彿有看不見的細線會突然向上牽引起她的手腳來做出動作。當我們在辦公室中坐下來，處在明亮的光線下，我才驚覺她手臂上的疤痕是這麼地明顯；經過注射針筒上千次的扎刺之後，這些針刺傷口如今已經痊癒，變成亮紫色的瘢痕，主要集中在大血管附近的皮膚上。當我們坐在那裡，我可以確定看到的人都會知道，那些紫色印子是嗑藥所造成的結果。

有另一名學生，一位與我年紀相仿的男孩，跟他的媽媽一起坐在我的對邊。這名母親一身優雅的職業婦女套裝，兩腳穿著無鞋帶的輕便女鞋。當媽媽出聲講話的時候，這個女人不安地動來動去，手指頭一直反覆撥弄著細細的項鍊，一邊跟她的兒子低聲說著什麼事情。媽媽最近剪了頭髮，瀏海與兩鬢剪得短短的，但保留腦後的長髮，而她今天穿著磚頭的一件贈品T恤，衣服的正面寫著「萬寶路，男人的真品味」。我坐在位子上，整個人不由自主縮了起來。

輔導員走進來後，先叫了男孩的名字，讓他先過去談。但媽媽站了起來，搶先走在那名男孩與他的媽媽前頭。我結結巴巴說著：「媽，不是啦，是他們先。」不過，男孩的母親揮揮手說：「沒關係，妳們先去。」媽媽已經在輔導員辦公桌前坐了下來，渾然不知發生了什麼事。

這間學校如同大多數學校的作法，會依學生的程度做能力分班，分成前段班、中段班與後段班。也就是說，會分成好班、壞班，不過他們把這些不同的班級稱作「明星班」、「優選班」與「基礎班」。

「今天妳來學校報到，我會為妳挑選出最適合妳的程度去上的班級。」輔導員是位年紀稍長的女士，講起話來官腔官調。

「嗯，她很聰明，」媽媽果斷地說：「讓她去讀最好的班，她的程度屬於好班。」我的心底充滿轟轟然的罪惡感。我真希望可以想出辦法離開媽媽遠遠的；她在這兒那麼堅定地為我挺身而出，毫無任何道理就以自己的女兒為榮。

輔導員笑了出來，讓人覺得好受辱。她解釋說，能力分班的作法，會先審查我過去的學業成績，以作為要把我安插進怎樣的班級的依據。我緊張地不停摸弄我的髮帶，整個人在內疚、氣憤、對媽媽的愛、害怕令她失望的恐懼，以及害怕她對我的信心落空等一重又一重的感受之中，備受折磨。

輔導員匆匆翻閱起我的文件，很快便以彷彿要讓結果聽起來有趣極了的口吻，開心地宣布：「親愛的，我想我已經為妳找到最佳的去處了。」她取出「基礎班」的名單文件夾，在一張標示著「八年級基礎班」的正式文件上，寫下我的名字；她還向我說明，這是一個「我會很受用、會讓我很充實」的班級。

「伊莉莎白，他們現在剛好都在吃午飯。等到十二點、他們回教室後，妳就可以去上史崔如先生（Strezou）所教授的基礎班的課程。」她一邊說，一邊交給我一張要轉給我的老師的公文箋。媽媽與我起身就要離開，她加了一句：「我希望妳從現在起要天天上學；曠課是很羞恥的事。親愛的，妳已經不是小女孩了，再怎麼說，這些事情都是要經歷的。」

媽媽跟我坐在學校外頭一片草皮上的鐵柵欄上面，一邊看著車輛颼颼經過眼前，一邊吃著披薩當午餐。在鐵網籬笆圍起的校園內，可以見到許多學生在玩耍叫鬧。我快速吃著披薩，一邊望著媽媽抽菸；她幾乎沒碰放在她旁邊的那一片披薩。有一位太太推著一輛嬰兒車，還帶著三名小孩，要穿越馬路；這兒放眼所見，看不見任何塗鴉。我想著，貝德佛德公園大道這一區果真很不一樣，任何東西都不一樣。

媽媽決定要告訴我她在上初中時的故事，是有關她與她的弟弟、妹妹如何相互幫忙，分別跑去對方的教室，告訴課堂上的老師說，他們病得多嚴重，而取得病假的許可。然後他們會在學校後面碰頭，一起去賣場偷東西，或是偷偷溜進電影院，窩在裡頭一整天。我們笑著聊了一陣子，但媽媽很快對我嚴肅起來。

「不過，小莉姿，我倒希望當時不要這樣。我很遺憾沒去上學，而現在也沒辦法補救了，已經太遲了。所以，小莉姿，妳可不要跟我一樣，不然當妳長大以後，妳最後會連選擇的機會都沒有。妳可不要最後也發現自己進也不是、退也不是，只能卡在那邊。」她說完，聳了聳肩膀。

「媽，妳是說妳進也不是、退也不是、生活卡住了嗎？妳覺得跟碍頭住在一起，是無法選擇下的結果嗎？」

「我們是運氣好才碰得上他這個人。」媽媽只說了這麼一句話，而我也沒有再追問下去。

我再度感受到媽媽彷彿一碰即碎的脆弱特質。我此刻跟媽媽一起坐在那裡，在光天化日之下，置身於這個不熟悉的街區，吃著用那個陌生男人的錢買來的午餐。我感覺這一切之中透露出了什麼，讓我頃刻對於媽媽的消瘦、她的弱視、她全然缺乏東山再起的能力等等了然於心。她真的除了搬去跟磚頭生活之外，沒有其他任何出路。如果媽媽認為她不得不離開我們原本的家，那麼，她可以上哪兒去呢？媽媽還可以為她自己、為莉莎、為我，尋找出什麼改善之道？媽媽會使用「卡在那裡」這樣的字眼，不是沒有原因的。我想著，至少對於目前來說，也許我不該一直拿磚頭的事去煩她。

我們靜靜無語坐著，我的思緒兀自神遊了一陣子。我想著，有一天，我會獨自穿越這個校園，而媽媽卻不再陪在我的身邊了。這個想法冷不防地跳上心頭時，讓我頗為吃驚。我決定重新創造屬於我們兩人的這一刻的情景：我們兩個一起坐在這裡，吃著東西；媽媽的身體盈滿生命力；我們彼此相愛，任誰也無法拆散我們。「我永遠都會陪在妳的身邊……不管妳多大，妳永遠都是我的寶貝孩子。」在學院大道上的那個恐怖夜晚，當她告訴我她罹患了愛滋病時，她曾經如此信誓旦旦對我保證過。

我彎下腰，從腳邊的雜草間，摘下兩枝毛茸茸的蒲公英，然後遞給媽媽一枝。她以拿菸的那隻手捏著蒲公英，好奇地研究了一下。「謝謝妳，小莉姿。」她出聲道謝。

「媽媽，許個願吧，」我笑著說：「不過，不要告訴我妳許了什麼願，不然不會成真。」我假裝沒有注意到她一臉尷尬的表情。我們握著手，往蒲公英吹氣，白色的羽毛迎風飄飛散開；有一些飛起來時，沾到她的頭髮上。我許的願是希望自己可以擁有更多選擇、更多出路，在學校表現良好，而且媽媽可以完全康復起來。

而我始終不知道媽媽許了什麼願望。

八年級基礎班的學生，有許多人一路從六年級就同班到現在。所以，這一班二十五名十三歲的學生，已經分成幾個緊密的小圈圈，各有各的姊妹淘與哥兒們。我的肩膀掛著紅色的書包，一手拿著輔導員交代的公文篋，當我在中午時分踏進教室，我們的老師史崔如先生正在上數學課。他看起來大約三十幾歲，穿著一件暗藍色、有一排釦子的襯衫，以及一條已有磨損痕跡的卡其褲，腳上則踩著一雙不用繫鞋帶的懶人鞋。他接過去那張公文篋，皺起額頭讀起十來行的文字。

「歡迎，歡迎妳……伊莉莎白。」

我點了點頭，沒有回說任何一句話。讓老師失望，遠比不去認識他們還要糟上幾倍。但在我走進教室之前，我就已經決定，不跟這所學校的老師有任何建立關係的機會。

「看妳喜歡哪個位子，就去坐下來。」他說，一邊把那張公文篋揉成一團，丟進字紙簍去，然後回到下一道數學習題上。「誰知道第四題怎麼做？」

鬧哄哄的教室裡，僅剩一個位子可坐；我低著頭走過去，一屁股坐下來，希望從此沒人注意我。

有人在我坐下的這個桌子上，刻上「飛客」（Phreak；盜打電話者）一字，在柔軟的木頭桌面上劃下岔岔的細線條。在我用手指摸著這個字的刻痕時，有某個人開始偷偷嘲笑我。從小學開始，我就對這種咯咯咯的笑聲很熟悉了，是從我身後一排的地方所響起的。我的臉發熱起來，喉嚨彷彿哽到魚刺。我心底想著，事情又開始了。我吸了一大口氣，垂著頭，希望自己可以忍耐到下課鈴響。儘管我已經在聖安之家那邊養成每天洗澡、換衣服的習慣，而且我甚至還穿起莉莎的舊衣服，而不是原本我那些怪衣服，但不知何故，我還是有辦法吸引同樣帶有惡意的嘲笑目光。當我一一檢視我可能出錯的舉止行為時，我發覺，那股嘲笑的笑聲並非針對我而來。

我轉過頭，看見一位漂亮的拉丁裔女孩與坐在她的隔壁的一位白人男孩，兩個人挨在一起，相互丟起用口水揉成的小紙團。在他們的嬉鬧行徑中，有某些東西吸引著我的注意；他們看起來是這麼的快樂。女孩又丟出了一顆口水小紙團，但失了準頭，意外地射向了前方擁擠的教室中，射到另一個女同學的頭髮裡。似乎沒有人注意到這起意外。但這顆逃脫的小紙球，卻引起他們兩個人笑翻了，使我也忍不住跟著笑了起來。我注意到拉丁裔女孩察覺出我看到這一切。我很快把頭轉開，心臟開始噗通噗通跳了起來。

當史崔如先生拿著粉筆，在黑板上叩叩書寫著數學題目的算式，我可以聽見女孩跟男孩正講著什麼下流的笑話。那些笑話的內容，讓我想起媽媽在經過一夜白色俄羅斯的澆灌後，回家跟我講述的粗俗又低級的故事。我確定史崔如先生也可以聽到女孩的說話聲；我懷疑她是在故意刺激老師。我觀察著，一方面說也奇怪，我也樂在其中，等著看老師要如何處理。然後，女孩不明來由地，直接對我說起話來。一開始，我以為她應該是在跟別人講話，但她傾身向前，用手拍了拍我的桌子，跟我靠得如此接近。

「妳知道，下個月是我十三歲的生日。我那天要穿著那種大風衣來學校，慶祝我的生日。」我不知道該怎麼來理解她的微笑；在此之前，我的同學們除非是集體以我為犧牲品來開我玩笑，不然是不會真的對我開口說話的。我等著看她接下來要說什麼。

「妳知道我的意思吧？」她進一步解釋：「全身上下只穿一件風衣喔。然後我會在所有老師面前把風衣打開來！」她抓起白人男孩的衣領，然後把臉埋上去，跟著他一起大笑。我也笑了出來，這次是公開地，跟著他們一起笑。她剛剛真的在對「我」講話嗎？我告訴自己說，那麼，妳也要講點什麼來回應一下；趕快講個什麼話出來！

「妳真的打算那麼做嗎？」我只能想到這個問句，不過我又加了一句：「那會很有趣說。」史崔如先生這時候大吼：「你們兩個也玩夠了吧。特別是你，巴比，你把嘴巴給閉起來！珊曼莎（Samantha），妳來解這一題，第九題。」老師往前伸出拿著粉筆的手。

「喔，好啊，我來解看看囉。」她彈了一下手指，然後從座位上站起來，擺出如同展場正妹的妖姣姿態，搖了搖她玲瓏有致的身體，並且臉上浮出嫵媚的微笑。她這麼站起來，才得以窺見她的完整側影，我發覺我之前低估了她的美豔程度。那個叫巴比的男孩在旁邊看著她，笑得歇斯底里。

「我來看看喔。」她說。她舉起一隻手，手指尖端彎成虎口狀，彷彿在計算著什麼，然後大叫一聲：「太難了！」隨即突然坐回座位上。

「喔，我不知道該怎麼算啊，史崔如先生，真抱歉。您就不能直接幫幫我把它解出來嗎？」她這麼告訴老師，彷彿解出答案會對老師有好處一般。全班同學有一半在笑、有一半靜靜等著看好戲，而坐在第一排上的幾個同學則露出牙齒，倒吸一口冷氣。後來是另一位模樣可愛的女同學舉起手，代替珊曼莎去解題。

下課時，我跟在珊曼莎身後穿過同學們，以平行於她的方向，一起走下樓梯，卻假裝只是出於偶然才走得這麼近。我希望她再度注意到我。我們同時沿著樓梯井一圈又一圈對稱地往下走，經過幾層後，我們兩個笑了出來，繞階梯走於是變成一種競賽，我們手忙腳亂一起下到一樓地面。當我們走完樓梯，肩並肩，一起站在那裡喘著氣，我們由此成為朋友。

「妳叫什麼名字？」她的兩手撐著大腿，問道。我差點脫口而出「伊莉莎白」，但一想到這個名字，腦海裡即迴響著那些憤怒的社工師、兇巴巴的聖安之家女孩叫我的聲音，以及更糟的，媽媽在精神崩潰之後喊我的聲音。

「莉姿，我叫莉姿。」我說，一邊感受著這兩個字的聲音。

「妳好，莉姿，很開心認識妳。我叫珊。」

「酷。妳要一起走嗎？」我邀請她，一邊往雙扇大門那邊走去。

她八成回答了好，因為，我們兩個後來即連袂往前走，但我如今只記得她開心地露齒而笑，對我綻放如花的笑靨。

✎

隔天，我獨自坐在自助餐廳中一個遙遠的角落，一手拿著書，以避開與其他學生可能的目光接觸。我把塑膠餐盤放在旁邊，正要拿起食物來吃，突然伸出某個人的手指，迅雷不及掩耳插進我的蘋果醬中。果然又是珊！

「妳不會想吃這個東西，」她說：「那是老鼠藥。我想這些東西是用來毒殺我們的。」我笑了出來，笑得合不攏嘴，我抬起頭來。我好喜歡珊的大膽；她可以讓平凡的一天，瞬間豬羊變色。她彈掉手指上沾到的蘋果醬。「挪過去一點。」她啪地一聲把素描簿摔在桌子上。珊在畫著一個有著美豔胴體的嘶著嘴的仙女，背後還有一雙圖案複雜的蝴蝶翅膀。珊身穿一件像是借自她爸爸、有著一排釦子的襯衫，但胸前沒扣上釦子，衣服披掛在她女人味的軀體上，使她看起來形同電影中那種穿著男人過大衣服的性感女孩。襯衫兩邊的袖子都捲到手肘處，讓人看見她手臂上潦草塗畫著小小的、紅黃相間、顏色鮮豔的火焰圖案。

「好酷喔，妳畫的仙女。」我拿起我的袋子，好讓她可以放她的午餐餐盤。

「她是個婊子，她的名字叫作潘妮洛普（Penelope），」珊頭也沒抬地回說：「她可以跟任何人上床，甚至是坦納先生（Tanner），也二話不說就獻身。」

我立刻笑出來，還笑得有點太大聲。坦納先生是學校裡一位上了年紀的主管人物，有著一頭灰髮與粗糙的皮膚，而說到曹操，曹操就到，他此刻正走進自助餐廳裡來。如果早幾分鐘談到這個話題的話，說不定她就會改說其他學校老師。我想著，珊的心思真敏銳。我們一起看著坦納先生停下來，兩隻手聚成一個擴音器的形狀，放在嘴巴前面，餐廳裡幾百名學生頓時安靜下來。他開始講話，出乎我意料之外，餐廳會有回音。「外面的院子，現在重新開放。」珊溜轉著眼珠，注意力回到素描簿上，她正在為仙女的翅膀塗上翠綠色。她有時顯得喜怒不定，有時則帶點神祕感。「妳什麼時候開始畫畫的？」我問。很多學生把最後一口牛奶喝完或是抓起蘋果，往外頭跑去。「我的意思是說，妳畫得很棒。」

「嗯，還好啦。我真正想做的是，成為一名作家。」她說：「如果我在三十歲時，可以寫成一本書，我就可以安詳地死去。基本上，我到時會自殺。」

她講話的方式，幾乎都這麼戲劇性。在我們維持著朋友關係的那幾年中，我看過好幾次她臭罵別人，或是打起令人側目的響嗝，或是行為舉止難以見容於一般人。但在那個時候，我很享受她這種叛逆的氣質；她的特異性，在某個方面，讓我感到自己被接納與了解。在她異乎常人的表現裡，恰好與我被一切排斥在外的感受，產生了交互的共鳴。看著她那些怪異的、走在臨界點上的冒犯行徑，彷彿也在檢驗我自己在這個世界上的怪異性，但是只要我跟珊在一起，世界對我們的排拒性就變得不那麼重要了，因為，我們成為彼此的伙伴。於是，在我眼中，珊是一個勇氣十足，甚至是面對一切所向披靡的女孩。

「那妳要寫怎樣的東西呢？」

一名黑人男孩在珊的身旁坐下來，打斷了我們的談話。他穿著一條寬鬆的牛仔褲，還有一件湯米．席爾菲格（Tommy Hilfiger）牌子的上衣，這是我這個年紀的城區男孩的典型穿著，不過他更俊俏、更有型。

「妳要不要猜猜我正在聽哪個電臺？」他問我，臉上洋溢著興奮的表情。

再度發生這樣的事，另一名同學開口對我講話。我思索著他的動機；我獲得的結論是，坐在珊的身邊，讓我看起來很酷，彷彿我也自珊的身上借到某些魅力。

「猜一猜嘛，趕快。」他繼續追問。

「嗯，我真的不知道耶。」我試著讓自己表現得輕鬆自在，彷彿經常可以這樣隨意跟別人做朋友一樣。我接著說：「沒人可以隨便猜到的，絕對不可能。」而我的另一個尷尬點是，我從來沒有聽收音機的習慣，即便要猜，也說不出任何一個電臺的名字。

他似乎可以接受我的說法。「好吧，妳猜不到。是『Z100』。答案是Z100電臺。大部分人都以為，因為我是黑人，我只會喜歡嘻哈音樂。」他說。珊從素描簿上抬起頭，用筆正正指著他的臉。

「你這人很怪耶……你是姓什麼的？麥爾斯（Myers），對吧？」男孩臉上掛著一個微笑，點頭如搗蒜，然後說：「沒錯。珊，我很喜歡妳的圖畫。」不過他知道她的名字，倒不令我意外，即便珊不確定男孩的真正名字。我想，珊應該老是會吸引男孩的注意。

前一天跟珊打情罵俏的那個白人男孩巴比，這時也坐上桌子的另一端。

「你們幾個人在做什麼呀？」巴比問道，朝我笑了笑，然後轉頭望著正對著他伸出舌頭的珊。「喂！」他大吼一聲。珊於是放聲大笑，巴比也是，我接著也跟著笑了起來。

巴比一頭棕色鬈髮，蓬蓬鬆鬆垂在他淡褐色的眼睛之上。他的臉上始終帶著傻傻的笑意，有種半笑的感覺，宛如他就要對什麼事情真的笑出來的樣子。我只要注視他，他那張半笑的臉總散發著感染力，使我也快要對什麼笑出來的樣子。跟著他與珊坐在一起，立刻讓我整顆心快樂起來。

巴比還帶來另一位朋友，一個穿著垮褲的高個子男孩，他自我介紹叫菲夫（Fief）。「大家這樣叫他，是因為一部卡通電影中有隻老鼠叫這個名字，」珊告訴我說：「是因為他的耳朵的關係，他看起來像那隻老鼠。」菲夫是愛爾蘭裔，有著一雙稍大的耳朵，以及一個微微紅著的臉龐。我想著，他看起來真像是我家族裡面的人。

「嗨，有什麼新鮮事嗎？」他說，坐了過來。

在整個午餐期間，我們就像一個小團體般聊著天，渾然不覺附近坐著數百個其他的學生。我是他們的一分子，我跟他們打成一片，我講笑話逗他們笑，我一同為下課後的遊蕩計畫出點子。當上課鈴響，我們一起上樓，在走廊上分手，一直彼此揮手說再見，直到我們的身影分別消失在各自的教室門口後。生平以來，我第一次充滿十足的信心，知道自己明天還會到學校上課。

磚頭的工作時間表，指導著這個房子所有人的作息，而且天天照表操課。每天早上七點十五分，當老歌電臺ＤＪ為送出電影票給當天生日的聽眾而播放起〈生日快樂〉歌時，我就醒了過來。而當收音機響起中獎者的名字時，一團濃濃的萬寶路香菸煙霧就從叼著菸的磚頭那兒，飄在莉莎與我的頭上；我們兩個睡在一個塞在客廳角落的雙層床上下鋪。我聽見他大聲喊著媽媽，要她起床。

「珍，珍，」他抱怨地叫著：「早上了，該起床了。」在磚頭去沖澡的時候，媽媽會準備咖啡，並把我們叫下床。我是最近才養成規律生活的習慣。而向來有賴床問題的媽媽，能夠起床，可說非比尋常；磚頭常噴著口水對著她的臉大吼，有時候則會粗魯地拉扯她的手臂叫她，以便能喚醒她下床。我知道，現在造成媽媽疲憊的原因，已不再是藥物的副作用（她最後不再服藥了），而是疾病逐漸嚴重使然。我偷聽過他們兩個之間的對話，我知道磚頭很清楚她有病在身。但是他對待媽媽的方式，卻看不出有絲毫的諒解或體貼。望著站在床邊穿著有點太緊、皺巴巴的四角褲的磚頭，拉扯著媽媽躺在床上的瘦小身軀，一股自第一次認識他以後，即感受到的氣憤情緒，逐漸在心頭復甦開來。在媽媽離開家之後，每次跟媽媽講著難分難解的電話時，總是他在打斷我們、叫媽媽掛電話，當時每每讓我忿忿不平。以前，從沒有人會打擾在睡覺的媽媽，爸爸尤其不會；他完全不用誰來為他張羅起床儀式，更不要說為他做早飯吃。想著爸爸的獨立個性，不禁讓我擔憂起來，現在他一個人過得好嗎？學院大道那兒的家中電話又被停話了，我們幾乎沒講過話。我好想要讓他看看磚頭是怎麼對待媽媽的，但同時間，又無法贊同自己這樣的想法。而我又在思考，爸爸對媽媽的忽略，還有他的人生祕密，是否是導致媽媽一開始受到磚頭吸引的原因？不過，目前的狀況，也許是媽媽始料未及的。

磚頭與媽媽在不久之後，就會一起出門，磚頭是去上班，而媽媽則往酒吧報到；酒吧的人已經跟媽媽很熟了，所以在玻璃杯還沒整理好、吧檯上還擱著昨晚放上去的高腳椅、還看不到一般的酒客上門來之前，就會為她服務。媽媽根本沒有非早起不可的理由，除開磚頭說的「人們都在這時候起床幹活」的原因外；不過，她也順從照做。為了消磨時間，她於是去麥登酒吧喝上幾杯；到了中午，她喝到連話都講不清楚時，就會回家去。

莉莎經常比每個人都早起，不過，已經不像從前，她不會也要叫我起床上學。也許是因為，我們首度分享同一個空間——客廳——莉莎變本加厲，在與我的互動上，比以前還更兇。她對我毫無耐性、脾氣暴躁，即便我只是問問一些簡單的問題，也會遭到嗆罵。

「莉莎，還有衛生紙嗎？」

「我不知道啦，莉姿，妳現在也住在這裡不是嗎？妳就不會自己想辦法嗎？」我忍不住覺得自己侵犯了她的私人空間。

她在早上六點左右，就會準備好進行打扮；她會站在磚頭掛在客廳牆上的一面大鏡子前，盯著自己看。但她不再是端詳自己的容貌或練習各種面部表情，她注視著鏡中的自己，反而比較像是畫家面對畫布時的作法。整個過程，優雅迷人；每一次目睹容貌的前後變化，都令我驚豔不已。莉莎會先從一個漂亮的拉鍊袋中，取出各式各樣的軟鉛筆與小刷子。首先，她會勾勒唇線，然後以乳狀的亮紅色唇彩填滿嘴唇表面。有時候，當她要和新男友出門，她會在一雙黑眼睛的尾端，畫出對稱的上揚眼線，如同埃及豔后的妝容一般。莉莎的視力曾經惡化，但近幾年已經穩定下來，不過她在化粧時還是必須傾身向前，使得她的臉與鏡子之間的距離很近，空間只夠揮舞化妝用具而已。她在出門前會戴上亮晶晶的金色環狀大耳環，秀麗的髮型完全以髮膠牢牢固定，一身光鮮上學去，或者如果是晚上的話，則前往她在別處為自己所開創的夜生活。

莉莎晚上回家時，原本技巧純熟的彩妝作品，多半都褪色黯淡起來；唇線上還看得到暗濁的顏色，而唇面上只剩下失去光澤、斑斑塊塊的粉紅色，彷彿是摻水過多、濃淡不勻的水彩。她的頸子上有斑斑點點的栗色印子，很像是瘀青，我不敢問她是怎麼造成的；不過，我卻靜靜期待著，她可以坐在我的下鋪上，跟我窩心吐露有關男朋友的事，以及十七歲的日子會有怎樣的喜怒哀樂。

「這裡有MTV頻道嗎？」珊第一次來到磚頭的住處時，這麼問道。電視上，辛普森（O. J. Simpson）本人在洛杉磯的法庭上一下子翹著腿，一下子把腿打開。當一些新事證被披露出來時，攝影機對準了他的臉，攝取他的臉部表情特寫。我們兩人這一天都蹺了課。幾乎已經有兩個月的時間，我努力維持著半全勤的上課出席率，所以我想，偶爾曠課一兩天應該不成問題。莉莎尚未回家，媽媽則早已從酒吧回來，在磚頭的床上躺平昏睡；在床邊，堆著難以想像的待洗衣物，還有幾箱罐頭，以及一大疊舊雜誌。我們坐在客廳的沙發上看電視，珊一邊在腳趾甲上塗著刺眼的黑色。

「我想應該有吧，妳可以按看看。我之前都沒看過有線頻道的節目。」

「要看那些節目，很簡單啊，」她說，順手按了遙控器上的幾個按鈕。一股雜亂狂飆的吉他聲突然從電視喇叭上轟然而出。珊彎著腳，膝蓋抵住胸口，鼓著臉頰對腳趾頭吹氣。

「這個地方還不賴，」她說：「妳媽媽的男朋友幾乎不在家，真的假的？而且妳媽媽還睡一整天？」

「對呀，差不多是這個樣子。」

「很棒耶。」即便住在陌生人的屋子裡，而且媽媽的元氣一日不如一日，實在並不能讓人感覺有多棒，但因為我去過珊的家一次，所以我知道她會這麼說的原因。我不用去照顧一個年紀還小的弟弟。我也無須去面對一個嚇人的爸爸；珊說，只要她爸爸在家，每個人都提心吊膽、戰戰兢兢。我幾乎沒有什麼來自大人的刁難問題，除開那些來做家訪的社工人員之外。

珊靠在沙發的扶手上，一隻手伸向腦後，把一只黃銅色的別針拉下，她一頭柔軟如絲的淡棕色鬈曲長髮，就從一個緊緊繫起的髮髻，往下披散開來，直至腰際。在這一大束濃密的頭髮中，有一根用五顏六色橡皮筋紮起的細辮子；顏色如此繽紛，彷彿她的頭髮裡藏著一道彩虹。

「喔老天，」我驚嘆著：「看看妳的頭髮。我還不知道它這麼長說。真是太美了。」

「超難整理的喔，如果妳想知道，待會我可以跟妳說。我老爸好愛我這一頭長髮。但是，如果他這麼愛，他應該自己留啊。」她一邊說，一邊把那根細辮子從尾端解開來。桃子氣味的潤絲精味道，朝我撲鼻而來。

電視這時播映著涅槃樂團（Nirvana）的音樂錄影帶；主唱科特・柯本（Kurt Cobain）的人像占滿整個畫面。「哇，他實在太帥了。」珊精神一振地說：「老天，真想跟他上床。」

珊脫口而出的這句話，讓我大感意外。

「對呀……我覺得他滿可愛的。」我說。我不知道該怎麼參與這種話題；我還沒對男孩子產生興趣。對我來說，男生很像是比較高壯的女生而已。唯一的差異點是，我近來有時發現，自己盯著他們看的時間稍微久一點，或是對他們的一舉一動稍稍比較感興趣或留下多一點點的印象。但我還不能說，自己真被哪一位特定的男孩所吸引。我凝視著柯本蓄著金色短鬚的臉龐，他正對著鏡頭狂亂地大動作刷彈吉他。端詳著他的模樣，我想像捧著他的臉或是牽起他的手，會是怎樣的感覺。突然間，他的臉變成巴比的臉，對著我擺出他的招牌半笑臉。

「沒錯，我想可以說他真的帥爆了。」我告訴珊。可是不知何故，我話一出口，感到相當發窘。不過，瞄了一下珊，幸好她完全沒有注意到我的反應。

「我的媽呀，」珊咬著自己的拳頭說：「實在好帥好帥啊。」她把電視的音量調高。

「把那個拿給我一下。」我說，伸手接來珊的指甲油。手裡揣弄著這只小瓶子，我擔心起在學院大道那一頭的爸爸會怎麼來看我，八成覺得我很女孩子氣吧。我上下搖了搖瓶子，呼應著電視裡傳來的刺耳吉他聲的節奏，然後扭開指甲油的蓋子。我接著在吵鬧的音樂聲中大叫：「對，我也想跟他上床。」

我跟珊每天都窩在一起。我們風風火火建立起來的姊妹情誼，我們發誓要持續到我們變老變醜，直到我們搬到佛羅里達州的養老院，老到必須仰賴助行器走路，我們依舊要相守在一起。而我們不時也討論著，在接下來五十年裡，一起要做的事情。我們相約一等到高中畢業，就一起搭便車前往洛杉磯，我們會在那裡成為搶手的劇作家；而在好萊塢變得死氣沉沉，我們也賺了更多錢、遊歷了更多未曾知曉的他方異地之後，我們最後會搬到舊金山。我們會在舊金山那個街道蜿蜒的小丘上比鄰而居；這個場景，我曾在爸爸的明信片與朗尼即食米飯料理包（Rice-A-Roni）的廣告片中看過。在我們的兒女（各有三個）長大，並且搬出家門之後，我們會戴著老太太式樣的大墨鏡，來度過我們的六十幾歲的時光；我們會在兩家相連的後院裡，坐在海灘椅上一起曬太陽，一直曬到皮膚快要變成皮革為止。而紐約，則只跟現在的生活有關。

不過，在某個方面，我們幾乎沒有料到，其實我們現在已經開始共同生活了。珊逐漸把她的衣服、鞋子、錄音帶、素描簿等等東西，塞進磚頭公寓中的某個抽屜中，或是堆成隨便的一落，混在我們日積月累堆放的東西裡面。我們整夜不睡，肩並肩在貝德佛德公園大道這一區遊蕩。我總是提議我們可以路過巴比他家，然後一起朝他的窗戶丟小石頭。等著他現身時，我的心會怦怦亂跳。在他燈光昏暗的房間裡，可以瞥見電視畫面閃爍的亮光；他會倚靠在窗戶上對我們低聲講話，丟幾包洋芋片給我們吃，聊著摔角比賽或他最新的電玩遊戲戰績。

有時，如果剛好麥爾斯與菲夫也在巴比家玩，那麼他們會偷偷溜出來，加入我們的晃遊行列；我們會說起有關老師的笑話，或者輪流講故事來度過漫漫長夜。我告訴他們有關我與瑞克、丹尼他們的冒險故事；我說起老人療養院小倉庫的火災，還有瑞克被電到的事情。

「我只是跟他說：『去檢測一下吧』，結果他真的照做。他的手指都有點燒焦變黑，像烤土司一樣喔！」

而珊最偏愛那些我從爸爸那邊聽來的連環殺人犯的故事。她很喜歡聽有關心理學者對於這些殺手犯下罪刑的動機說法。看到我的新朋友展現出，跟我第一次聽爸爸講故事時所感受到的一模一樣的驚嚇反應時，真的讓我很興奮；或者，後來只要我提到瑞克的名字時，他們立刻捧腹狂笑的樣子，也使我開心不已。

不過，在大部分的時間裡，都是珊與我兩個人在閒晃而已。我們經常去貝德佛德公園大道與杰羅姆大道上整夜營業的小餐館裡逗留；我們在那兒跟一位墨西哥裔的夜班經理成為好朋友，他叫作湯尼（Tony），經常喝得醉醺醺，身材肥碩。我們窩在餐館裡躲避夜晚的寒氣，分享生活中的大小事，一邊吃著一盤盤覆著義式乳酪與淋上肉汁的薯條，而舊喇叭嗶嗶剝剝放送的墨西哥波麗路舞曲則迴響在偌大的餐館裡。

在那些我們一起在外頭遊蕩的夜裡，珊向我訴說她家裡所發生的一些很難對外人啟齒的嚴重事情。她一五一十告訴我的那些事件細節，都是屬於她個人隱私的事情；我只能這樣說，她之所以離開自己的家，是有正當理由的。基於我們逐漸建立起來的姊妹情誼、我們彼此相守的友情，她的肺腑心事讓我心生想要照顧她的念頭。我告訴她，只要她覺得沒辦法回家，她永遠可以跟我在一起。

我開始瞞著磚頭，偷偷把珊帶回家過夜。他已經口氣強硬地警告過我，在晚上十點過後，不能接待外人，但是因為他在九點半一定會上床睡覺，所以這條規定很容易打破。我們沿著莉莎與我的L形上下床鋪邊，用一條床單圍出一個空間來；然後從走廊的小儲藏室中，取來一條有著渦旋紋圖案的舊被子鋪在地上當作床墊，由此簡易做成給珊睡覺的床位。我們所要注意的只是，晚上的時候，假裝打開前門，然後再把門關上，讓磚頭以為她已經回家，之後再躡手躡腳走回客廳裡，把珊給藏起來。由於我的床鋪與牆壁垂直，而莉莎的上鋪與牆壁平行，於是當珊躺了下來，兩隻腳擠在上鋪下方與下鋪旁邊的空間裡，身體往前伸出，等於睡在我的床鋪旁邊的地面上；這很方便我遞給她我吃到一半的微波電視餐盒、一杯又一杯的百事可樂、奧利奧餅乾（Oreo），或是其他磚頭買回來的多不勝數的折價食品。

我發現，不管珊表現得多麼撒野潑辣，她的內心其實也有溫柔可愛的一面，彷彿在她離經叛道的粗野行徑中，潛藏著她細細呵護著的敏感特質。比如，她會走進電梯，什麼按鈕也不按，只是等在那裡要為我做個什麼事；或者，當我們一起穿越馬路，她從不抬頭張望看路，只是跟在我身邊走，全然信賴我的帶領。我想，只要我恍神沒注意，疾駛而來的卡車就會把我們兩個碾平；我們兩人的命運，全然操之在我。但她並不覺得這樣有何不妥，而我也覺得這樣沒什麼問題。

半夜時，有時我聽見，床鋪邊傳來她輕輕啜泣的聲音。但不管我問她到底怎麼了，她總是相應不理，直說她鼻子過敏，沒有什麼哭聲，不過我的心底一清二楚。有時，當她睡著後打起鼾來——一陣陣輕輕的可愛咻咻聲——我會伸出手，撩起她的一綹頭髮，在手指裡摸弄；在黑暗中，注視著月光把她的頭髮映照得如同磨光的瑪瑙一般耀眼。我對自己說，我要保護她，我要讓她遠離任何危險與不安。

有一天傍晚，我在廚房裡大口喝著蘇打汽水，聽見磚頭的臥房裡傳出模糊不清的吼叫聲。沒有人回應他，但模糊低沉的聲音持續著，聽起來像在說著什麼話。我走過去諦聽探查，逐漸理解了那些片片段段的話語。

「這是我家耶，但我在家居然找不到一支乾淨的叉子……不要說這些……如果妳或妳那兩個懶得要命的女兒……還去過中途之家……」

難道他大吼大叫，是因為碗盤沒人洗嗎？我看看四周，地板上積著灰塵；房子裡到處散落著日久發黃的報紙；裝甜甜圈與薯片的空盒子，從他的臥室溢出來，而那些裝著各式食品的板條箱堆得到處都是，走起路來，如同一場障礙賽。這已經不是一兩天的事了，而磚頭居然在抱怨家裡亂七八糟，這聽起來完全沒道理。

而且，媽媽幾乎沒有弄髒任何一把叉子。她近來會吃的食物是「調酒」，還有白天時偶爾吞上一兩顆鎮靜劑——她幾乎一點食慾也沒有。即便我在她的床頭几上放上一碗熱熱的蛤蜊濃湯（她的最愛），而且幫她把鮪魚三明治的麵包皮切掉，但是熱湯變冷、滿滿一碗原封不動拿回廚房，而她也碰都沒碰三明治。我確實有時沒有把盤子收走，那是我的錯。但他怎麼能為這樣的事情對媽媽大吼？

經由門縫，我窺見他揮舞著一捲紙巾，開口大罵，狂亂地在媽媽枯瘦的身體上頭揮來揮去，而媽媽動也不動地躺著，一隻手臂防衛性地擋在頭的前面。磚頭穿著內衣褲，白色的汗衫緊緊綳住他多毛肥胖的肚子。一排髒叉子堆在床頭几上，八成是磚頭一支支收羅過去的。他把紙巾卷舉過頭，滿腹牢騷地說：「珍，妳聽到我的話嗎？妳有在聽嗎？」然後用紙巾敲著媽媽的頭跟臉。我立刻往房間裡衝進去。

「你這在做什麼啊，你？」我大叫：「媽媽生病了，你別碰——」

但在我一腳就要踏入房間，磚頭上前抓住了門板。「妳別管，出去。」他打斷我的話，使勁要把門關上，卻弄疼了我的腳，門板劇烈刮擦著我的腳趾皮膚，使得皮膚磨出一片傷口，皮開肉綻。一股熾熱的劇痛感延燒著全身，我握著受傷的那隻腳，以另外一隻腳一跳一跳走開。我痛得幾乎要尖叫出來，但一想到媽媽會擔心，我旋即忍住。三隻腳趾頭上的黑色指甲油都被剝掉，指甲下立刻透出瘀血的紅斑。看到腳趾變成這個樣子，我努力阻止自己流下眼淚，不過還是忍不住掉下一兩滴來。

穿鞋可能會很痛，我打開走廊上的小儲藏室，找到一雙尺寸過大的拖鞋，套上它，歇斯底里地開門衝出去。外頭黃昏的天色正逐漸消褪入夜。我沿著街道走去，腦子裡不太確定自己要往哪裡走。與其他行人擦身而過時，我都把臉別開，以免他們看見我淚流滿面。腦海裡充斥著各式各種的念頭，彷彿有一團憤怒的蜜蜂在心裡頭繞飛。

媽媽可說生活在一座地獄裡，即便我多想保護她，我卻也使不上力。在媽媽需要溫柔呵護、需要某個人來給她關切之際，磚頭卻對她很不耐煩。而他也不想要我們杵在他家不走；我們是他的負擔，他表現得太明顯了。反正，這也沒什麼大不了的，因為，我只要缺夠多的課，我就會被送回收容所，磚頭就會跟我毫無瓜葛。只要我捅出漏子，敦比亞先生就等著把我帶走。

「妳最後會變得跟妳老爸一樣，一個唸書畢不了業、一無是處的小毒蟲。」磚頭有一次嘲弄我時，這麼說道。在那一天，我找不到衛生紙，不過我很確定家裡的衛生紙並沒有全部用光，因為買的是一大箱的量販包。磚頭之後對我咆哮說，我們經常沒有沖馬桶，然後透露說，他把量販包放在小儲藏室最上面的層架上。他因為有人忘記沖馬桶，而把衛生紙「藏」起來。我並非不知道他這個人有異於常人之處，但我當時終於恍然大悟，他就跟外婆一樣瘋癲。現在媽媽的身體如此衰弱不堪，他竟可以因為叉子沒洗的事情，而把媽媽關進活人地獄之中。這個人性情不穩定，而且有強烈的控制欲，而媽媽完全無力反擊。我不由得想逃離這一切，逃離他的掌控，逃離媽媽疾病的陰影。這一切對我都太超過了。

在我穿越班布里居大道（Bainbridge Avenue）時，天空下起濛濛發亮的毛毛細雨，急風掀吹著我的夾克，使我發冷起來，似乎也讓我受傷的腳更為刺痛。人行道上，甫下班的人們手提公事包或抓緊雨傘匆匆走過。我腳步蹣跚，壓低著頭，與其他行人擦肩而過，以免別人看見我的眼淚。

然後我突然驚覺：我記不起來，最近一次跟媽媽講話談心是什麼時候的事。我們兩個現在都只會跟對方說「嗨」與「掰」。我們最後一次稱得上真正談話的時間，可能發生在五個月之前，當她帶我去初中註冊的時候。

一想及此，眼淚更加汩汩沿臉龐流下，我一點都無法忍住。我對自己說，比較起來，我現在應付媽媽的疾病問題，倒是好多了；對此，我還頗為自豪。然而，逃避去面對，使人相信自己已經大有進展，雖然事實上並非如此。對於媽媽染上愛滋病一事，我認為我已經好好處理了自己內心的痛苦情緒，但當我瞥見在憤怒的磚頭身影下躺在一旁的她，那麼脆弱無助，卻又使得所有苦痛煩擾全部甦醒過來。彷彿一根裸露的神經，我感到生病的她這冷冷的現實一再地戳刺著我。我的家人彼此之間從未談論過愛滋病；媽媽與爸爸不說這件事，甚至艾娃・摩瑞列絲醫師也絕口不提，而磚頭肯定不會談它。他看著媽媽服用藥物，也眼睜睜看著她逐漸衰弱下來，但他還是持續有求於她。從我發現扔在一旁的保險套包裝紙來判斷，我確信，只要媽媽還可以應付，他們甚至還會做愛。

沒有人談論媽媽罹患了愛滋病的事實，即便這個病正在我們眼前一天天啃噬著她。但是，它卻是顯而易見的現實，與我們與磚頭之間所面臨的搖搖欲墜關係如出一轍。媽媽身體的每況愈下與她的病，就跟我們病態的集體否認一樣，都是貨真價實的現實。

兩個星期前，有一天我一個人坐在廚房裡，媽媽突然衝進來，淚流滿面、渾身顫抖。她沒有注意到我，直接在電冰箱的上層架子上找東西，她拿出一只鼓鼓地裝著藥物的棕色紙袋。她如此猛然跑進來，加上沒有絲毫掩飾的痛苦表情，把我嚇得動也不動。我看著她努力要打開一罐藥瓶的安全瓶蓋，我不敢出聲講話，怕會讓她難堪。當瓶子終於旋了開來，十幾顆藥丸直接被倒在桌面上，發出輕微彈跳木頭桌面的卡噠聲。媽媽艱難地撿起兩顆，放到舌頭上，然後深深吸了一口氣，停下原本哭泣引起的身體顫動，等了一會兒，才把藥丸吞下。然後，她才注意到我坐在一旁。

「媽，」我只出聲說了這麼一個字，這一個完全無用的音節，就無話可說。

「妳年紀太小，不會懂這些。」她舉起仍舊發抖的手，對我說：「對不起，妳年紀太小了。」

我面無表情地回望她，看著她走開，而其他白色的藥丸還散落在暗色的桌面上。

對於去了解任何事情，我從來未曾「年紀太小」，比如對於毒品，或是媽媽生動描述的那些雛妓故事，我都沒有因為「年紀太小」而被拒於門外，但是，對於這個愛滋病，我就變得「年紀太小」，所以不會懂。我恨自己最後證明媽媽是對的，因為我真的不懂；而我也恨自己在媽媽最需要我的時候，無法平撫媽媽的痛苦。在發生其他事情時，我都陪在媽媽身邊，不過當媽媽與愛滋病奮戰時，我卻與她保持距離。或者，是她對我保持距離？我們之間必定出了什麼問題，因為，在她離開學院大道老家之後，在我進了中途之家之後，當現在她愈來愈病懨懨，我們卻不再像從前那般親密。而且，我現在跟珊在一起，曠課讓我們的生活多采多姿，我跟著我的朋友們一起夢想未來，我體驗到此前未曾感受到的活力。簡單來說的話，我跟朋友們所經歷的快樂愈多，我就愈難回到家裡面對媽媽、面對她的病在家裡所投出的陰影——面對她的不久於人世。而不回家，跟朋友們廝混在一起，完全顯得輕鬆容易得多。

「自私鬼！」我大聲地對自己說，粗魯地從臉上抹掉眼淚。走到第二〇二街，我抬頭望向巴比家的客廳窗戶，注視著從裡頭映出的溫暖燈光。我心裡浮現出他的笑臉，一雙帶著笑意的大眼睛，充滿動人的魅力。我於是爬上樓梯。

他的媽媽寶拉（Paula）做了豬排飯，讓我們坐在巴比的臥室裡一邊看電視一邊吃。電視正播著摔角節目，這使得巴比每幾分鐘就舉起手臂歡呼一次，而他每次這麼做，就會露出光滑的肚皮，以及一路從下延伸出來直達肚臍的黑色細毛（我小心翼翼地觀察著）。在還沒進門前，我在走廊上已經把兩頰抹乾淨，而且做了好幾次深呼吸，才伸手敲門，以免巴比發現我不對勁。

「巴比，我很喜歡你的房間。」我開心地說著。不過話才說出口，馬上記起我第一次來時，已經跟他講過同樣的讚美話了。

「謝謝。」他說，沒有點破我的小失誤，親切一如當他應門時發現我站在門前一般。「這個人叫『強人』。」他指著螢幕上一位戴著皮面具的魁梧男人，渾身壯碩肌肉上閃著汗珠。強人對著鏡頭發著幾句牢騷，然後從繩圈上彈跳飛起，接著撞倒對手，蹲在對方的背上，對著觀眾席狂吼一聲，迴響在巴比的房間裡，而巴比也再一次舉起雙臂歡呼。我對於要如何參與摔角這個話題毫無概念；如果是珊的話，她就知道怎麼來聊。

「啊，好酷喔……這個人，他已經打鬥很久了嗎？」

「強人根本是個瘋子。」他答道，然後停了一會兒，看向另一個房間。「妳繼續看……克莉絲（Chrissy），把我的門關上！」他放聲大叫。

一個有著巴比臉部特徵「溫柔版」的女孩突然現身，靠著門板，握住門把。在關上門前，她對我瞧了一下，注意到我穿著巴比給我的T恤，因為之前我淋了雨。

「關上門出去。」巴比命令道。女孩翻起白眼，碰地一聲用力關上了門。

「臭小孩。」他說：「喔，對呀，這個人真的很瘋喔。」

「剛剛那是他的祕密招數嗎？」我說。

「妳是說……？」

「喔沒事，就……嗯，所以他很瘋？」

「對呀。然後還有一個叫布萊特．哈特的傢伙，他的特點是出手超神準。莉姿，妳了吧，每個人都有自己的特色……」

入夜後，巴比翻閱著他的摔角雜誌，一邊跟我講話。我們一起躺在他的床上，我往後靠著一堆軟綿綿的枕頭，兩腳縮進被子裡面，恍恍惚惚，睡意襲來，巴比低沉的說話聲，還有他媽媽吹風機的嗡嗡聲響，逐漸愈來愈遙遠，直至聽不見為止。

「您好，我是兒童社福機構的敦比亞先生。我是為了伊莉莎白．茉芮的事情打電話過來，我們之前把她的監護權交託在您這邊。依照茉芮小姐學校那裡的報告顯示，她的上課出席率並不正常，我們很關切在您的監護之下，她的行為表現與未來的前途。請儘速回電話給我，我的電話是……」

我很幸運截聽到敦比亞先生的這通留言，並且趕在碍頭有機會聽到前，把它從答錄機中刪去。我已經好幾個星期沒到學校去，我很清楚接下來還會有怎樣的留言：如果我繼續曠課，我就會被送回聖安之家。但我一點也不想聽到這些留言，所以只要我發現答錄機有這樣的訊息，我立刻刪掉它，心中期待所有問題會因此煙消雲散。

警告！

2B公寓正在進行環境清潔與煙燻消毒作業！

請注意自身的健康與安全！

——公寓管理處

學院大道的公寓門廳裡，到處都看得見印上粗體字的黑白告示單，每一個生鏽的信箱上都塞上一份，而每一個住戶的門板底下也塞進一張。爸爸並沒有打電話告訴我，他已經不能住在這裡了，是我自己發現的。珊與我之前曾在餐館裡討論起紀念品與家族照片的事情，我當時理解到，我所擁有的東西幾乎都放在原本那間公寓裡面。

「至少我會想要保存自己的相片，而且，還有一些書，我可能也想留下來。」當我們沿著高架鐵軌走向學院大道時，我這麼跟珊說道。我只知道要跟著地鐵四號線的路線走，就可以回到老家附近。偶爾會有一輛電車從頭頂震耳欲聾地呼嘯而過，而且還看得見鐵軌迸出火花。我們兩個沿著杰羅姆大道走，人行道的路面上到處長出雜草，我們在雜草間彼此來來回回踢著一個空罐子取樂。

「我有書在講鯊魚與恐龍的故事，」在電車轟隆聲中，我提高音量，熱切地問她：「妳知道雅克・庫斯托（Jacques Cousteau）是誰嗎？」珊搖了搖頭。「我爸爸他有這些書喔……妳一定要看看這個人所拍攝的那些水底照片，妳肯定想都沒想過有那些東西存在。」

當我們離老家愈來愈近，我了解到，我真正想對珊講的話：「珊，我告訴妳，妳可能從來沒有見過這樣的一個家，這是真的。它真的很糟，我絕對沒騙妳，比起磚頭他家還要糟上一百倍。」我希望可以讓她理解老家有多髒亂，如此一來，當她自己親眼目睹時，她就會了解，我也是心知肚明那裡狀況很可怕的。她因此就不會特別在意這件事，而認為我跟她不同。

「莉姿，妳別說了，」她回答：「妳知道我連妳的屁股都愛，別在那裡窮緊張了。」

幾個月來，與珊共同生活的經驗，使我十分想要帶她去學院大道上的住處看一看；這件事我之前從未做過，即便是瑞克與丹尼，我也不曾帶他們去我家。過去我實在太害怕了。但與珊坐在小餐館裡，談起那麼多有關爸爸與老家的事情後，我了解到，我很想要告訴珊我的出身故事。比起我認識的任何人來說，我相信珊一定可以理解我的一切。

自法院把我送走後的十個月期間，我只去看過爸爸一次，而且還是剛剛從中途之家出來後的時候。我當時以為，能夠再度回家看看，應該會感覺很好，但結果卻是，去探望爸爸，與跟爸爸住在一起，完全是兩回事。當我像一位訪客去看爸爸時，我們兩個不得不坐下來，面對彼此，而且要說一點話。我們必須用談話來打發時間。這遠比我想像的來得困難許多。我們可以談什麼呢？收容所中的生活嗎？媽媽的愛滋病？他最近嗑藥的情況？或是我不再跟他一起住以後的新生活？難道可以談那個華特・歐布萊恩嗎？所以，我們最後只是盯著電視機看。爸爸坐在沙發上睡著了，而我坐在客廳裡的一張椅子上，不停切換頻道看節目，而在我頭頂上方的天花板，還看得見那條黏蒼蠅的膠帶紙，已經貼在那裡好多年了。地板上堆著的垃圾袋都沒有封口，以前似乎可以忍受的臭氣，如今卻變得如此嗆人，讓我幾乎要窒息。這間房子在我們離開之後，變得離奇怪異起來。我的房間堆滿儲藏用的箱子與爸爸沒有拿出去丟的垃圾袋。注視著我的房間，可以清楚知道，爸爸早已放棄我會回來住的可能性。我於是拿來一張紙，寫下我很開心來家裡玩，然後趁著他熟睡，悄悄掩門離開。

我是可能再度回去看爸爸的，不過，看到他，還有看到那個樣子的家，卻讓我很悲傷；而且我很難處理這樣的悲哀情緒。而更嚴重的事情是，我會因此做惡夢。在那些夢境裡，我們家一次又一次重新聚首，然後又四散分開；我們始終處於即將要各奔東西的轉折點上，而會不會發生，全繫於我所做的決定。然後，我始終在最後一分鐘時打錯了電話，使得我們家再一次彼此分離，我因此而驚醒過來。每一次所經受的痛苦都無比鮮明。我於是完全放棄回老家探視的念頭。

現在，當珊與我逐漸接近老家，我遠遠看見爸媽的臥室與我的臥室的窗戶上，全都釘上了一排木板條。我一開始覺得頗為好奇，但旋即被恐懼的感覺所吞噬。「珊，我想可能發生火災了。」當我們走近公寓時，我們伸長脖子向上看著，木板條面上用噴漆畫上一個黑色大叉叉。當我們爬上樓梯，我的腦子裡已經做出最壞的打算。爸爸還活著嗎？整個都燒毀了嗎？我陷入期待惡事發生的習慣之中。我們跑了起來，跑到老家門前；門上鎖著一副不銹鋼的掛鎖，使我們無法進去。我頓時感受到一股奇怪的鬆了一口氣的感覺，並且有點大惑不解。我花了點時間，想理解眼前的情況。不過珊說話的聲音把我拉回來；她正讀著一張有關警察局長與什麼七十二小時的告示。

我們站在建物外側的消防太平梯上，徒勞地想把窗戶上的木板條扳下來。儘管我們使盡力氣猛拉，也只是造成超大的木板條稍稍鬆動而已，不過卻因此飄出了房子裡的惡臭氣味。我們很快力氣用盡，癱坐下來。

「我真的不懂。我不知道為什麼他不跟我們說，他還可以上哪兒去呢？我也不知道我們的東西是不是還放在裡面。珊，不好意思，我一路把妳拉到這裡來，我真的不——」

「莉姿，」她說：「過來。」珊抱著我，讓我安靜下來，我們兩個一起靠在公寓的磚牆上。在太平梯上，我的頭靠在她的肩膀上，可以聞到輕輕的桃子氣味的潤絲精味道。在那一刻，我可以感受到，珊很關心我，就如我很關切她一般。

「好吧，」我之後就說了這麼一句。

珊點點頭。「好了，莉姿。別管這些了。不然妳還能怎麼辦？」

真的對此無計可施，而我們對此也無話可說。即便我後來得知，爸爸拖欠租金，所以住進收容所中，我對這個消息也無言以對。而當我知道，早在我們那趟老家之旅之前，房子裡的所有東西通通都被丟進垃圾箱中，我同樣說不出任何一句話來。沒有什麼可說的，也沒有什麼可做的，只能去接受現狀。所以我接受了這樣的結果，如同我迄今接受所有事情一樣。

那年春天，我僥倖過關，以剛剛好足夠的出席率，既免於被送回中途之家，也幸運地從初級中學畢業。在畢業典禮結束後，媽媽站在人行道邊外，抽著雲絲頓菸，等著我去跟她會合；她並不知道自己站在一群打扮正式、噴著香水的家長旁邊，他們正在閒聊說笑，而且其中剛好還有麥爾斯與巴比的媽媽在場。麥爾斯與巴比兩個人分開站著，彼此丟接著禮帽，就像在玩飛盤一樣。巴比的袍子在微風中鼓動著；他裡頭穿著一套嶄新的黑色西裝，讓他看起來像個大人一樣。他的媽媽的模樣則像是一位完美的母親；她的頭髮如同兒子一般濃密，而且母子都是棕髮，而她梳理起的法式盤髮，既高雅又引人注目。

媽媽為了這個場合，找出了一件從慈善機構商店中買來的短袖印花洋裝。她手臂上的那些疤痕，使她的皮膚看起來很像是蒼白的漢堡肉。她也因為要來參加典禮，而把頭髮修剪成前短後長的髮型；她腳上則穿著一雙白色涼鞋，由於沒有穿上絲襪，使得她腿上的毛分外顯眼，而且讓人一眼就瞧見她發黃的腳趾甲，還因為很久沒有修剪的關係，彎曲的腳趾甲幾乎可以碰到涼鞋的邊緣。

我決定待在附近的矮樹叢中，等待人群散去。只要我可以一直蹲在這裡躲好，我就可以避免羞辱的場面發生，持續保留住我在朋友媽媽面前所享有的正常與體面的形象。我早已跟以前的怪胎形象揮手說再見；我已經重新打造自己。我的行為舉止正常宜人，個性大體上樂觀活潑，甚至說話風趣，我不想放棄這一切——至少不是現在。所以，我可以好整以暇等待這一刻過去，以免直接面臨這一場嚴苛的考驗。

可是接下來發生了我意料之外的事情。史崔如先生——這位老師八成是瘋了，居然讓我畢業上高中——在媽媽面前停下腳步，跟她講起話來。史崔如先生身穿西裝，繫著領帶，一臉毫不在意的表情，上前與媽媽打招呼，並握手致意，熱誠地對她微笑。他的眼神流露出親切的善意。雖然我聽不見他們的談話內容，但我看到，媽媽彷彿因為他的注意而整個人活了過來。她也以微笑回報，身體因為藥物的副作用而不安顫動。我頓時想到，我已經好久不曾見過她的笑臉了。而且她持續跟著老師講話，還向他提出問題。是問我嗎？媽媽握起老師的手，而且還用另一隻手握著他的手臂。我看見她的嘴形說著「謝謝您，謝謝您」。然後，當史崔如先生走開後，媽媽再度四處張望，尋找我的身影。而她的臉龐似乎也慢慢地消失了生氣。

我強迫自己站起來，往前走出灌木叢。我穿過人行道走過去，直接走向媽媽身邊，公開地緊緊跟她擁抱。我深深愛著她，而在我的胸腹之間，我也可以感受到她對我的愛。我緊緊抱著她好長一段時間。

「小南瓜，」她說：「我真為妳驕傲。」我讓開身子，但還是握著她的手臂；可以看見她的眼裡有淚珠打轉。「當他們叫到妳的名字的時候，我鼓掌鼓得好用力喔。寶貝，妳有聽見嗎？」我並沒有領到任何獎項——我差點就會畢不了業，但這對媽媽其實無關緊要。我知道她支持我，信賴我的任何決定。也許有點太信任我了。我環著媽媽的腰，帶著她往前走。我很驚訝媽媽的臀部骨頭的輪廓是如此明顯。

「媽媽，妳過來這裡，我要向妳介紹一些朋友。」

我們走了幾英尺過去，我在那群媽媽所圍起的圈子裡，分開出一點空間，好容納媽媽與我站進去。我拍了拍我的手，心跳加速了起來。「嗨，大家好，」我說：「這是我的媽媽，珍・茉芮，我要介紹她給大家認識。」

在我上高中幾個星期過後，有一天晚上，當房子裡充滿電視無止盡的噪音與香菸的煙霧，還有媽媽疾病的味道，爸爸打了電話過來。媽媽一整天都在馬桶嘔吐，也吐到浴室的地磚上；即使我都已經用掉一整卷衛生紙去擦拭，還是可以聞到濃濁酸臭的嘔吐物的味道。在媽媽暫時停止嘔吐期間，珊與我輪流打電話參加電臺的猜謎比賽來消磨時間，我們希望可以贏得演唱會的門票。而且我們還一邊製作一張美國地圖，標上我們想去的城市；我們要以搭便車的方式進行跨州旅行。雖然珊從不願太靠近媽媽（我想是因為媽媽的病讓她很害怕），但她卻藉由與我一起策畫公路旅行計畫，讓我忘卻幫媽媽清理的繁重工作。那天晚上，莉莎在上了一整天的課之後，終於在寫回家作業時睡著，而我已經好幾天沒去上學。我非常佩服莉莎的勤奮向學，不了解她如何能這麼專注，花上好幾個鐘頭窩在她的上鋪寫讀書心得與實驗報告。

當我拿起聽筒，一開始我並沒有認出是爸爸講話的聲音。電話裡的說話聲很微弱、很遙遠，彷彿是從國外撥來的電話。

「莉姿，莉姿，」爸爸說：「我現在很好。我過得不壞喔，沒騙妳。他們對我不錯。我現在一天都吃三餐。信不信由妳，我現在都有肚子了。」他的笑聲聽起來有點緊張。我搖醒莉莎，用嘴形無聲說「爸爸」，但她揮手把我趕走，繼續闔上眼睛。爸爸繼續說：「他們這裡也會為我播放電視猜謎遊戲節目《闖通關》，而且每個人都站在那裡打賭我會猜對多少題。」

我的腦海裡立時浮現起一幅畫面：爸爸坐在沙發上，而還是小孩子的我穿著睡袍曲腿坐在另一邊，將袍子沿著膝蓋把兩隻腿罩起來，一邊看著爸爸對著節目主持人亞列克斯·崔貝克（Alex Trebek）報出正確答案。當他凝神回想某個生物知識，他會閉上眼睛，用手一小圈一小圈揉著禿頂，彷彿可以因此召喚出答案來。客廳裡閃爍著老舊電視畫面發出的藍光，而每一個雞毛蒜皮題目的正確答案，會以如下的順序被說出：首先是爸爸，然後是節目上的參賽者，最後則是亞列克斯·崔貝克出聲宣布謎底。然後，過了一會兒，爸爸就會走進廚房去注射毒品。

「對呀，你一直都很厲害，都會猜中答案。」我說。

「是這樣沒錯喔，小莉姿，妳應該來看看的。」

問題是，我幾乎可以立刻想像他現在的處境：在一間住著上了年紀、蓄著稀疏鬍子的失意男人的小房子裡，爸爸擁有一個窄窄的小床位。他果真是那群鬱鬱寡歡的老頭子中的其中一人嗎？在學院大道老家裡，這麼多年以來，我為何從沒有注意到爸爸所流露的絕望氣質呢？他曾經如此自由自在，而我們父女間的關係也很親密。很可能我的理解全部都錯了。如果他生活在窗戶上了鐵柵欄的房子裡，而且有門禁管制；如果他對我隱瞞他的一生；如果在失去了老家與所有屬於我們的東西時，他甚至沒有想到要打電話告訴我，那麼，也許我是真的一點也不了解爸爸這個人。

或者，如果他打電話來，也許意謂著他並沒有流離失所無以為繼，也許他的生活只不過暫時進入一段困難的時期而已。當他哇啦哇啦在電話那頭講著話時，我的腦子裡轉著一系列我可以幫助他脫離困境的辦法：我可以去工作賺錢養他；更常打電話去收容所詢問他的狀況；想法子幫他找到一間公寓；帶衣服去給他。我後來在白天沒事時，心底就會琢磨起這些辦法的可行性。

「上高中後，怎麼樣啊？」他語氣輕快地問道。

「不錯啊，真的還不錯喔。」

如果他正進入電話會話的尾聲，那麼，我也是。為何要告訴他我一天到晚曠課？幹嘛跟他過不去？他又沒辦法解決我們的問題，那麼對他發脾氣有什麼用？那只不過會使他壓力更大而已，而我並不願這樣對他。那會讓我感覺自己很差勁。所以我決定不說真話，讓他以為一切很順利。

「嗯，小莉姿，真高興聽到妳這樣說。我常常想著妳。這樣很好，真的很好。」我想我做對了；絕對不能告訴他，我多害怕跟不上其他同學，以及，我不確定自己是否可以重新認真上學。

「爸爸，我現在必須回去做功課了，不然會太晚了。對不起喔。我很開心你打電話過來。」我確實很開心。實在太久沒有接到電話了，使我沒辦法想像他現在的狀況，難以知道他是否一切安好。我們互道晚安，然後掛上電話。珊關切地盯著我看。「他說了什麼？」她問。

「沒什麼事，我想他只是打電話來問好而已。他住在收容所裡面。我不知道。誰知道呢？」攤在桌子上的亮閃閃的藍色地圖，立時讓我目不轉睛。珊弓著背伏在上面，用筆一點一點畫出虛線，以標示出跨州旅行的最佳路線。在路線圖下方，她勾勒出我們兩個人的身影：兩位老太太，分別戴著好大一頂的寬邊海灘帽，手臂上還吊著皮包。唯一的不同點是，她的人像頂著一個沖天的龐克頭。在珊還想多問有關爸爸的事情前，我的手指快速沿著路線滑過，停在美國西岸上，並且輕輕敲著手指，我問：「嘿，珊，妳覺得我們會花多久時間才會到得了這裡？」我指著洛杉磯。

「不會太久喔。」她答道。然後珊抓起整張地圖，把它對折起來，好讓紐約直接與加州並排在一起。

「妳看，我們不是已經到了嗎？」她說。

我們兩個放聲大笑，雖然這句玩笑話其實並沒有那麼好笑。

珊與我一起註冊的那間高中，一開始我們只去過一次，為了去領取免費的地鐵票證。我們成天在菲夫或巴比家裡晃，或者窩在磚頭這邊超大的沙發上，看一整天的電視，當電話鈴響，我並不會去接，以免不小心接到社福機關的來電。我會「故意」弄壞磚頭的電話答錄機，我知道不管何時當門鈴響起，要保持靜默無聲五分鐘，以防遇到社工師無預警家訪。我盡可以高枕無憂；我已經成為躲避學校、躲避敦比亞先生、躲避一切的箇中高手。

「妳不可能永遠這樣躲下去。」莉莎有一天早上這樣罵我，然後她拉上夾克拉鍊，啪地一聲關上門，上學去。從我的行為反應推測，你可能以為我會想去證明她的想法是錯的。

我覺得我已經有好好努力過上學這件事；我維持了整整兩個星期不缺一堂課後，就宣告投降。高中完全是個截然不同的世界，一個充滿各種責任的大迷宮，我真不知道該怎麼去破解或應付。並非我們有意亂來；第一次蹺課那天，我們想，就只會這個星期一不去學校而已。就只是蹺課一天而已。

珊與我於是搭地鐵往城裡去，目的地是下曼哈頓區的格林威治村；從我孩提開始，這個地方對我算得上熟悉，因為爸爸曾經帶著我來這裡的垃圾堆中挖寶。從那些與爸爸的遊逛記憶以及媽媽所講述的故事中，我知道格林威治村集結著所有最有趣的人，這可以從他們五顏六色的頭髮與復古時尚裝扮中看出。我們出發前，在磚頭的房子裡東翻西尋，找到總共兩塊錢七十五分的銅板，剛好夠買一條熱狗與一罐蘇打汽水；我們在華盛頓廣場公園（Washington Square Park）一邊看著街頭藝人表演，一邊分著吃。在我們身邊的所有人，看起來都好酷。而我們也身在其中，所以我們也很酷。

我們真的只有打算那個星期一曠課。不過，如果我想要兩天不去學校，那麼最好是連著兩天不去。畢竟，我以為，緊接著第一天後的第二天的缺席，會比較具有可信度。我的意思是說，誰會只生病一天呢？不是嗎？然後，也許第三天再度缺席也不見得有多糟，如果已經連續缺課兩天的話。反正理由一定也跟頭兩天造成我在家休息的那個病相關。不過，如果我星期一、星期二、星期三都沒去學校，那麼星期四與星期五就很難改邪歸正。總是有下個星期可以重新做人。而且，我們並非計畫一直這樣重蹈覆轍。這個意思是說，我們是直到下個星期一又不小心睡過頭後，這個循環才又再度展開。我們最後因為實在曠課太多天了，以至於真的很難乖乖窩在教室裡。好吧，如你所知，反正還有下學期可以重新開始。

在此同時，也還有其他地方可以讓我們消磨時間。就我們這群朋友的住處來看，菲夫他家剛好處於這個街區的中心位置。由於他的爸爸整天工作，而他的媽媽偶爾才會過來住一下，所以蹺課的人全往他家跑。在菲夫家，我發現，只要我願意坐在那裡隨便做一些無聊事，我這些同年齡的其他朋友都會隨時響應。我們一夥人固定上他家去，無憂無慮聚在一起，排遣週間的時間。我從來沒有這樣快樂過。

在這一段一夥人彼此關係緊密的日子裡，一個沒有世俗判斷或固定角色的小家族於焉成形。這群朋友的焦點所在，依舊是珊的那種憤世嫉俗、特立獨行的風格。而巴比為人幽默，菲夫親切好客，麥爾斯談話的主題總是出人意料之外，我則深深愛慕著他們每一個人，所以我們緊緊相聚在一起。巴比、珊與我先成為這個小團體的核心三劍客。然後小團體的規模與時具進，包括著其他來來去去的朋友們，如麥爾斯、菲夫、潔米、喬許（Josh）、黛安（Diane）、伊恩（Ian）、雷（Ray）、菲力斯（Felice）等等，還有好多其他的人。我們稱呼這個團體為「小組」。我們每一個人集體地讓一天流過一天，或多或少平靜無波地過著我們的小日子。我們赤腳坐在菲夫布滿塗鴉的公寓裡，輪流睡覺談天，而且經常一起歇斯底里大笑。

因為我們害怕會為彼此惹麻煩，我們這群朋友鮮少蹺課時在菲夫家嗑藥。頂多可以發現某個人在後面的房間或外面的走廊上吸大麻。至於我，我對毒品或酒精可說反感至極，我碰都不碰。甚至只是聞到某個人口中呼出的啤酒氣味，也會讓我反胃。讓我會有如此反應的原因，有一部分應該跟我目睹爸媽他們所遭受的一切有關，而特別跟媽媽對我講的一段話息息相關。在我小的時候，有好幾次，當媽媽逐漸從毒品的亢奮中醒轉過來，她會神情凝重地盯著我看，她的眼底所透露的悲切目光，至今讓人難以或忘。她會哭著懇求我：「小莉姿，妳千萬別碰毒品啊。就是它毀了我的一生。如果妳後來也吸毒，妳就太傷我的心了。小南瓜，妳一定不能碰，好嗎？答應我。」看著她手臂上這裡一點、那裡一點乾掉的血印子，以及她充滿關切的瘋狂眼神，還有她的話語裡所顯露的溫存愛意，我想，這大概是我所能接收到的最令人信服的反毒訊息了。所以我從不嗑藥，一次也沒有。除開幾個朋友無傷大雅揶揄我，說我是「正派龐克族」（Straight Edge）之外，沒有人會強迫我吸毒。更何況，我們還有其他玩樂的事情可以分散注意力。

當其他青少年在發展心得寫作技巧以及學習算術與科學，我們也在進行我們自己創造出來的實驗遊戲。比如，把一湯匙水倒進燒得滾燙的爐嘴上，會分裂成許多跳躍的小水珠，而且還可以聽見水滴揮發的聲音；把一顆燈泡放進微波爐裡——放個五秒鐘，不會發生問題——就可以有一場燈光秀表演：燈泡會閃爍著霓紅般的粉紅色、綠色、橘色的光線。而從菲夫家的櫥櫃裡拿出的各種粉末，進行隨機混合實驗，有時則會產生某些可以吃的東西。我們也會打開窗戶，用力往外快速扔出水球；每一次這麼做時，都讓我們無法自制捧腹大笑好幾分鐘。我們每天相聚在一起，與世隔絕，而我因為對珊與巴比的愛，也讓我體驗更多、獲得更多。

然而，每天到了某個時間點上，一想起生病的媽媽，又會把我拉回現實，拉回到對磚頭那間公寓所感受到的渾沌無力的情緒上。我只能忘掉它幾個鐘頭，然後先前幾日的景象就會再度向我轟轟襲來。我知道，如果我不回去照顧媽媽，她可能會昏倒在臥室門口動彈不得，或是沒有力氣自己從馬桶上站起來，或是無助地從臥室哭喊要水喝。所以我暫時離開我的朋友，回去查看一下媽媽，我會這樣來來回回幾趟，去探視我心底知道已經來日無多的媽媽。我發現自己很難承認，這樣的回家查看之旅，我已經愈來愈不願去做。

06 男孩們

珊與我都還沒準備好要交男朋友，因為愛上男人，會對一生造成不可預料的影響。我忍不住這麼想，如果我們已經準備好了，如果某個人來對我們表白，那麼事情也許將會有極為不同的發展。

卡洛斯（Carlos）一開始是以外圍朋友的姿態現身在我們的小團體之中，不過因為他個性鮮明獨特，幾乎立刻占據舞臺的焦點位置。在一個慵懶的秋日裡，當我們正爬著樓梯走向菲夫他家時，我們聽見一群男孩子爭辯玩鬧的聲音迴蕩在走廊上。

「妳有聽到嗎？」我問珊。

「對呀，聽起來好像有人把好幾個瘋子從精神病院裡放出來。」

「不是，我是說，我覺得那些聲音是從菲夫家裡傳出來的。」

我們慢慢來到菲夫家的門邊，當我們打開門，一個具有新聞播報員水準的悅耳聲音，音量極高地衝耳而來，淹沒了其他人的說話聲。

「小朋友，小朋友，拿好它。」聲音的主人催促著：「好好試試你的手氣。告訴我你會輸多少……好了，開始！」

當我們轉過屋子一角，進到菲夫家的客廳，我們看到眼前有幾張熟面孔，還有幾個陌生人，一共有七個人，正蹲在地上，玩著擲骰子的遊戲。菲夫站在後面，身體倚靠著牆面。我往他那兒用眼睛示意，請他解釋一下發生了什麼事，他只是聳聳肩。正是在那兒，在遊戲的中心，我看見剛剛那個大聲說話的男孩子。

我沒見過他；他身材高瘦，是個波多黎各裔人。他一頭暗色鬈髮，往後紮成一個乾淨整齊的馬尾；打扮風格是鮮明的黑人街頭風。一雙棕色眼睛靈動有神，寬寬的臉頰上，布滿細細的雀斑。他舉手投足間，流露出某種吸引人的氣質，還有他聲音裡的力道——在在令我無法把眼睛從他身上轉開。他的手用力拍了某個人的背，在他的催促下，這個人於是擲出了兩顆骰子；氣氛緊張起來，這兩顆紅色的小立方體相互碰撞，彈到牆壁。有個幾秒鐘，房子裡只聽得到骰子跳動滾落的聲響。然後在場所有人舉起雙臂亂吼一陣。有個人一直指著丟骰子的那個人狂笑。

「哇，」讓人印象深刻的陌生人大喊：「很接近了，老爹。放棄吧，是你自己搞的砸。」擲骰子的人，也是長得高高瘦瘦的，我以前在這裡見過幾次，正因為自己輸了而滿臉不悅。他數了數錢，然後交到那個陌生人手中。

「下一個該誰？」陌生人高喊。

「珊，你以前見過這個人嗎？」我問；現場七嘴八舌，鬧哄哄的。

「沒。」她說。

我依舊站在散發霉味的客廳入口處，眼睛流連著牆壁上的塗鴉與場子上進行的賭戲，至少又看了二十分鐘。珊已經失去興趣，走進廚房，去冰箱裡東翻西找。這個陌生人收了又一輪其他人輸了的賭金後，突然抓起骰子宣布遊戲結束。

「各位先生，今天到此為止，下次再見。」整個房間頓時響起不滿的噓聲與抗議的怨懟聲。「我是可以繼續玩，」他一邊低著頭數著手上的錢，一邊說：「但我很忙，我要帶她去外面吃東西，所以，要罵就罵她。」他頭也沒抬，突然就用握著錢的那隻手直直指著我來。然後他又重新繼續數錢，而我整個人僵在那裡。有幾個人抬起頭看了我一下，旋即失去興致。直到那個當下，我一點都不知道他看到我站在房子裡。就我記憶所及，他瞄都沒瞄過我一次。

我看了看房子裡的人，然後用手指著自己，大聲問著：「是指我嗎？」我很肯定他這時瞧了我一下，但他走進另一個房間，並沒有回答我的問題。當他走出來時，我看見他一邊走一邊跟好幾個人握手。我想了一下，懷疑是不是自己幻想出剛剛所有那些對話。當他從我的身邊走過去，直達門口，打開門鎖，我的心臟在胸口噗通急跳。我靜止不動，呼吸著他經過時飄散出來的古龍水的甜味。珊從廚房裡走出來，吃著一根雪糕，手指頭沾到了一些溶化的巧克力。一旦我們離開這裡，這個意外事件八成會成為一樁笑料。

前門已經打開，他停下腳步。

「嘿，妳到底來不來？」他說。我查看了左右一下，想搞清楚他是在跟別人或跟我說話。「喂，小女孩，我可不會等妳一整天。」他開始跺起腳來。

「你是指我嗎？」我問。

他的手臂往上畫了一圈，然後戲劇性地指向門口，對我眨了一下眼睛。我們相識而笑。

我努力表現得輕鬆自然。「我的朋友可以一道去嗎？」

他的名字叫作卡洛斯．馬卡諾（Carlos Marcano），年紀差不多要滿十八歲。他跟我們一樣，是在布朗克斯區長大。他的父母，很不負責任，拋棄了他，所以他是在街上由一些遊民扶養成人。他曾經遭人刺傷，在他的左小腿上有一塊傷疤，一小團組織增生的肉塊；那是一個混幫派的太妹，拿一只破瓶子朝他戳去，所弄傷的結果。卡洛斯說起話來，不管講述什麼事，即便主題極為正經，他也總是夾雜著一連串的笑話。他這個人很有趣，黑色幽默的風格尤其吸引我。他當時借宿在貝德佛德公園大道上的一個朋友家，每天睡沙發。儘管日子不好過，他卻期待有一天可以成為一位知名的喜劇演員。

「老天保佑，我才可以靠自己的力量活到現在。那個老傢伙真的有在照顧我，」當我們在一家小餐館裡首次聊起天時，他一邊往上指著上天，一邊說：「妳們這兩個小女生應該知道我的意思。外面的世界，生活很不容易，可是你永遠必須頭抬得高高的，千萬別睡著。可以作夢，但可別睡死。可以懂我的意思嗎？」

他坐在珊與我的對面，幾個鐘頭講述著他謎一般充斥著逞兇鬥狠、幫派暴力與種種他在街上討生活所面臨的極端處境，使我們兩個聽得目瞪口呆，深深著迷起來。他機智聰明、善於應變，而最重要的，儘管生活如此危險黑暗，他卻一副樂在其中的樣子。每個故事都曲折離奇，我們好不折服。偶爾，當他出現使他的神情更顯瀟灑俊俏的姿態時，珊會在桌子底下捏捏我的腿要我注意。

但是真正讓我對卡洛斯感覺親近，讓我整個著迷於他的原因，是在我們一直聊到入夜，到了該分手回家的時刻，他所說起的一件事。卡洛斯解釋說，在某個意義上，他是直到九歲的時候，當爸爸死於愛滋病後，他才真正獨力一個人過活。而他的媽媽是個嗑藥的毒蟲，從來沒有照顧過他。

「比起照顧我，她更在意毒品。我很了解這件事。」他說：「她的上帝是古柯鹼。所以我只能自己去想辦法。」

正是在這裡，我在心裡頭一一檢視我與他的相似之處。他知道愛滋病與毒品，他靠自己過生活，他依然如此聰明、積極進取。他不對任何人掩藏自己的出身。外面的世界，對他一點都不是生存的阻礙，反而是一個展演的舞臺。我當時立刻下了決定，我要努力接近他。卡洛斯已經學會如何施展自己的力量，那正是我期待自己也能做到的境界。我害怕馬上告訴他我們兩個有許多的相似之處，會顯得太急躁，而且，有這麼多的相同點，聽起來反而可能像是我捏造出來的一樣。

當他談到自己家庭破碎，談到他如何落到無家可歸的境地，他戲劇性地瞪視著小餐館窗外熙來攘往的行人。

「我媽帶著我投靠一個又一個親戚的家，然後我開始會帶著學校認識的同學回家玩。過了一段時間之後，我完全不知道自己到底在幹什麼。於是我了解到，我必須要為自己著想，因為，實際上，這就是一個人該幹的事。而且這樣很好，因為我一直遵循著這樣的想法過活。我就像個在監獄浴室裡洗澡的異性戀男人，我完全不信任任何人，我會看緊我的屁股。」

直到我們的聊天行將結束之際，卡洛斯已經編起了一幅巨大的殘酷物語之網，並且不時以誇張過分的幽默笑話插入所有的故事之中。他會在講述一個垂死之人時，突然做起鬼臉，把故事轉成一個笑話，我們忍不住大笑起來。他會嘛起嘴唇玩口技，吹出哨音或嗶嗶聲，使其他用餐的顧客因而嚇了一跳。我一點都不在意他們望過來的目光。就像珊曾引來其他人對我們的注意一般，這樣的注目，彷彿為我們注入了力量。我告訴自己，真幸運遇見卡洛斯這塊寶物，然而其他人根本看不出他的秀異之處。誰想理會那些笨蛋旁觀者；那是他們自己的問題，不關我們的事。

他陪我們走回磚頭的家，一邊走，偶爾就停下來又唱又跳，堅持要寶、裝白癡，說要測試我們的忍受極限。他會在路上攔下陌生人，讚美對方空手道的招數高超或編籃子的技術無人能比，而對方還來不及表達自己的迷惑時，他就邁開步子往前走。他折起一只紙袋套在頭上當帽子，兩隻眼睛弄成鬥雞眼的樣子，攔下更多路人，正經八百地跟對方講著，他如何可以注意左右來車穿越馬路過去的方法。他是如此天不怕地不怕，讓人感覺不可思議。

接下來幾個星期，演練著一場追逐卡洛斯的遊戲，我想盡辦法跟他保持聯絡，而且還要表現得沒有那麼猴急。在磚頭家的廚房裡，我一邊跟他講上幾個鐘頭的電話，一邊絞起捲曲的電話線玩，繞著每根手指頭纏成一個又一個的圓圈；某些晚上，我們在附近街區散長長的步，一樣花上好幾個鐘頭，邊走邊聊著無止盡的天，偶爾他也會牽起我的手。沐浴在夏季最後一波熱氣中，我們沿著靠近哈里士運動公園（Harris Field）附近的大道上流連，在布朗克斯區的街燈映照下，我們相互吐露心事，撫慰彼此孤單的心靈。

「莉姿，我想要謝謝妳。」一天晚上，當我們在磚頭家門前站定，卡洛斯深色的眼瞳專注地凝視我。

「為了什麼呢？我做了什麼嗎？」我期待地問道。

「一個理由是，妳一點都不像我之前認識的那些女孩子。我感覺我所有的事情都可以說給妳聽。我很信任妳。沒錯，莉姿，我信任妳。我以前從來沒有過這種感覺。啊，願上帝祝福妳。」我盡力掩藏竄過我周身的興奮感受。他提議我們再沿著街區散一次步；他有話想要對我說。他緊緊握起我的手，他要我承諾，別跟任何人提起，他有一筆七千美元的遺產，是他爸爸留給他的，而到了他滿十八歲的時候，他就可以動用。

「外頭的人一個個都是毒蛇猛獸，所以我們才需要經常修剪草坪，把草剪短。妳知道嗎，酢醬草小姐，如此一來，我們才能遠遠就看到蛇爬了過來。」自從他發現我是愛爾蘭裔後，他就把愛爾蘭國花「酢醬草」當作我的暱稱。「尤其是人們知道你口袋鼓鼓的，就要特別當心。總是會有人開始打起壞主意，想著要怎樣從你那兒弄點錢來花。人都是貪心鬼，不過我對妳很信任。我想要跟妳分享我所有的東西。」

「卡洛斯，你聽好，」我對於他終於可以脫離無家可歸的日子，真的很為他高興，但我故意忽略他所說的最後一句話，我對他說：「這是你長久以來所等待的事情，你最後終於可以擁有屬於你自己的家了。」

我握緊他的手，對他燦爛一笑。但他並沒有回報我微笑，只是專注地盯著我，直直看進我的眼睛裡面。

「酢醬草小姐，妳可能沒聽懂我要說的話。我要妳一起加入我。我們可以一起開始新生活，這就是我們所需要的。」這次我無法掩藏內心的喜悅，我整個人因為興奮而緊張起來。

「我並不像其他那些人。我只希望你快樂而已，卡洛斯。」

「小姑娘，正是妳，讓我快樂的。不要懷疑。」

當我們擁抱彼此互道晚安，他突然把我整個人舉起來，不太費力就把我架在他的肩頭上，使我見識到他的力氣之大，然後他扶著我的身體，作勢要往公寓的大門衝去，宛如一座古代的攻城槌。我尖叫連連，大笑不已。

「衝啊！」他大吼，然後用手先把大門推開，當我們進去後，我必須使起全身的力量，把卡洛斯從對講機前拉開，以免他按下按鈕，跟磚頭講上什麼愚蠢笑料，讓我繼續發笑。由於走進電梯，意謂著當晚要暫時分離一陣子，於是我們又在那裡拖延上半小時，熱切地談論著隔天兩個人見面後要做的事。

一整個九月，我每曠課三天，我所就讀的甘迺迪中學（John F. Kennedy High School）就寄來通知信，告知「九年級生伊莉莎白．茉芮的父母或監護人」，必須打一通電話到校長辦公室去。我照例去查看信箱，以中途攔截這些信件，然後我會把信紙、信封撕得碎碎的，接著就把它如五彩紙片般扔入垃圾滑槽中，讓它慢慢飄飛至地下室的垃圾收集桶中——問題由是獲得解決。但有一天，當我瞥見一個信封上印有無比熟悉的兒童社福機構標誌時，我就知道事情鬧大了。這封以粗體字列印出來的通知信中，強制要求磚頭出席一場會議，會中將討論在他的照護之下，我的去留問題，包含考慮是否重新將我安置在收容機構之中的問題。我絕對不能回去中途之家；我一點都不想。但我同時也不知道，該拿上學這件事怎麼辦。我不知道該怎麼兼顧天天上課的要求。

凡是在我的朋友圈之外的事情，鮮少能引起我的注意。我持續想著，不管如何，我再過一段時間就會去上學。雖然沒有去學校，但一切事情似乎頗上軌道。除了巴比之外，我那群朋友沒有人上學。卡洛斯不停跟我講著我們要如何運用那筆錢：我們會在貝德佛德公園大道上找一間房子住，而且珊會跟我們一起生活。到時候珊跟我會重新回高中上課，我們三個會分頭找工作以負擔房租，不過當務之急是，我們需要一間完全屬於我們的穩定住處。

所以，我並非永遠不去上學，它只是並不符合我眼下的計畫。我很快就會回去學校，就如同，我也會很快告訴媽媽，一切有關我想說給她聽的重要事情。比如，我想告訴她，不管她過去的所做所為，我了解她是愛我的，而且我看到她是多麼努力要愛我。而她最需要知道的事情是，不要為我擔心。我會回學校上課去。我會想辦法讓一切恢復正常。只是今天還不是時候。我不斷這樣想著，現在還做不到。生命之輪似乎突然在我眼前運轉起來，我感覺此刻的首要之務，就是逃避與躲藏。現在還不是返校的時機，要過一陣子才是。我持續這樣告訴自己。

想當然耳，這樣的逃避作法，只會愈來愈難如我所願。來自兒童社福機構的通知信，提醒著我，我正把人生中所有重要事情往後拖延，但它並非是唯一的警告訊號。媽媽每天中午不到即酩酊大醉的習慣，正侵蝕著她，也侵蝕著我，這又是另一個警告訊息，而我卻只能站在那裡，收拾殘局。

媽媽腳步蹣跚從麥登酒吧走回磚頭的公寓，幾乎只是勉強站著，身上沾著嘔吐物，而如果她之前還跌倒過的話，身體上某個部位也會留有破皮擦傷的血漬。偶爾會有陌生人，可能是一位長得圓圓胖胖的交通導護老師，或一名附近公寓的管理員，或一位酒吧裡的愛爾蘭裔客人，幫忙帶她回家，而每次他們看見年紀輕輕的我出來應門要扶媽媽進去，都一臉疑惑的表情。

他們並無意為難我，但他們所問的問題真的讓我有口難言。「妳爸爸人在哪裡？」他們當中有些人想要問清楚：「她在這裡沒事吧？」我不知道該怎麼回答，難道我要這樣說：「我爸爸他住在收容所裡，而我媽媽她很不好，她就要死掉了。我從來沒有處理過這樣的事，一切都很難。」我所能做的，就是先把媽媽弄進屋裡去，然後在關上門之前，謝謝他們的幫忙。而剩下的事情，我就必須自己一個人去做好。我會幫媽媽梳洗：先幫她脫下衣服，然後扶著脆弱無比的她坐進放了熱水的浴缸；幫她洗髮時，經常會發現手中搓下一團髮絲。有時她會忍不住嘔吐在浴缸裡，於是洗澡的程序又得從頭來一遍。

比起房子裡的其他房間，我更為熟悉浴室的空間。牆壁粉刷著制式的綠色油漆，閃爍的日光燈將這片綠色反照在浴室裡每一件東西上，也映在我的雙手上，而我每天就以這雙慘綠的手，不斷清理地板上的血跡、尿液與髒污。媽媽蒼白的皮膚也染上一層綠色的陰影，而她的心臟持續跳動，不過現在跳得緩慢些了。當她坐在浴缸裡，看起來就像是有一排曲折的骨骼露在半滿的水面上，我拿著毛巾擦洗她窄小瘦弱的背部，對自己的健康強壯、自己的動作靈活與年輕，深感羞愧不已。這是多麼不公平，我日漸茁壯成人，而她則日日一點一滴形銷骨毀；在她的身體裡面，唯一還成功運作的功能，就是她血液中的病毒，它們活力旺盛四處橫行，悄然無聲地從我們手中把她偷走。是的，媽媽的心臟還在跳動，但那只能去傳播毒藥；她的心臟讓她繼續活著，卻也讓她將更快邁向死亡。

不可思議的是，雖然同時有太多事情需要處理，但我卻可以一心二用。如果我有那麼一刻忘記媽媽生了重病，但是這種種照護程序卻仍然冷冷地提醒著，我有一些故意選擇不去面對的事情。不過，在我將媽媽扶出浴缸，為她換上乾淨的衣服，小心地讓她躺下，蓋好被子，我卻還是有辦法將這一切再度拋諸腦後。我只消悄悄地在身後關上她的房門，就可以溜到另一個世界去，在那裡，有關心我的朋友們，有我可以跟著他們去溜達的地方，有我跟珊無止盡的夢想與冒險。在那裡，沒有人會找我麻煩。我們自成一個世界，一起踏上無憂無慮的旅程；所謂的責任與義務，那是其他人該操心的事。我們已經是一個小家庭；我與這麼多朋友相互取暖——特別是有卡洛斯在身邊——還會有什麼危險呢？即使有，誰在乎呢？

不過，在媽媽被送進醫院前一週，我發現，卡洛斯他很在乎。在不認識他之前，我一向獨自照料媽媽，即便莉莎、珊與巴比他們就在身邊。我並不會責怪他們。因為，當媽媽醉醺醺回到家來，整個人已經很難溝通，更不要說還要去摸她、扶她、抱她、為她洗澡與換衣服。我可以了解照顧她的困難所在。當我一而再、再而三面對照料人的折磨，而珊與巴比從沙發上那頭旁觀著我，我毫無怨懟之心。不過，這也正是我對卡洛斯印象深刻的地方，因為他的作法截然不同。

「她需要有人跟她多講講話。誰會對她說話？」有一天，我們兩個一起扶著媽媽坐進浴缸時，他這麼問我。客廳那頭，音樂震天價響，夾雜著每個人的笑聲與說話聲。我努力叫他走開，我一直要讓他了解，我可以獨力處理，但他明顯更清楚該如何照料病人。稍早當媽媽搖搖晃晃進屋時，卡洛斯立刻跑去扶住她的背部，並且一手握著她的手臂——他支持她的方式，絲毫沒有勉強的成分，反而充滿溫暖親切的情感，彷彿他可以越過疾病的醜陋，看進媽媽的心底，看到她這個人完整的樣子。

「珍，妳可能需要一點協助喔。我會和莉姿一起來幫妳。」

「你是誰呀？」媽媽一邊流著眼淚，一邊結結巴巴地說。

「我是那個很愛很愛莉姿的人，一直想要來認識妳。」他回答她。如果我知道有更好的回應方式的話，我當時是不會把臉轉開的——「他愛我？」；「他真的這樣說了嗎？」——在我幫媽媽洗澡期間，他並沒有走開，不管我多堅持，他還是站在浴室門邊外。「卡洛斯，我來就好，真的。」他雖然退開，但卻隔著門板，聲音清楚地、直接跟媽媽說起話來。

「珍，莉姿跟我說妳會叫她小南瓜。我覺得好可愛喔。我都叫她酢醬草小姐，因為認識她，是我這輩子最幸運的事了。我也知道妳會在晚上，坐在她的床邊，陪她聊許多話。」媽媽的眼睛疲憊地張開來。當她跟我聽著卡洛斯低沉的聲音迴響在浴室裡，她的眼底盈滿淚珠。「妳知道，我媽也有嗑藥的問題。我真希望她也能像莉姿所告訴我的，做妳做的一切，像妳一樣關心我。我覺得妳能那樣做，真的很棒。我也知道莉姿很愛妳，她很驕傲妳可以這麼久不碰古柯鹼。珍，妳真的熬過來了。妳應該也要很驕傲。」

我把手伸進熱氣朦朧的洗澡水裡，握住媽媽的手。她闔起了雙眼，虛弱地微笑著。

「我也愛莉姿，她是我的寶貝。」她輕柔地說著，是要說給卡洛斯聽的，但可能只有我聽到這句話。

她氣若游絲，而我把眼淚吞回去。我已經太久沒聽到她這麼說了。

卡洛斯把我的話都聽進去了；我先前與他分享的所有故事細節，他都記在心裡。他把媽媽當成一個人看，對她講話，接近她，幫我照顧她。

當我蓋好媽媽的被子，正準備離開，卡洛斯坐上她的床邊。站在臥室門口，我驚訝地看著他握著媽媽的手，以安心的口吻對媽媽講話，直到媽媽漸漸睡著為止。在離開房間前，他屈膝跪在床邊，幫媽媽拉齊被子，然後，他抓著被子一角，溫柔地在媽媽前額輕輕親上一吻；在起身前，他還撥順媽媽臉上的幾綹頭髮。

「好好睡吧，」他說：「現在一切都很好，好好睡上一覺吧。」

卡洛斯接著牽起我的手，帶我走過珊與巴比前面——電視的聲音很響，他們坐在那裡看節目——直接走進廚房裡面，然後拉了把椅子讓我坐下，而他站在我的面前。現在只有我們兩個人。他稍早說了他愛我，而現在，只有我們兩個人獨處。

「看著我，莉姿，」他溫柔地說。但我抬不起頭來。我怕他會看穿我，看到我的期待與希望，看出我日漸依賴他，並且看到我對媽媽此刻所經歷的一切的恐懼。

「妳看著我啊，」他催促著，然後用他強壯的手捧起我的臉頰，注視著我的眼睛。

「莉姿，妳不要擔心，我會幫妳度過這一段時期。」

我開始掉下眼淚。

「我絕對會幫妳的，莉姿，我人就在這裡。」他用拇指抹去我的眼淚，親吻我的前額，親吻我的臉頰，然後他極其溫柔地慢慢親上我的嘴唇。我也回吻過去，嚐到鹹鹹的滋味，感覺到他札札的山羊鬍子，感受他的強壯的身形，他擁抱著我。
「我也愛你。」我說，身子往後退開，望著他的雙眼。
「小女孩，妳說什麼？」
「我也愛你，卡洛斯。我愛你。」
他抱著我更緊了些。「我就在這裡。」他重複說道，把我的臉埋向他的胸口，更緊地團團圍住我；可以感受他溫暖的身軀，耳畔不斷迴響著他的心跳聲，讓人感覺好安心。我好怕我這麼渴切需要他，會讓我從此無法回頭。

在我跟著卡洛斯遊蕩的幾週期間，珊也認識了住在大道對面的一個叫作奧斯卡（Oscar）的男孩。他已經二十歲，而珊在跟他第一次接吻時，還差幾天才滿十四歲。
「這沒什麼大不了的。他說我比同齡的女孩子成熟多了。他真的很喜歡我。」有一晚當卡洛斯送我回來之後，珊躺在她的祕密床位上對我說道。我們從磚頭的存糧中拿來一大包奧利奧餅乾與一盒早餐穀片，兩個人分著吃。「不管怎樣，我們兩個人還會碰面。而且，他真的很帥喔。」珊滿臉笑意。想著珊遭遇過那麼多的事情，以及她所告訴我的私密心事，我不得不同意，她確實看起來比她的年紀還成熟。
「是呀，我看得出妳比實際年齡還大些，不過，他最好夠稱頭，可以配得上妳。」我半開玩笑地語帶威脅說道。
「妹子，妳真的一點都不懂啦。」她回嘴，還對我眨了眨眼睛。

那個晚上，我們在黑暗中躺著，珊一一教導著我所疑惑的性問題。

「嗯，我知道，磚頭與我媽會做。妳知道，有時我會睡在他們臥室裡那張折疊椅上，以就近照顧她。她有時從酒吧回來，會開口向磚頭要錢。『可以給我五塊錢嗎？五塊錢就好。』一開始他會說：「珍，不行。」不過我後來就會聽到床墊彈簧軋軋作響的聲音。經過這些聲響噪音之後，就可以聽見數錢的聲音。接著，我就會知道，媽媽又出門去了。怎麼說呢，我覺得這一整件事給我的感覺，讓我完全不想跟性有任何關係。就好像那是很粗俗的事一樣。」

「莉姿，事實上，那完全不像他們那回事，我覺得他們那樣很噁心。性真的很棒的，奧斯卡就很棒。」我仔細傾聽，珊一一描述她與奧斯卡分享身體的方式，當使用上身體的那個部位後，有些動作會讓整個人因此震顫起來，而且滿身大汗，可以感受到一種「酥麻的癱軟」，並且匯聚成愛意。

「他愛我，莉姿。」她說。我躺在床鋪上，試著放鬆自己的身體達到軟綿綿的狀態，努力模仿她所描述的「酥麻的癱軟」。而這會是愛情的表現？這一部分非常難以理解。

當珊繼續說著，我閉上眼睛，眼前似乎可以更為清晰浮現她的性體驗，不過場景旋即替換成卡洛斯與我躺在哈里士運動公園的草地上，而繁星在我們之上的夜空閃爍。感覺上，一點都不符合珊所描述的那些溫柔體驗；要把我的身體連結上愛意的表達，實在太難了，即便我拚命想像，也是徒然。珊娓娓說著，我試著把奧斯卡換成卡洛斯，把珊換成我，繼續跟著這些影像去幻想，但人物重重疊疊，睡意湧了上來，我恍恍惚惚進入夢鄉。

如果我當時知道，我離開後，就不會再回去，而且將沒有棲身之所，我不確定我那時還會不會這樣做。難道那是從童年跨到成年的一條分界線嗎？從此以後，就要獨自負起責任來？如果是這樣的話，那麼，我的童年在十五歲時就宣告結束。

「這是幹什麼？妳他媽的在搞什麼鬼？我家可不是收容所。妳給我出去，滾！」

我一直在想，到底是什麼事情讓磚頭發現珊的祕密藏身處。難道是那個晚上我們躺著聊天所發出的笑聲嗎？還是莉莎去打小報告？珊與我的夜半談天，經常會吵醒她；我們為了換取她的容忍，答應要幫她洗衣服，不過我們拒絕多洗一次。她會出於怨恨而去密報嗎？如果不是她洩漏的話，那麼磚頭是如何發現的？

「這是我的家耶！」磚頭對我們兩個吼叫。他的手指夾著一根菸，一邊扯掉我們用來圍住床鋪旁空間的床單，揭露出珊的藏身處，他壯碩的身體如同一股威脅靠過來。他講話時，口沫橫飛，我們兩個飽受驚嚇。我坐起身來，橫在他們兩個之間，以保護珊；她也爬起來，把自己縮成一顆球，坐在角落裡。那時大約凌晨三點，牆壁上晃動著午夜讓人毛骨悚然的黑影子。磚頭的身影融入其中，他是一隻抽著菸的怪物，正一步步逼近我們、威脅我們。我們兩個一語不發，而他站在床頭那端，目光朝下瞪視著我們，因憤怒而喘著大氣。「妳也一樣，妳也給我出去！」他直接注視我的眼睛說。「滾！現在就給我滾！」他重複對珊破口大罵，氣憤地揮舞著手臂。然後他走了開去，砰地一聲關上臥室的門；在他走過的路徑上，還飄著萬寶路香菸緩慢消散的煙霧。我聽見他點亮臥室的燈，開始出聲對媽媽抱怨，並在房間裡來回踱步。

也許，如果不是因為兒童社福機構寄來的那些信件，我應該會比較從容地去思考我即將採取的行動。而且，認為我只不過是任性行事，其實與事實不符。坦白說，我早已一步步朝著流浪街頭的日子慢慢前進，我每每掙扎在我早熟的獨立性中，這是早在磚頭逮到我們的祕密之前，就已經是這個樣子了。

珊與我之後談起這件事都說，還好事情曝光不是發生在，我們讓卡洛斯留下來過夜的那些夜晚；他們兩個一起躺在那個床單圍起的藏身處睡覺，他們兩人的頭就睡在我的床頭左邊。如果是卡洛斯與磚頭面對面硬碰硬，誰知道會生出什麼事端來。

回想起那段時期，真的很難相信，我們所設計的藏身處可以持續這麼久的時間不被發現：超過一年的時間中，我都把珊藏在那裡過夜，她跟我一起分著吃我的晚餐，蓋著我的被子，等到磚頭出門上班十分鐘過後，才讓她出來。或許珊應該直接睡在我的床鋪底下；如此一來，如果磚頭聽見什麼聲音，走來客廳查看，他只會覺得自己幻聽而已。我承認，當卡洛斯也開始在那裡過夜時，我們是做得太過分了些。我們並無打算測試我們的運氣，但他當時被朋友趕出來，而且他變得對我們愈來愈重要，我們不可能坐視不理。卡洛斯當時為我們開啟了一種全新生活的夢想。

「妳們一定要離開這裡。我跟妳們說，一旦我拿到遺產，我們就可以徹頭徹尾改變。」他告訴我們，未來的一切操之在己，我們會擁有一個屬於自己的地方，沒人可以對我們鬼吼或發號施令。幾個星期之後，我們已經決定好所要鋪設的地毯顏色，並且未來要養一隻狼狗，名字叫凱蒂（Katie）。我們三個已經計畫好要去梅西百貨公司一趟，而且要去拍一幅便宜的「全家福」相片，裱好框，掛在我們未來公寓的牆壁上。所以，我們不可能讓卡洛斯流落街頭，他是我們未來的希望所繫。但是，並非每天晚上他們兩個都窩在那個藏身處睡覺。不是，我們的方法更有想像力。

我們經常利用磚頭那棟公寓最頂層的樓梯平臺。我們只消帶上被褥、筆記本與花生醬三明治上樓去，就可以為過夜打點妥當。我們三個交相躺在當作床墊的薄薄被褥之上，並以彼此的身體當枕頭用。好多個晚上，我們枕著彼此的身體，像一窩懶洋洋的初生小獸睡在那裡；我們睡眠時的呼吸節奏一致，以彼此的體熱取暖。要不是有一個晚上，珊尿尿在下一層的樓梯平臺上，尿液於是在管理員剛抹上的地板蠟上形成一灘污水的形狀，不然管理員應該永遠不會發現，而叫我們離開樓梯間。

而且，我們狡兔有三窟。比如巴比他家，他會等他媽媽寶拉上床睡覺後，偷偷帶我們進去。我們三個會分睡一個沙發床，看整夜的電影，一邊吃著多力多滋玉米片（Doritos）與水果蛋糕。或者，也可以去菲夫他家，我們在那裡各拿一個沙發椅墊就可搞定；而因為他所飼養的寵物雪貂，晚上會放出來活動，所以不時可以聽見牠在我們身邊四周的一個個垃圾袋中東翻西尋的聲音。

在磚頭氣沖沖走掉之後，在黑暗中，有那麼一會兒，珊與我都沒有說話。

「莉姿，」她走過我的身邊，語氣強硬地說：「我要去收我的東西。」她飛快地開始打包，鼻子發出鼻塞的呼吸聲，四處搜東西裝進背包中。

我坐在那裡，聽著磚頭在隔壁房間吼叫與珊整理東西的聲音，一顆心揪在一起，拚命冷靜思考。我這一輩子，處處留心自己的生活，如果我現在跟著珊一起離開，情況會有什麼不同？為何我不就一走了之？難道磚頭的這個地方對我真那麼重要嗎？或者，它只不過像是我日後漂流生涯的一個停靠站而已？從一開始，我就不覺得這裡像是我的家。我想起那一封兒童社福機構寄來的、以粗體字印成的通知信。信上說有一場強制要求磚頭出席的會議……他們要討論重新將我安置在收容機構中的可能性問題。我絕對不要再回去那種地方。正是這個想法，讓我豁出去了。如果我繼續留在這裡，直到他們最後把我帶走，還可以撐上多久時間？一想到這裡，再加上回想起聖安之家的記憶，讓我來到痛下決定的當口。我寧可靠自己的力量去跌跌撞撞過日子，也不願意回到收容所中，讓別人待妳如豬狗。我向來可以自立更生，我絕對可以做到。

而且，難道我要讓珊自己一個人露宿街頭嗎？卡洛斯自己闖出一片天，珊也不遑多讓。其實我們三個都是苦難的倖存者。卡洛斯可以教我們，他這麼多年來所琢磨出的生存法則。而最重要的一件事是，我們擁有彼此。這裡已經沒有什麼東西可以讓我們留戀。所以，答案很簡單：離開這裡，遠走高飛。

「珊，等一下，」我跑向她，她正把背包的拉鍊拉上；這只小小的藍色背包，裝著她的日記、內衣褲與其他衣服。「我也要走，妳在這裡等我一下。」她淚光閃閃地望著我。

我的衣櫥像個充滿錯誤迴路的大迷宮。如果我不帶日記走，就可以塞進更多衣服；如果我不帶那麼多衣服，就可以放進相簿、梳子與一雙可供替換的運動鞋。有些東西如果不帶上，天知道以後是否還能見得到。我這時候也掉下了眼淚，我一方面很困惑，因為要再度面對另一個未知的未來，而另一方面，磚頭此刻對媽媽大吼大叫，聽起來情況是如此緊急，我怎麼能把媽媽留下來，讓她獨自面對磚頭？但我可以留下來不走嗎？不行，一點都不行。我淚流滿面，匆匆塞進衣服、牙刷、日記與很多雙襪子到我的袋子裡。

「我們要在他出來前離開這裡，我不想再見到他。」珊緊張地用拇指指著大門，催促著我。

「沒問題。還有一個東西，」我對她說：「再等一下。」我拉來一把椅子，站到上面去，在衣櫥最上層的層架上翻找；我在那兒藏了媽媽的那枚「匿名戒毒組織」代幣，還有一張她在青少女時期流浪街頭所拍攝的黑白相片。我打開日記本，將照片小心地夾在裡面，再闔起本子來。

「好了，」我說：「我們走。」

07 徹夜無眠

位於貝德佛德公園大道外的莫休魯大道，分割成兩條大馬路，彷彿無止無盡；長長一條路上，有蔥蘢的樹林與休憩用的長椅，而在夜間看上去，一切彷彿蒙上一層超自然的色彩。位於大道中央那一片綠草如茵的寬廣區域，正是所有魔幻表現的中心舞臺。珊與我相互摟在一起取暖，兩個人身上蓋著法蘭絨格紋襯衫當被子，我們聽著樹木迎風呢喃，而久久一部車子疾馳而過，距離與我們如此接近，我們的頭髮因掠過的大風而亂飛起來。

「妳想都已經這麼晚了，這些車子是要開到哪裡去呢？」珊說出自己心中的疑問。

「我想，會在這個時候開車的大多數人，應該是要……回家吧。」我說。

躺在這條大道中央的寬廣林木區域上，嗅著泥土複雜的味道，在我們之上的一切都顯得不太真實。毫無裝飾的房子在夜裡閃著亮光，那些公園式長椅、鵝頸路燈座，以及遠處的紐約植物園……從地面上看過去，都失去了立體的向度。一架飛機遨翔在我們的頭頂上，彷彿幻覺之至。

「看那架飛機！」我朝著天空大喊，但聲音旋即被吞噬，毫無回音效果。

「胡——！」珊嗥叫一聲，想測試看看聲音被吸走的感覺。離我們萬丈高的飛機引擎隆隆聲，突然悅耳地響了起來。

「這會讓人疑惑地想著，到底是我們還是飛機在地面上？」我笑著說。

「妳怎麼知道我們不會掉下去？」她咬住下唇，假裝墜落時一臉驚恐的模樣。

「我們最好要扣緊皮帶扣環！」我大叫，把我那件黑灰相間的法蘭絨格紋襯衫蒙住我們的臉，我們兩個又叫又笑，因著想像中的危險而興奮，並且分泌腎上腺素，準備失速撞擊地面。

當我們醒來時，我們的手腳都搭在一起，太陽溫暖地細細照射下來，透射入我深色襯衫上的縫隙。我先是瞥見這樣的微光，拿開襯衫，才發現剛剛破曉不久，有幾名上了年紀的亞裔婦人站在附近，節奏一致地緩緩劃出手臂，彷彿在水面下做動作一般。珊的一隻手呈帽簷狀擋在眼睛上面，看了一會兒，問道：「她們到底在搞什麼鬼呀？」

「早啊，」我說，一邊從她的頭髮上撥掉幾片樹葉。「我想她們在打太極拳。」

我們就這樣坐在那裡好長一陣子，太陽整個升起，在遠遠近近的屋頂上流洩金光，而那幾名婦人繼續跳著水底之舞，而鳥兒在樹林裡跳躍歡唱。

「我們做到了。」我吸起一口清晨涼爽的空氣，最後說道。

「對呀。」珊加上一句：「也許這並沒有我們原本所想像的那麼難。」

「我有個點子！」我站起身，拍一拍自己的衣褲，朝珊伸出手過去。

走過幾個街區，我們來到巴比的公寓前面；我們兩個拱著背躲在一輛停著的車子後面，等待寶拉出門上班。

「我想她在七點過後一點點，就會出門。」我對珊說：「我們只要在這邊等著就好。」

公寓大門每隔一會兒就會打開，人們從門後現身，迎向清新的早晨，往上班的路上前進。女人頂著乾淨漂亮的髮型，身穿粉色系短上衣，釦子一一扣上，搭配一條黑色的寬鬆長褲，腳蹬高跟鞋往上坡喀噠喀噠走去。大人打開前門讓小孩先出來，然後牽起小孩的手去上學。繫領帶、穿著襯衫的男人，手腕上戴著大錶，側揹一只書包式背包；這些人是典型的上班族，可能任職於公司接待處、零售業管理單位或餐廳店長等等位於曼哈頓區的工作。這些刮過鬍子、洗過頭髮、戴著隨身聽耳機的男人，成群結隊往地鐵入口處前進——學院大道那邊就很不一樣了，在那裡，早晨很少見到這樣朝氣蓬勃的出門景象，人行道上除了有上班人士之外，還流連著玩了一整晚精疲力盡的醉鬼與毒蟲。

「她出來了。」珊悄悄對我說，蹲下身子藏起來。寶拉走出公寓大門，看起來神色匆忙。她看了一眼手錶，走向她的車子，一邊點起一根菸；然後她把車開出來，很快駛離，車子的輪廓逐漸縮小直至消失。她才一離開，我們就聽到巴比的音樂聲響起，節奏急促的龐克曲子從他的窗戶炸開來。

一走進屋裡，我們就衝到冰箱前面，狼吞虎嚥前一晚的剩菜——用錫箔紙包起來的豬排飯。珊與我一邊輪流喝著一瓶蘇打汽水，好把口中的飯菜吞下去。

「我媽在下午三點半回家，妳們要在之前離開。」巴比在出門上學前交代我們。我緊緊擁抱他說再見。

「巴比，謝謝喔，」我輕聲道：「我們真的很感謝。」

巴比一關上前門，房子就成為我們的公路旅行的中途休息站，等到養精蓄銳後，就要再度上路。

「妹子，我第一件絕對要做的事情是，洗澡！」珊說。

「我再同意妳不過了。」我說，一邊揮了揮我們兩個之間的空氣來聞，垮著臉覺得真噁心。「妳好臭喔！」她倒抽一口氣，快速用手指指著我，半開玩笑地笑著。

淋浴的水聲嘩啦啦響著，我一頁頁翻起幾週前珊送給我的一本筆記本，我翻過媽媽的照片，翻過珊在樓梯平臺與在我旁邊打地鋪時所寫下的詩，翻到新的一頁。

嗨，日記，

珊與我已經自由了。我們果真這麼做了。今天我們會跟卡洛斯碰面。他會以我們為榮，因為我們終於動了起來。現在實在太開心了，要記上一筆。

——莉姿

洗完澡後，我從浴室層架上拿起寶拉的體香劑往兩邊腋下擦了擦，小心地將罐子原封不動放回原處。我從口袋裡取出一條橡皮筋把濃厚的頭髮綁在腦後，而珊站在鏡子前面，用寶拉的眼線筆為眼睛上妝。當她畫完，我們在鏡子前停了一會兒。兩個蒼白的映影回望著我們，頭髮仍舊滴著水。兩個人看起來都好疲憊。

珊注視著她剛剛完成的眼妝，皺起眉頭，把眼線筆塞回寶拉的化妝包。

「妳沒化比較美。」我告訴她。

「我剛剛想起我家的人。」她這樣回答我。

「妳是說……？」

「我不知道怎麼說。」她掀開浴室的櫥櫃，在寶拉一堆小玩意中翻找，找到一把剪刀。我可以看出她有點惱怒；之前她只要一談起家人，就會出現這樣的情緒。她在心情上的變化，總會讓我感到不安。

「妳要做什麼？」我問。

「妳覺得我剪個大平頭會好看嗎？」她問。

「珊，妳確定妳要這麼做嗎？」我討厭自己說出不順她的意的問話。

「我爸一直都很喜歡我的長髮……那好，我希望我爸會恨死這樣的短髮。」她往頭頂上方舉起她又濃又密的馬尾，狠狠朝鬈髮叢中剪了四刀，一大綹一大綹的髮絲紛紛掉落下來。「反正加州天氣很熱，」她繼續修剪剩餘的頭髮。「我早就想這麼做了。今天正是最好的時機。」

我遮住嘴巴，開始發笑。「妳瘋了！」我叫出來。她遞給我一大束她剪下的頭髮。

手中握著珊如絲的秀髮，還濕潤潤的，而且散發著巴比的洗髮精的香氣；這個大改變衝擊著我，既好玩，同時又覺得悲傷。

「我要剪到看到頭皮發亮。」她得意地笑著。

「不過妳這樣還是很美。」

她對我發出小小的抱怨咕噥聲，並且伸出舌頭裝鬼臉。我笑了出來，伸出手臂圍住她的細腰，抱了抱她。

「實在真酷耶。這要膽子很大，像我就不敢剪。我想說妳真的膽子特大的。」我說。在寶拉的浴室櫥櫃中，我搜出一把剃刀，協助珊修剪髮型，直至她滿意為止。她頭上的頭髮最後只剩前面的兩綹瀏海比較長而已。我們花了好長一段時間，清理落在浴室各處的髮絲，仔細清洗洗手臺，連地磚的接縫處也不放過，直到沒有留下絲毫我們用過的痕跡才離開。

我們的計畫很簡單：以我們的朋友圈來作為奧援。我們每一個人都認為我們已經是一個大家庭。這可能是我生平以來所擁有的唯一一個穩定的家庭。當他們的父母出門上班之後，我們會溜進去大吃大喝、休息睡覺，然後再開始晃蕩。「寶貝，我們就這樣搞定。」卡洛斯說；他承諾照應我們流浪街頭的日子，直到他那筆錢兌現。

「享受自由的生活吧，並且要讓它能夠持續下去。」他說，而我們也做到了。

無止盡的走路。我的兩隻腳這輩子從沒走過這麼多路，完全空前絕後。我們進城去，漫遊在夜生活鼎沸的格林威治村的街道上。爸爸與媽媽在年輕時肯定很熟悉的那些人行道上，出沒著紐約大學的學生、特立獨行的怪人、龐克族與宗教狂熱人士。聖馬克廣場（St. Mark’s Place）、華盛頓廣場公園與第八街，到處可以看見流浪街頭的小孩；當我們走過時，他們盯著我們的臉瞧。他們宛如我們的另一個版本，只不過頂著龐克頭、身體有刺青，並且戴著耳環、鼻環、眉環——神色瘋狂、躁動，一臉嗑過藥的模樣，或許只是飢腸轆轆而已。對，是餓沒錯：好幾個晚上，肚腹之間備受火辣辣飢餓苦楚的折磨；童年時即很熟悉的飢餓感受，完全不理會外頭是否下著大雨或者氣溫驟降，頑固地扭動著，刺激著你，要求你去正視它的存在，這是我們流浪的日子裡最讓人厭惡之事。

「妳們要動腦筋想辦法啊。」當珊與我擔心著下一餐在哪裡時，卡洛斯堅定地說：「外頭有足夠的東西給我們吃，只要找到如何得手的辦法就可以。千萬別洩氣，我們要撐到我的錢下來為止。」他執拗地說服我們：「我長久以來就是這樣過日子的。不要想東想西，要動手去做。」

卡洛斯身體力行他對我們鼓吹的作法。布朗克斯區與曼哈頓區的好幾條街，過去我早就走上許多遍；格林威治村、第八十六街、福特漢路與貝德佛德公園大道，我可說再熟悉不過。但是與卡洛斯一起在這些街路上晃蕩，卻彷彿第一次來到這些區域一般。

我發現，社會上運作的許多行事原則與規範，事實上根本不值一提。卡洛斯一遍遍說服我們——耐著性子諄諄教誨——你可以走進一家小餐館，然後帶著一盒熱食與一罐飲料走出來，完全不用付上一毛錢。陌生人很願意打開皮夾來幫助你；他們只是不知道自己有這個潛能而已。

「妳們看，我不是就交到很多朋友嗎？而且都很順利。他們像妳像我一樣，都是一般人。不是嗎？比如說妳們隨便在哪裡打工，結果那裡有人很餓，妳們會不想給他東西吃嗎？所以只要找到竅門，就可以搞定。」

我們不管走到哪兒，卡洛斯馬上會跟別人接觸，而不管是什麼地方，他都認識個什麼人。跟他一起走在百老匯大道上，每幾分鐘就停下來跟誰哈啦個兩句，比如賣熱狗的小販，主動跟他擁抱問好，並且給我們熱狗麵包吃；或是那個在派發傳單的牙買加裔男人；或是那位刺青師傅，之前曾經免費為卡洛斯在肩膀上刺上一個字。但如果是停下來跟女孩子打招呼，我開始會想，有關「動腦筋想辦法」這件事的自由度，是否應該也有個限度。

在磚頭家廚房裡的那一天，卡洛斯與我已經成為男女朋友，不過，他又再一次於華盛頓廣場公園的加里波第（Garibaldi）雕像前，正式地詢問我。我們之前是坐在西四街的一家小餐館裡，突然聽見雷聲大作，大雨頓時傾盆而下。他抓起我的手，又跑又笑，跑出餐館，跑到加里波第雕像前，然後他找來一只大垃圾袋遮在我們頭上。他在空無一人的公園中，淋著滂沱大雨對我出聲大喊：「做我的女朋友吧！」雨水沿著我們的臉頰滾落，我們在塑膠袋之下相擁親吻，他健壯的手臂緊緊抱著我良久。

不過，當我們一起碰到其他女孩子，情況就複雜起來；這些女孩，各種年齡、各種體態、各種族裔所在多有，戴著巨大的圓形耳環，伸出纖細的手指，對卡洛斯親暱地打招呼，儘管有幾個女孩叫他另外的名字——何塞（Jose）或帝耶戈（Diego）——而在這種時候，卡洛斯就會放開我的手。他會不會介紹這些女孩給我們認識，跟她們美不美有直接的相關。珊與我已經學會，當他跟女孩子問候話家常時，我們就站到一邊去。偶爾，這些女孩有的會瞅上我一眼，溜轉著眼珠。而有的會大膽對我揮手微笑。而卡洛斯有時會記下她們的電話號碼。

「那個是誰呀？」我盡力讓聲音聽起來不像在譴責他。答案千篇一律，要不是一位表妹，就是以前的鄰居，或朋友的女友。

「那是我朋友的女人啦，長得很甜美，對不對？」他解釋道：「我想找一天跟他們吃飯，所以她給我他們的聯絡地址。」而且，這些解釋就像一堵水泥牆，我永遠無法穿牆而過。如果我堅持打破沙鍋問到底，我就愈會注意我自己與他的關係以及我的處境。所以，最好任其自然發展；反正我十分確定他很照顧我。而且，我們還有其他事情要操心，比如要如何來經營我們新建立的「自由生活」。

卡洛斯說，我們的生活策略，還需要一點練習。我們站在紐約大學學生宿舍前、接近華盛頓廣場公園的一個街角，跟路過的行人要錢；卡洛斯是可以從一旁的書店出來幫助我們，但他向我們保證，我們兩個女孩子沒有他在場，會做得更順利。他只是在一旁，就近觀察我們的情況。人們從我們面前匆匆而過，比想像還要真實，這些人臉起起落落，彷如夢境中一個個的斑點。我依照所有指示行事。「只要可以讓他們掏出能掏的錢給妳就好了，然後就忘了他們。」我雖然借自卡洛斯的信心來教導珊該如何做，但卻比較像在講給自己聽，而不是說給她聽。「一點都不要感到不好意思，他們就是一般人而已。」

如果其他人是一般人，那麼，我們大概就「不是」一般人了。如果我們直接對某個人開口，卻只換來對方斜著眼瞟了一下，我想我們八成是隱形人，或是想像中的虛構人物。儘管有人真的停下腳步，對我們提出了一點建議，諸如「滾回康乃迪克州去」或「去找份工作吧」，但卻停留得不夠久，無法讓我們解釋，我們根本不知道康乃迪克州在哪裡，而為了去工作，你需要一個固定地址與乾淨的衣服。而有一些人，面容和善，丟下了銅板，就掛著微笑離開。總是有天使能贊助我們一頓飯館裡熱食的費用；我們正是在餐館裡學會，如何盡可能善用任何一塊錢的方法。

而這一路走來，我們也發現了幾個安全的避風港。

經過長長的一夜之後，位於第四十二街的公共圖書館，成為我最喜愛的地點之一，僅次於巴比家的床墊——一對石獅子駐守在大門外，桃花心木的嵌板、一列列的銅製閱讀燈，與天花板上雕飾複雜的花卉圖案，美得讓人敬畏，而其上的維多利亞時代風格的裸體人像，俯視著我們，如此栩栩如生，彷彿頃刻會從上面走下來。卡洛斯與珊共用一張桌子，好讓他可以教她畫畫，而我則沉迷在書庫區中。

一本本用玻璃紙包裝封好的精裝本書籍，就像以前爸爸會帶回學院大道老家的那些書一樣，我可以好幾個鐘頭埋首閱讀不休息。「我現在很好，」前一晚我用公用電話打到在幾個街區遠的爸爸的收容所，當時冷風凍得我的臉跟手都發青。我不停強調：「我都跟朋友在一起，學校也很棒。」我叫他放心，暗自祈禱直到我們下次談話前，他不會突然打電話到磚頭那邊去。我借出那幾本讓我想起爸爸的書，連同我的日記，一起放在書包前面的夾層袋中，在任何我們停下來、可以坐著的地方——比如地鐵上、某條走廊，或友人家中的寧靜角落——我會輪流翻閱這些書籍。

而在我們的流浪旅程變得比較不像冒險，而像是一場馬拉松時，朋友的家就成為我們安全的庇護所之一。我們常常走到兩隻腳需要休息為止。與我們那群朋友窩在一起，對我們來說，就是休息。我們獨自四處遊蕩、計畫明天、挨餓受凍、放聲大笑，而另外一邊，我們的所有朋友卻願意幫助我們：比如巴比、菲夫、潔米、黛安、麥爾斯與喬許，他們無怨無悔守在我們身邊。寶拉在七點出門，而潔米的媽媽最晚八點前會離開家。所以我們在早上之前，就會知道接下來該去哪裡。決定要去哪一個人的家，除了依據我們當週去的次數為判準，並且要考慮到誰家爸媽才剛採購食品回來，並且要確定不能被他們的父母發現。

不過，在以我們的需求作為思考前提之下，朋友的家與他們的情誼卻同時造成某種壓力。當我們的到訪，有九成是因為我們有所需要，而只有一成是為了一起廝混，那麼，甚至我最珍視的友誼也會面臨考驗。比方說，在我的擔憂項目中，比較起擔心巴比徹底犧牲自己的隱私，或食物的消耗量使他承受被責罵的壓力，或擔心寶拉可能發現我們在她家過夜的證據，巴比這個友人是不是需要人陪，已經變成最不重要的一條。

「酢醬草小姐，妳聽好，妳不能這樣擔心受怕的，因為，如果換成是妳，妳也會幫他們，不是嗎？」卡洛斯努力說服我：「話說回來，妳現在又不是有其他可行的作法。比起他們來說，妳的情況可是一團亂。」

但是，比較人們之間不同的生活狀況，永遠是個微妙的問題；它就像是一個萬用的解釋方法，你想怎麼說，就能怎麼說。是的，比較起麥爾斯與巴比，他們睡在溫暖的床上，只要打開櫃子就能找到東西吃，你是可以推論說，我們並沒有用掉太多他們的資源。不過，還是可以追問，我們的情況真有那麼糟嗎？

我們並不像那些大家熟悉的無家可歸的遊民，推著超市購物車，裡頭裝著一大堆悽慘的東西，比如相框、電器零件與一袋袋衣服；這些失魂落魄的人，你一看，就猜得到他們被生活擊倒、一文不名，所以落到這步田地。跟他們比起來，我們很幸運，我們不用把一生的家當放在購物車中，或是裝在幾個袋子裡，東西滿得無法拉起拉鍊，一目了然自己的全部財產，因此也清楚自己繼續提著這些袋子走路的理由。

而我們也還年輕。不管我們睡在哪裡，我知道，當我在往北開的D線電車上，聽著不間斷的隆隆聲響，頭倚靠車窗休息，或是在星空下，躺在人行道上硬邦邦的長椅上闔起眼睛，我只須心中保有家的想法，跟著我的「家人」在一起就夠了。加上幾樣輕易攜帶的東西，如此熟悉又輕盈，是我這一路以來帶在身邊的物事，遠在我住進磚頭他家或聽見珊既溫暖又悶悶不樂的耳語之前，就與我在一起了。所以，我是可以對卡洛斯解釋說，比起某些人，我的情況其實也還好。我這一生都在練習怎麼攜帶東西，而其他人，可能會一時不知所措。不管我們看起來有多累，或是他對我們情況的理解是什麼，我只是鎮夜不睡，抵拒黑暗，直至日出，然後重新開始，準備好這樣天天過下去。

我在菲夫家過了十六歲的生日。朋友們一起出錢，為我買了一個冰淇淋蛋糕。他們把蛋糕端進公寓最裡面的一個黑暗角落時，已經有點融化，而蠟燭的火光映照著毫無包覆的床墊，卡洛斯、珊與我正睡在上面。我的意識慢慢醒轉，一開始，錯把這塊骯髒的床墊，當成是學院大道老家裡爸媽用的那張破床墊；我還記得那一張床墊有好多洞孔。當每個人唱起生日快樂歌，我整個人還徘徊在老家那兒，用手玩著一圈圈的彈簧，一邊對媽媽講著話。某個人在我的臉上抹了一坨冰淇淋，我這才神智清醒過來。所有人在鼓掌，卡洛斯親著我，把冰淇淋舔掉，但是沒有媽媽、爸爸與莉莎在旁邊，一切都感覺不對勁。我不是應該也要跟他們一起慶祝生日嗎？我走進菲夫家的浴室，才轉開淋浴間的水龍頭，就突然滑倒在髒兮兮的地板上，卻毫無感覺，直瞪著牆壁看。

那年秋天，每星期有三、四次，當我們醒來時，卡洛斯早已離開。如果我們在朋友家過夜，他可能會請友人傳話，說明他要去哪裡、何時回來。如果我們睡在樓梯間的頂層平臺，我們就只能期待他會留下一張紙條。然後珊與我可能花上一整個早上的時間，坐在路邊，拆解他的留言內容，或是當珊在巴比家淋浴，我則坐在浴室地板上，手上抓著紙張沉思。這漸漸成為常態。

嗨，酢醬草小姐，

我必須趕快走人，因為今天是奶奶的生日。我想要給她買個不錯的禮物，比如印度精油或燈罩。待在磚頭的公寓樓頂平臺或是巴比他家。如果不行的話，那我就到處去找妳們。

永遠愛妳的老公，

卡洛斯・馬卡諾

「妳覺得他真的是因為奶奶的事嗎？」

「我不知道，莉姿，妳到底了解他多少啊？」珊說，一邊探出淋浴簾刮腿毛；當她使用寶拉的丟棄式剃刀小心刮著，一對大乳房往下晃著。她的手臂與雙腿像竹竿一樣細，而她的頭髮還太短，看不出水濕的痕跡。

「珊，妳變瘦了。」我說。

「我喜歡吃，只不過現在不是很常有東西吃。妳看起來也像是三餐不繼的樣子。」她咯咯笑了出來。

放下卡洛斯的紙條，我站起身，凝視鏡中的自己——就在兩個月前，當珊大刀剪完頭髮後，我們也曾經一起站在同樣的位置上看鏡子。我留了一小束她的頭髮，黏在日記裡，而旁邊的一頁，是珊把我們兩人以及巴比與菲夫畫成漫畫的圖像。瞇著眼望向我的鏡中影像，我看見自己瘦了一圈、一臉蒼白，綠色的眼睛疲憊無神。我突然嚇了一跳，彷彿看見媽媽回望著我。病懨懨的她，眨了眨眼，想著為何我這個月只去醫院看她一次而已，而且不清楚我是否已經回學校上課去。

「我想如果他需要一點空間，我應該不要黏得太緊。」我對珊說，匆匆地把媽媽的影像拋到腦後。

珊關掉水龍頭，一手扶在我的肩膀上，跨出浴缸，開始擦乾身體。

「是喔，不過我知道妳在擔心什麼。妳有一百個理由可以擔心；像我，我自己就很擔心。有時候，我覺得如果沒有他，我不知道我們這樣還行不行。」珊憂慮地看著我。「我的意思是說，慢慢等到我們安定下來是一回事，但我們如果一直這樣沒完沒了，我就撐不下去了。」

「我們會沒問題的啦，珊。」我安撫她，卻說不出更好的理由。

這樣的恐懼完全合情合理。每一次卡洛斯不告而別，我們難免會想，不知道他還會不會回來。我可以體會珊的感受：我們的生活可能一夕之間風雲變色。有人染上病毒；有人收到勒令離開租屋處的通知；有人陷入愛河；有的父母放手讓孩子搬出去住……以為我們有穩定的生活，根本是幻覺。卡洛斯的人生中有相同的陰影，珊也是，我們都是一路動蕩走過來。沒有他們的攜手相助，我不確定自己能否走出陰影。

我們那群朋友很關心我們。但是，入夜後，他們各自回家，親吻爸媽打招呼，抱怨晚餐的肉燒得太焦。我很喜歡他們相伴，但卻必須先忘掉一部分的我。我已經受夠了孤獨無依。我會抓住卡洛斯與珊，而且盡可能抓得更緊一點。

「我也同樣覺得，沒有他，我們兩個不知道行不行。」我最後對珊說。這個想法頗讓我震驚；而開口說出它，彷彿使它更為真實。

在萬聖節的晚上，存在於我們之間壓抑不說的張力終於爆發出來。無家可歸的生活狀況，變得愈來愈困難，而且我覺得，我們每一個人都感受到這個事實；連最基本的需求也無法予以滿足的壓力，真的會讓人稍微瘋狂起來。飢餓磨損著你的活力，緊張磨損著你的能量，而營養不良與壓力則天天折磨著你。我直到萬聖節時，才理解到，這種種苦惱積累在我身上的強度有多大，所以我決定加入卡洛斯的瘋癲行徑中，以釋放自己的某些壓力。

「萬聖節快樂……鬼針草快樂！」當我們走上貝德佛德公園大道，我在卡洛斯的身後大聲嘶喊，我自己因此也嚇了一跳。珊看見我這麼起勁，於是也加入吼叫的行列，她尖聲大叫：「義式寬扁麵快樂！」我就這麼喊了幾個街區，喊到我喉嚨發疼；我對著夜空鬼吼，一邊走，一邊踢起堆在排水溝中的秋天紅黃相間的落葉。我突然也學起卡洛斯開始丟擲東西，狠狠丟出玻璃瓶砸向水泥牆；我也助他一臂之力，推倒好幾個垃圾桶。我們完全玩得渾然忘我。我走路走得好累；我發覺自己對於可以在家中睡覺的人感到又氣又恨，甚至是盛怒的程度。只要我更任性放縱，我就更感到憤恨。卡洛斯微笑看著這一切，接續遞給我們玻璃瓶，慫恿我們繼續扔個過癮。

我們三個就這樣走了好幾個鐘頭，沿路惹人厭地大叫大吼，並四處亂扔糖果取樂。或許是出於洩憤，我們途經大多數我們友人的窗口，想說隨便花點力氣，去吵醒他們。最接近的地點是巴比家，他早已從窗口探出頭來，手中拿著電視遙控器，等著我們過去。他的頭髮長度已留至耳下，在月光下閃閃發光。

「怎樣啊？」他酷酷一問，俯視著我們三個人。我們能怎麼說呢？「我們累斃了？這一切爛透了？今天晚上我們可以再睡你家的地板嗎？」

我們之間，只有珊可愛地吼了一句：「鬼針草快樂」，逗得巴比笑了出來。卡洛斯站在一旁，用糖果瞄準汽車猛丟，笑得好病態。一名女孩的臉突然從窗口冒出來，站在巴比身邊。是黛安，我們那群朋友中少數幾名女孩之一。

「哈囉，大家，」她說，口氣如此輕快活潑，惹得我一肚子火。她靠上巴比的身子，在他的臉頰上輕啄一吻。他們兩個好相配，很健康，很開心，令人放心。我想像，她極可能安穩地躺在柔軟的枕頭上，平靜地在巴比的臂彎中入睡。卡洛斯出現在我身旁。我注意起他輕輕的鬍碴，他的眼睛因為缺乏睡眠而發紅。「我們走吧，酢醬草小姐。」他說。於是我跟著他走上大廣場路。

我們另外一個停駐點是我們的友人潔米她家；我們在一樓的窗戶上，用壓扁的 M&M 巧克力糖黏上一張留給她的紙條。上面畫著一個笑臉，以及如下的文字：

簡單路過。很冷。鬼針草大快樂。10-31-96

儘管我們吵得要命，但潔米卻沒有醒來。儘管我們又叫又跳，其他人也一點都不知道我們曾經駐足。天亮的時候，我們偷了某個人掛在緊閉的窗口外晾曬的一條毯子。我們來到貝德佛德公園大道 D 線車站，倚靠溫暖的購票機打地鋪。尖峰時段的人潮湧入，人們刷著地鐵票卡通過入口閘門，感應器無休無止地發出嗶嗶聲，吵得我們很難好好睡。珊跟我為了保暖，縮曲著身子側臥，一起裹著毯子；這件毯子還有幾分潮濕，我們可以聞到周身散發出一股衣物柔軟精的芬芳。卡洛斯毫無目的地在車站繞圈行走，大聲發表著對於什麼的看法。

「穿著綠色外套的女孩懂得空手道喔。」他之前從牆上撕下一張海報，然後捲成漏斗狀，就成為一個可以湊和著用的擴音器；他這樣拿著對陌生人大聲說話。那名女孩厭惡地望向他。不過，大多數時候，人們根本不理他。「在購票機買票的男人，跳起迪斯可舞來超優。」他持續這個樣子講話，音量逐漸變弱，漸漸聽起來如同遙遠的一縷微細的嗡嗡聲。

在我的夢中，媽媽因為極度飢餓而快要死了。護士與醫生圍在她的病床邊，但已無能為力。在旁邊的地方，可以看見一個個保鮮盒裡冒著熱氣的食物，一起放著托盤上。她聞著食物的味道，輕輕哭著想吃，但只有我去餵她，她才要吃。當她等著我的時候，她身體裡面的水分逐漸流失，整個人皺縮起來，像一顆葡萄乾，眼睛因而凹陷下去。我瘋狂地走在醫院的走廊上，既茫然失落又筋疲力盡，因為太累而爬不上樓梯。當我最後終於來到媽媽的病房中，整個尋找的過程讓我身心俱疲，卻只見到她的床鋪上放滿紅紅黃黃的落葉。

珊輕輕用手肘碰著我，我醒了過來。

而卡洛斯早已不見人影。

在卡洛斯消失之後的頭兩個晚上，珊與我都跑去巴比家過夜。在他的小房間裡，我們努力待在床墊上，不胡亂走動，行事盡可能低調。我們清洗所有用過的碗盤，睡過的被子也折疊整齊，希望像個隱形人般住在他家。雖然無可避免要使用浴室，但我們兩人盡最大的努力一起洗戰鬥澡。至少吃東西可以依靠意志力死撐，不到餓得發慌，絕不動用他家的食物。巴比很開心見到我們；我看得出，他幾乎沒有注意到我們掩藏痕跡的努力。我想，這樣也還不錯。

藉由他的電視機的亮光，我翻著我的日記本，研究卡洛斯的所有留言紙條。

在這些短信上，他永遠署名「愛妳的老公」。第二晚，我蜷縮著身子，躺在珊的旁邊。我真希望自己從未認識過卡洛斯。

第三個沒有卡洛斯的晚上，我們在布朗克斯科學專科高中（Bronx High School of Science）入口處邊的一個面積很小的屋頂天臺上過夜。我們俯視著與其校園相連在一起的隔壁高中占地廣大的足球場，空無一人，夜間看上去有一股鬼怪的氣氛。天空一片灰雲湧動著，大風發出鬼魅的回聲颳掃著我們。珊與我狼吞虎嚥一包鹽醋口味的薯片，然後仰躺在光禿禿的天臺上入睡，很冷，我們兩個如同石頭一般無語。這一晚，我們彷彿是地球上最後還活著的兩個人。

第五個晚上，我們走路、整夜搭地鐵，最後試著去朋友家過夜，累得跟狗一樣。珊於是提起了中途之家的話題。由於我們餓得發暈，早已沒力氣講笑話，所以珊是認真的。那時，我們走進湯尼值大夜班的餐館，準備去洗手間梳洗，但看到食物與聞到食物，對我們來說，實在太折磨人了。我們穿過黎明前會遇見的典型跑夜店的人群。明顯可見，他們魔幻的夜晚時光已經過去，所有的分寸與矜持都已消失：身穿亮晶晶衣著的女人，臉上的妝花了，露出胸罩的肩帶，靜靜坐著，而男人渾然忘我，挨近她們倚靠著，兩手隨意亂伸。一對對散發酒意的男女坐在包廂裡，吃著豐富的早餐，有炸薯餅、煎蛋與一大杯柳橙汁；看在眼裡，在在使我想尖叫。

「我的味道聞起來像麋鹿。」珊在洗手間說：「莉姿，唉，該怎麼說呢？」她一邊在洗手臺上刷洗她的褲子，一邊回過頭繼續說：「我知道妳說過聖安之家很爛，但我開始覺得很難相信。」她從金屬給皂器擠出好幾次粉紅色的洗手肥皂液，然後揉搓在衣服上。

我剛好經期來了，沒有衛生棉，只好一次又一次小心折疊衛生紙替換。

「珊，我才不管會怎樣，反正我是不會讓我自己又被關進監牢裡面去。」

「嗯，可是我真正在意的是，可以吃到東西與睡覺。妳至少應該這樣想看看。」

不過，我們後來先當起扒手來。

幾個鐘頭後，當C城超市的大門打開，我們假裝成顧客溜了進去。我們兩隻手快速掃掠過一遍，不管是冷的、辣的、甜的或會沙沙作響的東西，全收進了我們的背包裡。我們從前門溜出去，感應器叮噹大響，我們奮力往前疾衝，進行大逃亡，不過沒人追上來，我們直接跑進附近一所中學的操場去。我們坐在遊戲區的立體方格鐵架上，撕開食物包裝，把麵包、乳酪與火雞肉通通往嘴裡塞，快速咬一咬，因為嗆到而咳嗽，還一邊笑出聲來，而且直接就著柳橙汁紙盒狂灌。

那一晚，我跟珊一起躺在巴比那棟公寓的樓梯井平臺上，思考著我的種種選項。我考慮著重返磚頭家的可能性，但旋即否決它。敦比亞先生已經說過，只要我持續曠課，就會把我送回去收容機構，而現在，我已經好幾個月沒有上學。我是絕不會回去中途之家的。但是，一直在街頭流浪也行不通。我可以去超市幫顧客打包賺取小費，但是過去幾年來，有關童工的法律已經愈來愈嚴格執行。現在打包的工作都是由二、三十歲的男人擔任，他們通常是移民，而且是超市正式聘任的員工。至於去加油站幫人加油，我現在年紀已經比較大，我怕我這麼做會讓我真的被逮捕，所以這個賺小費的作法只能做罷。我真的毫無頭緒自己應該怎麼辦。我一時衝動，跑去公用電話，撥起磚頭家的電話號碼，希望能聯絡上莉莎。結果是磚頭接起電話，所以我直接掛斷。過了幾小時後，我再度撥看看，這回是莉莎接聽。

「嗨，還好嗎？」我說。

「莉姿？妳到底人在哪裡啊？」她的語氣聽起來充滿厭惡與氣憤；她實在攻擊性太強，我真後悔打電話找她。

「我人在公用電話亭啊。莉莎，對了，我要問妳，有關珊的事情，是妳去跟磚頭打小報告的嗎？是妳嗎？我想要知道一下。」我決定跟她直接對質這個問題。

「莉姿，我沒有。」

「莉莎，真的嗎？妳沒做？」

「沒有。我真的沒有。」

我相信她。「好吧……我最近事情一團亂。」

「莉姿，妳應該回家來的。」

絕不，我腦子裡想著。

「莉姿？妳有在聽嗎？」

我沉默無語，莉莎的問題懸在我們兩端之間，我感受到來自她那一方的質疑的重量。

「媽媽的情況怎麼樣？」我最後打破沉默問道。

現在輪到她不發一語。莉莎太久沒有講話，讓我以為我們的電話斷線了。「妳應該去看看她，」她答說：「她可能沒多久時間了。妳真的應該趕快去看看她。」

接下來的那個晚上，我們去到湯尼的小餐館，請求他招待我們免費吃一盤薯條。當我們滿懷期待等著我們的薯條時，卡洛斯突然走了進來。乍看到他時，我可以感覺自己的體溫迅速上升。我不知道自己是否該問他，他去了哪裡，他不見人影的原因，或者，一切的疑惑就算了。

「喔不會吧，不會是他吧？」珊蒽人注目地說。

當他走近，我起身抓住他的手臂。這麼多天沒見到他，才讓我了解，我有多想念他的擁抱。鬆了一口氣的感覺，取代了憎惡的情緒。正當我要上前抱他，他舉起手，示意我站回去。

「小姐們，」他溫柔地說。就在這時候，我看見厚厚一疊百元鈔票，用橡皮筋捆著，砰地一聲落在桌子的正中央。然後我才注意到，卡洛斯剪了一個新髮型，而他身上所穿的軍裝風綠色衣褲也是新的。

「那裡有多少錢？」我問；我從來沒有一次看過超過幾百塊錢的現金。

「就足夠點個漢堡吃。」他眨了眨眼睛。湯尼送來了一盤薯條，但他都還沒放到桌子上，卡洛斯就輕巧地彈了一下手指叫他拿回去。湯尼瞥見桌子上的鈔票，以一種受騙的表情看了我一眼。珊注視著錢，大大地尖叫了一聲。

「你們有這麼多錢啊。」他喘著氣說。

「沒錯，老兄。所以要好好把握，對不對？」卡洛斯繼續跟湯尼講話，不過卻微笑看著我們。「我們要點辣炒雞肉，還有活跳蝦……還有愛爾蘭式巧克力蛋糕，別忘了要切好。」湯尼記下我們所點的餐，大惑不解，不過乖乖照做。當他走開，卡洛斯吹了一聲口哨叫他回來。「那桌跟那桌都是我買單。」他以下巴指著一桌，用手指著另一桌。

「沒問題。」湯尼聳聳肩。

嘴巴裡面充滿口水，不敢相信我們點了那麼多的食物。桌上的那疊鈔票彷彿回望著我們三個人。珊與我靜靜坐著，臉上掛著微笑，耐心等待，而且提高警覺；我們原本的怒氣，如同稍縱即逝的夢境一樣變得不可捉摸。在那一刻，對我而言，真實的只有珊、卡洛斯，以及我想像中即將端過來的大餐。在我吃著蝦子時，卡洛斯在我臉頰上重重吻上一記。

「我愛妳，小女孩。」他輕聲細語。

蝦子的味道卻不太對勁地，混合起他的話語的餘味。

08 汽車旅館

我們在迪根快速道路（Major Deegan Expressway）十一號出口附近，住進一家汽車旅館；我們在那兒，享受著這輩子最棒的淋浴設備。我轉開滾燙的熱水，把我的身體沖得通體發紅。卡洛斯新買的一臺攜帶型CD播放機，正放著歌手R.凱利（R. Kelly）所唱的〈我相信我能飛〉（*I Believe I Can Fly*）。我的衣服質料如此粗糙，而且到處都有污跡，穿上身，覺得真難受。我拿起旅館的毛巾像回教徒那樣包住頭髮，然後走進房間。

房裡出奇地冷。感覺有冷風凍僵我髮濕的腦袋，並且讓我的手跟腳都生出雞皮疙瘩。

「暖氣有開嗎？」我問珊；她已經用毯子把自己裹住，俯臥在一個加大雙人床上，用手撐著自己。

「沒有。」她答道：「不過如果妳鑽進被子底下，會感覺好一點。」她用眼睛示意另一張床。

地毯是黃沙的顏色，有長長的絨毛，赤腳踩著，有一種令人安心的柔軟觸感。牆壁由木板鑲嵌而成，上面刻畫著之前房客留下的塗鴉字跡：「傑森永遠與瑪莉亞心心相映！」；「洛基與潔西卡生生世世永不分離，2-20-89」。香菸的餘味讓空氣聞起來有一絲辛辣感，而所有可以攜帶出去的小家電，全都拴在旁邊的牆壁上。桌子上，五十元與百元的鈔票宛如一副雜亂的紙牌攤放在那裡。本季第一場新雪，輕輕敲著窗戶的玻璃。

而窗戶外頭，卡洛斯正站在那裡講手機——這個新玩意，如同我們所住的旅館房間，一樣讓我覺得格格不入。注意起他頭上所堆積的雪花量，我不安地想著，是否我在淋浴時，他持續一直講電話。他笑了起來，屋裡聽不到他的笑聲，不過看起來像在跟誰打情罵俏，如同他在街上跟隨意遇上的女孩講話的樣子一樣。我感覺在那些姿態中，彷彿流露著某種虛偽欺騙的成分，這也使得汽車旅館蒙上一層詭怪的氣氛。我望向珊，她正吃著麥當勞的吉事漢堡；那是我們之前開上得來速車道買來的。儘管我憂心忡忡，但看著她吃東西，安穩地裹在厚厚的毯子中，真的感覺很好。我們過去一陣子實在走了太多路；我們真的需要一個地方好好休息一下。

「珊。」

「小姐，我了解，別開口，」她對我說：「他會進來的。就這樣。」

「珊，」我走向她：「我覺得我們要當心。」我回過頭確認一下卡洛斯還在講電話。「我們應該要開始找房子。我們要找到一個住的地方。這樣我們才可以去找工作，然後也許明年可以回學校上課去。但一切都要我們先安定下來才有辦法。」

「我知道啊，」她說：「我也很想找到個地方住啊。」

「對呀，我們應該把這件事排在第一位。妳不知道，我老是覺得這整件事不對勁。」

卡洛斯走進房間，拍掉頭上的雪花，然後瞪著一雙金魚眼，像卡通人物一般，從雙唇間吹出氣來。

「呼、呼，我剛剛在外頭，連乳頭都凍僵了。」他一邊搖著手臂，抖掉雪花，一邊說。我們太過安靜，顯得並不覺得他的話有趣。

「小姐們，怎麼了？」他以誇張的困惑眼神環視房間一圈，繼續說：「妳們看起來就像有人偷了妳們姊妹淘的貓。」有那麼一會兒，我擔心自己可能把事情想得太嚴重了，不過，反正我還是把話給說出來。

「沒什麼事……只是，現在你拿到遺產了，我們需要來找找房子了，對吧？你之前消失了一陣子，那很讓人驚訝。我們真的承受不起更多的驚訝了。」

他停了一下子，擺出暗示他遭到很多限制的表情。這讓我感覺自己可能逾越了我們之間的界線。

「酢醬草小姐，就像我說過的，我需要讓自己的腦袋清醒。要去拿爸爸的錢，真的很不可思議，所以我必須獨自一個人去弄。而且我又不是不再回來。不是嗎？」

「對啊，卡洛斯，我們都明白。」我撒謊，因為太緊張而無法直接與他話中的反駁意味針鋒相對。再加上，我發覺自己正落入所謂「永遠搞不清楚他在幹嘛」的那群人裡面；我害怕，如果我追問他到底跑去哪裡，或是這筆錢果真是遺產嗎等等問題，會使我失去他。

「嗯，要是妳們信得過我，那就要表現出來，要對我有信心。」他突然大聲說道。

我動也沒動，而且一言不發。珊望著我，彷彿等著我給她行動的指令。卡洛斯看看我，又看看珊，然後又重複看了我們一回，瞇起了眼睛，淘氣地笑了起來。他動作緩慢地從床上舉起一個枕頭，以口哨吹出過去西部片中兩強遭遇時所會播放的主題音樂，現場的氣氛為之一變。珊露出笑臉，開始一點一點離開卡洛斯的附近，準備投入遊戲之中，卻也同時放我自己一個人仍舊板著臉。卡洛斯揚起了眉毛，像要丟出套索一般，抓著枕頭的手臂轉著大車輪。我向後退了一步，儘管很挫折，但也輕輕笑了出來。要怎麼忍住不笑呢？他看起來太滑稽可笑了。

「嘿，我們會去找房子啦。」他說，然後用枕頭擊打我的肩膀，接著很快越過床鋪拖住珊的腳踝，馬上也給她一擊。「兩光姊妹花！」他噘著嘴以童音喊出口，毫不留情用枕頭來回掃打我們兩個。「乞丐姊妹花！妳們居然不相信我！」珊努力抓著床墊，又叫又笑。我再也忍受不住，順手抓起另一個枕頭，以全身的力氣對他的背部猛打；不過這對於他像顆會動的大石頭般的強壯身體，可說毫髮無傷，但我每打一次，我的憤怒也愈加鮮活起來。我們相互愈挨愈近狂打，到最後我們手腳打結，在笑聲與汗水中，彼此堆在一起，紛紛倒在發臭的地毯上。卡洛斯首先重新站起身。珊與我上氣不接下氣，看著他把上衣拉整好，走到梳妝臺去，拉開最大的一只抽屜。

「妳們要看看這個的。」他說。

他抹去額頭上的汗水，丟給我一份厚厚的報紙。那是一份《紐約郵報》（New York Post），已經翻到分類廣告欄。

「這是幹嘛？」我問。

「妳看，達美樂披薩（Domino's Pizza）、牛絞肉、義式辣香腸……」他說：「這是分類廣告，酢醬草小姐。這要幹嘛？我就是為了我們大家在找房子，好重新開始新人生！」

我拿著報紙湊近細瞧，果然看見房地產欄上，有黑筆畫的線。而在旁邊的空白處，有卡洛斯手寫的好幾個電話號碼，其中一個還圈了起來。

我的心底突然對於先前不信任他的想法，充滿後悔之情。我可以從他的眼神中，看出我自己是多麼自私。那是他過世父親的錢，我卻還一直找他的麻煩，只因為我一文不名，沒有卡洛斯的幫助，我根本沒辦法走出困境。我悔恨不已，決定要立即補償我的過錯。

「卡洛斯，」我開口，一邊從地上爬起來。但他舉起一隻手叫我別說話。

「妳們聽好，」他笑著看看珊、看看我。「今天晚上……今天晚上，好，我們要這樣辦。我們要好好玩一玩。一起忘掉那些事吧。趕快穿上妳們最好的衣服與牛仔褲，今天晚上，我要帶妳們出去溜達一下。」

我們搭著計程車進城，去到一個卡洛斯說我們一定要見識見識的神祕處所。我這輩子還沒見過誰搭一次計程車花上三十塊錢。卡洛斯坐在前座，講西班牙語跟司機開玩笑，一邊轉著收音機的旋鈕，可以聽見搖滾樂或嘻哈歌曲。當他不轉了，我們聽到騷狐狸布朗（Foxy Brown）的〈帶我回家〉（Get Me Home）轟轟然響起，因為卡洛斯將卡帶送進了前面面板中一個看不見的播放器裡面去。珊與我在後座隨著重低音喇叭上上下下震動著，窗戶旋下，風吹亂我們的頭髮。我們因為很開心，洋溢著笑意。外頭的天空轉暗，只見一片深沉的藍紫色。我在車窗邊稍微探出了頭，呼吸著晚秋涼冷的氣味，空氣中有一股新鮮的濕氣，彷彿即將有一場暴風雨來臨。開著富豪汽車的一家人快速超過我們的車，可以看見小嬰兒繫在後座的嬰兒安全椅中；有一些車子裡則坐著正常的青少年。他們尋常的生活，正好映襯出我們是如何缺乏秩序、不按理出牌。

我們是一幫適應不良的孩子、野性不馴的青少年，想要共同努力開創出另類的人生軌跡。冒險的過程屢屢讓我驚惶不安，卻也同時帶給我激動興奮，而有關我們未來的動向，則取決於卡洛斯要帶領這一切往哪兒走，以及他是否可以信守承諾。

那個神祕處所，位於中國城中的摩特街（Mott Street）上，是一家破敗的廣式點心小餐廳。卡洛斯要求女服務生為我們清理出一個特別的包廂，位在餐廳入口處附近；他們兩人互稱名字，互動親熱。在他的堅持下，女服務生不為我們打開菜單，卡洛斯全憑對於菜餚的記憶，點了一整桌的食物。他只是眨眨眼，並沒有解釋他為何可以辦到。我們笑臉相迎，不走打破沙鍋問到底的戲碼。

坐在那裡，我再次迷戀上卡洛斯。整個晚上是如此不可思議，像超現實電影——彷彿他可以走進一個地方，然後就改變了它；他使得一整區中國城的狂野夜景更顯燦爛，燈光映在潮濕的瀝青馬路上有說不出的晶瑩流麗。卡洛斯有耍猴戲的伎倆：他跑進廚房，然後跟著女服務生出來，一起為我們上菜；他用餐巾紙為我折出一朵美麗的玫瑰。我的眼睛無法從他身上轉開，他活力旺盛，他瀟灑的臉龐，在在令我傾倒；我們偶爾會互換一個親密的眼神，我總是因為難為情而低下頭。

珊開心地大笑，我從沒見過她笑得如此狂放不羈，她看起來真的快樂洋溢。我也很快樂。這一晚如夢似幻，我告訴自己，生活就應該像這個樣子，充滿著簡單的快樂。也許，有卡洛斯在身邊，就可以擁有這樣的快樂。

我們後來回到汽車旅館，卡洛斯站在我的前面，正一個人哇啦哇啦跟一臺飲料販賣機理論，因為飲料罐卡住，他想把投進去的錢要回來。機器瑩亮的燈光照著他的臉，使他的雀斑轉成棗紅色，而雙眼則更明亮有神。他說話的嗓音聽起來與機器的嗡嗡聲很相配。正是在這一刻，我決定跟他上床；我終於鼓足了勇氣。我們在一起已經持續三個月，而我現在知道，我已經可以做看看。我對自己說，這樣做，可以讓他知道，他對我有多重要，而且可以重新穩固我們近來有些鬆動的關係。卡洛斯輕輕搖著販賣機，汽水罐終於咚咚掉了下去。他就是有辦法做到這樣的事。

飲料放入床邊一個裝有冰塊的桶子裡面。珊已經離開，去找奧斯卡相會；所以，整晚會有好幾個鐘頭，只有兩個人獨處在房間裡。我可以肯定，他感覺得出我心中的決定，因為，不管是對什麼事情，我都笑得過於大聲，而且我講起話來，手舞足蹈，我們就像兩隻放出囚籠的鳥兒一般。我沒辦法採取主動，我也不需要；我根本不需要動。事情並無疼痛感，我只是感受到他龐大身體的重量，還有乳液的強烈氣味，以及他溫熱的氣息。出乎我的意料之外，我的第一印象是，跟他肌膚相親，比我預期的還要空虛許多，而且是發洩多過取樂。

我感覺一切離我很遙遠，使我無法集中精神；我分裂成與他交歡的身體，以及恍惚出神的心靈兩部分。但他並沒有注意到我的情況；他只是在我上面一直動作著。有那麼一刻，我真討厭他這麼做。不過，我決定要努力袪除這些不好的感覺，我尋找他的視線，可是他兩眼閉上。我於是理解到，性並不必然是兩人共享的過程。性是你跟某個人一起做，但你的感受卻可以與對方無關。性並不必然會使你們更接近。事實上，它反而能放大你所感覺最有所差異的部分。性可以為你揭顯你自己孤獨的一面。珊曾經告訴我，性可以為愛情加分，但我當時並不覺得卡洛斯愛我，而且，我也不覺得自己愛他。

當他結束後，他從我身上翻開，去打開一罐百事可樂。我請他遞給我另外一罐，喝了一口，讓冰涼的刺激感流過咽喉，而我一邊則想在房間裡找到一個可以讓目光停留的地方，除開他或除開我們，我只想盯著其他的東西。完全沒有珊口口聲聲所說的「酥麻的癱軟」。

那天下午，珊已經在那一張床的床頭上，黏起從雜誌上撕下的搖滾明星的海報；他們一個個看起來都有點瘋癲。她也將衣服、襪子洗好、折好，收進梳妝臺的抽屜裡。比起之前幾週的生活，這確實穩定多了，我們都覺得很感激。外頭下著薄雨，積在窗臺上，形成一個個淺淺的小水窪，映著旅館招牌的霓虹燈光。我感覺已經離家好遠好遠了。

在汽車旅館的接下來的兩個星期，卡洛斯在我們所住的這間房間隔壁，又租下另三間房間。他的行事風格開始變得不一樣，舉手投足更有權威感。金錢改變了他，而藉由金錢的力量，他也改變了與我們有關的一切。他跟巴比、黛安、潔米、菲夫，與我們那個小團體中其他幾個關係較遠的成員，都成為好友；所有人都想來我們這裡晃一晃，體驗逃離父母、睡在陌生房間中的樂趣。卡洛斯於是為他們租下其他的房間，而如此一來，他便成為他們這一幫人的小頭目。入夜後，他會叫來三部計程車，一個個把我們這夥人接走，然後帶每一個人去格林威治村打牙祭，或是去第八十六街打撞球，或是前往時代廣場（Times Square）看電影。他在西四街的餐館，打賞他最喜愛的女服務生五十元的小費，不過他是在叫她微歪著頭、掛著笑臉、行屈膝禮後，才掏出錢給她。這一件事，再加上卡洛斯近來所開的一切玩笑，都逗得每一個人——擠滿三張大桌子、差不多是十二個的新朋友——笑得東倒西歪。

而且，卡洛斯做事情也變得愈來愈注重起行動的機密性來。他會找來菲夫或者潔米，或是其他任何一位有空的我的那群朋友，固定搭乘一部計程車，神祕兮兮地前往一個不對外透露的地點。我總是被告知，那些都是屬於私人的行程，而且被要求留在房間裡等候。他只要講手機，一定跑到房間外面的陽臺，像是在處理什麼絕對機密的事情，詢問他是怎樣的電話，已經變成禁忌的話題，即便他是在跟我的朋友們打電話。我完全不清楚這些電話的細節，而那些神祕的行程，我也一無所知，但這種種事情卻讓我思考起，比如潔米在卡洛斯講話時，仰頭開心笑著的樣子；為何她，像其他女孩子一般——或是，所有在我們身邊進進出出的朋友或朋友的朋友——可以如此輕鬆自在地接近他的身邊，去觸摸他的手臂或捏他的臉頰？「你的雀斑好可愛喔。」黛安有一次坐在他的大腿上，這麼對他說。他跟我的一些朋友分享只有他們了解的笑話，而我只能毫無頭緒晾在一旁。珊有時會說溜了嘴，洩漏了一些她與卡洛斯兩人間不應對外透露的對話。這是我第一次經驗到討厭她的情緒，而大約就在那一陣子，我們兩個也停止了私密談心的互動。那次的分裂，在當時感覺起來，彷彿會永遠持續下去。

然而，我卻無法直接講出我的想法，我真的不敢講，但在我的心裡，著實存在有兩項疑點。首先，從卡洛斯與我的友人們的那些神祕行程，可以猜測出，他可能在進行販毒的勾當。我會這麼想，是因為，他看起來跟我以前老家那一區的藥頭的行徑愈來愈相似：他始終穿著一條垮褲，這藏起東西來很方便；而手中的呼叫器與手機，都方便供藥者與嗑藥者找得到他的人；而他所佩帶的拉丁王念珠項鍊，有時他連洗澡時也不脫下來，則指涉著他重回幫派的可能性。

另一個恐懼之點是，他背著我，劈腿某個女孩，說不定就是跟珊有一腿。有關這項懷疑，我並沒有任何證據；它只是一種感覺，宛如一塊石頭，落在我的肚子裡。

我天天疑心疑鬼，成為最沒趣的一個人。我觀察著卡洛斯的行為，仔細注意他的花費，好心提醒著，他每天的開銷有好幾百美元。我會提及找房子的計畫，告訴他大家一起分著吃，飯錢才不會太貴，並且直接指出，我們不需要搭計程車，地鐵一趟才要價一塊二五而已——聽到我這麼說的每個人都失望極了。他收藏著那些銀行開出的收據；他告訴我說，他很快會開始存錢。在此同時，我又覺得我應該放輕鬆，好好享受生活——畢竟，在我們經歷過那種種的事情後，我們不都值得及時行樂一下？為何我突然變得如此嚴肅？他的吻都是粗粗的一啄，老弄得我皮膚發癢。

在卡洛斯招待眾人玩樂的晚上，我偶爾會到樓下的公用電話那兒，打電話到磚頭家。有時候，媽媽在家；有時候，莉莎告訴我，媽媽又住進醫院了，而她說起話來，透著嫌惡、公事公辦的語氣。有一次，是媽媽接起電話，她希望我回家時帶更多的枕頭給她，然後繼續告訴我說，馬路又大又寬，只要開車進來，把四面牆壁刷上油漆就好了。她的聲音聽起來如同充滿困惑的小孩，使我的喉嚨一時感覺如同剃刀割過一般。我努力不要掉下眼淚，但從我在第四十二街上的圖書館裡所翻閱的書籍看來，我知道，愛滋病的患者末期會有「癡呆」的症狀。莉莎突然把電話接過去。

「莉姿，」她說：「我不知道到底妳在幹嘛，但妳可能要想一下，是不是要花多一點時間來陪媽媽。妳可能以為妳還有的是時間，但事實上，並沒有。」她的聲音充滿憤懣，但我沒辦法開口告訴她，我有多怕去探望行將死去的媽媽。我只好盡快應付一下，好掛上電話。

那天晚上稍晚，卡洛斯搞起了一個雷鬼派對，收音機的音樂震天價響，他在床鋪上跳來跳去，房間裡擠入好多人——結果導致我們一群人被趕出旅館。我們只好搬往另一間汽車旅館；這棟帶有陽臺的老式二層樓的建築，位於一條偏僻的馬路邊，而架在其上的粉紅色霓虹燈招牌，閃著「馮·科特蘭汽車旅館」（Van Cortlandt Motel）字樣。我們所入住的房間，浴室窗戶面對著馮·科特蘭公園的開闊景觀。卡洛斯看了看說，我們在這裡要多吵都沒問題。他把舞會的人群一起帶過來，我求他再多租一個房間，好讓我可以睡覺。我們才一分開，菲夫的表妹，一個名叫丹妮絲（Denise）的白人女孩，戴著大大的耳環，對著我吹破口香糖泡泡，立刻挽起卡洛斯的手臂。我拿起珊、卡洛斯與我的一些東西，往隔壁的房間走去。

我放下東西時，瞥見卡洛斯之前寫上房地產商電話號碼的那份報紙，剛好從一個裝著衣服的袋子裡給擠了出來。我跟旅館櫃臺那邊說我要撥外線，於是我打了他用筆圈起來的那個號碼。

「喂——？」一個女人的聲音接起了電話。她叫作卡崔娜（Katrina）；她在某個撞球店當服務生，完全不曉得有公寓要出租的事情。我的雙眼噙滿淚水。當她反覆問起我如何會有她的電話號碼時，我掛掉了電話。

「閉嘴！」我對著天花板說：「什麼都別說！」

那個晚上，我一夜無夢，我一個人躺在這個空洞的房間中，呼吸著香菸的陳腐餘味，而我的男友、我的好朋友，以及其他一群陌生人，正在隔著幾個房間遠的地方開派對、喝酒、抽大麻。

隔天早上，卡洛斯與珊一起站在我的床尾；我聽見卡洛斯的聲音而醒來。

「嗨，動感的酢醬草小姐，妳要不要去吃點早餐？」

「其他人呢？」我問。望著明亮的陽光，我可以看出現在時間還早，我猜他們可能一時還不想睡。

「都走了。」他答說：「差不多一個鐘頭前就結束了。」

珊撫摸著肚子，發出一聲誇張的哀嚎。

「啊，好餓說。」她說，一邊把細細的手臂放上前額。「好想吃東西喔。」

在這一刻，我不得不做出選擇。我是可以去質問卡洛斯有關電話號碼的事情，抓住機會細數他的行事風格，不過，我也可以放掉不管，任由事情推著我走。我瞅著卡洛斯，有那麼一瞬間，他變成如同我初次遇見他那一天那樣陌生——既神祕又狡猾。但當他面露微笑，不知何故，他又再度恢復成熟悉的人。我對他的感覺，轉瞬間可以天差地遠。他到底是如何想我這個人的？如果他可以永遠都那麼好，而且不會讓我挖空心思盡想著我找不出答案的問題，那該有多好。

我坐在那裡，決定放掉不管。我漠視我的憤怒，任由自己隨波逐流。任何其他的作法，都可能會是無意義的。跟他當面對質，會有怎樣的結果？假使我跟卡洛斯吵架，但事情並不是說，我在事後可以回家再想想是怎麼一回事。這裡就是我的家；他們就是我的家人！而如果我表現出一切沒有問題的樣子，也許後來就會如我所願，船到橋頭自然直。

「我們去吃東西吧。」我甩開滿腦子的紊亂思緒，說道。

卡洛斯把我從床上拉起來。我穿上三件毛衣，在頭上套上一頂毛線帽，向珊借了一雙沒有指尖的手套，就尾隨他們出門。走下樓梯，我們發現汽車旅館附設有很小一間的咖啡店；看上去，彷彿已經好幾年沒有人拖過地板或擦窗戶，但可以確定的是，真的很多年沒有人重新為萊姆綠的牆面上漆，不過，烤肉架亮閃閃的，像新的一樣，而且空氣中飄著培根與蛋的濃郁香氣。

「妳們想點什麼就點喔，」卡洛斯說：「跟平常一樣別客氣。」

我點了一份奶油烤貝果，珊也跟我一樣。

「要抹上很厚的奶油喔。」她對著烤架前的服務生大喊；那是一位蓄著稀疏鬍鬚的老男人。「我不怕心臟病發，要很油才可以！」珊一邊拍著櫃臺，一邊以低沉的聲音喊道。群聚在桌子邊的幾位年長的顧客，頓時停下交談，打量著珊的舉動。我們拿到我們所點的餐後，就轉身離開。卡洛斯已先在櫃臺上留下五塊錢，出去外面講手機；他的腳上蹬著一雙淡棕色的天柏倫（Timberland）靴子，踩在新落下的雪堆裡。我環顧四周，感覺這個地方很熟悉，但我想不出來這是哪裡。我覺得自己以前可能來過旁邊的公園或是這家咖啡店。不過是什麼時候呢？我是為了什麼來到這兒的？當我們帶著早餐走回樓梯入口處，我恍然大悟。

「快躲起來，」珊大叫：「喔，我的老天。」我先是四處張望，然後我就看到了外婆。她穿著一件媽媽的長及腳踝的羽絨舊外套，臂彎裡掛著那只褐色的皮包，正直接朝著小咖啡店的臺階走過去。珊會認得外婆，是因為外婆去過磚頭家幾次。她急拉著我躲到旅館外的一個角落。

「珊，我的老天。」我結結巴巴地說：「她住的養老院，剛好就在隔壁！她會打電話給警察舉發我逃家的。我知道她會這麼做。」卡洛斯跑了過來。他並沒有躲下來；他戴上外套的兜帽，用兩隻手拉住兜帽下緣，讓兜帽的開口只剩下一對眼睛可以往外望。

「我們在躲誰呢？」他模仿女孩的聲音，開玩笑說：「我好怕喔。」

「是我外婆啦。她會去舉發我逃家，她會打電話給警察，然後我會被抓去收容所。你不要亂來喔。」

我們一起躲在牆壁後面偷看，注視著外婆在雪地裡慢慢往前走。看見她在那兒走著，感覺如同一場夢境，或是一部爛電影中的某個匪夷所思的場景。我想都沒想，就對這荒謬的景象爆笑一聲。珊的手按住我的肩膀，繼續瞄著外婆的動靜。

「她是怎麼了嗎？」她問：「她走起路來的樣子好好笑。」

直到這時候，我才注意到，外婆走路的方式，甚至不是一步步沿著街道慢慢走。不只一次，她停下腳步，緊抓住胸口，喘一口氣。當她的身影逐漸接近，我看到她的皮膚很蒼白，幾乎是死白。當她最後終於到達咖啡店前，她花了好幾分鐘才爬上那不過才幾階的臺階，而我們一直悄悄地觀察著她的動作。在她走進店家裡面，她整個身體重重地往下坐進一張店中硬邦邦的塑膠椅上。其他的那些客人，我推想也是住在養老院裡的老人，沒有人對外婆打招呼。她自己一個人孤單地坐著。服務生迅速端來一杯茶給她，而她從皮包中拿出一張折疊起來的紙鈔遞給他。這看起來像是已經成為習慣的交易模式。

觀看著這一切，我墜入無比的哀傷之中。我意外瞥見了外婆孤寂的世界；這就是，每次當我、媽媽或莉莎耐著性子聽她講電話時，她始終滔滔不絕所抱怨的生活。我的耳畔響起她的話語的回音。「我在這邊很孤單。我的孫女都不來看我。就算我數著念珠禱告，也沒辦法讓我好過一點。」她總是會這麼說。現在，她的寂寞直接在我眼前搬演，如同一部憂鬱的無聲電影。而我親眼目睹了，這幾年來，我的忽視所造成的影響。

「好怪，」珊說：「我們就像置身在《陰陽魔界》（*Twilight Zone*）的影集裡面一樣。」

「我了解，」我告訴她：「實在太奇怪了。」我往身後望去，卡洛斯已經準備上樓去。我們轉過身，跟著他走，一起走上樓梯。我自忖，依照外婆的觀點，我是否會因為我犯下的罪而下地獄：我導致媽媽發瘋，我在她最需要我的時候棄她不顧，而且我還跟卡洛斯上床。外婆，如果妳更了解我一些，妳就不會希望妳的孫女去探望妳，至少不會希望我去。我已經跟過去每個週六下午聽妳講聖經故事的那個小女孩，很不一樣了。我很叛逆，我忽略所有的事情，尤其我也忽略了妳。

珊對我哇啦哇啦不知講了一些什麼話。

「妳說了什麼？」我問。

「我說，那聽起來不是很瘋嗎？在我離開咖啡店時，那個服務生對我說的話。」

「他說了什麼？」

「『感恩節快樂』。很瘋吧，我一時還聽不懂他在幹嘛。真是個白癡，還想著今天是什麼感恩節。」她說。

「喔，」我回說：「等等，什麼？今天是感恩節嗎？就是今天嗎？」

「對呀，這又不是什麼大不了的事情，誰會在乎這個節日呢？」她說，一邊打開了旅館房門，看見卡洛斯坐著用遙控器轉著電視節目。

我在乎。我真的在乎今天是感恩節，我也在乎我跟這個我所不了解的世界，處於如此失聯的狀態。我心不在焉地啃著貝果，縮著腳靠在卡洛斯的身邊，有一搭沒一搭看著電視新聞，一邊斷斷續續聽著他與珊隨便講著什麼笑話或其他事情。我腦子不停轉著，莉莎這一學期就去萊曼學院（Lehman College）上課了。我突然驚覺，我從未問過她有關這間學校的事情。我一向嘖嘖稱奇於她既能用功讀書，也能照顧家裡，甚至可以應付男友，從不對壓力低頭，也從不曠課。當我理解到，她也成為我的憾事清單中的又一個項目時，我不禁被一股驚恐的感覺所抓攫住。

當珊與卡洛斯最後相繼入睡，我將卡洛斯沉重的手臂自我身邊挪開；由於不敢使用他的手機，我從他的褲子裡搜出幾枚零錢，套上靴子，溜出門去找公用電話。冷風凍刺著我的鼻子與耳朵，當磚頭家的電話嘟嘟聲響起時，我的心也跟著噗通跳了起來。我禱告希望不是他來接電話。

「喂——？」是莉莎。

「莉莎，嗨。我吵醒了妳嗎？」我緊張起來，卻讓我的聲音聽起來頗為輕快。我摒住呼吸，想判斷她是否注意到我的緊張。

「是莉姿嗎？」

「對呀，嗨。我把妳吵醒了嗎？」

「嗯，沒有。妳在哪裡呀？」她的語氣有點困惑，可能我這時候打電話來不太合適。

「我離妳那裡並沒有太遠。我只是想知道妳好嗎？」我真希望我可以告訴她，我發生了什麼事，卡洛斯如何變得難以理解，我們待在什麼地方，還有我剛剛怎麼目睹外婆的孤單無依的過程。但這樣的話題不安全。我不知道她會不會把這一切告訴磚頭，而磚頭後來會聯絡敦比亞先生，然後我的監護權又轉到政府機構裡去。我不能冒這個險。

「喔，我好不好嗎？」

「對呀，萊曼學院上得怎麼樣啊？」

「萊曼學院？」

這實在很傷腦筋，她一直重複我的問句裡的重點，而且在回答之前，都有令人不安的冗長停頓。我可以感覺到她疑心重重、她對我的憤怒，以及她對我的善意沒有信任感。這使我對每一句說出口的話小心翼翼起來。

「對呀，嗯，我只是打電話來問問妳過得怎樣。我想著學校的事情、妳的事情……還有媽媽。」

「莉姿，媽媽人在醫院，她病得很重。她已經住院超過十天了。她現在都會住在醫院裡。她之前還有問過妳的事，但我想妳並不是很在乎，而她這些日子已經不會問了。」

我感覺喉嚨裡哽到了東西。或許是氣溫偏低或是沒睡好覺，使我的思緒一團混亂，但出於某些理由，我並不想與莉莎針鋒相對。我希望我們可以像姊妹般聊天，也許也能達到相互了解的境界。我搜索枯腸，想擠出一點能說的話。

「好，我了解……妳想要我們碰個面嗎？」

「嗯……為什麼呢？妳想要見面啊？」

就我記憶所及，我向來覺得莉莎對我的態度，通常都處於敵意對峙的狀態。也許在許多年之後，會有心理醫師解釋說，在資源稀少的條件下，一起成長的姊妹會發展出競爭的關係——我們彼此爭奪食物、爭奪父母的愛、爭奪所有的一切。而在這一刻，我們彼此在比較誰可以更妥善處理生病的媽媽，而我們兩個心知肚明，她在這一點上勝出。

「我不知道，莉莎。我在想也許我們應該去看看媽媽。」電話那頭再度出現另一次讓人頭皮發麻的沉默。

「好吧，我大約六點可以過去。拿一支筆來記，我給妳媽媽的病房號碼。」

「莉莎……」

「嗯？」

「感恩節快樂。」

「好啊，莉姿，妳也是。我們六點見。」

「您好，我要來看我媽媽，她叫作珍・茉芮。她上個星期從北區布朗克斯中央醫院轉院到這裡來。我姊姊告訴我，她的病房在這一層樓。」

護士小姐檢視著病人名單。

「我來找找……珍・茉芮。好，妳要戴口罩進去。」

「口罩？為什麼呢？」這是第一個驚訝。

「所有來探望接受隔離處理病人的訪客，都需要戴上口罩。而且，妳幾歲大呢？妳要至少滿十五歲，才可以進去。」護士打量著滿臉困惑的我。我想著那些我為了媽媽的病情所翻找的資料——這些處置很奇怪，讓我頗為訝異。

「如果愛滋病並不會藉由空氣傳播，為什麼我需要戴口罩？」我問。

「這是為了防範『TB』，」她說：「妳的母親會咳嗽，會讓妳有感染的危險。這是保護妳的措施。」

「您是說……？」

「小女孩，我說的是『肺結核』。那是肺部受到感染後所生的病：得到愛滋病的人很容易得到這個病。之前妳都沒有戴口罩嗎？別告訴我之前有人讓妳進來，而沒讓妳戴口罩。」

我的頓時臉熱了起來。我記起里奧納德與媽媽他們在學院大道老家的廚房裡，那些總是長達一兩週的嗑藥聚會。里奧納德那時經常不斷在咳嗽，他努力要把痰給咳出來，咳得這麼用力，汗水直冒，從他臉上滴下來，而且滿臉通紅。爸爸那時會說：「老天，聽他這麼咳，你都以為他會直接倒在那裡猝死。」

「我媽媽是什麼時候診斷得到肺結核的？」

「小女孩，我是護士長。我不知道詳細情況。有關這個問題，妳要去問她的醫生。」

她遞給我一個柔軟的橘色口罩。我遲疑了一下，然後把口罩戴上，環視眼前的空間。

醫院裡有一股死寂的氣氛，感覺很怪異。悄然寂靜的空間，使得任何一點點聲音都顯得清晰可辨：遠處響著電話鈴聲，還有好幾部機器所發出的不間斷的嗶嗶聲。甚至對醫院來說，這整個區域也顯得非比尋常地荒涼。這裡完全不像媽媽過去住過的那幾間醫院，護士總是到處來來往往，而到了訪客時間，則湧進形形色色的人。這個地方截然不同。我一鼓作氣向前走，去尋找媽媽的病房。

「往左邊轉過去，一直走到盡頭就到了。」護士小姐在我身後提醒我說。

我經過一個牌子，上面寫著「加護病房」，而另一塊牌子，則寫著「腫瘤病房」。我對於何謂「腫瘤病房」毫無概念，但我想，如果它位於加護病房與隔離病房之間，絕對不會是什麼好地方。我經過一扇又一扇的門，而門後的病患一個個昏迷沉睡，頭部打直，好讓呼吸器的管子可以插在喉嚨上。

「妳需要口罩來保護自己」。我想著，每次媽媽從酒吧回到家來，總是需要我的幫助。我想著，每次當她抓住我時，嘔吐物都已經滲到她的衣服上。我回想起，當我扶著媽媽坐進浴缸，似乎我也發散出混合著伏特加酒的那些濕濕的嘔吐物的難聞氣味；為她清洗時，她經常會咳嗽一陣子，而我們兩個都假裝沒有注意到她赤身裸體與她的難為情。我想著，她九十多磅重的身體，終於躺進乾淨的被單裡面，因為醉酒而昏昏欲睡。我再一次呼吸著護士給我的這只口罩那種「剛剛從盒子裡取出來的味道」，然後決定這根本沒有必要戴口罩。我推開媽媽的病房的門，把橘色口罩從臉上取下。

「嗨，媽。」

沒有任何回應。媽媽的病床四周，圍起棕綠色有網眼的簾幕。我鼓起勇氣拉開簾子，而在我目睹媽媽的那一刻，我花上更大的力氣，才得以隱藏起我一臉驚愕的神色。

媽媽的身形只占據病床的一部分而已。她的臉色泛黃而且緊繃，兩頰誇張地向內凹陷，這全是疾病日漸侵蝕的結果。醫院的被單被踢到一旁，露出她瘦削的身體；媽媽縮著身子躺著，如同一具孩童的骨骼，幾乎沒有讓底下的床墊產生任何綴折。她的手腳布滿小小、紅腫的結痂瘢痕，每一個都隆起成疙瘩般的贅肉。她的雙眼睜得老大，但視線沒有焦點，而她的嘴巴緩慢地蠕動著，幾乎像在說著什麼話，結結巴巴吐出微細的聲音。在這個空氣凝滯的小房間中，只聽得見媽媽吞吞吐吐的話音與她身上所連接的機器所發出的聲響。

我整個人發起抖來。我幾乎不自覺地張開嘴巴，然後才想到自己要說什麼。

「媽？是我，莉姿……媽媽？」

媽媽的回應只是眼睛飄來飄去。有那麼一刻，眼神的焦點落到我的身上，我想我已經引起媽媽的注意，但她的雙眼旋即又四處飄開，而她的嘴巴依舊同樣蠕動著，卻吐不出成形的字句。帶輪子的小桌子停在床邊，上面放著醫院歡慶感恩節的特製晚餐。在藍綠色的塑膠器皿中，原封不動盛著白肉切片，浸在已經結凍的肉汁裡；旁邊有一勺馬鈴薯泥與小紅莓沾醬，也些微浸到一點肉汁。而托盤上，除了放著這份餐點外，還有一個卡通小紙雕，是一隻飾以紅色與金色羽毛的微笑火雞。在火雞頭上有一行字寫著：「感恩的時刻」。

「媽媽……看看我呀。」我坐下來。「我很抱歉沒有快點來看妳，媽媽……」

我不知道該怎麼開口；我的喉嚨感覺被壓碎，堵了起來，連要吸口氣都不行。彷彿就要窒息，我感覺自己淹沒在不允許流下的淚水中。我深呼吸兩次，伸出手握住她的手；但她的手與病床的鐵製床腳一樣冰冷。一接觸，一股冷顫迅速沿著我的手臂襲來。

「就好像她已經死了。」我喃喃對自己說。然後我對她說：「妳現在都已經不在眼前了。」

病房的門喀地一聲打開，引發一股向外吹動的風，媽媽的病床簾子也因而微微飄動起來。莉莎穿著高跟鞋與一件海軍風雙排扣外套走了進來，而她一頭黝黑的長髮則束成一個乾淨的髮髻。她的外表看起來，可以是一位社工師、律師，或是任何擁有一技之長的成人。而我的話，渾身髒兮兮，穿著好幾件毛衣，在靠近袖口的部分，還都有拇指粗的破洞，而我的棕色長髮，既毛躁又雜亂，從我戴的毛線帽下像一團亂草露出來。莉莎往前走了幾步，停下來望著媽媽，然後望著我。

「嗨，」——我們兩個只對彼此說了這麼一句。她迴避與我眼神接觸，拉了一把椅子，靠近媽媽坐下。我的心跳加速起來。坐在她的旁邊，我從她的觀點來評判自己：我是一個高中的輟學生，棄我們生病的母親於不顧，跟著我的不務正業的男友，住在一個不可告人的地點。

「妳來這裡多久了？」她問。

「沒有多久。」

我們有幾分鐘陷入困窘的沉默之中，然後莉莎傾身靠向媽媽的病床，淚水流出眼眶。

「媽？嗨，媽媽。妳坐起來，我們都在這裡。莉姿也在這裡。媽？」

「莉莎，不要打擾她。我不認為——」

「她可以坐起來的。媽？」

媽媽的眼睛快速掃視四周。她的手掌張開，又闔起來，開始喃喃說出莫名其妙的話，聲音比之前大聲些。

「來這裡……來這裡，給我你的靈魂。饒恕我。饒恕我……我會……饒了它。我的跟你們的……你們的，你們的！」她並沒有注視我們兩個人；看不出來她知道我們人在這裡。

「莉莎，我覺得我們應該不要煩媽媽。也許她可以坐起來，但她八成會覺得很吃力。」

「莉姿，妳聽好。上週媽媽在家還會講話，我很清楚，因為我人在現場。她會想知道我們來看她的。」

她的語調流露著輕蔑。當她移動椅子，好更靠近媽媽的臉，我閉上了嘴。她以我完全不敢使出的音量對媽媽講話。

「媽，妳起來。今天是感恩節。我們來看妳喔。」她以溫柔些的聲音說。

媽媽則以更多的胡言亂語回應著。不過，之後，我卻驚訝地看著媽媽嘗試坐起來。她以非常緩慢的動作，先把腳伸到地板上，然後拿開醫療監視器的連接線，我們不發一語看著她拖拉著身後的點滴架，嘗試走去洗手間。當她搖搖擺擺走著這一段大約六英尺的距離，我上前扶住她，而她也一邊用手撐著牆壁與門板來支撐自己。在媽媽轉身背對我們的時候，媽媽所穿的醫院袍子在背部接合的地方飄動開來，於是我們看見她一整個裸露的直立軀體。這幅景象瞬間讓我回想起一些圖片，是我在爸爸那一套公共電視臺所出版的特輯叢書，其中一本談到有關納粹大屠殺的主題所看過的。當媽媽站著不動時，我可以清楚數出她的脊椎有多少節；這些骨頭看起來，就像是單車的車鏈上一個個的金屬小鏈環，只不過上面覆著一層緊繃的皮而已。她的骨盆顯眼地凸出來，而她的臀部或大腿，則完全沒有一點脂肪的成分。在洗手間中，我從鍍鉻的毛巾架上，取下一條小毛巾，用水打濕，然後一隻手扶著她脆弱的身體，另一隻手則將她的屁股擦拭乾淨。日光燈管閃爍不定，照著白牆，也照著我們兩個。我咬住下唇，忍住不哭，而聞著媽媽生病的體味，我也盡力抑制自己想咳嗽的反應。「很好，媽媽，我們都幫妳弄好了喔。」我安慰她：「我們會把妳弄得舒舒服服的，妳只要放鬆下來就好。」

「好，小莉姿。」她氣若游絲說著。

處理完後，我握住媽媽的手，幾乎不費吹灰之力，就把她從馬桶座上扶起來；她的體重如此之輕，使我吃驚不已。所有這一切都讓我備受驚嚇。我如此驚恐不安，而我衷心期盼能有仙丹妙藥可以讓她好起來。當我讓媽媽在病床上躺好，蓋好被子之後，我知道我必須離開這裡。

「妳已經要走了嗎？」當我在病房門邊猶豫著，莉莎問道。我整個人在發抖；我需要一個人靜一靜。我的心怦怦跳著；我再也無法在這裡多待一分鐘。而且我不想在莉莎面前失態。

「喔，嗯，因為我比妳早來一陣子……而且，我想先走的原因，是因為我覺得有點累。我昨天晚上沒有睡太多覺。」

「隨妳便。」她翻著白眼，轉身背對著我。

「莉莎，這一切對我並不容易，妳了解嗎？」

「我了解啊，莉姿。我也在面對呀。我知道這不容易。反正我原本就覺得妳不會待太久，所以妳要走就走吧。」她啜泣地說著。

「莉莎，每個人處理的方式都不一樣啊。」

「對呀，每個人都不一樣！」她罵出口。

我自己對於情況會如此嚇人，對於我看到媽媽現在的樣子會有怎樣的感覺，對於無法幫助媽媽的沉重無力感，完全沒有心理準備。我不知道該如何面對這般無能為力的挫折感；我希望莉莎與我可以經由這件事而了解彼此，然而，她卻要我跟她一樣坐在那裡面對這一切，這我一點辦法也沒有。我感到自己受困、動彈不得。如果我硬著頭皮留下來，我並不覺得自己可以處理什麼事。不過，只要我離開，我就只會獲得壞女兒與壞妹妹的惡名。

「莉莎，我必須離開，我只是不得不走。請體諒我。」

我假裝沒看見莉莎翻白眼；然後靠向媽媽，對她說話。那時候，我並不知道，這會是我對她所講的最後一段話。

「媽，我要走了喔，我答應之後還會回來看妳，我一定會的。我很好，我都跟朋友在一起。我不久之後就會回到學校去。我答應一定會去上學的。」我伸到被子底下，摸著她的手。「我愛妳，」我告訴她：「我愛妳，媽媽。」我確實這麼對她說了，但她並無回話，我於是轉身離開，當我來到走廊上，我背靠著牆壁，喘著大氣；我忍住不流下眼淚，我感覺自己彷彿往虛無之境無限下墜。我想要大叫出聲。莉莎這時走出病房。

她瞧著牆壁講話。「莉姿，妳知道嗎，妳就這樣走……那對妳很好，可是真的很絕情。」

「莉莎，這整件事情對我們兩個都不容易，而且我們各有各的難受的情況；我真的沒辦法待在這裡，我真的很抱歉。妳好像覺得我離開這裡就會很好過，但絕不是這個樣子的。沒有穩定的住處，一點都不好玩的，妳了解嗎？」

她表情厭惡地轉身離開，走回病房去；我則反方向走過長廊逃離她、逃離媽媽，往前走去。

那個晚上，卡洛斯在聽過我的醫院之旅後，決定要給我打打氣。為了要讓我忘掉煩惱，我們打算做一件瘋狂至極的事：出門去講究服務的高檔餐廳好好吃一頓，而且要穿著內衣用餐。

「就讓別人指三道四。只要我有錢，他們就會端上菜來。」卡洛斯在計程車上一邊誇示著一大疊五十元鈔票，一邊問著司機：「對吧，老爹？」司機先生微笑著，頻頻點頭，瞥了一眼那疊現金。卡洛斯選了一間位於第二三一街與百老匯大道交叉口外、名字叫作「海陸總匯」（Land and Sea）的餐廳；這家店內的四壁，裝飾著塑膠做成的魚與龍蝦，還有許多塑膠製船舵，並且，粉紅色的螢光燈沿著四面牆照射，以襯托這些裝飾物件。計程車飛快地沿著百老匯大道駛去，在車流中競速狂飆，珊與我不時尖叫起來。當車子停在餐廳門口時，宛如警察駛抵犯罪現場快速煞車停住；卡洛斯抽出一張二十元鈔票付給司機——實際上，我們的車資應該不會超過六塊錢。「有緣再見啦！」卡洛斯重重在車頂拍了兩下，送走司機。

卡洛斯領著我們走到餐廳前方最大的一張餐桌。其他的客人都轉過頭來，注視著一個傢伙跟兩名女孩，在寒冷的冬天，只穿著帶兜帽的運動衫與一條男用四角褲，而兩隻腳僅穿上一雙靴子，就這麼大喇喇走過去。我還戴上毛線帽，頭髮半露。而珊在汽車旅館的一個抽屜中，找到一只舊領帶，她於是在運動衫外結上領帶。

「我們假裝都是英國人喔。」卡洛斯對我們耳語。當侍者跑過來對我們解釋餐廳的服裝規定時，卡洛斯故意用很糟、完全不具說服力的腔調對那個人講話，而珊與我則在旁邊爆笑不已。

「這位先生，在我們的國家，我們這樣的穿著，就是適當的服裝喔。不要用異樣眼光對待你也會穿的小內褲嘛。」卡洛斯繼續盯著那個人看，一邊掏出一疊鈔票，放到桌子上。於是，事情完全不成問題。

我們大啖龍蝦、丁骨牛排與雞肉白醬寬扁麵，還有六道開胃菜。點菜時，我以一聽就知道不對勁的英國腔，胡亂發音，而珊與卡洛斯在旁邊噗嗤大笑。這完全無關緊要，侍者正確無誤端來我們所要的餐點。而我也毫無擔憂之心；我看著卡洛斯數著一張又一張的二十元鈔票，來支付我們這一頓太過分的大餐。我再也不在乎到底要怎樣了；隨波逐流遠比抵抗它容易多了。

我們整夜搭著計程車遊逛，只要一時興起，不管為了什麼理由，我們就會驅車前往一遊，比如：我們去中央車站，躺在大廳地板上，欣賞繪於巨大拱頂天花板上的星座圖；我們也去到中國城的騎樓上，讓卡洛斯可以證明他所說的，那兒真的有一隻關在籠子裡的雞，可以跟你玩井字遊戲。我們也在中國城那裡，走進一間黑白相片的自動照相亭，拍了三排連環照：有一排照片是我們三個一起做鬼臉，另一排是我們三個裝正經，而最後一排則是我親吻卡洛斯——當時感覺他柔軟的嘴唇壓著我的嘴唇，當閃光燈發熱一閃，我閉起眼睛，就留下我們兩個人的側面照。

「他真好，」我對自己說：「他是真的愛妳的，即便這對他而言，很難表達出來。別忘記這個晚上所感受到的一切。」當晚宛如置身天堂，那些吻，與一整晚的瘋狂遊蕩——卡洛斯的迷人魔術再度起作用。

當天色漸漸浮現一縷縷的晨光，我們坐在這一晚所搭的最後一輛計程車中，駛入福特漢路上的白色城堡速食連鎖店（White Castle）的得來速車道。我們原本只是要買奶昔來喝而已，但卡洛斯出乎我們意料之外，突然順便點了五十份漢堡。車子沿著韋柏斯特大道（Webster Avenue）、大廣場路與百老匯大道颼颼飛馳而過，我們一邊從車窗扔擲出一個個熱熱的漢堡，打到路邊停放的車輛、郵筒，以及店家拉下的鐵門。「呼啊！」卡洛斯每丟投出一個漢堡，就這麼大吼一聲。

回到汽車旅館內，我們紛紛伸起懶腰打呵欠，一大袋油滋滋的漢堡直接放在旁邊的地板上。我在卡洛斯的臂彎中睡著；自從我們那晚首次上床後，我還未曾跟他如此親密睡覺。我雙手環著他的胸膛，頭枕在他的胸口上聽著他的心跳聲。他輕輕在我的前額上吻了幾記，然後說：「酢醬草小姐，我說過，我要給妳打打氣。我明天希望可以再次看見妳的笑臉，不然我們改天又要光著屁股去搗蛋了。」珊躺在她的床鋪上咯咯笑得兩腳亂踢。我再度深深著迷於卡洛斯的魅力——他的吻、他的氣味，與他可以讓我安然休憩在他身邊的神奇魔力，把我從心底逐漸擴大的空洞感中拉出來，並飄飛起來。

接下來三週，我不停告訴自己要記得去探望媽媽。我真的很想去，不過，實在太容易被身邊的許多小事分心，比如，我好說歹說終於把卡洛斯帶去一家房地產仲介公司，我們在那兒填了資料，而且訂了好幾個看房子的約會。我們想在貝德佛德公園大道上一棟安靜的住宅大樓中，租一間兩房公寓，就像我們原本所計畫的一樣，絕對不要住在太龍蛇雜處的地方。而同時間，我努力維持我們的生活空間，盡可能地乾淨清爽。我每天整理床鋪，並且把被單四角也整齊塞好，如同我們搬進來時，旅館清潔人員所做的那種水準。由於我們總是把房間弄得跟垃圾堆一樣，所以我們的門板把手上，永遠掛著「請勿打擾」的牌子，免得嚇壞清潔人員。珊每天會幫著我，把每個人吃完的好幾個速食包裝盒連同垃圾拿出去丟。

我們在街角的雜貨店，買了一個要價一點八九元的「插電香」空氣芳香器，讓房間散發花香的味道。

我用咬過的口香糖，把我們在中國城拍攝的相片，黏在旅館的鏡子上，而在相片旁邊，則貼上所有寫給卡洛斯的愛情小語。只要我在便條紙上寫下又一則愛的話語，我就用紅筆塗滿一顆顆雞心圖案，給它作為裝飾外框。然後我依例把它黏在相片的旁邊。

卡洛斯，跟你在一起，是我這輩子最快樂的事。

你是我的生命標的；在我最需要你的時候，你始終守候在我左右；你傾聽我，你讓我伏在你的肩膀哭，在一切百無聊賴之際，你逗我笑。深深愛你。

莉姿

我每天都給他寫一則這樣的愛情表白。不過，住在汽車旅館的那幾個星期中，這些充滿纏綿愛意與感激之情的短箋，對我而言，也同時表達著，我們之間的關係是值得我努力去補救的，而且，我真的很開心，我們可以度過如此多的難題與危機。

有一天，卡洛斯出門去找一位老朋友，一個大家都叫他孟都（Mundo）的高大傢伙，而珊與我拿著他留下來的十塊錢，去商店買了一些東西回來。

我們買了一些打了折的美容產品。珊挑了兩瓶顏色亮晶晶的指甲油，還有一罐特大號的噴霧式髮膠。我們在浴室的暖氣片上架著一本打開來的少女雜誌，依照上面的建議作法，我們拿來四包山寨版的果樂（Kool-Aid）果汁，想利用其中的色素，來把我們的頭髮染成「嗆亮紫」與「草莓紅」的顏色，不過，結果並沒有成功。

「妳覺得有效嗎？」我從洗手臺上抬起頭問珊。

「嗯，不知耶。我想是可以看到一些紫色，但我不確定是不是我想太多的關係……那我的頭髮呢？」

我看著粉紅色的水沿著她的臉淌流而來，流經兩眼之間，從鼻尖滴落，不禁捧腹大笑。從她大約一英寸半的頭髮裡，可以清楚看見她的整個頭皮，都是粉粉紅紅的顏色。

「妳看起來超美。」我挖苦她說。

唯一染成功的，只有我們的皮膚與T恤；果汁的顏色都濺到白色的衣服上，產生結染的效果。

我們只好作罷，回到房間，等著頭髮與指甲風乾，一邊觀看重播的《我愛露西》（*I Love Lucy*）影集，一邊等待卡洛斯回來，帶我們去吃晚餐。晚上六點鐘，他沒回來，然後八點、凌晨一點、四點，都看不見他的人影。我想到可以打他的手機，但旋即了解到，他根本沒有想過要給我或珊他的手機號碼。卡洛斯習慣在晚上去櫃臺支付隔天的房間費用，我可以確定他這次離開前並無預先付費。我想著，如果他在中午的退房時間前，如果還是沒有出現，那該怎麼辦？我整夜守著窗口，反覆問珊，她是否覺得卡洛斯出了什麼事。

「有可能。他媽媽在他還是小娃娃的時候，不小心沒抱好，摔過他的頭，這就是他碰到的慘事。別擔心啦，他不會有什麼危險的。他只是個混蛋而已。」

我在早上的時候，使用房間電話，打去求旅館老闆不要趕我們走，並且解釋卡洛斯一回來就馬上付清費用。

「我最討厭有人把小妓女留下來。我們這裡可不是色情旅館。」

「我們不是妓女！」我對他大叫：「他是我的未婚夫！」我扯了個謊。

「小姐，我們正派經營，我們不是嗑藥老鼠窩，也不是妓院。如果不付錢，那就走人。」他掛上電話。

我們後來只好拿著眼前看得到的值錢東西，去跟他周旋：那是一只卡洛斯在我去看媽媽那一天，所買的金錶。冷風鑽進我衣服的每一個縫隙，當我們走去旅館櫃臺時，都用手抓緊毛衣領口為自己保暖。珊跟在我後面沒精打彩地走著。

我盯著講話下流的老闆，他是一位矮胖的義大利裔，年紀大約五十多歲。他雙手分別拿著錶帶一端，舉起手錶在燈光下查看。「這個可以讓妳們待到明天中午。」他說。

「但是這支錶的價錢是一百五十元，而且是全新的。」我抗議道。

「嗯，」隔著刮痕斑斑的玻璃窗，他將手錶收進一只背包中，然後說：「它根本連要換我身上穿的這件衣服都沒辦法，小姐，我是在幫妳們耶。」

入夜時，我們兩個餓得發慌。珊與我把垃圾桶倒出來，開始從中挑撿過去幾天丟棄的剩菜殘羹，找出還可以吃的東西。我們分著吃硬得像橡皮的漢堡，走味的草莓奶油鬆糕，還有一個聞起來很怪的火雞肉三明治。浴室水龍頭的水，喝起來像毒藥。接下來幾個鐘頭，珊與我輪流跑廁所，並且隨時走到窗口張望，希望能看到卡洛斯的人影。腐爛的食物讓我的腸胃一直發出泡泡般的啵啵聲響；不管我怎麼走動，都覺得想作嘔。

天亮的時候，我們兩個癱倒在那張屬於卡洛斯與我的床鋪上，這一張床比較接近房間的門，我們兩個趴在床上，一起望向窗外明亮的停車場。一邊看著晨曦在車子的擋風玻璃上閃著金光，與群集在附近一棵樹結了霜的裸露枝椏上跳飛的麻雀，我們漸漸睏了起來。我們兩個都沒說自己害怕，但在毯子底下，珊抓著我的手，而且緊緊握住。偶爾，可以感覺到寒風在薄薄的窗玻璃另外一面呼號，一股冷風從門板與地面間的縫隙中吹進來，讓我們渾身打顫，珊這時會更加抓緊我的手。

還睡不到一個小時，我因為珊輕輕推我而醒來。當我睜開眼睛，看到她把手指放在嘴唇上，叫我保持安靜。我的直覺反應是，旅館老闆正要走過來，把我們趕走。不過珊對我指著地板。在床腳與老舊的暖氣管之間的地方，我看到，一個老鼠家庭，有一隻大鼠，外加四隻小鼠，牠們在那些我們已經檢查過、覺得太臭不能冒險一吃的垃圾中，繼續翻找可以下嚥的東西。

我們不發一語盯著那些油膩膩的外帶用紙袋動來動去，因為那五隻老鼠一直在裡頭鑽進鑽出。牠們可愛的模樣，使我們兩個這樣靜靜站立睇視著。牠們一隻隻長著灰毛，顏色跟地毯差不了多少，有著粉紅色的鼻子，還有亮晶晶的眼珠。我們依然一動也不動，當最大一隻老鼠叼著食物來來回回，我們發現，牠們的窩就位在暖氣管那邊，在暖氣片最上一排通風管後面的某個地方。

「也就是說，牠們一直可以從那裡觀察我們的動靜。」我悄悄跟珊說。她微微點了一下頭；她的眉毛因為充滿感動而上揚。

「我好喜歡那幾隻小的喔。」她小聲回應我。

「我也是。」我輕輕地說：「那幾隻太可愛了。」

我們看著老鼠直到太陽完全露臉；旅館過夜的許多房客開始退房，然後我們聽見一個接一個車門開關與發動引擎的聲音。這些老鼠從那些外帶紙袋中鑽進鑽出，總共有個十多次，而每次都因為牠們自己所發出的窸窣音響而受驚，快速撤退回去窩裡，然後在暖氣管後面偷窺，而過不了多久，又再度出來探險。

我比珊先聽到他所搭乘的計程車抵達的聲音。一開始我覺得那應該是卡洛斯，因為，當車子愈來愈近時，可以聽見嘻哈音樂的節奏愈來愈響亮。車門打開，然後又關上。珊盯著我看。

「我不知道應該表現冷靜，還是要生氣。」她說。

「我也不知。」我告訴她。我當時理解到，我之所以不知道的原因，是因為，我要等著先看看他的反應。這是我習慣的應對模式：以他人的感受，來定位自己的感受。如果他很高興，那麼我也很開心。

向來都是卡洛斯當家作主，因為我也任由他這麼做。我在這個時候發覺自己居然也要依樣畫葫蘆，感覺很作嘔。

我們待著不動，等著他沉重的腳步聲慢慢接近。聽見鑰匙插進鎖孔的叮噹聲。我的心臟在胸口上噗通亂跳。卡洛斯吹著口哨走進來。

「嗨，」在進門時，他輕鬆打招呼。他的臉顯得疲憊，眼睛下垂，眼袋浮現。他看起來有點異狀。我在猜，也許自他離開到現在，他都沒闔過眼；我很想知道他到底去做了什麼事。他在屬於珊的那張床坐下，渾身散發濃重的菸味。「女孩們，有什麼事嗎？」他以玩笑的語氣說：「我已經準備好來領死了。」他迴避我的視線，坐在那裡，解開靴子的鞋帶。

「卡洛斯，你去了哪裡？」我鎮靜地問他，彷彿質疑他絕不會引發爭論的樣子。

「我已經跟妳講過了啊，我去孟都他家啊。我好幾年沒見過那個笨蛋了。」

「你怎麼不打電話來？」我可以確定他感受得到我語氣中的憤怒。我今天不想吃他那一套了。

他在房間裡走來走去，毫無必要地把東西排好，動一動電視天線，把靴子擺進床底下，也把我們放在浴室架子上的噴霧式髮膠罐調整一下位置，但就是完全不回答我的問題。

「卡洛斯，我在問你耶！」

他猛然把抽屜砰地一聲關上，這就是他的回答。他又拉開另一個抽屜，從裡面拿出一包四角內褲，然後更用力地關上。

「你至少可以打個電話過來啊。」

「我的手錶呢？」他語氣冷酷地問我，自他進門後，首次直視我的眼睛。一股恐懼，刺痛我的胸口。

珊盯著我看。

「你的手錶呢？」我愚蠢地重複他的問話。

「對，我的手錶在哪裡？」他的雙眼呆滯，連一絲溫柔也沒有。

「我們把手錶拿去賣給旅館老闆，讓我們可以在這裡多待一晚，因為你把我們留在這裡。所以手錶在他那裡！」

卡洛斯停了一下，然後往後微彎起腿，用力踢飛垃圾桶；桶子飛過房間、撞上牆壁，翻落在地板上。珊與我嚇得站了起來，而且兩個人挨著一起。我全身發抖。

「妳幹嘛賣了我的手錶？」他咬牙切齒問道。我從未見過他這個樣子，他彷彿著了魔一般。

「可是你把我們留在這裡啊。」我並非有意讓自己聽起來有哭腔。

「哈，但我對妳們並沒有責任啊！」他大吼。

「對我們沒有責任？這就是你想要說的嗎？」我知道他講得沒錯，但他這樣直接點明，讓我既生氣又困窘。「我們昨天跟仲介公司有約，你也完全忘了。」我現在開始哭了起來。

「別跟我講那些五四三啦！」他嘶吼回來。他握起拳頭，接連重重搥了幾次鏡子旁邊的牆壁，震落了我原本貼在鏡子上的愛情小語短箋，一張張像落葉一般飄到地板上。珊緊抓著一個枕頭；這個枕頭沾著我染髮的紫色污跡。然後我們兩個看著卡洛斯衝進浴室，把門摔上。

可以聽見水龍頭強力沖著洗臉臺的聲音，他待在裡頭超過一個鐘頭沒有出來。珊與我有一會兒只是一起坐在床上，不發一語。我覺得自己需要有點事做，所以起身打開電視，讓自己可以暫時分心一下。

「到底是怎麼了呢？」我最後哭著說道，一邊以發抖的手指著浴室。「他從來沒有這個樣子過。」

「我不知道到底怎麼了。」珊悄聲說著。對於目前的處境，我不確定我們兩個是誰比較害怕。但我們都沒有離開，我們只是坐著等待，希望他從浴室出來後，會恢復正常，會帶我們去餐館吃飯、說說笑話，即便這意謂著要去忽略他先前的所作所為。

當卡洛斯終於走出來，他的頭髮濕漉漉的，臉已經刮過鬍子；他從珊的床上，用力扯來一件毯子，沒跟我們兩個說任何一句話，就倒頭在地板上睡起覺來。我很高興他沒有走向我這一邊來。我待在房間另外一邊，花了好長的時間才放鬆下來。

「珊？」

「嗯。」

「陪我去浴室好嗎？我不想一個人去。」

我們一步步小心跨過卡洛斯巨大的沉睡身體。在浴室裡，他的東西散落在粉色、奶油色相間的骯髒地磚上——他的軍裝長褲在地板上堆成一落，一疊鈔票從口袋中伸出來，還看得到一把可棄式的刮鬍刀。洗手臺上到處沾黏著細細小小的鬍碴。當珊坐在馬桶小便的時候，我看著鏡子用水清洗沾在耳後的紫色染料。

「我真的沾得到處都是。」我對珊說。

「對呀，」她用手拍了拍她的短髮腦袋。「我的應該很容易洗掉。莉姿，妳可以拿給我一些衛生紙嗎？」

「好啊。」

在我彎下身從洗手臺底下取出兩捲衛生紙時，瞥見有個亮閃閃的小東西。那是一截短短的、銀色錫箔紙，大小就跟爸媽在老家廚房隨便擱著的白粉小袋子一般大。我目不轉睛瞪著錫箔紙，遞給珊一捲衛生紙後，我就蹲下身子。

在錫箔紙的中央，有很微細的東西，我仔細審視，還剩下很微量的白色粉末。

「珊！珊！」

「怎樣？」

「先別沖水，別說話，妳看一下這個……他在嗑藥。」

發現卡洛斯的祕密惡習後，我原本對他搞怪有趣、別具一格的印象，已經翻轉為帶有人格違常問題的毒癮浪人。接下來的兩個晚上，我都沒有參加，他在旅館的多餘房間裡所舉辦的派對玩鬧活動。這兩個晚上，音樂鎮夜吵鬧不休，而計程車來來去去，送來一個又一個朋友：有菲夫與他住在揚克斯市（Yonkers）的表弟妹、貝德佛德公園大道上的友人、潔米、孟都，以及其他好多好多人。珊穿梭於兩個房間之間，盡力陪伴我。我把不參加派對，當作是一種抗議的形式。我自己一個人坐著，計畫寫一封信給卡洛斯，告訴他我知道他的祕密，而如果他繼續嗑藥，我就不會是他的女友了。

假使他不停止使用毒品，我完全可以看到我們的前景：在布朗克斯區的一間公寓中，住著一位中輟生與一隻毒蟲。我們最後也許會踏上媽媽與爸爸的後塵。然而，我自問，我們現在的情況真有不一樣嗎？早先的時候，旅館老闆叫我「小妓女」；我想著，或許你已經在賣淫，只是你還不知道而已；其所涉及的關鍵點，或許就是，你會妥協自己，以換取回報。我真的厭惡自己依賴卡洛斯，厭倦我們病態的生活方式。

我在大腿上打開筆記本，構思著幾種不同的寫信角度，卻漸漸睡眼惺忪起來。

親愛的卡洛斯，

我們兩人已經來到十字路口……

隔天早上，我聽見有人敲門的砰砰聲而醒來；這個人用拳頭搥著門板，使得門栓嘎嘎作響，可以聽見門板外面一個男人在喊著什麼。珊與卡洛斯並沒有被吵醒，還在繼續睡。我充滿昏沉沉的睡意，起身開門，看見一個二十幾歲的傢伙。他舉著拳頭，正準備再敲個幾下。珊出現在我的身後；我們已經睡到超過退房的時間。

「你們如果還要住的話，必須先付錢。」他說：「如果不住的話，女清潔員就要進去打掃。」他在胸前交叉手臂。冷風使我沒穿鞋子的腳直發抖。

「了解。」我說：「請等一下。」卡洛斯坐起身，舉起一隻手遮住眼睛前面，因為明亮的日光射進我們昏暗的房間中。

我跪在床邊，從卡洛斯的牛仔褲中搜著錢。我數了三張二十元鈔票，交到那個傢伙打開的手掌中。

「下一次，你們應該自己來櫃臺付錢。不然至少也接一接那該死的電話。」他大聲嚷嚷，然後從旁邊的樓梯走下去。

「我從來沒聽見過電話響。」我跟珊說。

「我也沒。」

我坐上床，檢查一下電話，才了解到，聽筒並沒有掛好。八成好幾天來就是這個樣子，因為我們都沒用過電話。卡洛斯與珊看著我把電話聽筒正確放好。

「時間應該到了吧？」卡洛斯指著自己的肚子，自問自答：「沒錯。我想是。」他看起來心情不錯。

「珊，你們幾點回來的？」我很驚訝自己居然沒被她吵醒；現在我都跟她一起睡她的床。卡洛斯起身下床，打開一張很大的中國菜菜單。

「兩個小呆子，我們吃飯吧。」他用菜單拍了拍我的腿。

「那要點什麼呢？」珊忘了回答我的問題。

我又累又餓，沒法去想我寫信給卡洛斯的事。我也充滿疑惑。比較起來，去想著我此刻的需要容易多了——那就是「吃」。

我們三個一起擠坐在他的床上，讀著菜單上的一個個選項，然後電話響了起來。我們頓時傻傻望著電話機，因為從沒在這裡接過電話。我之前跟巴比講過旅館的電話號碼，那是為了在緊急情況之下，可以給莉莎打來找我。珊站了起來。她接起電話時，一臉緊繃的神色，然後她朝我遞來聽筒。

「莉姿，是找妳的。莉莎打來的。」

「喂——？」

「莉姿，是我。怎麼不是妳先接電話的呢？」但我還來不及答話，她就繼續往下說。當她喃喃講著一連串嚇人的字眼時，她的聲音像浸過淚水，充滿恐慌。

「妳說什麼?」我的膝蓋彎了下去。我現在回想不起後來整個人是怎麼倒在床上去的。

莉莎啜泣著，她孩子似的聲音再把消息重複說一遍。

「我十五分鐘後會到。」我把聽筒放回去。

「莉姿，發生什麼事情了?」珊問我。

我的眼淚沿著兩頰流下，但我很快把淚水擦掉，繼續低頭注視著電話機。「我媽媽死了。」我的聲音聽起來既平板單調又像在宣告終局。

卡洛斯強壯的手臂突然環抱起我。

「我必須離開。」我說：「我必須去看莉莎。我還要打電話給我爸爸。」

珊為我們叫計程車。在等著車子來的時候，我去外面的公用電話，打到爸爸的收容所去。當我聽見爸爸的聲音，我的胃痙攣起來，不過我知道我必須告訴他。

「爸爸……你現在是坐著的嗎?」

我們一起哭了起來；他站在收容所的辦公室中，有工作人員在旁邊計時與看守，而我則站在汽車旅館外頭的冷風中瑟瑟發抖。雖然我從未真的見過爸爸流淚，但我們那時一起啜泣著，我可以感覺到我們兩個人的心都碎了。

計程車載著我們趕往貝德佛德公園大道，一路上我淚眼迷濛，感覺世界混亂難辨。在車子裡，卡洛斯一直看著我的臉，反覆撫摸我的膝蓋，希望我講講話。但我卻未曾覺得自己距離他是如此之遠；在這樣的時刻裡，我心中所關切的，只有媽媽、莉莎與爸爸而已。喪親之痛一舉沖刷掉所有不值一提的瑣碎事物。

我在湯尼的餐館中與莉莎碰面。她穿著一件舊外套，看起來像是媽媽的衣服。她坐著餐館後方的一張桌子，獨自面對一杯咖啡，並沒有點其他餐點；她的眼睛布滿血絲。當我走近她，我們兩個看著彼此，我的心又再碎了一次。

09 珍珠

一九九六年十二月二十七日

親愛的媽媽，

失去了妳，最讓人難以承受的部分是，所有那些我們來不及跟對方傾訴的話語，再也無法說出。媽媽，這就是死亡，從我們嘴邊剝奪了那些深藏在內心的話語。

妳是否也如我一般這樣感覺呢？心頭上沉沉壓著那些未說話語的重量？

過去十六年來，我漸漸學會了閉口不談自己的感受。為何吞下這些我不能說出的話語，是因為，我不想傷害妳，不願把妳從身邊推開。

媽媽，我們母女的關係，讓我想到珍珠形成的過程。人們都以為珍珠是漂亮、完美的珠寶，但從不知道珍珠事實上是由苦痛所造就出來的，珍珠一開始是從某些堅硬或危險的東西，落入牡蠣的內部所產生出來；它來自原本不屬於牡蠣自身的東西。而牡蠣之所以製造珍珠，是為了保護自己。

媽媽，我緊閉雙唇，但我就如一枚牡蠣。我保守著我們一家的苦痛、不可計數的失落，等待珍珠淬鍊生成的一天。但妳終究這樣走了，我不確定我的無語，對於我們是否有任何好處。

妳在星期三早上八點半左右過世。而我人在其他地方睡著、笑著，彷彿忘了妳。

我將為此終生抱憾。

妳孤獨地離開人世。已經好多天，沒有人去探望妳；我幾乎已經一個月沒有到醫院去。妳是否憂慮著，自己的女兒不會再去看妳呢？或者，這讓妳走的時候比較容易一些？過去，我始終陪伴在妳的身邊，給妳錢、幫妳洗澡，如同妳的一本日記。為何在妳垂死之際，我卻無法待在妳的身邊？當陌生人幫妳換衣服、餵妳吃飯，當他們的手觸摸妳宛如新生雛鳥般脆弱的裸露身體時，我人在哪裡？

我知道他們會在妳的病床邊，冷淡地討論起他們自己的生活瑣事，一邊亮出帶著手鐲的手腕，為妳更換便盆，身上還散發著百貨公司買來的香水氣味。妳所感受到的孤寂，想必讓妳驚惶不安。

媽媽，妳為此害怕過嗎？

當我跟人上床、在餐館裡大啖漢堡、在陽光中開懷輕笑，媽媽，妳害怕過嗎？

媽媽，我已不再獨來獨往。我擁有好多朋友。其中幾位也前來參加妳的葬禮。妳記得卡洛斯嗎？他來了。他現在是我的男朋友。珊則爬不起床。「莉姿，我沒辦法，那些事會讓我很沮喪。」她在我鑽進計程車前，這樣對我說。麥登酒吧那邊的人湊了一筆錢，由妳的其中一位朋友拿來給我們；我們使用了那筆錢來支付葬禮所需的棺木運送費用。我並沒有寫感謝卡給她，或是給他們任何一個人。我不知道自己為何不寫。

當莉莎、卡洛斯、菲夫與我來到天堂之門墓園（Gate of Heaven Cemetery）時，他們正要將妳下葬。那一天，天色昏暗陰霾。妳的葬禮是由慈善單位所協助執行的；從他們捐贈給妳的墓地上，妳可以聽見幹道上車輛飛馳而過的聲音。妳被放入一個松木棺木中，並用釘子釘牢；妳的姓名寫在棺木上方，但他們寫錯了名字。而之前是由陌生人幫妳入殮的。

妳在裡面是否還穿著醫院的病人袍子呢？

棺木上寫著「琴．茉芮」，並用粗體字加以強調；另外則註記「首」與「足」兩字，以標示遺體的方向。卡洛斯知道那個錯誤的名字有多讓我厭煩；他拿起黑色的馬克筆，在妳的棺木前端畫上一位飄飛的天使，並重新寫下正確的訊息：「珍．茉芮，生於一九五四年八月二十七日，卒於一九九六年十二月十八日。她是莉莎與伊莉莎白．茉芮摯愛的母親，與彼得．芬納提的妻子」。

妳是「母親」。妳的身體懷胎九月，給我們生命，讓我們降生至這個世界。而如今，妳的身體已然冰冷、僵硬，永遠無法企及。

妳是「彼得．芬納提的妻子」。而他並未現身葬禮，好像在搭車買票上出了問題。是我告訴爸爸妳過世的消息；我打了電話給他。我先問了他是否坐著講電話，然後他就知道出事了。我只記得他所發出的可怕呻吟聲；我對他、對妳，充滿愛意。他需要支持，不過妳已經不在了。妳就這麼走了。

妳並不知道，有一天，他在醫院親吻妳的嘴唇，護士因而出聲責罵。他們說妳會引發他人得病的危險。我很高興妳沒有聽到這些話。在妳的一生，人們都是這樣對待妳的，不是嗎？他們避之唯恐不及。而我也一樣。

媽媽，妳覺得我也跟他們一樣嗎？對妳退避三舍？遺棄了妳？我此後會永遠思考這一個問題。

妳能想像，他在探視妳之後，一個人搭車回去收容所的旅程嗎？我經常想著這樣的景象：他也許會兩手抱著頭；他只要覺得事情困難，就會出現如此的姿勢。在他身邊的乘客，讀著當天的報紙，而他的妻子來日無多，女兒們則在其他地方過著自己的生活。他想必期待著妳的健康好轉，這樣一來，他就不必留妳一個人待在可以聞到疾病的氣味、到處放著機器、充滿垂死病人的醫院裡。或許，他無法接受妳也是垂死之人的事實。我就不能。

我們在聖誕節隔天舉行葬禮；我們花了差不多一個星期，尋找慈善機構的葬禮服務。而聖誕夜，我在朋友的陪伴下，在里佛岱爾餐廳（Riverdale Diner），享用了要價十二美元的火雞大餐。菲夫、他的表弟妹、珊、莉莎、卡洛斯與我，我們全都想念著自己的父母親。我們協助彼此忘記你們這些曾經為我們蓋好被子、在我們床邊哼歌的母親與父親。你們是我們夢裡的星光、我們成長的基礎。我們彼此協助，好忘卻你們。

不過，當莉莎吃著東西，而坐在她四周的其他人嘻笑聊天，我看見，餐館裡的聖誕樹閃著紅色、橘色與黃色的亮光，映照在她哀傷的臉龐上。她看起來跟妳好像；她如妳一般有嬌小的身形，與一雙琥珀色的大眼睛。媽媽，她很漂亮；她已經是一位美麗的女人，就像妳一樣。我希望我們能親近一些，好讓我當時可以上前擁抱她，如同我現在也如此渴望擁抱她、擁抱妳與爸爸。

某個朋友在櫃臺結帳。卡洛斯在自動點唱機投下硬幣，點了歌手莎黛（Sade）的歌曲〈珍珠〉（Pearls）。然後，我們再度置身戶外冬季冷冽的空氣中。

永遠愛妳，

莉姿

10 高牆之內

下葬媽媽後的那一週，我完全不能睡。每次想休息一下，總是因為全身冷顫而醒來，或是因為心臟怦怦敲著我的胸壁，如此急促，彷彿一隻籠中鳥振翅亂飛，硬生生打斷我的睡意。當我想辦法入睡，罪惡感卻折磨著我。我一再做惡夢；在夢中，當媽媽最需要我的時候，我卻不理她，導致她一而再、再而三地死去。這些夢魘使我夜夜失眠。

紐約近日來遭遇史上最強冷鋒過境。汽車旅館老闆最後終於對有關嚴寒的抱怨做出回應，打開了暖氣。房間的空氣因為熱氣增溫的關係而悶熱。由於我始終在跟失眠抗戰，縮在被子底下輾轉反側，我整個人都被卡洛斯與我的汗水浸濕。有關這一段時期的記憶，可說片片段段，並不十分清楚：我還記得，卡洛斯放在我的床頭的一打玫瑰所散發的香氣；花兒一天天枯萎，甜味轉成腐敗的氣味；而卡洛斯的收音機一直響個不停，節奏藍調或老派饒舌，或是史力克．瑞克（Slick Rick）、閃耀大師（Grandmaster Flash）、狂暴五人組（The Furious Five）等人的音樂反覆播放。而珊經常站在鏡子前面畫黑色的眼妝，在雙唇上塗起閃亮的唇彩。

在我醒著的時候，我的心智狀態很脆弱。我無法控制自己的情感；他們要不讓我發洩，要不讓我麻木地待在一旁沉默不語。到了第三個晚上，卡洛斯已經受夠了我的行為表現。他直接在我面前，用手機打電話給就站在窗戶外面的女孩，跟對方打情罵俏，以此來嘲弄我。然後他有時會邀珊一起去散長長的步，幾個鐘頭後才回來，而且完全不交代行蹤。他們帶回的油膩膩的餐館紙袋中，裡頭裝有吃剩的食物，而紙袋上印著以花體字寫成的法文或義大利文名字；這些時髦的餐館，他從未帶我去過。我知道我不是個好伴侶，我的悲傷吸光了房間裡的空氣。

我們在那個汽車旅館共度的最後一晚是除夕夜，我們三個一起跨年，進入一九九七年。我們躺在床上，一邊嗑著一包葵花子，一邊看著電視轉播的水晶球緩緩下降。午夜一到，百萬張的七彩紙片從天而降，飄落在時代廣場上。我想著，媽媽，這是第一個沒有妳的跨年夜。

卡洛斯消失了整整三天。由於他沒有留下任何值錢的東西，可以拿去抵用房間費用，旅館老闆要求我們必須在中午十一點之前拍拍屁股走人，一分鐘都不得多留。整個晚上我們靜靜繼續等待，珊與我都不願說出那個我們所相信的事實：這一次，他不會回來了。我不記得是誰開始整理東西的，但我記得我們兩個彼此幫忙對方打包。珊把她的所有東西塞入她在垃圾堆中撿到的一只皮箱裡面，有好幾本漫畫書、幾瓶染髮劑、她寫的詩、有破洞的牛仔褲與幾件男式毛衣。而我的東西則裝入背包中，有日記本、媽媽給我的那枚「匿名戒毒組織」代幣、幾件衣服、內衣褲，還有那張我從不離身的媽媽黑白相片——她十七歲時無家可歸，在格林威治村所拍攝的照片。我們把屬於我們的其他小東西收進袋子裡，而為了發洩怨氣，我們把不屬於我們的東西全往牆壁砸，或者狠狠踢得它在房間亂竄。

珊之前暗藏了十塊錢下來，以備不時之需。由於走路去地鐵站太遠，而且我們的行李也太重，所以天亮之後，我們叫來計程車——背包放在膝蓋上、每個人還拿著一個垃圾袋裝的衣服——前往貝德佛德公園大道。我們毫無概念接下來該怎麼辦。

我們兩個人並沒有打算要分開，但事情就這樣發生了。珊去找奧斯卡，把東西放在他那裡。因為那一天是星期日，我知道我的朋友們都會在家，所以我去敲了所有人的門，不管是巴比、潔米、喬許、菲夫，任何我想到的地方，我都去敲敲門。巴比讓我把那袋垃圾袋裝的東西放在他的衣櫥裡。在潔米的媽媽出門之後，我在她家淋浴洗澡。就在我吹頭髮的時候，卡洛斯敲著潔米家的門。她打開門，手還握在門把上，一邊回頭望著我，彷彿在問：「妳想拿他怎麼辦？」卡洛斯的眼神很迷亂，視線游移不定、到處亂瞧。

「酢醬草，我找到另一個住的地方。我們走。」他說。

我需要一個我可以確定住下的地方。不過，因為不知道潔米的媽媽何時會回家，而且也不確定可以住在誰家，我只好違反自己的直覺，跟著他離開。坐在計程車上，我的頭髮還濕漉漉的，我問他：「我們可以順便去載珊嗎？」

「我們之後再去接她。」卡洛斯說，而我知道此時最好不要催促他。他身上這一套軍裝風衣褲已經有點破破爛爛，而且很需要好好洗一洗。他沒有刮鬍子，而他的天柏倫牌子的靴子詭異地沒綁上鞋帶。他舉起手，用指關節敲著車子裡分隔前後座間的玻璃隔版。他對司機說：「新英格蘭快速公路（New England Thruway），十二加一號出口。」

「哪裡？」司機問道。

「新英格蘭快速公路，『十二加一號出口』啦!!」卡洛斯狂吼，一邊忙亂地用手指揉著頭髮，神情沮喪；他轉頭看著我。「魔鬼就在我的身邊轉，他不要講出屬於他的數字。酢醬草，魔鬼在跟我作對，沒騙妳。」我的心像電鑽砰砰跳動。

「你是要說『十三』嗎？」我問：「你是要說十三號出口嗎？」卡洛斯聽到數字時，身子畏縮起來，然後慢慢點著頭，他握著拳頭抵在嘴巴前面，目光閃著膽怯。

「對。」他回答的聲音聽起來既單調平板，又有精神異常的傾向。我想著，我一開始是怎麼坐進計程車裡面的？我不了解卡洛斯到底著了什麼道，不過我知道他剛嗑過毒品。

我深深吸一口氣，告訴司機：「先生，他是說，我們要去新英格蘭快速公路的……第十三號出口。」卡洛斯突然迸出一連串西班牙語，嚇了我一跳，說話於是中斷了一下。車子加速駛去。

我悄悄把手伸進我的袋子裡面，在一堆衣服中搜索，然後以手指撫弄著，媽媽那枚匿名戒毒組織代幣的粗糙邊緣。這些年來，我一直留著這枚代幣；握著它，讓我感覺跟媽媽很靠近。車子在車流中迂迴前進，我坐在卡洛斯的旁邊，一邊反覆撫摸著它。心中默唸著代幣背面的「平靜禱文」：

主啊，求您賜予我平靜之心，去接受我無法改變的事物……

新的過夜地點，叫作「假期汽車旅館」（Holiday Motel），是一個位在馬路邊的休息站，專供卡車司機與想找幾個鐘頭樂子的人中途停留之用。它與馮．科特蘭汽車旅館的風格並非有多不一樣，只是我現在完全沒有概念我們身在何處。我不知道該如何找到，不依賴卡洛斯的交通方式，讓我離開這裡，而且我有不祥的預感，我們並不會回去接珊過來。來這間旅館的人，只有看起來風塵僕僕、開車過來的人士，以及卡洛斯與我。

我打定主意，要以乖乖聽話作為我的應對策略。無論卡洛斯說什麼，我一律照做，即便我自己並不同意。我很害怕違逆他會有的下場，他會不顧一切做出讓我恐懼的事情。如今在眼前所展開的，是一場「我說你做」的惡意遊戲。「我們去房間！」當他在櫃臺付完錢後，對我粗聲粗氣說道。我乖乖跟著他走。他拿著房間的唯一一把鑰匙，所以我等著他開門。站在寒風中，我看著他遲鈍緩慢地動作著；他先查看了呼叫器，然後查看手機，接著手裡拿著鑰匙慢慢接近鎖孔，就這樣把我們晾在寒氣逼人的戶外，只因為他現在是老大。接下來幾天，有好幾次，他會突然自動喊出：「吃飯的時間到了！」而且每次說出這一句話的時間，不會過早，也不會過晚。然後我就拿起外套，跟著他出門。而且，一共有兩次，當收銀機打出我們所點用的餐點價錢是十三點五元，他用拳頭重搥櫃臺桌面，然後拂袖而去，把我們的外帶食品丟在那裡；食物看得到但吃不到，我只好持續挨餓。而當他幾個晚上不在汽車旅館，而且也不回答他是否會回來的問題，我依然乖乖在那裡等待著。

我之後經常想起那幾個晚上：我自己一個人，獨自待在新英格蘭快速公路「十二加一號」出口上的假期汽車旅館之中。這幾個夜晚，成為我思索一切的起點。

望著窗外，等待卡洛斯現身，一邊聽著薄薄的木板牆不斷傳來女人賣淫的聲響，而我身上連打電話的銅板都沒有，我無處可逃。爸爸曾經跟我說過，他有一次在監獄的緊閉室，獨自一人被關了八週，而他唯一可以排遣時間的東西，就只是一本書。他說他後來開始對書中的人物產生幻覺；他們開始對他講話，變成陪伴他的室友。我晚上會在這個小房間中踱步，心情迷亂，最後是因為失去媽媽所感受的無盡哀傷，才漸漸解開了心頭的結。

我集中思考起我生活中所有的朋友，反覆思索著他們可能提供給我的出路選項。「如果我離開，那麼我可以去哪裡呢？」去巴比家？那並非長久之計。去潔米家？她的媽媽是社工師，負責處理兒童寄養業務；她很可能等著要「幫助我」，把我送回去中途之家，所以我也不可能在她們家待太久。在見識過聖安之家後——那些兇巴巴的女孩、對人冷淡的工作人員與如同監獄一般的環境——說什麼我也絕對不會再返回那樣的地方去。那麼，回去磚頭他家呢？敦比亞先生一直在他那裡找我，回去磚頭那兒，正意謂著選擇收容所。這完全免談。

我感覺自己無路可出。我努力依靠睡覺與看電視來麻痺自己，但是腦子裡卻不斷出現有關媽媽的影像：那只天殺的松木棺木，他們把媽媽放在裡面，然後釘上難看的釘子。**她在棺木裡，難道還穿著醫院的病人袍子嗎？我告訴她，我「之後」還會去看她；我那時真的以為自己還有機會……不過，如果我還留著那枚匿名戒毒組織的代幣，如果莉莎與磚頭還在衣櫥中掛著她的衣服，那麼，她真的死去了嗎？**而卡洛斯一步步走向精神錯亂，彷彿只能被洶湧的急流吞噬，我卻感覺自己也正步上他的毀滅之路。

接下來的兩個星期，每當卡洛斯神祕外出許久，然後回到房間來，他會清空口袋裡的所有東西，放到旅館的桌子上，比如，他的黑色、金色相間的拉丁王念珠項鍊；以及因為身上愈來愈多的刺青，所使用的一管管抗生素軟膏；一支手槍；裝滿藥丸的拉鍊袋；塊狀的大麻菸草磚；還有，令人頗為好奇的兩罐可樂。從毯子底下，我藉著室內微弱的燈光，瞥見他扭開那假的可口可樂罐子的蓋子，從裡面拉出來一個裝著白色粉末的塑膠袋——那無疑就是古柯鹼。卡洛斯站在一面貼著幾張鏡子與寒酸的栗色壁紙的牆壁邊，兩手各握著那只假罐子與那一袋白粉，轉身面對著我這邊的方向。可以從鏡子裡看見三個他的映影。他揚動著眉毛、自得其樂，彷彿覺得自己用可樂罐子藏起古柯鹼的點子很有趣。

不幸中的大幸是，卡洛斯不再與我有身體上的接觸；在那些冰冷的一月清晨，他回到房間後，踢掉沾著白雪的靴子，他會自己拉一條毯子，獨自睡在地板上。這同時讓我鬆了口氣，又覺得很沮喪，因為，如果我們彼此不講話，又不睡在一起，那麼，讓我們守在一起的原因是什麼呢？而且，我的記憶固執地回想著，他那雙棕色的眸子，款款深情地凝視著我的情景，還有當我睡在他的胸口時，所聽見的心跳聲。卡洛斯曾經是我的安慰與愛的泉源。他對媽媽的照顧，就像他說的，一如他照顧愛滋病發作時的他的爸爸。與他歷經過這一切溫馨時刻之後，實在很難對他發脾氣，不過，卻很容易怕起他來。

在經過太多這樣無言的夜晚與他太多次的不告而別之後，我決定冒險問他一些問題。有一晚，我用最膽怯的聲音，小心翼翼問他：「你都去哪裡呢？我可以跟你一起去嗎？……我們可以去接珊一起過來嗎？」

我沒有奧斯卡的電話號碼，而我到處打電話，我的友人中，都沒有人知道珊的消息。我憂心忡忡。而我也厭惡自己老是吃著我們吃剩的、半腐爛的剩菜，受不了自己老是瞪著窗口，完全不知道他是否會一去不回。我必須做點改變。他下巴微張，一臉冷笑地回答我的問題，而雙眼流露怨恨。但我們已經一整天沒有吃東西了，除非我催促他，不然我可能又要餓上一天了。我希望他可以帶我一起出門。

我非常客氣地再問一次：「卡洛斯，你聽到我講的話嗎？我可以跟你一起出門嗎？」我的心跳加速。

他緩緩走向我，然後迅雷不及掩耳把手臂往後舉。他擊出一拳，從我頭上飛過，拳頭重重劈在牆壁的木頭鑲板上。我尖叫出來。他收回拳頭，彷彿準備這次要朝我的臉揮拳。我縮起身子，舉起雙手護著頭。他高高舉著拳頭，眼睛上上下下瞧著我，然後大笑起來。「白癡。」他輕輕說了一聲，然後走向浴室。我渾身發抖；我身子蜷曲，倚靠著床頭板，完全不敢吭聲。在此之前，他從未以暴力直接威脅過我。

不過，實情也許並非如此。卡洛斯已經悄悄建立起一種控制權，以確定沒有人可以催促他、給他施壓。他在洗手臺前喃喃自語，亂摔浴室裡的東西。我不敢亂動或說話。感覺好像已經過了幾輩子之久的時間，我經由鏡子瞥見卡洛斯，他已經抹好髮膠、以拋棄式剃刀修飾好山羊鬍子，戴上他的金戒指，最後並把手槍塞入皮帶中，把毒品收進長褲的拉鍊口袋裡。他一語不發，獨自走進寒夜之中。

一月十三日的《紐約每日新聞報》（*New York Daily News*）上，頭條標題寫著：「警方起訴刺殺女友的情郎」。這則新聞著重事實陳述，而非聳動性報導。它直白地報導有一個女人「身體被刺了多刀，喉嚨被割斷，陳屍於汽車旅館的房間地板上」。它只是一起單一事件，一個女人遭遇男友的暴力襲擊而死；在大都市裡，這種事件可說層出不窮。事實上，由男友所犯下的刺死女友的事件，甚至在這家報紙所稱的「住客盈門」的汽車旅館中，也並非新鮮事；在那間旅館，毒品交易、警察臨檢與暴力惡待女人的事件，可謂稀鬆平常。

不過，我不用等到這則新聞報導發布，就知道這則殺人事件；我只消拉起窗簾就看得到。事發當時，卡洛斯已經出門，我一個人在房間裡看著電視新聞。一開始，我有一搭沒一搭盯著電視：有一位記者站在某間汽車旅館前面，報導這則讓人毛骨悚然的女人遭謀殺的事件始末；她說地點就位於新英格蘭快速公路外的某個廉價旅館之中。發現屍體的是旅館的女清潔員——就在這一刻，在眼睛張得老大的記者身後，悄悄駛進一輛救護車。這感覺上就像是爸爸最愛的影集《法網風雲》（*Law & Order*）的某一集的劇情。只不過，它是真實的一樁謀殺案——而且就發生在我的窗戶外。死者蘿莎．莫莉拉（Rosa Morrila），三十九歲，是五個孩子的母親，在假期汽車旅館的房間裡血流一地，而距離我才三個房間遠而已。我跳起來，往窗外窺看，然後拉起窗簾，就看到那名記者。彷彿我一起觀看著從不同角度取景的兩臺不同的電視畫面一般，我在電視與窗口之間來來回回看著同樣的景象：攞入屍袋中的莫莉拉女士，被抬進救護車中，然後車門關上，記者因為打燈的亮光而目盲，卻使她化妝過度的臉龐閃閃發光。

我把窗簾拉上，把房中的燈與電視全都關掉，然後爬進毯子裡躺著。在黑暗中，我聽見警察的無線電對講機嗶嗶作響，以及十幾個人踩在雪地上的腳步聲，還有女清潔員哇啦哇啦講著西班牙語。「不對。」我對著空空的房間說：「該死。」你完全拿不準，即便只是幾個鐘頭之後，會發生怎樣的事情。在記者離開很久之後，警察還出出入入一陣子，才駕車駛離現場，而整間旅館也回到原本日常的營業狀態，彷彿蘿莎．莫莉拉這個人從未存在過一樣。彷彿她不是五個孩子的母親，她也不是誰的女兒或姊妹，就好像她這個人毫無輕重。

看起來，人是可以突然就這樣煙消雲散。我忍不住坐起來，想著離我房間幾英尺外那個被謀殺的女人。她是如何來到這間寒傖的汽車旅館，並與一個宣稱愛她的暴力男人待在房間裡的？而我跟她又有什麼兩樣呢？

或許，我原本是愛著卡洛斯的，我衷心期待著那個他口口聲聲說的我們可以共同開創的未來。我希望他可以獲得遺產，並因此擁有一個屬於他自己的地方。我想要以他從未被珍愛過的方式來愛他。然而，這一個未來願景，在許久之前就已變得模糊不清。而現在，我人留在這裡，是因為我怕他，覺得自己沒有他就難以為繼。我想我需要他。

我忍不住這樣想了又想：如果蘿莎與她的男友換成是我與卡洛斯，那會怎麼樣？要是那名記者說的是我的名字的話，那是怎樣的情況？**伊莉莎白．茉芮，十六歲，據稱被她的男友，十八歲的毒販，親手謀殺致死……**我想像爸爸、莉莎、珊與巴比——所有我摯愛的人——在聽到這樣的消息後會怎麼反應？如果我竟然如此結束我的一生的話。

旅館的女清潔員覺得我的處境堪憐，於是給了我幾枚硬幣。我打了電話給潔米。「妳可以幫我嗎？妳可以問妳媽媽一下，我能不能去妳家住幾天嗎？現在需要趕快離開這裡。」

這一次，是我獨自一人，思考著下一步該怎麼走；好幾個不同的朋友提供我暫時歇息的落腳處，而潔米她家又成為我的避風港。潔米在跟她的媽媽激烈吵過一架後，我獲得允許，可以借住她們家一週。我絕對不會忘記潔米的善意。她甚至連問都沒問，就盡其所能協助我度過難關，她就像是我的家人一樣。她向她媽媽借來搭計程車的錢，在我熱呼呼地沖澡淋浴時，就幫我去洗衣服，然後用切掉麵包皮的土司，為我們做了鮪魚土司，並準備了兩碗熱雞湯。夜裡，我們窩在一起睡在她的床墊上，既乾淨又溫暖。卡洛斯已經離我很遙遠了，我感覺自己很安全。如果潔米可以自行作主的話，我還可以待上更久的時間。不過，因為我所有的朋友都住在父母家，所以住宿的問題變成是，哪一個晚上去睡誰家。而一切就從潔米家重新展開。

在一開始的幾個星期，我漫無目標地流浪在一個又一個朋友的家中。珊有幾次打電話到巴比家跟我講上幾句話，但我一直很想她。她現在很安全；她住進第二四一街上的一個中途之家。當我撥著她所留下的電話號碼，一位名叫麗拉（Lilah）的女孩接起了電話，並幫我留言。

「她現在不在這兒，她出去了。妳想要留話嗎？」

「請告訴她是莉姿打電話找她。如果她可以回電的話，我今晚在巴比家裡。珊是波多黎各裔的女孩，有一頭染成藍色的短髮。請務必告訴她這件事。」

「我知道她是誰啦，」麗拉不假思索地說：「我們是姊妹淘！」

她掛上電話。珊已經有了新生活……她已經離開居無定所的日子。而她也離開我了。現在真的只剩下我了，要自己想辦法去面對未來。

有一次，在深夜時分，我不得不離開菲夫他家，因為他的爸媽在爭吵。巴比完全不介意我的深夜意外到訪；事實上，見到我，他似乎很開心。當我突然現身，他已經換好衣服準備睡覺，身穿一條剪短了牛仔長褲的短褲，與一件印有麥當勞標誌的褪色T恤，只不過在金色拱門圖樣底下的文字寫著：「大麻」（Marijuana）。他打開門，當我瞥見他雙眼閃耀著溫暖的光輝，我那時才理解到自己有多想念他。我也想念貝德佛德公園大道、我們那群朋友，還有我們所流連的那些地點。我之前在街上攔了一些人要錢，所以我外帶中國菜過來，小心注意不要每次都兩手空空去別人家。

「豬肉絲炒飯，不放蔬菜；還有花椰菜炒雞肉，但『拿掉花椰菜』！完全依照你喜歡的方式點的喔。」我在門廊上高高舉著外賣袋子，第一件事就解釋餐點內容。

他依舊掛著那張半笑的傻氣的臉，他一根手指壓在嘴唇上，示意我小聲一點，然後領我走進點著小燈的溫暖公寓中。他的媽媽一早要去醫院工作，所以還需要睡上幾個小時補充體力。那隻灰色的虎斑貓正在廚房的垃圾桶翻東西吃。而冰箱上，用磁鐵貼著一張他小妹的畫，是一隻以紫色與黃色畫成的蝴蝶，顏色參差不齊地突出蝴蝶的翅膀與身體之外。

我們在他的房間電視前，打開外帶食物。一集預錄下來的摔角節目剛剛播完。在電視機的旁邊，相框裡擺著巴比與他的女友黛安在一場婚禮上親熱相吻的照片；黛安一頭黑色閃亮的長髮落在巴比的肩上，狀甚親密。巴比的數學作業本攤在他的黑色床墊上，在白色的紙頁上印著各種形狀與角度的圖形，而巴比一一在旁邊寫上算式與答案。不再跟著卡洛斯在那間汽車旅館裡虛擲人生，而置身在一個真正的房間中，宛如重新踏入日常生活的世界。看著巴比的作業與他英俊健康的臉龐，想著他與家人、朋友的關係，顯而易見，所有一切事情——這個社會、真實的生活、每個人的人生——即便沒有我的參與，也依然繼續運作著，而我卻被隔離在某個病態的幻想世界裡面。坐在他的身邊，我感覺自己彷彿是一縷飄自地獄邊緣的鬼魂。

「嗯，那妳這一陣子還好嗎？」

「你是指……？」我有點疑惑地回問。坐在那裡，環視著巴比穩定生活的一景一物，他的問題讓人感覺幾乎太過咬文嚼字了。我看起來不是一身破爛嗎？我的衣服很髒，而我的頭髮又亂又油膩。

「嗯，我的意思是說，該怎麼說呢，妳還好嗎？我知道很多事情很艱難，比如妳的媽媽，還有其他事情。而且，莉姿，實在也太難……聯絡上妳了。我真希望可以在妳身邊幫忙妳。所以，我只是在想，妳一切都還好嗎？」他的頭髮因為之前沖澡的關係，還有點濕潤，整個往後梳，而他的目光很真誠，充滿著關切之情。因為才剛離開汽車旅館的囚籠的關係，想要不敏感多疑也難；我要好好記得，我已經跟卡洛斯一刀兩斷了，而這個世界上還是有善良的正常人。

「對不起……我只是好累。」我的眼睛盯著地板，儘量不要顯出我的難為情。「發生太多事情了。不過，我想，可以跟你這麼說，我還不錯。」

「還不錯？就這樣？」他一邊舀出一匙米飯往嘴裡送，一邊問。他的好奇心是真誠的。看著他，我放鬆起來，提醒自己我是真的有一群珍惜我的朋友的。跟巴比在一起，我充滿安全感。

「對啊……你知道，就眼前看來，我還不錯。」我確實如此。離開卡洛斯，也同時讓我獲得自由，彷彿將我從沉睡狀態中驚醒。我感到少見的輕鬆快活。「那換你講講，你這一陣子怎麼樣？」

我們一邊看著巴比的摔角節目錄影帶，一邊津津有味地吃著；偶爾會停一下，讓他可以教我有關那些摔角動作的正確名稱：「剃刀邊緣必殺技」、「墓碑式倒栽蔥」、「跳躍肘擊」等等。但我的視線老是飄回去盯著他攤在床墊上的數學作業本。他的筆跡有力，烙印在紙面上，看起來很有自信。

「……這些選手都很大咖。」他邊講邊比畫著手勢強調。「妳知道，那個終極摔角錦標賽，都是來真的。很猛、很暴力，讓人——」

「巴比，」我打斷他：「上高中，有不有趣？」

那一夜過後，我去位在附近的菲夫家過完那一週。而隔週，我又到處換地方睡覺。很難可以好好睡上一整夜，因為，我經常只能在他們爸媽睡覺以後，才偷偷跑進去，然後又得在他們起床前溜之大吉，但我還是想辦法一晚睡上四個鐘頭左右。在麥爾斯他家，我睡在他只用過一次去露營的睡袋中；他把它攤開，放在他的電腦桌與床鋪之間，所以我一躺下睡覺，就占滿他那狹窄的長方形房間中的所有剩餘空間了。

潔米的媽媽做了米飯與水煮豆當晚餐，潔米會把她那一份分一半給我吃，而我們坐在廚房中，放著九寸釘樂團（Nine Inch Nails）的音樂，一邊講男孩子的八卦或討論一些老電影情節。在巴比家，我可以享受最棒的淋浴時刻。我喜歡他用的潘婷洗髮精的清新味道，還有那塊藍色的香皂，並且還可以用他媽媽的衛生棉與體香劑。

我的朋友們給我東西吃，或者，有時候，我會在街頭跟人要錢，我會籌到剛剛好足夠去湯尼的餐館，買上一份淋滿肉汁與融化的義式乳酪的薯條。湯尼讓我坐在餐館裡慢慢吃，讓我幾個鐘頭暖呼呼的。不過，當沒人給錢時，我會去C城超市順手牽羊，能偷什麼就偷什麼。我很大膽，無所畏懼，拿走麵包、乳酪醬、無子葡萄，就往背包裡塞，或是放進我的連帽T的口袋中。我什麼東西都能吃，只要可以驅走飢餓的胃痛，我都來者不拒。但這並非是最難的部分。如果我需要什麼，我會想辦法去得到它；我這一輩子就是這樣度過的。家裡沒有食物？那麼就去超市幫人打包或去加油站幫人加油賺小費。媽媽與爸爸太無法無天？那麼就離開他們。學校讓人作嘔？那麼就蹺課。事情就是這麼簡單。我向來都能滿足自己的需求。這些都不是獨立謀生最難的部分，事實上，最難的是另外一件事。

有卡洛斯與珊在身邊的時候，去敲朋友家的門，接受他們的救濟，顯得很容易處理。即便我曾意識到自己在請求別人的協助，但我總是可以告訴自己說，我們只是過來「聯絡感情、話家常」而已；我們三個人只是一起去朋友家「玩」而已。但獨自一人無家可歸時，卻使這一切事情完全顛倒過來。我只看得見自己有多一文不名、多需要別人幫忙，而這讓我難以忍受。

是的，有時候，我是可以在朋友家過夜，但並非毫無代價。總是一些小事情讓我心裡難受。比如，在巴比家，剛好進入晚餐時間，我聽見廚房那裡傳來的微細的說話聲；巴比與她媽媽壓低音量，在爭辯這個晚上是否有多餘的飯菜可以分給我吃。或者，在潔米的公寓門廊上，就聽見她與她媽媽在討價還價，為著我可以再多留一晚的問題相互爭吵。甚至是菲夫他家也變得棘手起來：他會去揚克斯市的表弟妹家玩，一去幾個星期不回來；而他爸爸應門時，告訴我說，他不知道菲夫什麼時候回家來，我只能默默離開。他們都是我的朋友，但我是他們的什麼呢……我是「需要一個地方可以住」的怪胎——「你可以給我一點東西吃嗎？你還有另外一件毯子嗎？介意我沖一下澡嗎？你還有多的什麼東西嗎……」——這就是我，而我難以忍受自己是這樣的人。

我不只是不想成為這樣的人，而且這種情況也讓人害怕，因為，我這一群新家人、我的好友們，個個都在幫助我，但我忍不住這麼想：他們會不會有一天就停了？我什麼時候會成為過分的負擔？他們什麼時候會開始拒絕我？依靠他們絕非長久之計。一想到當我悲慘地需要協助，有一天卻不得不聽到筋疲力盡的友人對我的飢餓與過夜的需求說不——而且面對我的絕望，轉身走開——嗯，一想到有可能被拒於千里之外，我真的不知所措起來。我很害怕那個「說不」的時刻，而我感覺彷彿即將面對它。當你所愛的人拒絕你，那到底會是怎樣的感受？我不想去發現、去體驗。所以，我決定，最好的辦法是停止如此索求無度。也許一時還做不到，總是需要一點時間努力，但我下定決心絕對不再這麼需要別人、這麼索求無度。

而這個「只能背水一戰」的處境，卻給予我另一個啟發：朋友並不會幫你付房租。這個想法既簡單又震撼；我是有一天晚上，躺在巴比的床墊上嘗試睡去時，突然驚覺這一個事實。不過，這個簡單易懂的想法，卻翻轉了我整個思維的方向。朋友是無價之寶；他們珍愛你、支持你、帶給你歡樂——但他們不會幫你付房租。在此之前，我從未認真想過房租的問題，不過，既然我必須對此憂慮，我於是努力去理解，「找一間房子住，然後賺錢去付房租」到底是怎麼一回事，然後我驚覺：我所迷戀的一切事物（卡洛斯、好友們、四處遊蕩、思考過去的日子），都不能讓我付房租。為了有能力去支付房租，就需要我開始去設想新的事物了。

過了幾週依賴別人的日子之後，我開始每週幾個晚上，一個人去地鐵車廂裡睡覺。坐在車廂裡遠遠的角落，我看起來如同其他搭乘大眾運輸工具要回家的乘客一般，因列車搖晃的韻律，而恍惚睡著。沒有人知道我這麼做。不過這有安全上的問題。有時會遇到戴著兜帽、身穿垮褲的小流氓上車來，彼此粗話喊來喊去，控制著整個車廂的動靜。有好幾次，我在這類痞子的盯視下醒來，還好沒有發生什麼壞事。算自己狗運好。所以，我主要以走廊、樓梯間作為我的庇護所，這是最佳辦法。

貝德佛德公園大道上，任何一棟公寓的樓梯間梯頂平臺，感覺起來安全多了。平躺在大理石地板上，以背包做枕頭，人間萬象就在我身體底下那些房子裡上演：食物料理的味道、情人間的爭吵、碗盤碰撞的聲響、不同電視互相較量音量、我以前會看的節目《辛普森家庭》（*The Simpsons*）與《闖通關》的聲音、饒舌音樂的節奏——所有這一切，都將我送回到學院大道的往日時光中。我聽見那些家人之間互動的聲音，比如孩子在叫媽媽或丈夫喊著妻子的名字，讓我理解到，幾個人之間所流動的愛意，可以讓一個空間轉變成「家」。我想著，莉莎不知道在磚頭家裡還好嗎？在媽媽走了以後，她如何應付學業與學費？我還沒有足夠的力量，可以打電話給她；我知道我還無法面對，我敢肯定她一定會問的那些問題：「莉姿，妳在外面居無定所幹什麼？妳這輩子到底要做什麼呢？妳還會回學校去嗎？」這實在讓人無法招架，所以我選擇不去面對。

許多個晚上，我很想家。不過，會有這樣的念頭，是來自於我渴望獲得舒適與安全，不然，誰知道我的家到底在哪裡？

偶爾，在我剛醒來之際，我會一時不清楚自己身在何處。一開始幾秒鐘，我會以為自己在學院大道的老家；我聽見不遠處的腳步聲，彷彿爸媽又準備要鎮夜嗑藥取樂。或者，我會以為身在磚頭他家，而珊就在身邊左近。直到我的眼睛適應起來，就比較清楚感受到友人的探詢或撫觸，而四周環繞著他們家的聲響與氣味。那可能是巴比家、菲夫家，或是我偶爾過夜的其他任一個友人的朋友的家。

我有一個星期，幾乎都待在某個女孩的家裡。那時，一群人都在她的家裡過夜，然後白天跟著丹尼而（Danny）到處晃；丹尼是巴比的朋友，好幾年來，一直在我們那群朋友中來來去去，所以我後來也把他算作友人，屬於我的部落成員之一。他長得很高，是膚色較淡的波多黎各裔，有一雙淡褐色的大眼睛，模樣頗俊俏。跟巴比一樣，丹尼也愛玩電玩遊戲，跟著我們到處遊蕩玩樂。他身邊總是帶著不同的女友出入，而同時還有其他好幾個女孩子自認為是他的女朋友。佩姬（Paige）是他最新一位女友；他剛搬去跟她住，也把我們這一票朋友順便帶進去，大家一起打發時間、到處玩。

佩姬二十二歲，以前也是個逃家少女，但如今已經長大成人。丹尼告訴我說，她很厲害，自己自立更生，有一份穩定的工作，還有自己的公寓，而且她不需要找室友一起分擔房租。那是一間僅有一房的小公寓，位在一家中國餐館樓上；空間如此之小，一出客廳，就接到廚房，事實上，客廳與廚房根本是同一間。然而，這全是她的；她自己一個人努力掙得的。

當佩姬為所有人做著雞肉炒飯當晚餐時，熱氣與香味籠罩一整個窄仄的空間中，像個三溫暖的蒸氣間。她太陽穴邊上的鬈髮都被汗水浸濕而黏在臉上，她擦了擦，然後開口對我說話。

「妳確定不去考同等學歷證書嗎？」她遞給我一盤熱騰騰的雞肉炒飯，我把它放在膝蓋上。

「對。我一直都想要拿到高中畢業證書，」我告訴她：「我對於同等學歷測驗沒興趣。聽說那也很不錯，但卻不是我要的……不過，要我乖乖上學卻也很難，妳了解嗎？教室裡人那麼多，而且我也覺得自己落後別人很多。」

「嗯，那我想，也許妳會滿適合我唸的那間高中。」佩姬一邊為丹尼盛了一盤，一邊說。

我從佩姬那兒得知，紐約市裡那種所謂的「另類中學」是怎麼一回事。「這種地方很像私立學校，但卻是針對有心想讀書的人所設計的，即便學生沒有錢也不成問題。那裡的老師很照顧人。」她告訴我。

我在日記本裡潦草地記下佩姬唸過的那所學校的名字與地址，而她繼續講著她的高中就學經驗，一直談到她的前男友的事情。在她講話的時候，我拿著筆把那間學校的電話號碼逐字塗成具有三度空間的粗體字；這些阿拉伯數字感覺獲得了生命，躍然紙上。

稍晚之後，房子裡熄燈，每個人先後睡去，我躺在雙人座沙發上，就著茶几上的燈光，繼續寫字。

在某一頁上，我列了一份的清單：

當我最後獲得住處時，我所期待擁有的事物——

一、隱私

二、永遠不受凍

三、想吃就有東西吃

四、一張大床鋪!!!
五、乾淨的衣服，尤其是乾淨的襪子！
六、想睡就睡，而且沒人叫我起床
七、熱水澡

我翻到下一個空白頁，我思索著，用筆敲著日記本好幾次。玄關上的時鐘，滴答滴答地響著。四面牆上掛著佩姬在高中美術課上所創作的抽象畫；米色的畫布上，潑濺著鮮亮的紅色、黃色與綠色的顏彩。我研究起一張釘在畫作旁邊的照片：一邊是一位看上去像是佩姬熟女版的婦人，頂著一頭鬈得不得了的頭髮，身穿衣櫥裡最好的一套衣服，另一邊則是一位蓄著花白鬍子、打著領帶的肥碩男人，而佩姬則站在兩人中間。「那是我在畢業典禮拍的，」佩姬稍早時對我解釋：「我們那天簡直拍了無數張的照片。我的美術老師還哭了說，看著我要離開好傷心喔。」

我拿著筆繼續敲著日記本空白的那一頁，然後寫下：

高中畢業所需要的學分數：四十還是四十二學分？（問清楚）
我在下一學年開始時的年紀：十七歲
我現在的地址：隨時會變動
我目前所擁有的高中學分數：一學分

其實，我很可能連一個學分也沒有，不過，我那時候偶爾會跟珊一起去甘迺迪中學晃一晃。珊甚至不算正式上過學，但是在一個註冊學生超過六百名的學校裡，誰會注意到多一個或少一個學生？珊與我一起坐在內德格林女士（Nedgrin）擁擠的社會科教室後排的位子上，而我們兩個的舉止表現，可以說完全走「我就是怪胎，愛看就看啊」的風格。珊在那個時期的髮色，是消防車大紅色，用一根筷子把頭髮紮成一個髻；她沿著眼睛周圍塗著黑黑一圈眼妝，活像一隻浣熊。我則走哥德風裝扮，一身黑衣黑褲；自從我離開中途之家後，我幾乎天天這麼穿。為了搭配我的穿著，我偷了一只黑色的皮製狗項圈，而且頗為自豪地佩戴著；項圈還裝飾著一圈銀色的釘子。我們的衣服到處都有破洞，這是為了「裝酷」而刻意剪破的。所以後來就發生了這件事：在那一陣子裡的一天，我又晃到內德格林女士的教室，然後我參加了社會科的考試，結果我成績通過。這就是我因此獲得了那個一學分的原因。或者，應該修正一下：還要加上內德格林女士對我的憐憫之心，所以才能有那一學分。

在沒有課堂上的溫習準備的情況下，我那個考試拿了八十一分，這引起了內德格林女士對我的好奇心。有一天在走廊上，她把我拉到一旁，想要說服我來學校上課。「妳很聰明，」她說：「我看過妳的檔案……妳的媽媽生病了，對吧？而且妳之前曾被送去安置？」她的雙眼濕潤，充滿同情心。

「對啊。」我這麼說了一句，迴避與她的眼神接觸。

我這輩子所碰到的老師都是這麼反應，彷彿對我深感抱歉一般。那些住在威斯特徹斯特郡（Westchester）、戴著珍珠項鍊的女士，只要稍微了解一下我的生活情況，總是會因此感到哀傷。不過，不管怎樣，如果她以為我很聰明，那她可是搞錯了。我會通過考試的原因，是因為，那次考試是針對「南北戰爭」來出題，而我先前已經從爸爸的書裡面讀過一本相同主題的書了。而且測驗卷上的題目，都屬於非常基本的常識。我真的並非她所想像得那麼出色。而為何她會有淚水在眼眶裡打轉呢？她一身貴氣、俐落的穿著——這套藍色的衣服肯定只能送乾洗——哀傷地站在那裡，眼神透著憂慮；她抹去眼角的淚水，然後抱了抱我，口中喃喃對我說的話，我好幾年都忘不了：「我可以了解妳為何不來上學，但這並不是妳的錯。小女孩，妳是這一切的受害者。我了解。沒關係。」

對於內德格林女士的善意與體諒，我只聽懂她所講的一件事，那就是——我不必寫作業，因為，這一切並非我的錯。我是「受害者」。而且她了解。好吧，反正我也不是很想做功課，那就悉聽尊便。

那是我最後一次出現在甘迺迪中學，而當我的成績單寄到磚頭家，想當然爾，一片紅字，除開內德格林女士的社會科。所以我獲得了一學分。跟我同樣年紀的學生，都可以上專科學校了，而我到現在所修到的高中學分，卻只有可憐的一學分。

就著茶几上的燈光，我繼續拿著筆在日記本上塗黑電話號碼與住址，並盯著那幾個新字眼：另類中學。

早上醒來時，我看著佩姬小心跨過在地板上或死睡著或還打著鼾的幾個四肢亂伸的人，在房子裡走來走去。她穿著一件寫著「百視達錄影帶」（Blockbuster）的上衣，整齊地紮進卡其褲內，而她的頭髮整個盤成一個緊緊的髮髻。她正在四處尋找鑰匙。我靜靜看著她一會兒，她繼續在睡覺的人中間走動，而她是唯一一個具有生產力的人。在那一刻，我真的很崇拜她，想著她獨力擁有這一間房子的事。我的眼角瞥見她那一串加菲貓鑰匙圈，被壓在某本雜誌下面，只露出一部分卡通圖案。

我坐起身，拉出她的鑰匙。「佩姬，等一下，」我小聲說：「我跟妳一起出門。」

她點了點頭，我於是拿走冰箱上的兩枚銅板，然後在我穿來睡覺的卡洛斯的四角褲外套上牛仔褲，飛快跟著佩姬來到門外。早上的陽光刺痛我的眼睛。我離開汽車旅館到現在，已經好幾個月了，天氣已經暖和起來，樹木開始長出小小的綠葉，也聽得到鳥兒啁啾的鳴聲。我把夾克掛在右肩上。佩姬戴起耳機，哼著什麼歌，當我跟她擁抱說再見時，聞到一股強烈的果香乳液的氣息。

我們在附近街角分手。商店剛剛開張，店員拉開嘎嘎作響的鐵門準備營業。一位老男人在佩姬窗戶下的中國餐館前面清掃人行道。當她的身影漸行漸遠，我拿出日記本，翻開到寫下電話號碼的那一頁。在公用電話上投下銅板，我略感猶疑，旋即掛上。然後再度拿起聽筒，我慢慢撥著電話號碼。在我真的打通前，其實我還重撥了兩次以上，我深呼吸喘氣。

「您好。您……您好嗎？我叫作莉姿．茉芮。我想要約一個時間……對，沒錯，我想要面試……對，是下一學期。」

接下來幾週，我盡力尋找所有可能的另類中學的資訊，一一做研究，並與各所學校約面談的時間。我的直覺告訴我，應該鎖定曼哈頓區，原因可能是來自於，爸爸總是把曼哈頓區吹捧成人們成大事的地點。我很喜歡搭四號線或D線地鐵去城東或城西不同地方的感覺；我經常穿著黑色牛仔褲與黑色T恤坐在車廂裡，把裝滿我全部家當的背包放在膝蓋上，而旁邊清一色是看著報紙或準備赴約的商務人士，我們一起讓電車載著奔向下一站。我的兩隻耳朵的兩邊上下都穿著洞，我及腰的長髮骯髒出油，而前面的瀏海，則是用來遮住眼睛。看著我潦草寫在日記本上的地址，我從曼哈頓區高聳大樓旁的側街走進去；人行道上，行人熙來攘往，我順著路往先前在布朗克斯區打電話訂約會的那些學校的方向前進，直到來到真實的建築物之前。有時，我會在大樓外踱步一陣子，做幾次深呼吸，然後才鼓起勇氣走進去。

我是真的費了九牛二虎之力，才得以催促自己走進這些樓房裡面，因為，我壓根兒就不想進去。多少年來，或許應該說我生平以來，我老是覺得有一堵磚牆橫阻在我的前頭。站在這些大樓外面，我幾乎立刻感覺到有高牆封鎖住我的去路。在高牆的另一邊，是社會，而在高牆的這一邊，則是我，或是跟我相同出身的所有人。兩者涇渭分明，井水不犯河水。我對這個世界的感受是，它被分裂成「我們」這一邊，與「他們」另一邊；而處在高牆另一邊的人，都可稱之為「那些人」。地鐵上每天趕著上班的人群；在課堂上舉手回答問題、循規蹈矩的優秀學生；功能正常運作的家庭；可以一路讀書上大學的人——對我來說，他們都像是「那些人」。而中輟生、領取福利救濟金的人、逃學的學生與違法犯紀的人，則就是我們這些人。兩者天差地遠，而且是存在一些特別的原因，使我們顯得這麼與眾不同。

其中一項是，就我的家人與住在我們那一個街區的人來說，生活的步調混亂失序，而且只受立即性的需求所左右，比如：飢餓、房租、暖氣、電費帳單等。面對每一個難題的處理原則是，只要「眼前過得去就好」。所以，儘管僅依靠福利金過活，並非可靠的生活計畫，但是眼前就有帳單到期，所以補助金支票一定要趕快換成現金。爸爸與媽媽不應該嗑藥，但眼前媽媽已經渾身發抖，所以需要立刻吸毒來平穩情緒。我應該去上學，但眼前我並沒有乾淨的衣服，而且我已經落後進度太多，所以不去算了。買上三十五元的食物，並不能撐上一個月餵飽我們四個人，但眼前還是可以試看看。在高牆的這一邊，首要之務是，不管用什麼辦法，先解決掉眼前最緊急的問題就好。這也是為什麼，處於高牆另一邊的人們的生活，對我來說，顯得如此神祕難解的原因。

那些人最後都擁有一些奇怪的東西，諸如儲蓄帳戶、一輛車或一間屬於他們自己的房子——這到底是怎麼一回事？這些人是怎麼能夠找到一份工作，並持續做下去？他們是如何做到的？而到底是怎樣的想法，促使那些已經得到高中文憑的人，還願意再花上四年的時間繼續求學呢？他們的腦子裡在盤算什麼呢？對於處在高牆這一邊的我們這些人來說，談論所謂的未來，永遠都是指「近在我們眼前」的未來，我們首要的關切重點是，去找到燃眉之急的解決之道。我們從不著眼處理任何長期計畫。對我們而言，未來肯定總是會有個什麼機會，讓我們改善生活水平，但就眼前來說，卻始終有更緊急的事情需要我們去發愁。

走進這些學校裡去，彷彿是要拜訪高牆另一邊的世界，而與那些老師的面談，即意謂著要跟「那些人」對談。這整個過程，是我生平首次嘗試要去擁有更寬廣的生活向度，而不只是只顧著滿足眼前當下的需求而已；而這個過程顯得風險很高，而且非我能力所及。這些我一點也不熟悉的巨大建築，外觀如此嚴肅，讓人感覺拒人於千里之外，而其所允諾的提升自我的可能性，也顯得遙不可及。這些學校也彷如華爾街上任一棟證券交易商的辦公大樓，或是第五大道上高檔的珠寶店，或甚至像是白宮；走進這些學校，一如叫我走進那些高不可攀的高樓華廈一般荒唐可笑，因為，這意謂著要走到「他們」那一邊去。我只能硬著頭皮、鼓起全部勇氣推開這些建築的大門，一路上心臟怦怦急跳。

這些面談經驗全然讓人失望透頂。總是有一個人在你面前別有意味地盯著你看，但卻沒有聽你在講些什麼。那是一種毫無表情的盯視，伴隨著不必要的頻頻點頭。他們會對你「不露出牙齒微笑」；爸爸以前經常說，當人們想安慰你，他們的臉上就會出現這樣一種假假的稀薄微笑。我從某些老師盯著我看的表情中，就可以知道自己遭到拒絕，即便面談還尚未開始。人們膚淺地對我投來隨便一瞥，從頭到腳匆匆掃視我一遍，就給我貼上標籤：哥德風怪女孩、逃學的壞學生、難搞的傢伙。接著就看到對方先「不露出牙齒微笑」，然後說出：「我們的名額有限，謝謝妳來申請我們學校」與「如果後來還有名額，我們會寄信到妳家通知妳」。

這個意思是說，他們會寄到巴比家；我留下他家的地址，作為聯絡之用。不過，他們所寄來的信件，上面都只是說：「很抱歉，這一學期，招生名額已滿……我們很希望錄取妳，不過，因為妳所持有的學分數太少，我們只能婉拒，而把機會讓給其他學生……很抱歉，我們並不認為這裡適合妳來就讀。」哪個學校會想收一位年紀已經大到可以畢業、成績單一片紅字、幾乎沒有修習完成的學分的學生，還讓她重頭開始修課呢？尤其，面談時眼睛不看人，模樣看起來——怎麼說呢？——像我這副德行的女孩，誰敢錄取來為難自己？可以想見，在審查會桌上，答案很簡單，就是一個「不」字。

一開始幾次被拒絕的經驗，並沒有多悲慘，不過，累積幾次下來，我發覺自己原本的決心開始有點鬆動。一個陽光燦爛的下午，再度被拒絕之後，我走出那間學校，憤憤地踩著步子往擁擠的街區走去，準備把這一大坨申請學校的鳥事情全忘掉。也許這樣才會比較輕鬆。丹尼、菲夫、巴比或潔米——或其他人——依舊還會讓我在他們家過夜，直到我想出下一步的出路為止。或許，我甚至可以回到以前那幾個街區，去尋找卡洛斯。我永遠都可以回去找他的。我坐下來，想著該怎麼辦。

萊辛頓大道與第六十五街的交叉口上，行人熙熙攘攘——杭特學院（Hunter College）的學生與出來用餐、補充體力、休息片刻的上班族，在熱狗攤前排成長龍。曼哈頓區這個五月初的午後，天氣出奇炎熱。我盤算著接下來要做什麼。我口袋中有個幾文錢可以運用；我可以拿去買地鐵票，前往下一個面談地點，一個稱作「人文預備學校」（Humanities Preparatory Academy）的地方。或者，我也可以搭地鐵回到布朗克斯區，大約要搭一個鐘頭左右，然後給自己買份披薩吃。不過，如果兩個都要做，就會不夠錢。我坐在杭特學院前面的石頭圍欄上，一邊觀看著來往的行人，一邊衡量著這兩個選項。

要吃披薩，還是去面談？

我真厭倦再去面談，厭倦被拒絕，厭倦要聽到別人對我說不。如果還是會看到對方搖頭，那麼這麼做的意義到底是什麼？如果我現在拍拍屁股不去面談了，我卻還可以有塊披薩吃。實際一點來說，去面談，是有很高的可能性，只會證明我在浪費時間。

然而，我人坐在那裡，卻開始想著，嗯，如果有奇蹟呢？沒錯，很可能這間學校的答覆會一如其他所有拒絕我的學校，但是，會不會這一次我得到截然不同的結果？這個不經意迸出來的想法，有點讓我不知如何是好；這個念頭既單純，又很有吸引力。「會不會呢？儘管種種跡象對我顯示只會白忙一場，但是，會不會剛好這一次的面談，而且就這一次，豬羊變色，我獲得了入學許可？」

這個想法頓時讓我情感澎湃起來，引逗出對媽媽的思慕之情。我突然在人行道邊上感覺孤單不已；在我眼前，所有「那些人」依舊腳步匆忙穿行而過。我的心跳加速。在過去，我曾經擁有一個家、擁有家人，有可以遮風避雨的屋頂，而我所摯愛的人導引我走入這個世界。然而，如今我一個人處於第六十五街的街口上，媽媽已經過世，爸爸也不在身邊，莉莎與我也已分開、各自生活。才一回首，一切皆已人事全非。

生命自有其運轉之道；這一刻，每一件事都自有其意義，而下一刻，卻全變了樣。有人生起病來；家人勞燕分飛；你的朋友對你關上了門。當我坐在那裡，昨是今非的快速變化，深深刺激著我，然而，我所感受到的情緒並非只是哀傷。毫無來由地，一股迥然有別的感覺悄悄占據心頭——那是「希望」。我自忖，如果生命會敗壞，那麼，卻也意謂著它也有好轉的可能。

我是可能獲得這間學校的錄取許可的，未來我甚至可能科科都得甲。沒錯，依照過往事情的經驗，處處實際考慮說起來並非那麼必要，而且我可能可以一舉由黑翻紅。

我把吃披薩的念頭拋諸腦後，起身趕赴下一場面試的約會。

在一九九〇年代中期，貝亞德·羅斯汀人文中學（Bayard Rustin High School for the Humanities）的校務經營困難重重。校方面臨學生人數嚴重超收的困境：原本只能容納不超過一千五百名學生的校園，卻招收了二千四百多名學生。處在擁擠教室內的許多學生，課業成績可說一塌糊塗。而教員的士氣低落，瀰漫著一股濃厚的憤世嫉俗的氣氛。掌管管理委員會「校務本位管理會」（School Based Management）的幾名校內教師，祭出一項孤注一擲的對策：把那些成績不好的學生通通編成一班，僅教授他們基礎的課程，而負責這些困難班級的教師，可以獲得減少教學時數的回報；這批學生只須上課到中午，就可以放學回家。一小群老師在檯面下暱稱這個方案為「放牛班專案」。

貝亞德·羅斯汀人文中學，處於雀兒喜區（Chelsea），位在第八與第九大道之間的第十八街上，是一棟寬敞高大的建築，而學校裡不值一提的放牛班所坐落的區域，則將塞在一樓最後方的角落上。這個專案預計收容百餘名的學生；他們的學習成效低落，在主流的教育系統中，只被當作玷污教學成就的老鼠屎看待。該專案所關涉的邏輯是，藉由這個計畫之助，大型學校可以將重點放在教育那些成績表現較佳的學生身上，而放牛班的學生則被整編隔離在附屬的區域內統一看管，因為，沒有人對他們有所期待。如果不是派瑞．韋納（Perry Weiner）深深不以為然，這個方案很可能就此拍板定案。

身為校務本位管理會的主席與長年致力於英語教學、熱情不減當年的派瑞，對於隔離成績好壞學生的作法相當憤慨，他質疑委員會其他成員的意見，並提出一個真正另類中學的構想，希冀能符合這群掙扎前進的學生的實際需求。有幾位老師贊同派瑞的提案，包括教師工會的主席文森．布瑞佛提（Vincent Brevetti），他是另一位將一生的心力奉獻在改進教育方式上，希望藉此鼓舞年輕人向上的良師益友。派瑞與文森花了數個月的時間共同開會，設計出一所可以服務──而非「看管」──那群前程堪慮的孩子的學校，希望由此帶領他們走出原本在主流教育結構下四處碰壁的困境。這兩位老師於是變成了一個工作團隊。

每天早上七點鐘，派瑞與文森先後來到學校，一起開上一個多鐘頭的企畫會議。他們所想打造的學校，將遠遠不只是「中輟生預防方案」。他們並不想把這間另類學校的教育模式，建立在原本對這群有困難的學生即無法有效運作的任何方法之上，所以，他們決定去找出可以運作的教育模式，而且是已經行之有年、證明高度有效的辦法。他們於是拜訪與考察了，針對資優生族群辦學的其他中學。他們發現，他們深受這些學校的教育方式所啟發；他們於是決定在雀兒喜區這兒來進行實驗。

原本所謂「放牛班」的學生，現在變成「人文預備學校」的成員。派瑞與文森開始簡稱它為「預校」；這所中學將是一所小型學校，專門提供成績不良的學生一個學習機會，為他們量身打造個人化的教育方案──這在傳統上，僅限於付得起私立菁英學校學費的學生，才得以享有的待遇。預校所秉持的教育理念與方針，是大大不同於主流教育體制的制式作法。

預校把學生總人數設定在一百八十名，如此一來，每個孩子都能獲益於來自教師的一對一的關注與教導。預校並不用考試來評量學生的成績，因為，它窄化了課業表現的其他可能性，並且，限制了學生表達他們所獲得的真正知識的能力。預校以所謂的「實作評量作業」來取代考試；它是一項嚴格與個人化的測驗工具，用以評價學生的程度，能讓學生以具有深度的方式來回答問題，完全一反傳統上紐約州會考（New York State Regents Exams）那種只能白紙黑字作答、一試定終生的方式，而那卻是真正造成許多學生因此無法順利學習的催化劑。相反地，「實作評量作業」要求學生投入一整學期的上課時間，專心製作條理通貫、深度剖析的作業，以展現他們在這個世界所獲得的真正理解的知識。而作業的表現方式，容有多種，可以是幾本文圖並茂的書冊，或是一項深度寫作計畫，或甚至可以藉由課堂上發表的作法——由學生自己面對全班同學，教授他一整個學期自己所習得的特殊論題的課程。於是，「實作評量作業」的開放性測驗方式，能夠為另類教學開啟一個可能性空間，而如此一來，老師即能施展因材施教的教育方針。

所以，在預校裡的課程名稱與主題，即與一般的標準科目如「地球科學」、「文學」等迥然有別；他們改以活潑的論題取而代之，比如「面對歷史中的我們」（這是帶領學生研讀種族大屠殺的歷史意涵），或是「人文選粹」（先前被視為放牛班的學生，卻會在課堂上展讀起但丁[Dante]的〈地獄〉[Inferno]篇章，或是卡夫卡的作品）。而「英國文學」科目，則變成「舞臺上的莎士比亞」；學生想獲得該門科目的學分，就必須理解《哈姆雷特》的劇本，並上臺表演。

這些課程遠遠不只是名稱改變而已，它主要是希望營造出「活知識」的學習環境，鼓勵學生進行深度思考。為了達成這個目標，每班的學生人數限定在十五名左右；而學生與老師一起坐在排成一個圓圈的座位裡，彼此平起平坐，眼神得以交織，以創造出一個講求高度參與、以討論方式進行的活潑教學模式。在預校裡，學生根本全無打混摸魚、恍神夢遊的空間。

對派瑞而言，預校是一樁慈善事業；他全心投入在這些獲得第二次機會的孩子身上，並希望他們最終走出自己的人生。他的信念是，如果這些孩子在主流教育體系中一事無成，那麼，就需要給予他們不同的學習環境，才能期待他們成功。預校正是著眼於此而誕生的。所以，學生在這裡不再被視為是有學習障礙的孩子，反而是學校系統的功能不健全，才導致他們在學習上困難重重。而所謂的「成績不良」，正是主流學校系統所預設的概念，而完全無涉於預校的建校理念。預校在設計之初，即將教育的重心擺在激發學生的潛能之上。

當我急急穿過雙門扉的大門時，已經遲到十五分鐘，我的前額滲出粒粒汗珠，而我先前試著梳綁而成的髮髻也鬆脫開來。「人文預備學校」——我看了幾遍日記本上所記下的校名，以確定沒走錯地方。這間學校看起來很窄小，彷彿只是任何一間學校的辦公室而已。

預校的辦公中心——也是唯一的一間辦公室——裡面，以牆板隔出四個小間，不過牆板並沒有碰到天花板。而檔案櫃被當成較短的隔間板使用，以作為各個小間的其他牆面之用；有一個檔案櫃的一側，還黏著當初送貨時的貨運標籤，可以看見有人手寫上該校的地址。在一個半人高的書架上方，放著一臺呼呼轉動的電風扇，而書架裡則隨意擺著一些二手書。在電風扇旁邊，貼著一張褪色的海報，以紫色的粗體字寫著「起而行，才能獲得生命的回報」。祕書小姐艾波兒（April）是非裔美國人，有一雙漂亮的眼睛，告訴我在等候區裡坐一下；那是一列放在她的辦公桌對面、沿牆排列著的教室用課桌椅。

「妳遲到了。他們先開始了。」她歪著頭看著另一個小房間說著；她的頸子、手腕與耳朵上的金色飾品隨著她的姿勢晃動了起來。「不過，別擔心，派瑞很快就會出來，到時候妳可以去跟他講。」

我望著處在最左邊的那個小房間，經由門板上的薄玻璃窗，我看到黑板上寫著一個句子，底下還畫了線——

> 從下列子題中，選出一個，闡述其意義，寫成一篇短文：
>
> 多樣性
>
> 社區
>
> 領導力

一位蓄著山羊鬍、戴眼鏡的中年男性白人，正與學生討論這些題目，不過幾乎聽不見他們說話的聲音從那個小隔間裡傳出來。他穿著一套深色的燈芯絨西裝，打著栗色的領帶。我注意到他的第一件事情是，他似乎正輕鬆地談笑著。他看起來很友善。大約有五個年輕的學生圍著他坐成半圓形的圈子，聽著他講話，並詳細地回答問題。我拿出筆來，準備也要來寫個短文。有關「社區」或「領導力」，我不知道可以寫些什麼，所以我挑了「多樣性」，理由是，我想起我在之前的學校裡所遭受的歧視問題。

我總計寫了三頁；我鉅細靡遺講述，人們依照我的外表、膚色或我邋遢的穿著，就斷定了我是怎樣的人。在學院大道那邊，他們叫我「blanquita」——白人小姑娘——叫了好多年。「妳一定很有錢，白人小姑娘，也一定很沒出息。」在我走過初中的學校走廊時，就會有人噓我。我還寫到，我在先前幾家中學的面試場合上，經常因為我的哥德風穿著，人們猛盯著我看的樣子。我仔細描述，當我知道面試老師並沒有認真聽我談話，就拒絕我的申請案時，我的內心所感受到的憤怒。紙頁上，只見我龍飛鳳舞的藍色筆跡，每一段都洋洋灑灑、長篇大論。重讀一遍，我覺得有關多樣性與歧視的論點，我寫得有條有理。這是多年來，我首度完成的指定作業。我咬著筆沉思著。突然間，我應該參加的那場討論會已經結束了。

我必須攔住老師，他走出來，快步經過我的前面。

「先生，」我說：「先生。」他轉過身，對我溫暖一笑。

「妳好，」他說，一邊伸出手要跟我握手。「叫我派瑞。」他說完話即笑了起來，直視我的眼睛。我撇開頭去。他是處在高牆另一邊的「那些人」之一。他的眼神所散發的熱度，使我一時不知如何是好，我的心怦怦急跳；看著他伸出的手，我畏縮起來，有點讓他晾著那裡太久，我直到「再不伸出手去就會太尷尬」的最後一秒鐘，才握住他的手搖了一下。

「你好，我原本應該也要參加剛剛那個面試討論會的。」

「伊莉莎白——」他拿起筆記本來看，「……茉芮。妳怎麼遲到了？」他從筆記本上抬起頭問道，透過眼鏡注視著我。他的視線如此專注，使我有點難受，但也讓他看起來很有趣。他這個人似乎有點不一樣。如果我跟派瑞見面當天，有照片留下來的話，那將是一個值得進行反差人物研究的完美案例：哥德風怪女孩遇見快活的中年男子，而後者戴著眼鏡、桌子上有一堆莎士比亞的書，活像是一個住在圖書館裡的書呆子。

「嗯，事實上，我叫莉姿。請改叫我莉姿好了。我希望可以有機會坐下來跟你談話。我真的很抱歉我遲到了。」

我緊張得手心都出了汗。我實在不擅長處理這樣的事情；我從不覺得自己可以獲得允許，而能與權威人物講上幾句話。其他面談過我的老師，想必也看得出這一點。我擔心如果這個傢伙也注意到我這樣的特質，不知道他會怎麼反應。我的意思是說，他會如何看待我這個人？一個在街上打混、情緒有問題的怪胎？長頭蝨的女孩？愛蹺課的壞學生？小偷？又髒又臭的逃家青少女？喜歡遲到？不負責任？

「莉姿，」他的視線未曾從我臉上轉開。「我很想跟妳到裡面去談，但我十分鐘後有一堂課，而且我們的面談，還需要妳寫上一篇短文，那會花太久的時間了。我想也許妳要重新訂個面談約會。」

我亮出我已經寫好的短文給派瑞看。「我已經寫完了。」我告訴他。他瞇著眼盯著我的文章，滿臉驚訝，然後從我手中取走它，迅速地大略覽讀起來。「那麼，我可以占用你那十分鐘的時間嗎？」我進一步詢問。

他再次輕快地笑了起來，往後走回到他的辦公室前，旋開了門把。「他們也不過就是一般人。」當我坐下來時，我提醒自己這句話。

「我想說，」我開口：「我成績很差，我自己很清楚……」

我希望我可以主導我們對話的進行，在他評價我之前，就為自己辯護，以搶得先機。只是，在我講話的時候，我很快就從他的臉部表情——既同情地理解我又對我感興趣——看出，他似乎一點都沒在論斷我。派瑞只是靜靜聆聽著。他凝視著我，一一聽完我所說的話。他真的接收到我的訊息；我可以從他臉上的反應看出來。在我們持續對談期間，我的心底自然而然升起一股信賴感，使我對他吐露出我的所有祕密。我講了一切的事情，除開我無家可歸之外。我真的不願意回到收容所去，而我知道，如果派瑞知道我沒有地方住，他的職責就是將我這個個案送交有關單位處理。所以我保留了這一點，而其他的事情，我都對他一一講述。

「我跟著我的朋友珊，我們兩個一起成天蹺課，該怎麼說呢，我後來變得更毫無顧忌了，愈蹺愈兇。但是，我始終都想要畢業，這是真的，只不過幾年過去了，一切都變得不可控制。」

我滔滔不絕地講著，比起幾週來那些面談我、拒絕我的所有老師來說，在他面前，我變得更加情感激動起來，遠比我所希望表現的方式還要激動。我實在沒辦法控制自己。這種感覺實在很怪異，居然能有老師可以理解我，而且完全不是出之以可憐我的角度。他反而專注地傾聽，請我就某些問題再談清楚一點，並提供他的見解，甚至對我講起他的經驗；而在我談及媽媽葬禮上的細節時，可以聽見他輕輕嘆氣，但他從未表露憐憫我的廉價感傷，他只是理解我、關切我。不過，聽著我開口對他說話的聲音，我卻開始對自己有所判斷。當我聽著我自己對著別人，特別是一個如他一般的專業人士，講述著我的生活時，我的聲音聽起來彷彿我是個心智不良的人——而他卻看起來如此正常。我的眼睛環視著房間裡的事物，視線從放在後方的電腦，流連到派瑞所穿的亮晶晶的棕色皮鞋，然後回到我腳上那一雙十塊錢的破爛靴子。

「莉姿，」換他講話時，他臉上出現一股嚴肅的神色，他突然變得異常認真起來。「妳的故事實在……太驚人了。聽起來，妳已經經歷過好多風風雨雨，而且我真的很想幫助妳。但我也想確定，我是不是以正確的方式在幫妳。妳可以了解我的意思嗎？」我不知道為何我會以為他的意思是，要打電話給社會福利單位。所以我的眼睛立刻尋找離我最近的出口。我可以跑得比這個傢伙快；回貝德佛德公園大道的地鐵站，離這兒只有五個街區遠。「莉姿，我的意思是說，我從妳的申請單上看到，妳就快要滿十七歲了，而且幾乎沒上過什麼高中的課，對不對？」

「我有一學分。」我說。從他的口中，感覺十七歲聽起來好老。所有在我之前面談的那些學生，恐怕沒有人的年紀會大於十五歲。

「嗯，這樣說吧，我很欣賞妳今天鼓起勇氣今天到這裡來。我只是想說，如果我們學校完全適合妳，那我們就可以這樣辦。但這還要看妳到底想要什麼，才可以決定。再花上四年唸高中，對一個十七歲的學生來說，可能顯得太多。我如果沒有告訴妳，在這棟大樓的另一邊，晚上有提供給想報考同等學歷測驗的學生一個很棒的、為期六個月的課程，那麼，我就沒有善盡我告知的責任……在我們往下談之前，我只是想讓妳清楚知道自己的所有可能的選項。」

「所有可能的選項」。他的話頓時觸動我的敏感神經。在過去，我總是看著媽媽對著磚頭低聲下氣、隨他使喚，承受他的粗魯推搡、大聲咆哮，完全不是出自自己的需求對他打開雙腿——這一切都因為她沒有其他「可能的選項」。擁有敏銳心智、良好教育與豐富人生經驗的爸爸，最終住在收容所中，他也並沒有其他「可能的選項」。

「我是個有前科的人，哪個老闆會想雇用我？」他經常這麼說：「我的出路是很少的。」當我待在汽車旅館中，吃著垃圾桶中卡洛斯剩下的食物，我也沒有其他出路的可能性。我聽過很多人因為考取同等學歷證書，結果後來發展得很不錯。但看著爸爸與媽媽所經歷的一切之後，我的直覺告訴我說，如果可以從高中畢業，那意謂著我會有更多的可能性選項。

「派瑞，我了解你所考慮的因素，而且我真的很謝謝你願意幫助我……但我很想要唸完高中，這是我一定要做的事。」

聽著自己這樣說出口，彷彿也說服了自己；說出自己的意願與只是在腦子裡打轉，完全是兩回事。說出口，讓我與自己的願望合而為一，我可以感覺到如此的合體效應。我整個人發著抖，派瑞的雙眼還是注視著我。我努力想猜出他對我的話的反應，以及他對我這個人的看法：一事無成、骯髒成性，或是一個大災難。或者，他正試著在想，要如何以最有禮貌的方式來回絕我的申請案。看著他所戴的眼鏡、他打的領帶，還有那雙亮晶晶的皮鞋，他看起來就像個講禮貌的紳士。我猜，他很可能就是在威斯特徹斯特郡上長大成人的。他很可能經常對像我這樣的人說「不」，如同其他那些老師一樣。

派瑞身子往後靠，沉在椅子裡，輕輕嘆了一口氣。但他看起來並沒有壓力很大；他只是有點動容的感覺。我等待著。

「莉姿，」他再度坐直身子開口，我頓時緊張起來。答案即將揭曉，我想著。他的嗓音更加低沉，臉部表情全然嚴肅。「那妳可以準時來學校上課嗎？」

我的臉瞬間綻開了笑顏，雙眼浮起淚水。「當然，」我回答：「一定會。」

唯一我要盡快補辦的手續是，帶來一位監護人，正式幫我在學校註冊。

那一週，在週末之前，我跟爸爸約好在第七大道與第十九街交叉口碰面。而當時，我已經擬定了接下來生活的初步計畫。在完成學校註冊手續之後，我整個夏天會努力去工作賺錢，等到預校開學後，我就依靠儲蓄來過生活。這個計畫感覺應該可行性頗高。不過，第一步要先依靠爸爸的協助，才能往下走；

我需要他幫我填寫那些註冊申請文件。而之後，所有的事情，我自己一個人就可以搞定。

在那個悶熱的星期四早上，我來到與爸爸約好的見會地點，遠遠看見他靠在一根路燈柱上，專心地在讀一本書。當我朝著他的方向走去時，我放慢腳步，慢慢調整自己準備就緒，並且做了幾次深呼吸好放鬆自己。我一點也不想讓爸爸見到我情感激動起來的樣子；我並不認為我們彼此會知道，怎麼去處理對方的情緒波動問題。那大概是我們心照不宣的約定：各自假裝沒事，把感情隱藏起來。然而，看見他站在那裡，我的一顆心百感交集。幾個月來，我漸漸習慣於在各個地點上來來往往，觀看著陌生的臉孔，以至於當爸爸熟悉的臉龐從一片人臉之海中突現出來時，使我備受衝擊。儘管我們之間已經許久未曾見面，儘管我們之間發生過種種讓人心痛的事件，但我只是單純地想念著他。現在他人站在那兒，重新出現在我的面前，衣著簡陋、身形瘦削、鬍碴斑斑，身邊環繞著曼哈頓區匆忙的人群，顯得如此異乎尋常。他的模樣看起來很脆弱，如同媽媽那一天跟我一起在莫休魯大道上吹蒲公英許願時一般一碰即碎的樣子。我甚少有機會跟著父母離開我們家或學院大道附近，不過每有這樣的機會，一置身在周遭的世界中，馬上讓我看出，我的爸媽所擁有的缺陷與不足之處，是這個社會使他們看起來與遊民無異。

前一個晚上，我打電話給爸爸的收容中心，接電話的女人厲聲吼著他的名字來接電話，我頓時為他難過起來，至為不捨。他在電話裡的聲音，如此微弱無力，我猜想他之前應該在打盹，而我吵醒了他。

「爸爸，我想要重新回到學校上課，我需要你來幫我辦理註冊手續。嗯，我希望你可以幫幫我。」我直接切入正題，因為收容所的電話有時間限制。他問了兩次，想搞清楚情況。「不是，不是什麼特殊學程，爸爸，是一所真正的高中。對，我可能需要你去一下。」我身體裡的每一個細胞，都抗拒著對他使用「需要」這兩個字。「你覺得你可以去嗎？」如果他因為考慮起什麼理由而說不，我真不知道該怎麼辦。不過他的回答是肯定的。他並沒有表現出我預期會有的遲疑，直接同意與我碰面，雖然我並未對他解釋，為何以前我會跟他說我高中上得不錯的原因。那留待以後再說吧。

針對校方管理單位，我編造出一個天衣無縫的故事，絕不會透露出我無家可歸的事實。我使用朋友家的地址，並偽造出一支電話號碼，來當作我的護身符。由於我知道學校永遠不可能打電話找到爸爸，所以我會告訴校方說，我父親是長程卡車司機，經常因為工作的關係好幾週不會在家。只要爸爸可以配合演出，我想這個說法的可信度相當高。

當我走向爸爸對他打招呼，他從所戴的報童小帽之下，對我綻開一個大大的笑臉。我也回報以微笑；我的遲疑與猶豫，全然被重新見到他時所感受到的簡單喜悅所取代。我們相互擁抱；然後，他小心拍了拍手中那本厚書的書頁，花了點時間在頁角折了一下以作為記號，再把書本塞回肩袋裡面；等他準備妥當後，我們才開始起步向前走。我想到如果跟他聊上任何嚴肅的話題——我們目前的生活、莉莎與媽媽——一定會讓我不知所措，所以我直接談起預校的種種，彷彿我們天天見面，可以如此輕鬆講事情。我教著他待會要配合演出的那些重點部分。

「東二〇二街二六四號。」然後我對他講了電話號碼。「對了，郵遞區號是10458。爸，你可以記得所有這些資料嗎？」

他的臉皺成一團，我看得出，他正在思考自己捲進了什麼事情裡面。「妳要我這樣說嗎？」他大聲問道：「莉姿，他們會覺得我是卡車司機嗎？」

「沒錯。不過這一點都不重要。他們不會盤問你工作上的事情的，你了解吧？」他看起來比較像受到驚嚇，而非氣憤；我注意到他的雙手微微抖著。

也許我每次去這種正式場合會有的那種不自在的感覺，應該是遺傳來的。

「然後妳說我住在哪裡？」他問。

與派瑞一起經營預校校務的文森，在他的辦公室裡接見我們。文森是一位戴著眼鏡的中年男人，模樣看起來比派瑞嚴肅許多，感覺個性比較有稜有角。不過他一樣微笑歡迎我們，而最後我也發現他同樣溫暖與親切。在我們進入辦公室後，他拿出一整份文件給爸爸看，把那些申請單攤在他們兩人之間的辦公桌上。爸爸需要簽名的地方，已經事先做了記號。

「茉芮先生，很高興與您見面。」他一邊跟爸爸握手，一邊說。爸爸出於禮貌微笑，明顯很不自在。

「實際上，我是姓芬納提，」爸爸更正道：「莉姿的媽媽與我從來都沒有結婚。您知道，那時候是七〇年代。她整個人深受時代精神的啟發——事實上，她根本就很瘋。」他笑了起來。我感到有點難為情。文森的眼睛則眨都沒眨；他只是一直對爸爸微笑以待。「叫我彼得就好。」爸爸說。

爸爸很緊張，這讓我也很緊張。如果我們把事情搞砸了，我該怎麼辦？假使這個機會也告吹，我該何去何從？我盯著文森的臉，試圖尋找一絲一毫他發覺有異的懷疑之色。「好吧。」我拍了一下手，插嘴說：「那麼，讓我們來把事情處理一下。我並不是說要很趕，只是我不想占用爸爸太多時間，您知道，他的工作滿忙的。」

即便爸爸的手發著抖，他還是勉力簽出那一向字跡整齊、成鋸齒狀的簽名式樣；我從小到大，已經見過他簽著我的曠課通知或社會福利單位的文件無數次。他喃喃自語，不時把舌頭頂住臉頰內部。

「嗯，嗯，好，不錯，很好，」他一直說著：「好，好了。」

我的眼睛一直盯著文森，心臟則跳得好快。我努力讓自己看起來很平靜與開心。「您的地址？」文森的指尖放在電腦鍵盤上問道。

我轉頭看著爸爸。他的雙眼看著天花板，一隻手揉著前額，想要喚出記憶。「九三三──」他開口，不知所云講著巴比家的地址。

「二六四！爸，是二六四號！」我飛快介入：「你看看你睡太少就會這樣！」我輕拍爸爸的手，笑得很僵。「他的工作量太大了，」我對文森說，一邊搖著頭，一臉輕鬆假裝很不贊同爸爸的工作狀況。「東二〇二街二六四號。」我幫爸爸講完。然後我順便給了文森那個假的電話號碼。我自己開始發起抖來。我們差點就要毀了這件事。當我看見文森站起身、伸出手與爸爸再次握手時，我了解事情已經圓滿結束，我終於鬆了一口氣。爸爸給了文森一個我很熟悉的笑臉；每次我們與社工人員開會過後，他就會這麼笑。

「好了，都完成了。莉姿，歡迎妳來到預校。」文森突然轉向我說道。我局促不安地站著，一邊希望爸爸不要再講任何一句話。「妳接下來要去艾波兒那裡訂下另一個約會，回學校來拿下學期預訂的課程表。」

我微笑謝謝文森。當他返回他的辦公室去，我引導爸爸往學校大門走去。我們相伴走著，我對爸爸說，我剛剛從辦公室摸走一份《時代雜誌》。

我們走回第十九街，我陪著爸爸繼續走向地鐵站。整件事情費時不到四十五分鐘。站在地鐵站入口前，我看著爸爸不安地反覆拉開又黏上收緊雨傘用的那塊魔鬼氈。他的眼睛並沒有注視我，他的眼神飄忽不定，一下子看著雨傘、一下子看著地鐵站。

「莉姿，我希望剛剛的事情已經順利完成，如果我沒弄好的話，就很對不起妳。不過我想應該沒問題了……妳覺得妳這次是真的要去上學了嗎？」他的問題質疑著我、刺激著我，也嘲弄著我之前口口聲聲的保證。

「對呀，沒錯。」我的口吻堅定，遠超出我自己的預期。我這一天穿的衣服是向巴比借來的，雖然有點過於寬大，但很乾淨。我之前也已經編出一套有關我的生活的故事，是要用來說給爸爸聽的。這陣子以來，我們屈指可數的幾通電話中，我告訴他，我現在長期住在巴比家，而且我過得不錯。爸爸並無反問我什麼問題，我希望他可以持續保持這樣的互動模式。我盡我的一切努力要避免讓他知道，我的生活實況。因為如果他知道實情，我想那會使他傷心。而住在收容所的他，鐵定會為我擔心起來。然後我又會擔心他在擔心我，而這對我們兩個到底有什麼好處？最好還是讓他相信我過得不錯，比較省事。

「很好，妳這次真的要去上學，真的很好，」他說：「知道妳要這樣做很好。我想妳之後是會去上學的。這樣很好……沒錯，莉姿，妳現在可能就會一路上學下去了。」從爸爸的口中聽到這樣的話，感覺像是真正的讚美。

「對呀，這正是我的想法。」我對他微笑。

他取出一張紙巾擰了一下鼻子；我從上面的標誌看出，是從麥當勞帶出來的。從我還小的時候，爸爸就會這麼做：潛進速食店，偷取店裡的補給品。

「那你，你在收容所那裡還好嗎？一切都沒問題吧？」我問道，想把他的思緒引入我的問題中。或許，我同樣也不想知道他的實際生活詳情；或許，我同樣也在讓自己可以不要為他擔心。

「喔，對呀，」他說：「嗯，我在那裡有三平方公尺大的空間，還是有空調的房間。他們對我很好。沒什麼可抱怨的了。嘿，莉姿，妳身上有錢嗎？比如買地鐵票或午餐的錢？」我那天早上向巴比借了十塊錢。我還有八元。我留下搭地鐵回布朗克斯區的票錢，而把其餘的錢全給了爸爸。

「謝謝囉。」他說。對於自己可以再幫他忙，感覺真好。

「沒問題。我自己存了一點錢，這沒什麼大不了的。」我撒了個謊。

我陪他走下樓梯，進入地鐵站，我們擁抱說再見，相互承諾會更常講話與碰面。經過旋轉柵門以後，他並沒有停下腳步，跟我一起等待電車。他說完再見後即走了開去，自己一個人走到月臺遠遠另外一頭去等車。在他經過一臺公用電話時，他伸出指頭去退幣口裡，探看有無未取走的銅板。

按照時間表，預校九月開學，而現在是五月。我必須利用開學前這幾個月好好準備；我往後還有四年的時間要過。而為了完成預校的註冊手續，我還有一件事要做，就是返回我過去就讀的甘迺迪中學，去申請一份正式的成績單副本。

在見識過預校的規模之後，比較起來，甘迺迪中學的校園顯得無比遼闊。我穿越裝有金屬探測器的大門走進去。沒有人看我；到處都是學生，有個幾千名左右。感覺像是來到公車站。那天稍晚，我搭著地鐵一號線回到預校；坐在車廂裡，我撕開牛皮紙信封。一欄一欄，都是紅色；讀著一個又一個不及格的分數，真使人頹喪莫名。感覺像踩入一團爛泥巴，或遭遇一場世紀大災難。比較起親眼看見成績單，跟人談起我的分數的經驗（此前有好多次必須聽著老師對我講道理），簡直是小巫見大巫。成績單白紙黑字，清楚明確記載著我過去的學習成敗，也是一張有待我努力的項目清單。注視著我的學習災難，我可以理解我眼前矗立著一座高山，正等著我去翻越。

坐在車廂中凝視著甘迺迪中學的信封，突然之間，我靈光一閃——我在預校的成績單，還是一片空白。上頭還沒有註記上任何分數，一個都沒有。我可以重新開始。

一想到這張空白的成績單，頓時讓我士氣大振，尤其在看過我之前所留下的爛成績之後。在一切的艱難之中，這是我能夠信靠的一項可喜之事；我理解到，我從此刻起的所作所為，不必然被過去的行為所囿限。回到第十九街上的學校，我請艾波兒給我一份預校的空白成績單樣張；那只是在一張預校的專用紙張上，印出我的名字與一大排空白的格子，等著填上我接下來的學業分數。甘迺迪中學的那份成績單副本，在交給艾波兒後，我就再也沒有見過。而預校的空白成績單，我則整天都放在身邊；它提醒著我，我現在正一天天寫下自己的未來。那一週的剩下幾天，我睡在貝德佛德公園大道附近公寓的走廊中，我會取出空白的成績單，自己填上所想要的分數，而在每一個細細的格子中，我一一寫上「A」。如果我可以想像科科都得 A——當我取出這張填好的成績單，並定定望著它，幾乎彷彿我已經美夢成真。一天又一天，我只是要趕上已經成真的分數表。在我的心底，我已經獲得了那一紙科科都得甲的未來。現在我只須去實踐它。

而一樁有關媽媽的回憶，也有助於我下定決心。我生平以來，所見過如同成績單一般「正式」的文件，就是媽媽的那一小疊文件，用以證明她擁有請領社會福利金的資格。以前處理媽媽案子的辦事人員，總是對我們百般刁難、公事公辦。在那些令人沮喪的社福單位辦公室中，出於某些無從捉摸的理由，四面牆壁一律漆上令人作嘔的綠色，而在刺眼的日光燈映照下，更顯醜陋莫名，再加上那些大窗戶上總是裝設有鐵柵欄，這只讓氣氛更為雪上加霜。總是有許多人等著要辦事情，有時十幾個，有時上百個；當那些硬邦邦的小座椅坐滿了人後，其他人則會坐在窗臺上或地板上，而有的只是靜靜站著，有的則四處踱步。

媽媽、莉莎與我會坐在那裡，等上好幾個鐘頭，其他數十個也在等待的申請人，也是攜家帶眷過來，神經質地不停重新檢查他們所準備的包括出生證明等等的多項文件。當終於輪到我們時，我被媽媽抱著坐在她的膝蓋上，而我印象最深刻的是，媽媽與辦事員之間奇怪的互動方式。不管媽媽講著什麼話，都無關緊要。辦事員聚精會神在意的，只是媽媽的那一疊文件：有出生證明、經法院公證的文件、醫生開立的精神疾病證明，還有我們的房子租約。而媽媽實際講的話，女辦事員皆置若罔聞，然而，卻正是這個女人，有權力決定要不要給我們食物、租金與生活保障。

所有程序僅僅繫於這單獨的一點：我們是否正確無誤帶來為了批准過關所需的文件。完全沒有商榷餘地。即便我們只是缺了某個比較不重要的文件，比如忘了多影印一份，或者是某項醫生的病歷說明，僅僅一個小缺失就足以使我們所有的努力——收集各式文件、奔波往返各地、枯等的時間——全部泡湯。缺了一份文件，或是某份文件已經過了驗證效期，那麼，辦事員就會闔起我們的申請檔案，置於一旁。他們會喊「下一位」，而我們只好改天再來，乖乖從頭開始。一切僅依賴文件正確與否，沒有任何轉圜的空間。

而說起來，這與我的高中成績單有任何差別嗎？完全沒有。我想著，如果有一天，比如說，我萬一要申請大學，某個身穿套裝的人就會坐在一個風格迴異的辦公室中，翻開我的檔案，審閱我的文件，然後判定我有無資格獲得錄取。答案或有或無，兩者擇一，完全沒有中間地帶。如果我沒有獲得青睞，那麼他們就會闔上我的檔案，然後翻開「下一個」申請案。我於是被打入倒楣鬼的行列中。我由此學到，生活中有一些事情是全然沒有討價還價的空間的。成績單一類的正式文件具有無比重要的地位；我能不能往下走，我能否擁有其他生涯選項，全繫之於它。這些文件是我的入場券。我於是將從成績單的角度，來思索我在預校裡的所作所為——因為它終將打開我所有可能性的空間。

之後應該還是有可能發生，我不想到校上課的時機。比如，我會想睡在菲夫家的地板上，繼續賴床下去。或者，巴比與潔米四處亂晃，漫遊在格林威治村；由於朋友都在蹺課，讓我想念起那些鬼混的樂趣。或許還是有可能發生，我不想一整天坐在教室裡的椅子上，因為戶外空氣清新，讓人蠢蠢欲動。然而，我務必時時警醒地想著我的成績單，我會天天準時到校上課，這是生平首次下定的決心。我可不可以得到我的入場券，只有「有或無」兩種可能——而且，還要記得的是，朋友並不會幫你付房租。

11 意外到訪

誠徵女侍，地點市中心

市中心一家生意繁忙的咖啡店，誠徵兼職女服務生，「個性任勞任怨」優先錄用，可以長時段工作。

誠徵褓母與女傭

上東區大家庭誠徵女性工作人員，擅長處理家務，富耐心，喜歡小孩，工作時間配合度高，而且會講英語！

當我來到一個地區性的年輕人組織「青春之門」（The Door），坐在裡頭的健康門診等候室中，我一手拿著筆，逐個查看分類廣告欄中的徵人啟事，想找找打工的可能性。好幾天以來，我不斷翻閱著《村聲週報》（*The Village Voice*）。我的重點在尋找有關餐廳、勞力性雜務、醫療機構與褓母家教等工作機會。我的資格缺點是，未成年（九月才滿十七歲），還有，無家可歸。我害怕自己會引起兒童福利機構的注意，又把我送回去中途之家，所以我盡力讓自己低調尋常，一邊留心可以利用的資源。主要經由口耳相傳的方式，讓我發現了一些不錯的線索。能踏進「青春之門」這個組織，幾乎是我所碰過的最好的事情了。

「青春之門」位在下曼哈頓區的布魯姆街（Broome Street）上，是一棟三層樓的建築，完全致力於服務年輕人的需求。你只須符合年紀未滿二十一歲的資格——這實在很棒——而且不會多問你其他問題。我經常帶著滿滿一袋食物離開那裡：有早餐穀片、花生醬、葡萄乾與麵包等等。我將這些食物塞進背包，沿著曼哈頓區巡走，收集便利商店、加油站與零售商店徵人的申請表。「青春之門」一週五天，在下午五點半，會在二樓提供免費熱食服務。在每天煩悶而冗長的尋找工作之旅後，我固定會去那裡報到，吃一份晚餐。這使我不用太常去C城超市偷東西。我反而可以坐下來，隱身在一群年輕人之間，就著自助餐廳式樣的桌子，吃我領到的雞肉與馬鈴薯泥，一邊重新翻看所收集到的打工資料。

在一個週間的午後，我又坐在「青春之門」的等候區中，翻看著分類廣告。報紙上有林林總總的工作職缺，但大多在徵求有經驗與有學歷的人，而我剛好兩個條件都沒有。所以，我集中細看那些強調「有進取心」、「耐苦耐操」與「配合度高」等字眼的徵人廣告。於是，一個非營利性的環境保護組織「紐約公眾權益研究團體」（New York Public Interest Reserch Group）的求才訊息，躍入我的眼簾：

「你關心環境議題嗎？你喜歡與眾人一同工作嗎？你熱烈尋求與眾不同的機會嗎？那麼，我們這裡正是適合你的地方。請打電話來安排你的面談時間；今天就站出來擔任推廣大使……提醒你，你若無法一同為解決環境問題提供辦法，那麼你就會成為製造它的幫兇！」

週薪三百五十元至五百元不等*，一起努力讓地球更美好！

無需相關工作經驗。
＊薪資與佣金多寡有關

我不懂「佣金」這個詞意謂為何，但是「週薪三百五十元至五百元不等」真的很誘人。我從《村聲週報》上撕下這則廣告，然後塞進我的褲子後口袋中。

於是我整個夏天就成為「紐約公眾權益研究團體」的工讀生；總共有幾十名放暑假的大學生來打工。作為房間裡年紀最小、穿著最糟的應徵人，我很擔心自己不會錄取，但是來的每一個人都獲得錄用。顯而易見，如果付給員工的薪資僅占他們募集來的錢的一個百分比，任何一個組織也會見一個就收一個。我因此懂得「佣金」的意思了。你的工資是從你募來的錢中抽一個百分比；如果你募不到一毛錢，那麼你也沒錢可抽；而如果你募到很多，你就賺很大。我不由得在想，不曉得向人募捐這件事會有多困難？

一位名叫妮可（Nicole）的女士，是紐約公眾權益研究團體的資深老鳥，她在說明會上對我們保證說，想依靠這個工作養活自己，「是有可能的」。這個位於市中心裡的小會議室中，擠滿著清一色走潮丐風（hobo-chic）裝扮的大學生：一群白人頂著一頭黑人式髮辮，戴著繩編首飾，而T恤上印有五花八門宣示社會正義的標語。就讀讓人心底淌血的私立學校的學生們，故意穿得隨意邋遢，昂貴的衣服上剪穿了洞——他們費心讓自己看起來像個沒錢的流浪漢的作法，格外令我刺眼。我活脫脫就是流行時尚取材的原始樣板；我想必是這個會議室中，真正流浪女孩穿著的櫥窗。他們多數人都有錢；我可以從他們提著從都會服飾店（Urban Outfitters）買來的包包、昂貴的首飾與高檔的登山鞋或勃肯鞋

（Birkenstock）看出。不過，如果他們喜歡將他們對於貧窮的詮釋，融入他們的穿著風格中，我並無任何意見。

妮可對我們解釋工作的流程。一週五天的下午，先聽取最新的環境活動訊息進度簡報，我們這些募款人將分別八個一組坐進廂型車，由組織的人員將我們載到紐約州的幾個主要募款地點上。我們的工作是挨家挨戶敲門，鼓勵一般市民響應紐約公眾權益研究團體所發起的對抗癌症的運動；根據一份妮可口齒伶俐生動講述的研究報告顯示，癌症的發生率與在住宅區隨意噴灑殺蟲劑的作法有所關連。該組織積極遊說議會通過「鄰里通報法案」（Neighborhood Notification Bill）。而作為募款人，我們會站在人們的家門前，複述我們在每天下午簡報時段中所學到的知識與訊息，以喚醒他們的注意力。然後我們會邀請對方加入會員，與我們一起對抗癌症；白話一點講的話，即是希望他們可以慷慨解囊共享盛舉。我們的工資是從募來的款項中抽一個百分比。我們在逐戶拜訪中，會帶著好幾份研究論文的影本，一個帶夾子的寫字板，並佩帶一個臨時的工作證。

廂型車沿著亨利．哈德遜大道（Henry Hudson Parkway）朝北開去，我坐在車子裡面，很確定自己不是這塊料。我們每個人必須練習一段很饒舌的開場白；我顯然是裡頭的人講得最差的。

「嗨，嗯，我叫莉姿，嗯……我是『紐約研究團體』的工作人員。喔不是，我是說『公眾權益研究團體』……嗯，我是想對您說明對抗癌症的重要性，希望您一起加入我們的行列……好嗎？」

其他人的口條比我好太多了。坐在我旁邊的女孩安娜（Anna），來自威斯特徹斯特郡的司凱斯戴爾鎮（Scarsdale），她第一次當眾練習時，就講得流利優雅：「我想要邀請您，跟我們一起與這些有毒化學物質進行戰鬥。唯有攜手同心，我們才能團結在一起，共同對抗癌症。」

我既驚豔於她昂貴的珍珠耳環與帆布手提袋如此巧妙搭配，而對比於我搜索枯腸的笨拙表現，我也對她不假思索遣詞用字的能力嘖嘖稱奇。著實讓人嘆為觀止。而且，她真用了那個字嗎？「戰鬥」？那不是我們在學院大道老家時，一碰到要撲殺蟑螂，就會使用的殺蟑劑牌子名稱嗎？不過，從她使用這個字的方式，顯然這個字可以用在其他場合。我取出日記本，記下好幾個字詞，都是我從這些打工同伴口中聽來的用法。

他們個個講起話來頭頭是道，身體語言也洋溢自信，尤其詞彙量很豐富。我忍不住盯著他們每一個人看，特別是一位名叫肯恩（Ken）的男孩。

我很喜歡待在他的身邊，卻同時感到相當不自在。他一點都不像我那一區裡的男孩子，而且他讓我分外緊張。他長得清秀端正，像個充滿陽光氣息的大男生，頗為英俊帥氣。他有著一頭沙金色的蓬鬆頭髮與一雙薄荷綠的眼睛——更仔細一點說，彷彿眼睛裡蕩漾著沾有金色斑點的綠色冰晶。他的身材高大，穿著一件上面寫著「人類生而平等」字樣的亮白色T恤，襯托著他曬過太陽的金黃色膚色，感覺朝氣十足。肯恩就讀布朗大學（Brown University），利用暑假來打工，最近剛結束一段維持很久的戀情，恢復單身狀態；這是我偷聽他跟安娜聊天所獲得的訊息。

不知何故，我們在廂型車裡剛好坐在彼此隔壁，而且，現場督導申恩（Shen）吩咐我們兩個一起練習開場白。我穿著黑色T恤與一件厚厚的黑色牛仔褲，滿身大汗，而我把頭髮往後梳成一個馬尾，兩隻手於是不停玩著它。我講完了我的開場白後，輪到他練習，他也同樣有點結結巴巴，不過在抑揚頓挫之間，還是很吸引人。「你講得好好。」我的語氣有點太過熱情，臉龐因為尷尬而發紅。「謝謝。」肯恩誠摯地微笑著。他也因為自己練習時有點笨拙而微微臉紅，對自己的表現發笑。我雖然盡力自制，但還是忍不住一直偷看他。

現場督導申恩會依照他對我們每一個人的募款能力的評估，為我們分配工作區域。整個傍晚時分，能力欠佳的募款人只能在「油水較少」的街區中碰運氣；那兒的房屋看起來年久失修，少有年度翻修計畫的樣子。而比較具有讓別人掏錢出來能力的伙伴，則穿梭在那些宛如城堡的大宅邸之間；一戶戶人家的草坪肥美一如綠草如茵的高爾夫球場，間或點綴著讓人眼睛一亮的噴泉與騎師雕像；沿著車道走到這些住家的大門前按門鈴，至少要花個五分鐘的時間。

第一天，我被分派到少油水的區段，顯然我的募款能力並不被看好。那條街上的人家，都以鐵鍊串成籬笆相互區隔成一個個小單位，而在鏽痕斑斑的鐵柵欄後面，可以看見他們個別骯髒雜亂的前院。當日的表定募款配額是一百二十元——「祝妳好運囉！」申恩說。不過，超乎他的意料之外，當廂型車於晚上九點來接我時，我已經募到兩百四十元。一小疊整齊的支票夾在我的寫字板上；在鍍鉻的夾子底下，支票的浮水印底紋閃著淡淡的七彩反光。

「這樣算好嗎？」我問申恩，一邊藉著車尾煞車燈的橘色燈光，讓它照在我的寫字板上；我們站在路邊大樹濃密的枝葉之下，夏日入夜的天色已轉為深藍色。他數算了一次總額，然後又再驗算一次，接著說：「很棒，好極了。」經過這一天之後，我就被分派到比較有油水的區域去募款，而我的每日業績也持續上揚，經常一個傍晚就會募到超過好幾百美元以上。

在這批打工的年輕人中，我原本被視為業績達成率應該很低的人，因為，即便是那些談吐文雅、人緣無可挑剔的伙伴，在吃過一次又一次的閉門羹後，也會變得說話打結、畏縮不前。沒有人覺得這份工作容易做。於是揣測我的成功原因的傳言，在辦公室裡不脛而走：「莉姿顯然對環境議題抱持高度熱忱」；「她充分吸收訓練的內容」；「她想必之前已經有過類似的工作經驗」。

但這些說法都不是真的；我的成功一點都跟工作的技巧無關。我能有這樣的成績，原因其實很簡單：我很餓，而且，我不是來打發時間過暑假。相對於我那些期待週末好好瘋一瘋的工作伙伴，我卻正在為過冬儲備糧草，我省下每一文錢，我在長期抗戰，因為我現在不努力，未來只有喝西北風去。我需要這些掙來的錢。我的目的很清楚，我要存下每一塊錢，讓我在未來幾個月可以用，尤其開學以後，緊湊的上課時間可能會使我無法另外打工。生平頭一遭，我每天過日子，是為了一個更大的目標：我正走出我原本出身所局限的那個狹窄迴路。而這正是我的競爭優勢所在。

而且，我還感受到另外一種飢餓經驗，那是一種我很難明確說出的渴望。那跟這整個打工經驗的新穎性有關；這些未曾來過的地點，激發出我某種新感受。我之前從未見過這麼大的房子，有車子停在礫石鋪成的長長的車道上，而孩子們沿著兩旁遍植林木的街道，在陽光下騎單車玩耍。家庭主婦為我打開前門時，這些媽媽每一個都打扮得端莊合宜，而她們的孩子個頭只到她們的腰際，身體靜靜抵在媽媽臀部、黏在媽媽身邊，一起瞧著我。我揹著裝載我全部家當的背包，享受著從她們家裡所散出的空調涼意，我的雙頰與拿著寫字板的前臂頓時涼爽起來；而當我講述來意時，我會偷偷探看她們家裡的生活樣態。我當見識到別人的生活方式如何與我熟知的如此不同之時，真的備受震撼，激起我想見賢思齊的渴望。我感覺自己深受啟發。每打開一扇門、每展開一段對話、每遇見新的人，彷彿皆對我揭開一段探險的歷程，充滿著令人興奮的體驗。我在這些使人著迷的郊區人行道上走來走去，滿心好奇下一扇門打開時會發現什麼新鮮事。

不過，對我來說，最美妙的時光莫過於，肯恩與我所分配到的募款區域，剛好緊鄰彼此。我快樂地享受著那些日子。當申恩的廂型車開走，肯恩與我會悄悄彼此會合，一起分享我們所分配的街區，有時甚至兩人一組共同逐戶募款。我們並沒有事先說好誰開口介紹；我們兩個之間自然浮現一股默契，相互搭配工作。我們一起相伴工作，真的很棒。我是說，就募款這項工作來說。我們輕易達到當日的業績數字，而且還一直往上增加。有時我們早早結束了兩個區域的募款工作，那麼，我們會找個地方溜達，或是坐在樹蔭下聊天——雖然我完全不確定，我可以跟他談些什麼話題。我能對他述說媽媽的故事嗎？或者學院大道的往事？或我及時從汽車旅館脫身，以逃開卡洛斯控制的事件始末？或告訴他，我那個星期都睡在D線的車廂中？這些話題似乎沒辦法自然而然出現在我們的對話當中。陽光閃耀，你可以聞到公園裡新鮮的泥土氣味，聽見蟬兒在樹梢鳴響，你很難講起那些煞風景的故事；尤其，肯恩笑得那樣燦爛，你更無法開口直說。如果談起我的生活祕辛會很掃興的話，那麼為何要談它呢？所以，我讓肯恩成為聊天的主角——他聊著他的家人、他的前女友，還有許多在布朗大學裡的事情。我沉浸其中，分享他的喜悅與接納他的友誼。我們模仿妮可或申恩說話的樣子，彼此捧腹大笑；我們也講著工作與生活上的趣事——一直哈哈大笑到不能再笑為止。

在肯恩身邊，很容易笑口常開。也很容易相信起，眼前這些如同故事書裡的房子、翠綠的草坪與陽光燦爛的天氣，這一切所營造出的生活氣氛，是我與此前所熟悉的那種生活樣態，一樣可能存在於這個世界之上。

八月裡的一天，我去搭地鐵A線，打算前往預校去填寫幾份文件，突然之間，我看見珊。她的人在地鐵C線上；我們在車門關上那一刻，乍見彼此的身影；我們所搭乘的車廂，正好在月臺兩側的相對位置上。如同兩匹馬並肩奔馳在跑道上，兩列地鐵車廂駛離月臺，幾乎同時平行駛入黑暗的隧道中。我張開手掌平貼在車門的玻璃窗上，珊的動作也一模一樣。這樣相遇實在太可笑了，我們兩個都咧著嘴笑。珊一邊笑，還對我豎起中指；她的頭髮染成綠色，綁成兩個髮髻，身穿鑲著花邊的栗色細肩帶短上衣與一條長裙。她打扮得很漂亮，比起我最後一次見到她時健康豐腴多了。我以手示意她在下一站下車，但是地鐵隧道的柱子一時擋住我們的視線。我們在第十四街那一站下車，彼此往對方飛奔過去，並且緊緊擁抱。可以聞到她身上的香皂與爽身粉的氣味。我因為興奮而渾身發抖。

「妳跑到哪裡去了啊？」珊大聲嚷嚷，還打了我的肩膀一下。在汽車旅館那一陣子，我們的友誼在卡洛斯的壓力下而變得很緊張。不過，幾個月後的這個涼爽的八月下午，我們的情誼在地鐵車站重新復原、煥然一新。我愛她就像她是我的姊妹。

「我都在這一帶啊，」我告訴她：「我現在已經振作起來了，就是這樣子。我還找到了工作！要不要跟我去哪裡走一下？」

我們揹著各自的背包，一起逛著雀兒喜區。當她取出一包菸，點起一根菸來抽，我感到很驚訝，不過我並沒有說什麼。已經這麼久沒見過她了，我無法判斷我們是否一如以前那般親密，可以針對對方的任何個人事情，直接發表意見。一邊走路，她一邊告訴我她的生活近況。住在收容所的日子並沒有那麼糟；那裡的女孩子已經成為她的家人。她確定將會嫁給奧斯卡。並非他們已經有了說好了的計畫，但她覺得指日可待。那個也住在收容所中的女孩麗拉，來自史泰登島地區，會當她的伴娘，因為她們共同經歷過許多大大小小的事情。

「麗拉是我的死黨。『GHFL』這四個字母，代表著『Group Home For Life』（生命團體之家），」她說：「我刺青可能就會刺這個縮寫。我們那些女孩子應該都會。」

我的眼睛看著地面，邊走邊踢著小石子。

「聽起來很棒。」我說。我原本以為我們很親近，是我想太多了嗎？她有絲毫想念我嗎？我好想她。

「妳想要跟我去看看那間學校嗎？我要去辦點事情。」我問她。

「好啊。」她隨便地回答了一聲，聳了聳肩膀，因為反正她這個下午也沒事，而且她也有可能去高中註冊，重新上學。珊於是跟著我去預校，並且也填了申請表。艾波兒告訴珊，她很快就會依照她留下的電話號碼，給她電話。由於派瑞並不在學校，沒辦法立刻與珊面談，所以我們從側門離開，走回地鐵站。我們的乘車方向不同；珊在我的手上，用藍色原子筆寫下歪七扭八的收容所電話號碼。她緊緊擁抱我說再見，可以深深感覺到來自她的關愛。「這就對了。」——我想著。我們相互承諾要很快再見面，而且她也一定會讓我知道預校何時聯絡上她。不然，如果她與奧斯卡在那之前即敲定結婚的日期，她絕對也會告訴我。

當肯恩的媽媽停下那輛小型的家庭房車時，外頭細雨霏霏。她與她的兒子一樣是金髮，而且髮型一樣短，除開髮色稍微深一點，臉上有灰色的雀斑，不過一對迷你的珍珠耳環讓她同樣亮眼。她來地鐵A線出口載我們這五個肯恩的打工伙伴，前往他們位於小鎮法洛克衛（Far Rockaway）海邊的家；入夜後寧靜的皇后區郊區，毛毛雨飄在柏油路上，在街燈的映照下，路面不時閃爍著微光。她的手臂很健壯，膚色曬成褐色，顯示她經常運動健身，而且飲食健康。她所穿的衣服——一條短版工作褲與一件白得驚人的V領T恤——這麼乾淨，彷彿剛從香蕉共和國服飾店（Banana Republic）的木頭衣架上取下來的樣子。她一直快活地說著話，詢問我們的學校生活，還有平常我們做什麼消遣活動。我盡可能保持安靜，我怕引起人們的注意，使我必須放棄我目前的偽裝——一位正常的高中畢業生，正準備申請大學。

車子因為路口的紅燈而停下，我看見她伸手過去撫摸肯恩的前額與頭髮，對他微笑；他們母子相配的臉龐，在號誌紅燈的照射下，染上一層粉紅色的光暈。我看得出來，她是一位慈祥的媽媽。這可以從她搔著兒子的頭，以及肯恩溫柔對她講話的方式看出。觀看他們母子的互動，我感覺自己彷彿偷偷跑進勒夫天堂劇院看電影一般，隨時擔心自己會被逮到，而被要求離開；彷彿人們有可能發現我的在場，其實是一場欺詐的結果。

他們房子的地下室，裝潢成可用的房間。以前是肯恩在用，直到他去布朗大學讀書後，他的小妹艾莉卡（Erica）——我很後悔問出她與我同年——就占用來當作自己的房間，所以房間裡可以看到屬於肯恩的哲學書籍，卻也貼有妹妹的環境議題海報，如「搶救鯨魚」、「搶救森林」與「保護兒童」。艾莉卡與她媽媽已經在小桌子上準備茶點：大約有一英尺長的三明治，斜切成許多小塊，以及好幾盒果汁。

當其他人開始玩牌，我在樓上的浴室裡換上睡覺要穿的衣服。我的計畫是，在遊戲進行期間，要盡可能最後能自然而然坐在肯恩旁邊。我們晚上有好幾次，不小心彼此輕微擦身而過。我都假裝並未留意這些碰觸。在我可以確定他要睡在哪個位置上後，我會出於巧合睡在他的旁邊，好鼓勵他在我們一整晚的微妙互動下，更進一步展開行動。他的雙唇將柔軟可口，一如我的雙頰內側的軟肉。我看著鏡子，在手上擠一點香草味的洗髮精，雙手充分揉擦，然後再小心抹在我全部的髮絲上：這是為了我們稍晚的調情預作準備。

鏡子裡的映影回望著我：我的及腰長髮，蓬鬆鬈曲，髮色有棕有紫。我希望肯恩會喜歡它。我沒有化妝，我討厭自己的臉一看就知道睡眠不足——我總是這裡那裡在朋友的沙發或是公寓的樓梯間隨便睡幾個鐘頭，黑眼圈在所難免。我每隻耳朵的邊上，都戴著四支小小的環形銀耳環，我的眉毛比我希望的樣子還要粗一些。我所穿的睡褲，是一件慢跑運動褲，在大腿上裝飾著骷髏頭的卡通圖案。而我裡面穿著一件卡洛斯的舊的四角褲。肯恩的媽媽借給我一件肯恩的T恤，讓我晚上穿，衣服的尺寸比我大上三倍有餘。

一整個晚上，在我眼前所搬演的情景，彷如我來到語言不通的異國，第一晚所感受到的衝擊。我們坐在地下室的地板上，以睡袋當坐墊圍成一圈輪流講故事。凱特（Kat）、安娜、史帝文（Steven）、傑瑞米（Jeremy）與肯恩，他們講著我完全不熟悉的事情。爸爸也許會稱他們是「有錢人」。我不清楚他們是否有錢，但我很快就理解到我跟他們很不一樣。畢竟，住在貧民窟中的人，絕對不可能談論「不同種類的乳酪」這種話題。

是的，我們絕不會談到法國布利乳酪（Brie）、丹麥哈瓦蒂乳酪（Havarti）與義大利古岡左拉乳酪（Gorgonzola）之間的特色差別。在貧民窟，我們只會買「一種」乳酪，即美式乳酪。在政府補助金支票兌現的那一天，我們會去雜貨店跟老闆講，我們要「一塊錢的火腿與一塊錢的乳酪」，之後就會拿到以厚厚的蠟紙包裹著的乳酪。在貧民窟，我們也不會聊著揹著背包去歐洲的自助旅行（不管歐洲到底位在哪裡）。

然而，在貧民窟，我們卻會談論著我們所住的街區裡發生的大小事，以及環繞我們鄰里附近的其他街區的事情：「你有聽見富麗大道那邊槍戰的聲音嗎？那裡到處都有彈殼說！還有人掛點！」；「你知道嗎，安祖斯大道（Andrews Avenue）的那個奧爾嘉太太又開始在賣水果冰嗎？她比盧盧太太賣的還要便宜一塊錢！而且還有椰子口味的！」我們在家裡，從不會討論其他國家或其他的文化。事實上，只要走出我們鄰里的幾個街區之外，對我們來說就開始面目模糊起來。所以，當肯恩聊起上個暑假，他跟著一個年輕人團隊傷透腦筋要找出去古巴旅行的辦法，我隨口問道：「為什麼呢？去古巴玩很難嗎？」

「嗯，只要想想貿易禁運等等措施……對，很難。」他說。我愚蠢地點點頭，就好像我恍然大悟一般。我的心怦怦亂跳。「貿易禁運」？這大概是高中會教你了解的事情吧。我厭惡自己那種應該擁有某種常識卻毫無頭緒的感覺。有時，比較容易的作法，就是閉嘴別多問。

另外還有有關大學生活的話題。他們所有人比較著彼此的校園、學生宿舍與教授，還提到讀研究所的計畫，並使用著一些字眼如「獎學金」、「學位論文」與「註冊組」等。「研究所」到底是什麼意思？跟大學有什麼不一樣？肯定有所不同，因為他們每個人都已經在讀大學了。我儘量表現得一臉輕鬆自在的模樣，我的表情說著：「我都知道你們在說什麼喔，我怎麼可能不知道呢？」不過我是真的對他們在聊什麼毫無概念，於是「大學」這個詞，開始激起我的興趣。

他們興高采烈談論這個話題是原因之一，但最主要的，還是他們彼此因此連結成一體的感覺，挑起我的濃厚興趣。「大學」似乎可以讓你進入一個在此之前，你不曾認識過的人們的圈子裡，它給予你可以聊天的話題。然後，我的心頭突然浮現出這個問題：我可以進大學讀書嗎？即使我並不知道歐洲在哪裡，或是布利乳酪與哈瓦蒂乳酪之間的味道差異，但我可以擁有他們所知道的一切嗎？媽媽在八年級後就輟學，而爸爸最後也讀得無疾而終。不過，我能上大學嗎？

「還想喝點東西嗎？」肯恩問我，而且並非必要地觸碰了我的前臂。我的心頭小鹿亂撞，兩頰瞬間發燙。「不用，謝謝。已經夠了。」

「好吧。」他微笑說著。

肯恩丟了一個枕頭到某個睡袋上去，然後躺了上去。安娜宣布說，收音機正播放她最愛的曲子，調大了音量，一頭薑黃色的頭髮隨音樂擺動。搖滾團體非金髮四人組（Four Non Blondes）的歌曲〈近況如何〉（*What's Up*），於是響徹整間地下室。「太酷了！」她叫道。安娜與凱特一起跟著歌曲合唱。肯恩笑得很燦爛，眼睛四處遊動。他在看我嗎？還是我的幻覺？我很確定他看了我一眼。我也看著他的眼睛，微笑以對。

藉口要去洗手間，我站起身，經過幾分鐘後，我走回來，若無其事改變我的位子，坐到肯恩旁邊的睡袋上，重新加入他們之中。兩個鐘頭後，熄了燈的地下室內，只見三明治的麵包屑與若干薯片掉在地板上與小桌子上，每個人都鑽進擺在寬敞地板上的一個個睡袋中漸漸睡去。如同原本的計畫，肯恩就睡在我的旁邊。在黑暗無聲的房間裡，我們的溝通將以祕密的訊號進行。

在沒有言語的情況下，咳嗽就會是一種訊號；它可以傳遞出比如：「肯恩，我還醒著喔；如果你以為我已經睡著，但我還沒有，所以我輕咳一下，好告訴你」。起身喝水，可能意謂著：「來吧，趁我離開睡袋，更靠近我的睡袋一點」。而「出於意外」的手腳相觸，則很明顯是情色暗示。我在悄然無聲之中，等待他的行動。但什麼也沒有發生。地下室充滿著嘶嘶作響的蒸氣管所散發的熱氣。月光從通風用的地面小窗映入，照著他的小妹的相片：兩名青少女在某個遠方陽光耀眼的海灘上，一起舉著一隻海龜；她們兩人的手腕上都戴著象徵友誼的編織手環。我等待著，但毫無動靜。然後，突然間，我聽見某個聲響！

一個聲音，就是一個訊號，象徵某種動作即將來臨！……肯恩的打鼾聲，甚至比蒸氣管的嘶嘶聲還響。毫無疑問，他已經百分之百睡著了。

隔天早上，肯恩的媽媽在早餐桌上，一一擺上以紙巾捲起的刀叉餐具，與湯尼的餐館為客人擺放的方式如出一轍。他的爸爸剛剛慢跑回來，身上所穿的寫著「瑪莎葡萄園島」（Martha's Vineyard）字樣的T恤，兩邊腋下都被汗水浸濕。「嗨，小鬼。」他說，一邊搔弄著艾莉卡的金髮；她穿著棉質的睡衣褲，縮著身體坐在寬敞客廳裡的沙發上。史帝文、傑瑞米與凱特在餐桌旁就座。我坐在離每個人都遠的角落邊，假裝忙著烤土司，迴避跟其他人眼神接觸。前門打開，身穿運動服的肯恩與安娜連跑帶跳衝進來，兩個人笑個不停。

「所以，」安娜聲音洪亮像在宣布什麼事情：「你說……我們是不是還可以再跑一圈？」她一邊說，一邊開玩笑地用手指戳著肯恩的肋骨；她的藍色眼珠閃閃發亮，因為跑步而上氣不接下氣。肯恩的手掌撐著膝蓋，彎著腰，一樣在喘氣。安娜把一隻手放在肯恩的背上，姿態之輕鬆自然，我完全不理解他們的友誼關係已經進展到這樣的程度。我是怎麼覺得這個傢伙對我有興趣的？一直以來，他都對我很友善，但此刻，我心裡卻轉著其他的事情。我感覺自己像個白癡。

肯恩的媽媽把一個盛滿糕點的木條編織的大籃子，捧來放在早餐桌上，有上面灑著糖粉、烤得金黃的杯子小蛋糕，以及讓人口水直流的丹麥式麵包，與裝飾著葡萄乾與罌粟子的貝果。這些糕點一如完美廣告圖片的水準，我看得目瞪口呆。我完全不敢相信自己的眼睛；我這輩子還從未有機會看過一整籃的糕點。在我們身後的爐子邊，肯恩的爸爸正利用煎鍋的鍋緣打一顆蛋。一大壺柳橙汁放在桌子上，還沒有人動。史帝文與凱特開始取來貝果，抹上奶油乳酪。肯恩也伸出手拿了一個，放到一個餐盤上。

「妳，坐這裡，」他對安娜打手勢說：「我想我打賭輸了，我欠妳一頓早餐。」她對他嫣然一笑，坐了下來，把玩著自己的頭髮，看著他從那只沉重的玻璃壺中為她倒果汁。這一切如同一集《週末夜現場》（*Saturday Night Live*）節目的橋段，而該場喜劇的主題是：「莉姿，妳絕對無法擁有的完美男人與他的絕妙家庭」。我頓時覺得這個想法超爆笑。

在我來得及制止自己之前，我不假思索就笑了出來。所有人轉頭朝我看，因為顯而易見，現場並沒有任何好笑的事情發生。我知道自己很奇怪，但實在忍俊不住，一隻手遮在嘴巴前面，整個人無法控制，進入咯咯笑著的顫動中。這一切既荒謬又可笑：那些有關乳酪的討論、這一棟漂亮的房子、肯恩完美到不行的長相與親切、肯恩與安娜居然湊成一對、他的爸媽……不過讓局面失控的卻是那個該死的糕點籃子。珊如果人也在這裡的話，八成也會對這一家人不可企及的美妙生活，跟著我一起捧腹大笑；他們的生活，如同梅西百貨公司聖誕節時美不勝收的櫥窗陳列品，每一個細節全都炫麗耀眼，卻鎖在玻璃後面，可望而不可及。你只能任由那閃閃發光的奇蹟在人行道邊眩惑你，而繼續往前走去。

每一個人睜大眼睛盯著我吃吃在笑。我完全了解這看起來有多離譜；當某個人的行徑少了一根筋，情況只會讓其他人尷尬困窘，不知如何是好。所以，我嘗試解釋我發笑的原因，好讓他們放鬆下來，不過結果卻只是愈說愈糟。我的說法只是讓他們更為疑惑不解。

「就只是，怎麼說呢，你看到一整籃，整個籃子裡都裝著……好吃的糕點，」笑意讓我一直噴著鼻子：「對呀，嗯，就是這樣……我是說，有這麼一大籃耶，而且裝果汁的玻璃壺是這麼大瓶，了解我的意思吧?!」現場鴉雀無聲，橫陳著一股令人難受的低氣壓。「我的意思是，你們每一天的早餐都這個樣子嗎？」我問：「我想說……這真的好棒喔！對呀。」幸好這時候，我的癡笑終於停了。「別管我，我真的好喜歡這些糕點，」我告訴他們：「實在超棒的。」

肯恩的媽媽率先出聲說話，為我解圍。

「對呀，真棒。」她附和說著，彷彿可以理解我亂說一通的話。「那家麵包店都在自己店裡做麵包，所以他們的產品很新鮮。這也是看起來就很好吃的原因。」

我在椅子上坐直，咬下一口藍莓杯子蛋糕。史帝文、傑瑞米與凱特開始討論起，他們當天晚上要去格林威治村一間爵士酒吧玩的計畫。房子裡透露著某種不言而喻的氣氛，並沒有逃過我的敏感天線的偵測範圍，我心知肚明，他們並無意邀請我跟他們一起出遊。

每個人很快吃完早餐，開始走來走去打包自己的行李。門鈴響了起來；安娜的媽媽開車來接她回家。我單獨一個人坐在廚房的桌子邊，我望著這兩位媽媽在前門門口彼此寒暄；安娜與肯恩跑過去跟她們會合，圍在一起聊天說笑。突然間，我想起媽媽，因而心痛了起來。眼淚瞬間湧上，然後才緩緩消退。看著他們四個人的身影，聽著其他伙伴在樓下整理行囊的聲響，而肯恩的妹妹則待在自己的房間裡，我的心頭油然浮現出一個念頭。

這裡沒有任何東西會跟著我留下來。

我在此地所享受的每一樣人事物，都只是一時的偶遇經驗；我只是一個過客。我這群打工的伙伴，很快就會回到各自的大學裡去，很可能從此不再聯絡。這個家的溫暖氛圍與這些有趣的人們，並非屬於我；這群人就跟這棟房子一樣，皆與我無關。我與肯恩也沒有真正的心意相通。他這個人一如這整個情境一般，都不會成為我的一部分而留下來，一點都不會。他們彼此的生活，擁有一種社會氣質的相似性，使他們比較容易相互交流；就此而論，我至少已經相當程度地理解到，我很難成為他們的一員。我待會就會回到布朗克斯區去隨便窩在哪裡過夜，而這一切，終將隨風飄逝。

我注視著桌上還是滿滿一籃的杯子小蛋糕與貝果。然後我望著站在門口的那幾個人，他們繼續談天話家常；我看著肯恩微笑的臉龐，想著他的親切溫暖與不造作的帥氣。我不動聲色地打開我的背包——裡頭裝著髒衣服，而且有一疊我這個夏天存下來的、用橡皮筋捆著的幾百塊錢的鈔票——開始往裡頭塞入好幾個杯子小蛋糕、貝果，另外也塞進香蕉與橘子。當然，我也不放過那一整條土司。為什麼不呢？這些才是會跟著我留下來的東西。

如果可以的話，我也會把整壺果汁都帶走。

12 新世界

在人文預備學校就讀的兩年期間，活脫脫就像一場「城市就學生存大作戰」，我使盡我的每一分力氣，努力讓自己可以驚險過關。

我深刻體會到，在「坐而言」與「起而行」之間的巨大差異，一如我學到「設定目標」與「實際朝著目標一步步前進」是兩回事一般。由於我想要盡可能愈快愈好追上我落後的高中學業，所以我訂下了這樣的目標：我希望畢業時的成績，可以達到平均分數為「A」，絕對不能少於「A」；而且我要在兩年內完成，即便我無家可歸。這聽起來像是要幫助我去改善生活的大計畫。而當我在日記本中讀著計畫的內容時，每每充滿振奮的鬥志。但直到我實際去進行時，我才了解到這完全是另一回事。

一開始很完美，在那洋溢著希望的開學第一週，我到處上課，盡可能選修能夠排得進來的課程，於是作業與負擔想當然耳也呈倍數成長。我並無明確對預校的老師說明我的修課計畫；我的作法比較是，四處旁聽選課，然後一個個加在我的個人課表之上。於是，有基本課程五門，我照單全收；然後有一堂一大早加開的數學課，專為需要補拿數學學分的學生而開設，我義無反顧就選了；而依據張貼在辦公室公布欄上的傳單，預校附近的那所華盛頓・厄文中學（Washington Irving High School）提供每週兩次的夜間課程，我也欣然收下。還有，位在下東區的蘇沃爾公園中學（Seward Park High School）在週六開有一學分的歷史課，這個不修可惜。我另外還發現，可以個別找老師進行課程外的獨立研究，所以我也做了。我有太多要盡速趕上的課要修；所以，我在預校的目標變成，以一學期的時間修完一整年的課程，這就是九月開學後，我所執行的計畫。

我在心裡頭一直反覆想著一個問題，並藉以激勵自己：我真的能夠改變自己的人生嗎？我日復一日、月復一月、年復一年琢磨著要闖出自己的人生，而現在，我想要知道，我是否可以為目標戮力以赴？我能夠天天為此奮鬥不懈嗎？我真的能夠改變自己的人生嗎？

在頭幾週，似乎相當有可能；這時候，各科老師還處在講授課程內容簡介的階段，而交派的作業也還有一段撰寫的時間。我準時到校上課，甚至經常早到；我開心地抄筆記、接受指定的作業，並且積極地收集講義——從原本一小疊，漸漸愈積愈厚，塞滿我的背包。一開始，一切都很順利。不過，很快地，各項作業的截止日期逐漸逼近，要交的心得寫作與要做的課堂報告一一迫在眉睫。我原本在頭幾週所擁有的樂觀態度，一轉而為深深的憂慮與不安；我為了達成目標所採取的作法，將面臨真實檢驗的考驗。思考或講述自己的目標，確實與著手實際執行時所面臨的狀況天差地遠。

無家可歸時，還要兼顧高中學業，這意謂著，我要處理一些前所未見的瑣細問題，這是直到身處其境時，才面臨到的新狀況。比如，誰會知道教科書是這麼重的東西？光光只是那麼幾本書，就重得足以叫人吃不消。當我需要在幾個不同的地方移動，一邊卻要帶著這麼沉重的東西四處跑，而且完全不知道自己當天晚上可以在哪裡過夜，再加上，還要配合各科作業的時間表，因為每一科所需要參考的書本並不相同……所以，我經常因此搞錯。

如果我把時間記錯，我很可能在某個晚上，人已經到了巴比家或菲夫家或潔米家過夜，卻發覺自己帶錯書本，無法寫該寫的作業或做該做的複習。而這類的判斷錯誤所導致的結果，就是我沒辦法研讀隔天要交或要考的材料，這意謂著我的作業分數會從Ａ變成Ｂ，或者，因為沒有溫習的關係，考試成績甚至掉得更嚴重。我有好多堂課要上，好幾個地方可以待，以及許多份指定作業要寫，對我來說，這些變數實在太多，很難毫無差錯時時留心時間表上所相應需要的課本。於是，為了解決這個難題，我隨身攜帶的東西，除了我的衣服、日記本、媽媽的匿名戒毒組織代幣、她的照片與盥洗用具之外，還包括全部的教科書；我把所有的東西全部塞入一個大背包中。不過，實在非常沉重，使得我在市區四處走動的作法益形困難起來；揹帶重壓著肩膀，在皮膚上嵌出壓痕，而我的背部每天都發疼。

另外則是「睡覺」這件事很傷腦筋。有時，我的朋友的父母會直接讓我留下來過夜，有時則不。當我必須偷偷溜進朋友家的時候，我需要先在外頭等到他們父母入睡以後才行動；我會在走廊上寫功課或打盹，直到深夜時分、警報解除後，才悄悄走進他們家，睡在某個人的床墊上；有時為了小心起見，我會睡在床墊後方的地板上，用被子把自己蒙起來睡覺，以免被發現。有好幾次，我不得不睡在朋友的大衣櫃裡。然後，在大多數的情況下，我必須趕在他們父母早上起床前，離開他們家。為了這個目的，我在衣服口袋中放了個小型的震動鬧鐘，讓我可以不製造任何一點噪音留意起床時間。當鬧鐘開始震動，不管我身在何處，我會先靜靜坐起身，把兩隻腳套進黑色的靴子裡，然後躡手躡腳、使盡力氣把背包扛上肩膀，接著再走出門去。而在五至七點鐘之間這兩三個小時的時間中，我有時會在某條走廊上或走到某個樓梯間的梯頂平臺上，繼續打盹補眠。有時我會直接前往學校，而那時太陽才剛剛升起，空氣還有夜晚的涼意，商家的鐵門也尚未拉起準備當日的營業。

有關寫作業的事情，也是一件大工程。我發現，我需要某個程度以上的睡眠量，才能讓腦袋夠清楚，以好好寫完一個可以拿 A 的報告。如果睡眠不足，那就彷彿像起大霧的腦子裡進行思考，很難可以生產出拿甲的完美作業。然而，當要配合朋友家的作息時間表，我並不總是可以睡飽。反而我自己一個人爬上公寓樓梯，去梯頂平臺睡覺，有時還比較容易睡到我所需要的睡眠量。至少，我在那裡可以獲得一點隱私，而只要我選擇一棟還算乾淨與安全的公寓大樓，就不太會有人來煩我。我可以藉著樓梯間的燈光做功課，而躺在大理石地板上，我用毛衣當被子，而把其他衣服捲起來當枕頭。當我真的需要好好休息，這種樓梯平臺最有效。

隨著這些棘手問題迎刃而解，加上我在紐約公眾權益研究團體打工的存款，以及青春之門組織所提供的熱食與其他食品，最主要還包括來自我那群朋友們的傾力支持，所以我大抵還算應付得不錯。然而，還是存在著一些更為艱難的時刻，我幾乎就要宣告投降說「算了吧」。而其中有一個反覆出現的危機，特別威脅著我撐下去的意念。

在有些日子裡，當我的鬧鐘在早上六點二十分開始震動，而我在菲夫家或其他爸媽剛好不在的朋友家裡醒來，由於無須立刻起床離開，我要睡多久就可以睡多久，於是進入我的危機時刻中。我睜開眼睛，看著十多個人睡在地板上隨意擺著的椅墊與床墊上；太陽剛剛露臉，照在牆壁上亂七八糟的塗鴉，到處都擱著啤酒瓶。這些人鎮夜狂歡，沒有多久前才睡下。大多數的晚上，我都跑到樓梯間去做功課——我每每使用成績單表格來激勵自己的鬥志——以避免自己吸到那恐怖的菸味，或受到派對噪音的干擾。深夜時分，當派對結束，我會溜回朋友家中，隨便找一個小角落窩下來睡點覺。幾個鐘頭過後，鬧鐘起了震動，我醒了過來；我躺在那裡，靜止不動地盯著天花板。在那一刻，我是如此受不了誘惑，只想拉起被子蒙住臉，再奔回夢鄉去；正是在這樣的誘惑時刻裡，我的決心幾乎瀕臨瓦解，我禁不住要放棄我的計畫。

是要待在溫暖的被窩，抑或走出門上學？

在這些備受考驗的時刻裡，舒適是我的可能性選項。當我睡在樓梯間，當我被迫在清晨離開朋友家，甚至當我不得不整夜搭著地鐵好睡上一覺——在這些時候，都不會出現考驗。反而是，在我睡在朋友家，而我又可以選擇繼續睡下去時，成為最艱難跨越的難關。這是因為，在失去必須出門的客觀原因下，我不得不想辦法找出「我要選擇出門上學」的理由，而且必須是出自我的內心深處。

藉由這樣的方式，每當我受到誘惑不想上學時，我還是一次又一次做出出門的選擇。在那些少有的寧靜早晨，身邊堆著柔軟的枕頭，周身暖烘烘，誘惑的海嘯幾乎使我滅頂，實在太想拉起被子繼續蒙頭睡去。然而，我卻拚命想盡辦法叫自己推開門走上求學之路。在這些時刻裡，我最大的阻礙是我自己。是要待在溫暖的被窩，抑或走出門上學？

在我面臨選擇考驗時，我發現，並非所謂的「意志力」在助我一臂之力。我始終羨慕可以憑藉意志力推動自己的人，而我卻從不覺得自己擁有這樣的特質。如果單靠意志力就足以抗拒誘惑，那麼，我想，也許在許久之前，當我還在學院大道老家那裡，我早就能夠進行什麼計畫。不過，反正我不是這樣的人。我反而需要一些可以推動我的事情。在我最軟弱的時刻裡，我的腦子需要去想一些東西，好讓我可以丟掉棉被，往門口走去。我需要遠比單純的意志力還更多的東西，來激發我的行動。

其中一項有助於我的事情是，存在於我腦海裡的一幅圖像；不管我何時面臨選擇的關卡，我會一再反覆凝想著那幅畫面。我想像著一位正在賽跑場上振腿疾飛的跑者；時序是夏天，橘紅色的跑場上，以白色線條區劃出一條條跑道。不過，我所想像的並非是一群跑者並肩賽跑，而是一位單獨邁開步子的女跑者，而且沒有人在看她。在她眼前，並不是一條無障礙物的開闊跑道；她所面臨的是一場障礙賽，跑道上放置著許多待跨越的欄架，這使得她在太陽底下大汗淋漓。我每次只要想到讓我沮喪的事情，比如沉甸甸的教科書、我混亂的睡眠時間，以及今天要吃什麼或到哪兒睡覺等問題，我就會召來這幅跑步的畫面。為了克服種種困難，我想像我的跑者大步飛跨過一個又一個的欄架，往終點線疾奔過去。

飢餓，是我的欄架。找時間補眠，做學校作業，同樣是阻礙我前進的欄架。我只要閉上眼睛，就可以看見跑者的背部，看見她擺動健壯的肌肉，汗水閃著日光，跳跨過一個接著一個的欄架阻礙。在那些我不願起床的早晨，我望著她繼續跳過又一個在前方冒起的欄架。以這樣的方式，所有的障礙彷彿成為跑步過程中一個原本就有的成分，而這正好是我所需要的暗示；當你跑上跑道，是無法自外於重重阻礙的；只要人在跑道上，怎麼可能沒有欄架橫阻於前？心裡想著這個不停跨欄奔跑的畫面——越過一個個欄架後，就可以得到畢業證書——我掀開被子，起身往門口走去，叫自己上學去。

促成我挺過那些難捱的早晨的原因，除了上述的跑者畫面外，我另外還會想著我的幾位老師。在我面對著「蒙上被子或起床出門」的選擇題，處於最軟弱的時刻中，我知道派瑞會在學校等我，而也還有其他老師在等我；讓我大為驚訝的是，在預校期間，我居然喜歡起教我課的老師們。

蘇珊（Susan）是那堂一大早的數學課的任課教師。她總穿著一襲碎花洋裝與無鞋帶的便鞋來上課，教學非常認真，而且熱愛文學。我們有時談著文學作品多過演算數學題目。蘇珊總是對於我所喜歡的那些愛情小說，擁有自己個人的獨特見解。她會點撥我遺漏的重點；她經常鼓勵我要更深入細讀。蘇珊很早來到學校，經常是前幾個打開電燈的老師之一；她每每活力旺盛、滿臉笑容地對我們這個只有七個人的小班級道早安。「真開心見到你們，」她每天早上唱歌般地說道，而且顯得如此情真意切。只要當天早上第一堂課是蘇珊老師，我絕不會想要遲到；只消想著她，就能讓我起床出門。

而且還有其他老師，如凱勒柏（Caleb）、道格（Doug）與伊萊哲（Elijah）；他們的年紀才二十幾歲，不久前才從康乃爾大學或普林斯頓大學這些名校畢業；在紐約公眾權益研究團體打工時，由於跟其他伙伴聊天的關係，使我對這些學校名字很熟悉。他們不約而同致力於教學工作，慷慨奉獻時間，而且他們待人親切，作風一派輕鬆。伊萊哲在教書的時候，並不會直接講出答案來挑戰學生的說法，他會以一個個反問的問句來進行。在伊萊哲的課堂上，我在說話時會更謹慎地字斟句酌，這是我以前從未注意過的事情。而伊萊哲也如派瑞一樣，當我在班上發言時，總是專注地盯著我的臉看，與我眼神交會——他是可以真正溝通的人。而這也會促使我想與他溝通，說出我真正的意思。

道格則是個思慮周詳與個性謙虛的老師。有一次我在課堂上問了一個問題，在他思索著要如何回答時，他突然中斷動作，對我說：「莉姿，我不知道該怎麼回答。雖然我嘗試著表現出我會的樣子，但我真的不會，很抱歉。如果妳對答案有興趣，我之後可以幫妳找出來。」我備受震撼。從來沒有任何一位老師如此真誠待我。我從道格老師那兒，學到誠懇與真實的重要性。

而我也從未遇見過像凱勒柏這樣的老師。派瑞有一次開玩笑說，預校裡的老師花在學校裡這麼多的時間，他們大概以為自己是在投資銀行裡工作。我在想，他所講的老師，就是凱勒柏。預校與主流學校的校園氣氛極不相同，當下午三點的放學鈴聲響起，並不會出現學生蜂擁而出的場景。大家在放學後還會待在學校裡，一群人閒散地窩在一個稱作「預校中央穿堂」的公共空間中。學生會跟著老師進行課外活動或課業指導，一直待到快傍晚才離開學校。老師們進行這些額外的教學活動，並不會領到更多的薪水，甚至他們還投入更多的時間，比如凱勒柏老師就待到更晚以後。在放學很久之後，甚至連參加課外活動的人都回家了，你還是可以發現，凱勒柏一個人坐在狹窄的員工小辦公室中，弓著背在打電話——他在聯絡那些經常遲到與缺席的學生，而且是一個個親自打電話。

「你好，我是凱勒柏．沛金斯（Caleb Perkins）。很遺憾今天沒看到你到學校來。你方便告訴我為什麼缺課的原因嗎？我們可以一起想看看有什麼辦法可以來幫助你嗎？好讓你從明天開始準時來學校上課。」凱勒柏一個個這樣打電話，詢問他們問題，仔細傾聽對方的回答，然後提供他們協助。他會記住學生所說的承諾，並且要他們對自己負起責任。「心口一致、說話算話」，似乎是他的座右銘。我從未見過老師會這麼做。我從凱勒柏老師身上了解到，當一個老師既有同情心，又以高標準期待學生的表現，他會怎麼付諸實行。而我也從他的言行學習到，對某個目標全力以赴，然後不辭勞苦去完成它，是怎麼一回事。

我知道凱勒柏工作如此賣力，是由於我自己也經常在學校裡面待到很晚。在一間有著高高天花板的窄小辦公室裡，有一面牆是由漆上顏色的空心磚與一個大書架所組合而成，我坐在一角，伏在桌子上，自己一個人學著使用電腦來打報告。這個沉重的四方體怪東西，螢幕朦朦朧朧、閃爍不定，鍵盤又硬又粗厚，完全與我不搭嘎。我理解到，我手頭邊的工作具有雙重性：一邊學著怎麼用電腦，而且一邊還要研究怎麼寫報告。這就好像口袋裡塞著磚塊爬山一樣。所以，在我寫著一篇有關《麥田捕手》的讀書心得時，我除了必須學著怎麼去撰寫報告外，同時間還要學習打字，兩者不得不同時進行。我一次敲著一個鍵來打字，不斷打錯字讓我好氣餒；每次弄砸了，只好一再重新開始。這真的好累人；我從來就不是那種學東西很快就上手的學生。我需要反覆閱讀教科書才能理解新知識，經常比同學多花上兩到三倍的時間，才可以完成指定作業。在許多日子裡，我在學校裡待得如此之久，空蕩蕩的教室逐漸沒入黑暗中，課桌椅在夕陽餘暉中靜默不動。工友拖地板拖到我的附近時，會請我把腳抬起來，好讓他繼續清潔工作。而凱勒柏就坐在隔壁房間，可以聽見他一個接一個打電話找學生談話，而我則繼續以一指功打著我沒完沒了的作業。

這就是我最後終於來接受教育的環境；正是這樣的氣氛，讓我知道，我不能賴床、我不能輕言放棄。如果我知道老師會等我去上課，我怎麼可能還會拉起被子翻身睡去？當他們如此認真賣力工作，我如何能不起而效尤？

在預校老師的諄諄教誨之下，我原本對於學校的負面情緒開始煙消雲散，取而代之的是，對於學習新知的熱愛，與隨之而來，燃起對於自己人生的新希望——而且，至少，已經不再是可望而不可及的幻想。

而我對老師的感覺，即代表我對於學校的感覺；如果老師很棒，學校就很棒。我向來就是這麼界定的。而如果老師信賴我，那麼至少就踏出了我相信自己的第一步，即便要達到全然信賴自己的目標，還有一條漫長的路要走。特別是在我那一段比較脆弱的時期中，更是如此——我那時經常背負著「逃學」與「紀律有問題的學生」的標籤。我總是透過大人的眼光，如我的爸媽、社工人員、心理醫師與老師，來看待我自己。如果我從他們的眼光裡看見失敗，那麼我就是不成材的學生；如果我看見他們讚賞我的能力，那麼我就擁有十八般武藝。我會信賴來自那些具有專門職業成人的意見，那也是我判斷事情是否合格的標準，包括對我自己在內。以前，某些老師比如內德格林女士，認為我是受害者——儘管她是出於一片善意——那麼我也會相信自己是受害者。現在，預校的老師以較高的標準期許我，這也有助於我調整對於自己的期待。只要我慢慢地堅持下去，我就可以做到他們對我的要求；在這間校園氣氛熟絡的學校中，我與老師之間所建立起的深厚關係，使我相信自己可以辦到。

在預校的那兩年，我學到非常多的東西。我全神貫注研讀莎士比亞的劇本（在學校的戲劇演出中，我扮演哈姆雷特與馬克白）；我參與學生會組織，跟著學生團體一起搭車到市區北邊，代表預校參加區域性會議。我開始穿上五顏六色的衣服，不再披頭散髮遮住臉龐，而且漸漸地，跟別人談話時，我也會看著對方的眼睛。我學習到我這個人也自有其價值。但我想，我在預校中所上到的最重要的一課，是老師們的言行與身教。我的老師，就是我的行為模範，他們成為我在這個混亂與黑暗的世界中的指路明燈。

跟伊娃（Eva）成為朋友，是在放學後才上的科學課。這堂課是以「同儕教育」的方式進行，我們每週一與週三都會碰面。有十五名學生選修這堂課，十四名女生，加上一位男生喬納森（Jonathan）——他叫我們大家放心，他說他也屬於我們「這群女孩之一」。在我已經超載的課表上，我額外再選修這堂課，理由是，它可以算上一學分；如果我要在兩年內修完畢業所需的四十個學分的話，那麼這一個學分勢在必得。

我們這一群人坐在輔導員潔西．克萊（Jessie Klein）的長方形辦公室中；一些人曲著腿坐在一個大坐墊上，而其他人則從附近教室拖來鐵椅子將就坐下，課後再歸還。一位名叫凱娣．芭恩哈特（Kate Barnhart）的小姐，坐在學生的前面。她看起來圓滾滾的，尤其因為戴著一副圓形大眼鏡，外加一頂萬聖節式樣的紅色假髮，又長又鬈，整個人更為膨脹起來。她穿著一件由多彩碎布拼貼而成的外套，宛如一條舊地毯，只不過縫上了袖子。她老是掛著笑臉，讓人一見她完美小巧的一口白牙；她顯得很高興見到我們，很高興來上我們的課。凱娣來自一個稱為「個案」（CASES）的專案計畫組織；這個單位專門在訓練那些出入法院系統中的虞犯青少年，使他們成為同儕教育的宣傳人，以進行有關愛滋病的衛教推廣主題。潔西讓她主導課程的進行。

凱娣以問句來引入她所要談論的主題：「妳們有沒有誰遇到過，有男孩子說他的太大了，沒辦法戴上保險套？」現場頓時爆發一陣咯咯的笑聲。

喬納森大聲回答：「有啊！」

「謝謝你，喬納森。」凱娣說：「因為我們這堂課要來談這個主題，大家要講真話喔。現在，我再問一次，還有誰碰過的？請舉手。」有幾名女生勉強舉起小手。

「很好。」凱娣說：「我們要開始談囉。現在，有碰過男孩子因為要戴保險套，而對妳大小聲的，請舉手。」

大部分人都舉起手來，包括我在內。我有時不得不跟卡洛斯為了帶套子的事吵架，不過，我原本以為這只是他個人的問題而已。

「謝謝，小姐們請把手放下，喬納森也請放下手。」

「好的，女士。」他模仿南方歐巴桑的口音回答，一邊還彈了一下指頭發出響聲。女孩們笑成一團，某個人伸手過去跟他擊掌。

「很好。現在我要你們好好來看一下喔。」凱娣說。她從一個袋子裡取出一只紅色包裝的保險套，撕開它，然後開始拉扯保險套，作法如同披薩師傅在揉生麵團一樣專業。當她一邊伸展保險套，她同時講著話。

「這堂課的目標，就是要讓你們擁有知識的力量，好讓你們可以去教導自己的同學、朋友，如何預防愛滋病與性病的作法。」她繼續來來回回用力拉扯那只保險套。「不過，首先，你們自己要先學會所有的防範措施，而為了讓你們可以清楚了解，我們現在要來做一件稍微有點誇張的事情。」

凱娣伸出十根手指，感覺像要玩花繩遊戲，伸進保險套底部大大地撐出一個很滑稽的寬度，然後，出乎全班的意料之外，她開始把保險套套進自己的頭頂上，包裹起她的萬聖節假髮。她取下眼鏡，放在她的膝頭上。在全班的哈哈笑聲中，她繼續用力拉扯，直到保險套緊緊裹住臉孔，而且封住鼻子。然後她藉由鼻孔，往保險套內吹氣。這看起來很像那種街頭市集裡的小丑，你可以往他嘴裡射水柱，直到氣球爆破，就能得到獎品。當保險套在凱娣頭上膨脹到某個程度，她拿起一根細髮簪接近它——彷彿她之前已經這樣做過無數次——戳向保險套，響起小小一聲爆破聲。然後她把破成幾片的保險套一片片從頭上拉掉。

感覺輪到我們要鼓掌叫好，所以我們所有人就大大拍手。「所以囉，誰的會太大而戴不進保險套？」她的語氣挑釁；她用手把頭髮攏鬆，並重新戴上那只茶碟形狀的眼鏡。潔西這時候從她的辦公桌那邊，微笑對我們說：「想要掌握自己的健康，第一步就是要知道，妳絕對值得妳這麼去做。妳們要重視自己，妳必須去要求妳需要的東西。妳的權利與需求、安全與舒適，都是重要的事情。而且妳能跟自己的男人一起掌舵。要記得，妳有他想要的東西；妳擁有比妳想像得還多的權力。」

我注視著潔西，然後再看看凱娣，我的心裡洋溢著一股驕傲的感受。我好喜歡這兩位成年女性像是把我們拉到一旁進行女孩密談的感覺。這讓我感到好特別，彷彿她們在分享祕密心事。

「妳們的健康，直接相關於妳們在心理上、身體上、精神上的自尊。妳的身體是一座殿堂，妳必須保護它免於濫用與虐待。妳必須守護妳自己！無論妳發生了什麼事，妳都要說出來。」凱娣說。

她的熱誠，也成為我的熱誠。我可以感受到凱娣話裡的一絲絲希望的微光……彷彿我自己擁有某些美妙的珍寶。我想著，為何我會讓卡洛斯那樣對待我？我怎麼會差點就要讓他毀了我？我並沒有起身對抗卡洛斯；而小時候的那一天，在朗恩的浴室裡，也不是我把我們救出浴缸——而是莉莎。「妳必須守護妳自己。無論妳發生了什麼事，妳都要說出來。」我玩味著這句話。

這節課接下來的時間，凱娣領著我們讀著一張標題為「妳知道嗎？」的講義，那是一系列由問句「妳知道嗎？」做開頭所引介的實用知識。

「妳知道發泡鮮奶油會引發真菌感染嗎？而且任何過甜的東西，只要抹在大陰唇上，都可能造成這樣的發炎感染。所有人都知道『大陰唇』是指哪裡吧？」

「對不起，剛剛說會引發什麼感染？」房間一頭傳來一個關切的聲音問道。聲音的主人是一位高䠷漂亮的白人女孩，有一雙綠色的大眼睛，鼻子上有一個閃亮的鼻環，兩腳蹬著一雙長皮靴。她的名字叫伊娃；我已經在其他兩門課上見過她。她的打扮風格，走的是嘻哈風混合夜店女孩路線。她以深紅色勾勒唇線，然後再塗上粉紅色唇彩；而一頭棕色長髮挑染著金色，往後梳成一束閃著光澤的馬尾。

「那樣做真的一定會引發感染嗎？」她繼續問道。所有人笑了起來。

「妳這樣做過喔？」喬納森大笑嘲諷伊娃，好幾個人跟他擊掌。

凱娣面帶微笑說：「親愛的，不見得一定會，只是要小心而已。」

「喔，」伊娃說；還是一臉憂心忡忡的樣子，不過漸漸也轉成笑臉。「嗯……我只是問一問而已。」

她舉起手假裝要自我防衛。「因為又不是問了就一定做過呀，而且女孩子都應該要知道啊。」然後她也笑了起來，我們所有人笑成一團。

伊娃的家住在第二十八街與第八大道交叉口附近，離預校不遠。除開以前有一次跟著爸爸去拜訪他的一個朋友外，不然我還從未走進過任何一間位於曼哈頓區的住家之中。我預期應該如爸爸說過的，那裡盡是「富貴人家」，不過，伊娃與她的爸爸尤力克（Yurick）——他是猶太人大屠殺的倖存者——卻住在雀兒喜區裡的社會住宅；街區裡有好幾棟高聳的紅磚建築連成一氣，主要入住年長人士與低收入戶。尤力克是個畫家；他的媽媽，亦即伊娃的奶奶，在他還是小嬰兒的時候，偷偷把他送出華沙（Warsaw）的貧民窟，保住了他的性命。在他們光線明亮、空間寬敞的兩房公寓裡，四面牆上都掛著有關大屠殺主題的抽象畫作。

「這些畫常讓我吃東西時充滿罪惡感。」伊娃半開玩笑說道，一邊指著一幅掛在微波爐上方的畫作；畫面上可以看到一群面容枯瘦、神情驚恐的人，迷失在森林裡面。

「妳真好笑。」我說。早已過了晚餐時間許久，伊娃為我們兩個端上兩盤奶油蝴蝶結義大利麵，佐配豆子與胡蘿蔔。伊娃講話總是逗我發笑，她的觀察力很敏銳，很容易跟她聊起天來。在潔西的課上看見她，我立刻知道自己喜歡她這個人。

伊娃成為我在預校裡第一個好朋友。我們從下課後的短暫閒扯，發展到一起坐在雀兒喜區大戶人家前面的臺階上吃午餐，然後就去她家玩耍，最後變成在她家過夜。我們很快變得熟稔起來。關於我此刻的生活處境，我告訴伊娃一個業經修改過的內容，完整版要等到我感覺更信賴她後再吐露。她並無清楚表明她想幫助我，但她完全在這麼做。我們在第二十八街上一起溜達，度過好多個夜晚。伊娃總是在煮著什麼東西，給我衣服穿，讓我上樓去洗個熱水澡。在學校裡的午休時間，她經常分給我點心吃；她從未出現過絲毫覺得給自己添麻煩的臉色或語氣。

「妳爸爸還記得很多有關戰爭的事情嗎？」我問。我穿著睡衣站在伊娃家的廚房裡，正準備就寢。我向來覺得談論別人的事情會比較容易些。尤其在上過凱勒柏老師的「面對歷史中的我們」的課後，我已經熟知種族大屠殺與納粹暴行的歷史事實。能夠帶著某個程度的信賴感跟伊娃聊天，讓我感覺很好。

「一些些吧。畢竟那時候他真的還太小，不過，因為我爺爺是某個重要的猶太人組織的主席，他會在家裡接待那些逃過大屠殺的同胞，給他們建議，所以我爸爸他主要的記憶是戰後時期。他經常偷聽爺爺跟別人的對話；那些內容對於一個小孩子來說，應該很可怕吧。」她說。

伊娃熱愛心理學，她擁有看透人心的本領；她經常可以從聆聽別人的談話中，發現對方隱藏的動機、掙扎與需求。「我想我爸爸的畫，對他來說，應該是一種心情的抒發與淨化，」她說：「你只要經歷過那種大災難後，你會需要做些什麼來療傷止痛。讓自己可以從所有的失落當中找出意義來。」

伊娃給我什麼東西吃，我全都吃得精光，而且也會要第二盤。

「莉姿，沙發上有乾淨的床單。妳只要睏了，就可以去睡覺。」

跟伊娃在一起，我感覺自己被照顧得很好，而且全然獲得理解。她讓人有安全感，她擁有關愛他人的特質，而且又有幽默感。我期待可以天天跟她見面，我希望她能永遠陪伴在我的身邊。

有時候，另一個在預校認識的新朋友會一起來伊娃家玩。他叫作詹姆斯（James），是我們在歷史課的同學。詹姆斯的身高超過六英尺，黑白混血，有好看的焦糖色膚色，肌肉結實、體格健壯，有一頭非常亂、非常有分量感的非洲式蓬鬆鬈髮。他迷戀所有日本的事物，經常穿著胸口上有日文字的T恤，或是一件他在東方武術課上所穿的、已經變舊了的功夫裝。他常常一身邋遢，而且一臉天真的表情，使我很想跟他做朋友。我們會接上線，是因為有一天上課時，老師在講課中無意識地不停重複講「好滴」，像跳針一樣，一整節課他不講「好的」，而講上數十遍「好滴」。實在太多次又太好笑了，所以我開始尋找其他也注意到這個怪腔調的同學，於是發現坐在我後面的詹姆斯，一直忍著不要笑出聲音來。我傳給他一張紙條，上面寫著：「老師講『好滴』」，並且在底下列上次數統計，已經超過上百次。他一看就爆笑出來，在這間小教室裡立刻成為注目焦點；老師要求我們兩個分開坐，但我們依舊吃吃在笑，祕密分享著這一個笑話，在教室兩頭對彼此眨眼睛。之後的午餐時間，我看見他一個人在吃東西，於是我運用對珊以前的大膽行徑的記憶，鼓起勇氣朝他走過去。我快速走到他面前，咻地一下把手指插入他的馬鈴薯泥中。

「這個超難吃的，」我說：「你想跟我去熟食店那兒吃東西嗎？我請客。」

他一臉不可置信地微笑著，抬頭看看我，然後又看看插在他的餐點中的手指頭，接著又再看看我，說：「好啊。」

我們在西區快速道路（West Side Highway）外的一個公園裡，分食一個三明治，一起注視著哈德遜河洶湧的波濤。在午後清爽的空氣中，我狼吞虎嚥大嚼一包薯片，一邊看著詹姆斯玩直排滑輪，在堤道上慵懶地畫著圈圈。此後我們每天都相約吃午餐，而很快地，連同伊娃，我們三個人幾乎隨時都聚在一起晃蕩。有時，我在伊娃家過夜，有時則會去詹姆斯家。他跟他媽媽住在靠近布朗克斯區的華盛頓高地（Washington Heights），是一間帶一個房間的公寓。起初，我都睡在雙層床的上鋪，而他睡下鋪。我們會坐在床上整夜聊天；牆上貼著好幾張富士山的海報，而他的窗外，有一棵很美的橡樹。最後我開始躺在他的旁邊談心。有一些晚上，我們像麻花捲般擁抱彼此，講著自己的故事，然後睡著。有幾次，我們則更進一步。詹姆斯很溫柔，也很保護我。我們的性充滿溫情愛意，自然而然發生，一如我們的友誼。

跟著詹姆斯的那些晚上，我知道自己毫無後顧之憂，睡得特別香甜。

我已經失去我的家，但我正建立起另一個家。在這個家，有伊娃、巴比、珊、菲夫、丹尼、喬許、詹姆斯與潔米，我們以愛建立起深厚的關係，組構起我的生活。正是他們的支持，讓我得以險度噬人的駭浪。

並非莉莎與爸爸不再是我的家人，而是在媽媽過世之後，我們彼此漸行漸遠。莉莎還留在磚頭家，而爸爸則住在收容機構。我想，在我們之間，有太多說不出口的傷痛。我覺得，莉莎一直責怪我，在最困難的時期，拋下她獨自承受照顧媽媽的重擔。而爸爸與我之間的關係，在我被帶去聖安之家安置之後，就再也不復從前了；我們之間的某種重要聯繫已經破裂，而隨著時間演進，他似乎也離我愈來愈遠。我感覺自己因為沒去上學而被帶進中途之家，應該讓他頗為失望。儘管說來不合道理，我感覺好像是我離開他似的。而他在失去學院大道老家時，竟然沒有告訴我，對我實在打擊很大，因為，我知道那是我們不再親密的證據。我不再是屬於他的男孩子氣的小女兒了；那個喜歡拿著玩具卡車玩，深夜會幫他把風，以躲過莉莎的監視的小女兒，已經遠離他了。

爸爸、莉莎與我之間，沒有共同的生活情境可溝通，我們飄離彼此的軌道，各自獨立生活，甚至幾乎沒有聯絡。在我結束高中第一學年的課程時，一個遮掩不了的事實是，我們幾乎不了解彼此的生活。

我們於是痛苦地、笨手笨腳地嘗試著三人聚會。我們找了在格林威治村裡一個爸爸喜歡的甜點店，一起坐下來過節，或勉強自己為彼此慶生。第二年夏天，我再度去紐約公眾權益研究團體打工賺錢，所以我用我的積蓄去買蛋糕或甜點。這些聚會實際進行的方式，始終如出一轍。爸爸與我會比較早到，而莉莎不久之後就會出現。爸爸與我會先閒聊幾句，但完全不談各自的真實生活細節。當莉莎到了後，我們會去找位子坐下來。找位子的過程，是整場聚會最糟的部分，因為現場並沒有給三個人坐的桌子。我們所選定的桌子，永遠都有一個空位，彷彿清楚傳達著媽媽缺席的事實。如果是為了慶生，甜點店的女服務生會端來一個燭光搖曳的蛋糕，而我們這三個不再真的了解彼此生活的父女與姊妹，卻會為對方又多了一歲歡唱生日快樂歌。

莉莎的慶生會則是最難熬的聚會，我可以從爸爸達於頂點的緊張情緒看出來。他向來只要跟莉莎在一起就會很不安，比跟我在一起要坐立難安許多倍。儘管我的記憶已經有點模糊不清，但另外一次，我可以記得他如此不安的情景，就是在小時候與我們的大姊梅勒德絲短暫碰面的那一次。他顯得充滿罪惡感，一副很想拔腿跑走的樣子。我忍不住盯著爸爸看，他一下子交握著手，一下子放開手，強擠出微笑，煩躁地唱著生日歌，看得出來他不情願唱，但仍可笑地張嘴哼歌。我瞧著爸爸的局促，連我的胃也打起結來。我希望莉莎不要看出來。而且，感謝老天，她並不知道，我必須先打電話給爸爸，來開始準備她的慶生會。爸爸會叫我代他走一趟雜貨店，去挑一張卡片給莉莎。「莉姿，這種事，我很不行，而且現在身上也沒幾塊錢。幫我挑一張好看的卡片，好嗎？」他問我：「謝謝啦，莉姿，妳最好了。」

然而，為爸爸挑一張給莉莎的卡片，可不是一件簡單的事情。我可以挑哪一種卡片呢？所有的卡片都是設計給有善盡為人父義務的男人用的，上面都簽有亮晶晶的「你的爸爸」、「爹地」字樣，而寫的文字則有：「這張卡片是愛你的父親給你的」；「多年來，看著你漸漸長大，養育你是我莫大的欣喜」——但是他根本什麼都沒做——「給我的女兒，在她生日的這一天，點亮了我的人生」。我既不想嘲諷莉莎，也不願讓爸爸尷尬。所以我找出了我的解決辦法。他們兩個都不知道，但我不只一次在卡片專賣店的萬用卡區，找到讓爸爸寄給莉莎的完美卡片：「一直思念著你」；或「這一天，以及所有的日子，我都會陪在你的身邊」。這些卡片皆能表達親情愛意，但給予過往悲劇與兩人距離一個轉圜的空間。只有這些賀卡，能夠些微捕捉到爸爸身為父親的角色。爸爸所託付給我，而我也欣然接受扮演的角色，則是盡量減少這些相聚時刻的困窘，讓我們三個人可以一起順利過節。

出於同樣的理由，在莉莎不注意或去上洗手間的時候，我會偷偷塞錢給爸爸，讓他為我們的慶生會買單。當女服務生拿來帳單，爸爸會接過黑色的皮夾子，然後把鈔票放上去。「我來付，」他說：「莉莎，生日快樂。」

並非我們不愛彼此——事實上，我們深愛對方。我想，只是我們已經不知道該如何與彼此相處。當悲劇撕裂你的家庭，誰也不知道該怎麼應對眼前的情況、該做些什麼；在媽媽染上惡疾、在她受到精神分裂的衝擊、在她撒手人寰，我們毫無應對的概念。當家人不再就近相依生活，我們不曉得該如何繼續互動；而為了聯絡彼此的感情，這反而變成一樁需要彼此努力去做的事情。我們於是就我們所擁有的一切，盡力做看看。

在我十八歲生日過後幾天，我們一樣約在老地方碰面慶生。我先到了東十一街；幾分鐘後，爸爸現身。我們兩個於是一起等著莉莎過來。

「學校怎麼樣啊？」他挑了一個最安全的話題來問。

學校的一切都很順利。他知道我的功課不錯。有關我的生活，這大概是爸爸唯一知道的事情。他東想西想擠出一些話題來聊；令人訝異地，他居然提到一則他在報紙上讀到的資訊：「莉姿，妳知道嗎，這一陣子，醫學界對於治療愛滋病的研究很有進步。他們好像快要找到治療方法。」

一般上，我們會避免任何可能導致我們提起媽媽的話題。我的臉上八成露出疑惑的表情，因為，當我把轉開的視線再轉回到爸爸身上，他別開臉去，假裝在張望莉莎的身影。不過，他並沒有改變話題。「他們現在所掌握的藥物治療方式，已經可以改善病人的生活品質……現在比以前要進步很多喔。病人真的還可以活上很久的時間。」

我才試著在琢磨，該怎麼以禮貌的方式告訴爸爸，來聊聊其他的話題，他卻直接脫口而出：「寶貝，我也得到那個病了。我是在四月的時候做檢查，知道自己是愛滋病的帶原者。」

四月？現在都已經十月了。而這麼長的一段時間中，他居然都沒有告訴我？即便我們並不像從前那般親近，但他怎麼能自己守住這樣的事情？我頓時感覺彷彿有人往我胸口打了一拳，我的心開始怦怦急跳，我的臉也脹紅起來。我定定地望著他，我唯一還活著的生身血親，心中震驚於也將要失去他——這個念頭讓我更加悵然若失。在人行道上，站在他的身邊，我的五彩世界一轉而為黑白。

在熙熙攘攘的行人中，瞥見莉莎的身影。在她尚未走到我們這邊，爸爸傾身靠向我，飛快對我耳語：「莉姿，幫我一下，別告訴莉莎。」

我們在第十一街的店裡坐下來等著吃蛋糕，我聽著爸爸跟莉莎勉力進行對話。我的腦袋一團混亂。我努力表現若無其事。以前會替他挑給莉莎的生日卡，會打電話提醒他一起過節，會為他們預先訂位，但是——「我是愛滋病帶原者，莉姿，別告訴莉莎」。這一晚，我察覺到，爸爸比剛剛跟我單獨講話時，還講了更多的笑話，也笑得更大聲，他應該是有意表現出來的。當蛋糕送來時，十八支蠟燭的燭光顫顫危危，他們兩人一起為我祝唱生日快樂，爸爸溫柔地在桌子底下握了一下我的手——他發抖的手，笨拙地碰觸我的手。來自於他的身體接觸，顯得如此不協調；我知道，這對爸爸來說，要花很大的力氣才做得到。在他的動作中，我可以感覺到他努力想要跨越橫阻於我們之間的距離，他在靜靜地告訴我：「我了解，莉姿，我永遠跟妳在一起。」我無法把眼睛從他身上移開；在我眼前的景象太懾人：在我吹熄的蠟燭餘煙中，我的父親輕拍著手，他的身影如此脆弱，但仍好端端地坐在我的面前——至少就目前而言。我想要上前擁抱他，保護他免於愛滋病的折磨。我想要將愛滋病趕出我家之外，讓他平安無恙，讓他恢復健康。

主啊，求您賜予我平靜之心，去接受我無法改變的事物，並給予我勇氣，去改變我能改變的事物，以及，讓我擁有能分辨兩者差異的智慧……

吹熄蠟燭前，我並沒有許願。我選擇原諒我的父親，悄悄承諾自己要努力修復我們的關係。我不能再重蹈先前面對媽媽生病時所犯下的錯誤，我要陪伴他度過疾病的磨難。我們要重回彼此的生活當中。沒錯，他向來並不是個好爸爸，但他終究是我的父親，我們也深愛彼此。我們需要對方；即便這麼多年來，他無數次傷了我的心，但我卻已體會到，人生太短，我不能頑固死守著我的痛苦。所以，我揮手放掉我的傷痛；我對這些年來，我們之間所發生的挫折與失落，一律一筆勾消。尤其，我放棄任何想要去改變我父親的想法，我直接接納他這個人本然的樣子。我把所有的痛苦如氣球般，一一從手中釋放，讓它飄向天際；我選擇原諒他。

深感嘲諷的是，儘管我過去幾年一直在逃學，現在學校卻成為我的避難所。我在預校的接下來的兩個學期，我依舊把自己擠壓進滿檔的課表當中，興致勃勃要透過求學來重建自己的生活。我開始享受起好幾個鐘頭閱讀指定教材後所獲得的滿足感，而在謹慎下筆撰寫莎士比亞或沙林格（Salinger）的報告後，我回味著自己絞盡腦汁的創作過程。在遣詞用字上字斟句酌的考慮，感覺如同在猜謎語；這個寫作挑戰，又因為派瑞熱情地在課堂上討論著人物角色動機、造句結構等論題，而更為吸引人。他某天下午甚至大膽說出「文法救人一命！」；他宣稱「標點符號可以改變一切」，一邊拿著粉筆在黑板上寫下例句：「『Let's eat, Grandpa!』（一起吃飯吧，爺爺）與『Let's eat Grandpa!』（一起吃爺爺吧），這兩個句子對爺爺本人來說，意義非常不一樣喔。」他揶揄地說道；全班頓時無力地咯咯哼笑。我對著派瑞笑得上氣不接下氣，被他豐富的想像力作弄得很開心。

不過，我深知自己並非天生喜歡學校。我從來就不是人們所稱的「讀書人」，我也不見得會走上這一條路。我之所以上課很快樂，是因為，我是在一個社會架構中學習知識，而且它將允諾給我一個美好的未來。我知道我喜歡學校的原因，是在於每一項作業——指定閱讀、課堂報告、心得寫作——都跟我的人際關係有關：既與教授課程的老師有關，也與我在預校所交到的新朋友有關。如果我喜歡學校，那只是因為，學校讓我有機會接近，那一群我愈來愈珍視的師長與朋友。沒有什麼比得上，你可以在你所愛的人身邊，孜孜努力朝夢想前進，而且他們也與你有志一同。

比如在伊娃家裡溫習功課的那些晚上，她、詹姆斯與我在客廳裡各據一角讀書，而我們的作業簿與課本凌亂地堆在桌上、沙發上與地板上。我們就這樣好幾個鐘頭窩在一起唸書。我會曲著身體躺在沙發上，頭枕在詹姆斯的膝蓋上，而他則一邊玩著我的頭髮。有時，我們三個會面對面進行討論，或者因為誰講了愚蠢的笑話而發笑。我可能讀著課堂指定教材，而詹姆斯則翻閱那些教授日文漢字的語言書；他勤奮地在筆記本上一頁又一頁練習書寫日本字，每一頁上都是一排排整齊的文字。而伊娃會做飯給我們吃；一般上，她會煮奶油醬雞肉義大利麵，佐配豆子與紅蘿蔔；在我們手頭比較寬裕的時候，她還會炒蘑菇或挖幾勺酪梨果肉當配菜。就我個人而言，我去伊娃家總是希望自己可以帶食物去分享，以確定自己並非毫無貢獻。儘管我幾乎天天滿堂，但要撥個空去弄些東西來，並不算太費事；那兒的超市還蠻近的——有一家就位在第八大道外的第二十六街上，離伊娃家才隔兩個路口遠而已。

有一天晚上，我上完夜間的一堂課，從聯合廣場（Union Square）沿路走去伊娃家，我盤算起一個計畫。我之前已經做過不少次，而我想要重施故技，去那家超市轉一圈，偷拿幾樣食物藏進書包裡，然後再從那扇拉門神不知鬼不覺地溜出去。如此一來，伊娃、詹姆斯與我在稍晚坐在沙發上看片子時，就有東西可以大快朵頤；三個人吃得飽飽的，穿著睡衣舒舒服服，愉快度過一晚，應該會很棒。由於伊娃稍早已經採買過了，但我並不想空手過去，於是我在第十四街上打電話時，答應伊娃我會帶一包雞塊與一瓶帕瑪森（Parmesan）起士粉（這兩樣東西，我知道只消幾秒鐘就能滑進我的書包裡面）。我並不是沒有錢可以買東西；事實上，我不管到哪裡，都隨身攜帶我第二個夏天在紐約公眾權益研究團體打工時所存下的工資。不過，我的錢是救命錢，我盡可能節省開支。所以，這天晚上，如同之前許多晚上一般，我走進超市，並沒有任何想掏錢出來的打算。

一開始，一切進行順利；我手中已經拿到那兩樣東西，只等著找個地方把它們藏進書包裡，不過，出乎我的意料之外，我居然制止了自己偷竊的行徑。我是因為目睹超市經理的身影，才打消順手牽羊的念頭。他是一名矮胖的拉丁裔男人，打著一條領帶，耳畔還塞著一支筆。我遠遠看見他在翻閱夾在寫字板上的報表，一邊檢查著進貨的數量，並且吩咐幾名員工幫忙整理。可以看到他在擦汗。我轉而望向收銀員，她正一筆筆刷著客人的貨品；我再望向一名上了年紀的婦人，她正把裝好在袋子裡的東西放進購物推車上。我站在那裡，一個個看著他們，然後我了解到，我不想在這家店裡偷東西；我覺得我這麼做很不對。那名經理賣力工作，讓這家店能夠經營下去，而生平第一次，我真的能「目睹」這個道理。我站在那裡，我不了解自己此前為何看不出這個事實。手裡拿著準備要偷的起士粉與雞塊，我突然覺得很不是滋味，渾身起了雞皮疙瘩。

就在這一學期，不久前，學校裡發生有學生皮夾被偷的事件。於是派瑞召開了全校師生大會，帶領討論的進行。「我們最大的損失，並非是那只皮夾，」他說：「而是我們之間的信任感破裂。這造成的問題是，我們不知道我們可不可以再信賴彼此。而要重新建立起我們之間的信任感，則還需要花上一段時間。這對於我們這一個社群傷害很大。」

一個人的行為對一個大團體所產生的因果效應，在預校的這個個案中，很清楚顯現出來。但是，如果就外在的大世界來說，這個概念對我則仍顯得抽象。也就是說，直到我站在超市裡，盤算著自己長長一串偷竊行徑下再犯的可能性，直到我注視起那位超市經理後，我才恍然大悟。在還沒就讀預校之前，我從未屬於每個人耳熟能詳的「社群」的一分子；我也從未了解到，關於我的所作所為，是會影響到我之外的別人，或我的小圈子外的其他人。我感覺自己像個孤島。

然而，在我站在超市裡的那一刻，我回想起師生大會裡派瑞所說的話，我開始可以更清楚地指認出，我的行為所會造成的因果效應。在偷竊並非那麼猖獗的情形下，也許在超市裡偷東西充其量只會引起商品價格上揚。顧客不得不付出更多的錢來買食物，以彌補竊盜所造成的商家損失，如果他們還付得起錢的話。但如果情況失控，超市可能會關門大吉，而收銀員與經理都將因此失業。我想，人與人之間的信任關係，也會降至冰點。我再次注視起那名經理先生，腦子裡轉著派瑞的話。然後我帶著雞塊與起士粉走向收銀臺。

但我並非從此就不再順手牽羊；坦白說，我還是再犯過幾次。然而，那一天，卻是我第一次思考起停止偷竊這件事，而且也是開啟我往後逐漸了解到，事實上，我並非孤島的契機。

我走向收銀臺，放下東西，然後從書包底部翻出幾張小額鈔票。收銀員對我微笑，並找給我零錢。我停了一下，等待站在櫃臺另一邊的一位員工為我打包；他動作俐落動，三兩下就把東西裝好，就像許多年前，我在超市裡為人打包東西一樣。我拿起袋子離開的時候，把手中的零錢當小費，給了那個男人。「謝謝。」他說。我繼續往前走去。

海報板上，以一大片紅墨水塗成血紅色，而藍色與紅色的圖案都還沒乾，在白底海報上，顯得很搶眼，生動地烘托出生物學知識：「B細胞會通知T細胞，去對抗疾病的入侵」。

三個學生組成一個小組上臺報告，我們製作了新穎的設計，打算描述免疫系統在對抗愛滋病時，兩個不同的細胞所扮演的角色與功能。伊娃與我往後站在一段距離之外，審視著我們所畫下的圖像：一座拳擊場中，站著兩名拳擊手；他們所戴的紅色拳擊手套都舉到下巴處，準備攻擊對方。在場子外邊，有一名教練，頸子上披著一條毛巾，手裡拿著水瓶；他代表B細胞，擔任傳達者的角色。體型較小的拳擊手，代表T細胞，是充滿希望的戰鬥者。而體格魁梧的對手，則代表愛滋病病毒；他身形高大，站在對邊，極具威脅性。

伊娃矮著身子蹲在地上，兩側長髮別在耳後，露出不時晃動的環形耳環，她鼓著臉頰，朝著未乾的顏彩吹氣。目前在預校讀到第二學期的珊，遞給伊娃一支簽字筆，讓她把我們的大標題塗黑一點：「充實自己，一起對抗愛滋病的蔓延」。

「我們應該把他們畫得更像黑幫血拚一點，就像『我要殺了你，你怕了吧？』」珊一邊說，一邊假裝拿著一把刀在空中揮舞恫嚇著誰。我們三個因此放聲大笑。珊因為住在中途之家，生活中經常接觸有幫派與監獄背景的人；她說話中所用的俚語，如今也富含街頭色彩。她能夠來預校讀書，對我就像有一個家人重新回到我的懷抱。珊並沒有每天到學校來，但她也已經夠常出現，可以一起參與我的小團體，享受互為同伴的樂趣；她也交到新朋友，也深受老師們喜愛。我真開心能在學校與她相見。上臺報告的那個下午，對我們是個大日子，珊特別為那一天打扮了一下：她穿著一條坑坑巴巴的長裙，上身則是一件藍色的男式襯衫，搭配一條細條紋的領帶，腳上則蹬著一雙戰鬥軍靴。

「不過，用拳擊來講事情蠻酷的。」珊聳了聳肩膀，輕快認可我們的作法，啪地一聲吹破口香糖泡泡。她彎下身，自動地在愛滋病病毒拳擊手的臉上，畫出黑色的眼睛。「忘掉這個傢伙吧，」她說，一邊描深輪廓。「他應該被撂倒踢出局。」

「有道理，」我笑著對珊說：「真是個好點子。」我迅速拿起筆，跪在地上，給愛滋病病毒拳擊手畫上被揍裂的嘴唇。「讓我們來把他畫得醜不拉嘰的。」我跟她說。我們兩個挨著彼此，在紙面上沙沙作響快活地畫下去。

在發表會那一天，一小群學生坐在中央穿堂那兒等著我們開始。我們的任務是使用這些拳擊場上的人物，來讓我們的同學深刻了解愛滋病病毒作用的機轉，明瞭病毒與免疫系統之間在細胞微觀層面上的鬥爭——正是免疫系統創造出防衛其他細胞的防護網。巴比、喬許與菲夫也坐在其他的預校同學之間。他們跟珊一樣，也在預校讀到第二個學期了。我在預校只花了幾週，就了解到學校接納學生的開放度，而且能夠感受到老師們所給予的安全感，讓我很信賴他們。所以，在我知道預校是怎麼一間學校，在我了解不同高中間的辦學方式可以有多大的不同之後，我立刻回去告訴我的朋友，並且鼓勵他們去面談。他們於是先後進來；我的那群朋友中，現在有好幾個註冊就讀。珊、巴比與我甚至還同時一起上好幾堂課。

有時候，在預校裡的這些老朋友會帶給我一些不確定的因素。不只一次發生過，他們幾個人想蹺課，慫恿我也跟著一起出去溜搭。這樣的邀請實在好誘人；我看著他們一夥人擠在校門口，正準備溜出去，走進曼哈頓繁忙的街道上。我很想如同過去一樣到處晃蕩。比較起他們遊蕩在格林威治村與雀兒喜區，偷偷溜進電影院或坐在公園裡閒聊的樂趣，我知道教室裡的課程只會乏味難耐。再加上，我也不想成為我們這一群人中的老古板，只會一味認真讀書與遵守校規。所以，有時真的出現一些很難不蹺課的時刻。不過，我不斷想著我的成績單；我在那一個晚上，一個人坐在樓梯井中，以藍筆在一行行的小格中全填上「A」。而且我也反覆想著那個奮力跨越欄架的女跑者；每跳過一次障礙，就能得到一個A的成績。當我一個個累積起我的A，我就可以得到我的門票；沒有人能讓我走進大學窄門，除了我自己之外。

然而，我在預校裡的這群朋友，依然是我的家人，他們是我的一切；正是他們，使得學校感覺像一個家。這使我回想起，爸爸與我過去一起坐在沙發上所看的深夜情境喜劇節目《歡樂酒店》，其中有一個經典情節是，不管什麼時候，只要劇中角色諾門（Norm）一走進來，所有人都會齊聲喊他的名字。我那時候年紀還小，並不十分了解節目的劇情，但我卻懂得這些角色之間所共同擁有的歸屬感，而我渴望自己也能像他們一樣，能有一個可以歸屬的地方。在還沒就讀預校之前，特別是在我的那群朋友還沒有先後註冊之前，我從沒有待過每個人都喊得出對方名字的地方，而我一直嚮往，能有一個接納所有人、可以一起努力朝著各自夢想前進的地方。然而，如今，我們共同攜手在此地提升自己的生活，這對我的意義非常重大。

「哈囉，準備各就各位吧，我想他們已經在等著我們了。」伊娃高高舉著海報板說。她待會要講述一對坐在床邊憂心忡忡的情侶，因為在一夜醉酒狂歡之後，他們完全不記得是否曾使用保險套。伊娃給女孩畫上一副豐唇、戴著鼻環，並且眉頭緊鎖，神色焦慮。在這對情侶上方，則以一個個泡泡框，寫出他們無聲的想法，如「信任」、「抉擇」、「後果」，而這些字眼皆裝飾得閃亮耀眼。攜帶著這些紮實的材料，伊娃、珊與我，我們三個一起步出會客室的門口往穿堂走去。

「沒有人會想到自己有可能染上愛滋病，」我對著所有同學講出我們的開場白，我那天穿著綠色毛衣與藍色牛仔褲；我當時已經有好幾件五顏六色的衣服，不再以黑色為唯一穿衣標準。

「但卻經常會發生這樣的事。罹患愛滋病，會導致家庭破碎、生命不保。我們今天在這裡所做的報告，就是想告訴你們，如何避免這一切發生的方法。這就是我們今天所做的報告的最大目標。」

我們三個以三十分鐘的時間，運用著一張張海報，講述著我們從「個案」專案計畫組織所學到的愛滋病資訊。在我們仔細說明病毒如何在人體裡面蔓延的情形，我彷彿瞥見媽媽的身影。但並非她住院時病懨懨的神態，而是笑容滿面、生氣蓬勃、滿懷愛意的媽媽。我看到她握著我的手，跟著我一起微笑，我們在莫休魯大道邊，往一枝蒲公英上吹氣，白色的羽毛頓時朝天空飄開；我們分別許了願望，而愛滋病病毒卻已擴散至她的全身。她希望我要好好去上學；她希望我不要過著別無選擇的人生；她希望我要一切順利平安。

影印機啪啪送出十張我的成績單影本。我坐在輔導員潔西的辦公室中，只有我一個人在那裡；我以指尖順著一欄欄的成績看：「92；94；100；100；100；98」——每學期總計修習超過十門課，而好幾科的成績都得「A」。一如我原先的計畫，我把每一學期都當作一學年來用。那天早上，學校裡其他的人全都去中央穿堂參加師生大會，剛好就位在潔西的辦公室之外。我決定，在這個星期五，要處理完有關獎學金的申請事宜。而我會直到年底前，才進行學校申請；我的計畫是，先盡快找到我唸書所需的費用。

輔導員潔西．克萊一直在協助我規畫未來的求學計畫；過去幾個月來，我們經常在午餐時間或放學後，坐在她的小辦公室中，討論著有關申請大學的種種事情。

「莉姿，從妳的成績來看，妳有很多學校可以挑。妳的成績很棒喔。」她說：「不過，妳要想一下怎麼來支付妳的學費，而且愈快找到錢愈好。」

某個下午，潔西遞給我一個裝滿各種獎學金申請表的牛皮紙信封袋；那是她親自花時間篩選過後，所找出的適合我申請的獎學金種類。潔西解釋說，公立學校極可能給予像我這般成績的學生一份全額的獎學金，這大概沒問題。我只須填寫「聯邦學生財務資助申請表」（Free Application for Federal Student

Aid），就可以搞定。但是，潔西繼續說，其他類型的學校就很不一樣，它們的學費都相當昂貴，所以，最好的解決辦法就是，盡可能去申請各式各樣的獎學金，讓我可以確定學費來源，而如此一來，我所可以選擇的學校就會有更多所。這個想法聽起來對我很不錯。

「嗯……如果第一流學校的學費是這麼貴的話，」我一邊打開牛皮紙袋，隨意翻著那一大落文件。「比如超過一年三萬美元……喔，獎學金的金額也都會這麼高嗎？應該夠用來付學費吧？」我請教潔西。

她的表情告訴我，我完全對於我所面臨的事情毫無概念。

接下來幾週，我開始獨自處理我的獎學金申請作業；我很快發現為何潔西會以那種表情看著我。在她的辦公室中，我關掉日光燈，只就著從十字交叉形狀的鐵欄杆映入窗內的陽光，一個人研究著那些文件。差不多有一個鐘頭，我埋頭一一檢視著那些傳單與小冊子；每一份上面，都裝飾有各種族裔背景的學生的漂亮合照，每個人都笑逐顏開，紛紛對不管是公司贊助的貸款、獎學金或補助金，大豎拇指叫好。而在辦公室外，不時傳來學生突然大聲鼓掌的聲音；好像只要老師宣布了什麼之後，就會隨之響起喝采聲，不過我聽不太清楚是有關什麼事情。我決定跳過收集資料的過程，因為我知道時間所剩不多，我必須趕緊處理完這件事。面對這麼多等待挑選的申請書，我開始略過所有細節，只注意最主要的訊息，與每一個單位所可以資助學生的金額數字。

這些人必定在開玩笑吧！實在太叫人失望了！許多單位要求學生進行耗時費力的工作，卻只可以申請區區幾百美元而已。這整件事在在令人大惑不解。一家金融商品管理公司提供五百美元，給贏得「自由市場中的自由貿易」論文比賽的得主。又聽到門外傳來另一波鼓掌的聲音，還有人大聲吹起口哨。我把這個申請書先放在一邊，因為那需要在圖書館做很久的功課。另一家公司要學生任選一名過去百年來曾任公職的傑出政治人物，為他撰寫一篇以政治角度切入的短篇故事，優勝者可以贏得二百五十美元的獎金。另外一個獎學金有四百元，再一個則是一千元。我猜想，這些獎學金可能勉強可以支付一流學府的膳食費用而已。我開始思考，窮學生如果一年申請不到三十筆這種獎學金的話，他如何能夠在好學校裡讀書？我最後翻到一份小冊子，發現了我的希望所繫，而且潔西在上面貼了一張便利貼，用藍筆大大標註上「這個非常適合妳！」的字眼。這份申請書的標題上寫著「《紐約時報》大學獎學金計畫」；它提供學生「每年一萬兩千美元的獎助金，直至大學畢業」。這個單位顯然對唸大學會花多少錢比較有概念。在申請表上，除了有關學業平均成績與畢業後計畫等問題外，它只希望申請人寫一篇文章，描述自己為了取得優異的成績，所曾經努力克服過的生活上的困難與阻礙。

我的眼睛頓時亮了起來。他們沒開玩笑吧？這是真的嗎？看起來實在又荒謬又完美，讓我噗嗤笑了出來。我於是兩手一揮，把所有文件推到桌上一旁，再拿出空白的活頁紙，開始列出大綱。我振筆疾書，列出了我所要講述的重點。不過幾分鐘的時間，就洋洋灑灑寫出一段文字。我想，就是這個了。我決定先休息一下，去辦公室外面找水喝。我才走出去，師生大會也剛好散會，到處擠滿了人，聊天的聲浪四起。一位名叫貝辛（Bessim）的高年級生，朝我走過來，輕拍我的肩膀。「很棒喔，做得不錯。」他說。

我手裡拿著杯子，一頭霧水地看著他。

「嗯，還好。」我困惑地應了一句。

「恭喜妳喔。」他接著說。

我繼續一臉茫然盯著他，最後才問了一句：「幹嘛恭喜我？」

「因為妳得了那麼多獎啊，」他說：「每一個項目，老師都喊到妳的名字。這不是很值得恭喜嗎？」

我不知所以然地走了開去。我完全沒有想到，剛剛那場大會是一個頒獎典禮。

我跑去派瑞的辦公室找他。他剛好在講電話，不過先停了一下，對我說：「妳剛剛怎麼沒有過去？」然後遞給我一份有我的名字寫在上面的文件夾。

我回到潔西的辦公室去，打開文件夾，取出一疊獎狀。是一張張的白色美術紙，以複雜的藍色花紋圍成一個框，而我的名字則以美麗的手寫字拚出來。總共有十幾張獎狀，包括：我在學校的才藝節目表演中，因為扮演哈姆雷特而贏得最佳舞臺表演獎；與在推廣愛滋病防治的同儕教育計畫中，獲得社群服務貢獻獎；以及其他好幾個學科的成績優異獎項。

我把注意焦點再度回到我的《紐約時報》獎學金申請案上來。一樓窗外，可以看見學生三三兩兩聚在一起聊天、吸菸、吹口香糖泡泡玩。已經到了放學的時間了。

我握著筆，繼續在紙上寫字，渾身微微發抖。我下筆有如神，彷彿進入某種神迷恍惚狀態，把我所想寫的一切，通通傾注到紙頁上。我的挫折、我的哀傷，所有的悲痛，全部支使著我的筆往白紙上一行行寫去；如同是它們在寫文章，或說是文章自動在書寫。不管是怎麼一回事，都不是我在寫，因為，我的人並不在那裡。我彷彿飄浮在半空中，往下注視著自己，看著我的手狂熱地逐頁龍飛鳳舞，看著我的人生中一幕幕讓我畏縮不前的情景，重新搬演開來。

那天傍晚，當我的自述文章打完字，從辦公室的印表機中列印出來後，我把它夾在我的成績單上面。接下來要做的事情，就是申請學校了。

而選定學校的過程，大抵只是因為畢業紀念冊上的一張團體照——我就這樣搞定了我的目標學校。我完全不了解自己會因為一張照片而決定申請哈佛。事情的源由是，一堂以全校學生為對象所設計的課程，稱為「城市探查」；該堂課會選出前十名表現優秀的學生，參加前往波士頓的田野考察之旅。派瑞要獎勵我們辛勤苦讀的成績。在另一位老師克莉絲汀娜（Christina）的陪同下，派瑞帶領我們一群同學搭上美國國鐵（Amtrak）的火車，進行一個週末出遊的旅程。我們所要下榻的「旅館」，是波士頓學院（Boston College）的學生宿舍。伊娃與我雙雙取得出遊的資格；在車廂寬敞的通勤火車上，我們兩個坐在一起，而整整四個鐘頭的車程中，我們聊得沒完沒了。我經常指著窗外的景色大喊「妳看！」，打斷了我們的對話；不管是稍縱即逝的旖麗風光、各色屋舍人家、閃亮的蜿蜒流水或一望無垠的天空，在在令我驚嘆。伊娃曾經跟著父親與祖母一起去巴黎玩，所以搭著火車出遊對她並非多新鮮的事情。但她還是順著我的意，每一次都轉頭探看讓我如此快樂的所有尋常事物。

首次搭乘這種區域性火車，感覺上如同一場探險。興奮的感受讓我整個人暈陶陶的，並且止不住說話的衝動。我們為了能夠私下聊天，而轉移到餐車上，不過我再一次打斷她的話頭，這一次她正講著她的男友艾德里安（Adrian）的故事講到一半。我突然從伊娃對面的座位上站起來，然後走到她的身邊坐下。「妳知道，其實我並沒有住的地方，」我沒頭沒腦進行告白：「請別跟任何人講，好嗎？」我們之前一同在餐車裡吃著椒鹽卷餅，談著詹姆斯與艾德里安。我擔心著我突然的告白，會讓我們的對話沉重起來。

「好呀。」她看起來全無驚訝的神色，立刻答覆我。也許因為我已經住過她家這麼多個晚上，所以不算是什麼大新聞。「我保證。」她對我微笑地加了一句，把椒鹽卷餅袋子的開口朝向我。接下來的火車旅程，我們兩個成為彼此的日記本；我們聊著男朋友、音樂，還有我們的夢想。

伊娃也想要上大學。「我只是希望去一個我可以關上門、整天唸書的地方。可以在那裡接真正紮實地讀書、受教育。對了！而且還要是一個遠離城市、充滿自然環境的地方，很美麗，長有很多樹。」她說：「而我希望艾德里安也可以跟我一起去。」然後她詢問我的打算。

「我不知道我想要去哪裡……也許是布朗大學？我聽說那裡還不錯。或者是加州的哪裡，」我說：「珊跟我以前常會說，我們有一天要一起去住在加州……我同樣也想要去一個美麗的地方讀書。」

波士頓學院的學生宿舍是一個自給自足的世界。伊娃與我同住一個房間。我把我的東西往單人床上一丟，就跑去跟同學玩起捉迷藏的遊戲。處在這個讓人興奮的陌生地點上的學生宿舍裡，我變得無比快活。我們穿著襪子在走廊上滑來滑去，到處追著彼此跑，又叫又笑飛奔過飲料販賣機、一排三角運動旗幟，與高高釘著許多傳單的公布欄。一位名叫莫妮克（Monique）的身材高眺的女孩，一頭黃髮與一對環形大耳環不斷搖曳，狂追著我跟伊娃跑，我們最後三個人在地板上跌成一團，笑到爬不起來。宿舍窗戶外頭，是一個占地廣大的田徑場，而更遠處，則是波士頓市繁忙的市中心。終於可以了解，肯恩與其他打工伙伴一提到「學生宿舍」就如此興奮的原因了；宿舍是一個可以生活其間的開放空間。在外出遊逛之前，我把我的 T 恤都吊進衣櫥裡，而另一條備用的牛仔褲則摺進其中一個抽屜中，我以指尖撫摸著媽媽的照片，把她那枚代幣放進身上牛仔褲的前面口袋中，一整天都要帶著它。這是幾年下來第一個我可以宣稱擁有某些所有權的地方，儘管不過只住兩個晚上。知道自己可以獲得這一切，實在感到有點驕傲。我想著，我也是有能力可以住到像這樣的房間中的。

波士頓是一座漂亮的城市。派瑞領著我們走過林木夾道的街路，兩邊一棟接一棟的獨門獨院宅邸與高級石砌住宅；我們沿路穿越一個稱作「燈塔山」（Beacon Hill）的區域。你可以透過窗戶望進這些年代久遠的屋舍一樓，清楚看見這些人家客廳裡的一景一物；裡頭有水晶枝型吊燈、嵌進木造牆壁裡的老書櫃與古董家具，而壁爐裡的火光，想必讓室內暖烘烘。我毫不厭倦窺看這些窗戶裡的情景；它讓我感覺充滿希望。這些有著灰色護窗板的建築，掩映在開滿白花的蔥蘢綠樹之間，而飄落的花瓣，點點灑在石板路面的街道上——這一切在在吸引著我豔羨的目光。這一區感覺超塵絕俗，彷彿被施了魔法。

派瑞不厭其煩回答我的頻頻詢問。「這些房子價值多少錢呢？住在裡頭的人都做著什麼工作？……上大學是怎麼一回事？」

我們整個下午行程緊湊，到處走馬看花。午餐排定在位於哈佛廣場（Harvard Square）上一間名叫「燕京」的中國餐館裡用餐。不過，在進去之前，派瑞說我們需要拍攝一張團體合照——我們一群人於是站在哈佛庭園（Havard Yard）裡的約翰．哈佛（John Harvard）雕像之前合影。我以前從電視裡聽過哈佛大學的名號，不過卻從未看過任何有關它的影像或圖片，讓我對這間學府充滿好奇心。

我不知道該如何以筆墨形容，當天下午走過哈佛校園的感受；尤其是在這樣一個時間點上，我一身穿著陳舊破爛，我的全部家當都放在背包中，而腦子裡還充滿著搭乘火車的新鮮感。走過哈佛，彷彿是我人世經驗裡的高點。

如同我早先談過的，好幾年來，或許應該說我生平以來，我老是感覺有一堵磚造的高牆，橫阻於我與一切事物的中間。站在那些建築物之外，我幾乎可以看見那堵高牆從地上轟然冒起。處在高牆的另一邊，是我們這個社會，而處在高牆的這一邊，則是我、我們、所有跟我出身相同的人們。兩者彼此分立、相互分隔。

站在哈佛庭園裡，彷彿可以觸摸到高聳的牆壁；我的手撫掠過牆面粗糙的紋路，質疑起它的真實性。

穿著上面繡著「哈佛」字樣的深紅色毛衣，學生們三三兩兩手拿著書或推著單車，沿著一片翠綠的草地散步而去。有一群日本觀光客群集在雕像前面擺姿勢拍照。我們排在他們後面，等著輪到我們。哈佛的學生在寬闊的草地上鋪著野餐巾，躺在上面看書。周圍的紅磚建築，看起來彷彿同樣出自燈塔山那一區的屋舍建築師之手，一樣年代久遠，並擁有莊嚴肅穆的外觀，同時也一樣讓人無法登堂入室。這些建築物是這麼富麗堂皇——望著它們，卻也同樣讓我油然升起一股我難以解釋的深深嚮往之情。我的臉部表情大概透露了我的感覺，因為，當時站在那裡，派瑞與我之間並沒有交談，但他卻突然靠過來對我說：「嘿，莉姿，是有可能到這裡來的，並非那麼不可能的……有想過申請哈佛大學嗎？」

我停下來，思索著派瑞的問話。我很確定自己在此之前，絲毫沒有出現過申請哈佛的念頭。不過，我的人站在那裡，觸摸著心中的高牆，我想著，雖然我非常可能無法得到入學許可，但至少，我可以試上一試。

二月裡一個雨天午後，我來到位於時代廣場外、第四十三街上的《紐約時報》大樓前；我收起雨傘，從旋轉門走進去，準備參加獎學金遴選作業的面試。珊與我之前已經去福特漢路上的廉價成衣店，買了一條我要穿的卡其褲與一件我穿起來相當適合的襯衫；而我那雙發舊的黑色靴子，當蓋上長褲之後，看起來也像是一雙正式的皮鞋，可以將就穿著。莉莎借給我一件她的海軍風外套，雖然有一顆釦子不見了，但我想，穿起來應該不會顯得太隨便。總計有三千名高中生申請僅錄取六名的獎學金名額，有二十一名學生進入決選名單，而我是其中之一。面試這天下午的天氣很凍，我已經準備就緒，可是我卻很疲倦，因為這一天異常漫長。

莉莎與我一早聯袂去社福機關辦事情。我們去那裡的原因是，我們在爭取獲得房租補助。之所以會有房租的需求，則是因為我們租了一間公寓。

我拿出第二個夏天在紐約公眾權益研究團體打工所存下來的錢，與莉莎做了一項協議。在我年滿十八歲不久之後，我已經達到法定年齡，可以自行與人簽約租屋；而且，這樣的年紀，不用再擔心被送回去中途之家；我花掉我所有的存款，在貝德佛德公園大道上，為我們找到一間帶一個房間的公寓。我的錢用去支付仲介費用、第一個月的房租與押金，還買了一個床墊、幾只鍋碗、以及一張帶有兩把椅子的廚房用桌子；當我們搬進去住時，我完全口袋空空、一文不名。我有十一堂課要上，還要費心於學校申請事宜，我已經忙得不可開交，無法再兼差賺錢。為了回報我的貢獻，當時已經在 Gap 成衣連鎖店打工的莉莎，願意支付所有的帳單，直到我結束學業、可以開始工作為止。而這也會讓她一毛不剩。這個吃緊的預算規畫，可以讓我們有電點燈，有非常基本款的通話方案的電話可用，偶爾也可以買點食物，但幾乎無法支付房租。關於食物的可靠來源，可以去附近的慈善救濟組織領取或購買，尤其是可以去青春之門領取食物包裹；這些單位都是我的救命恩人。而作為與莉莎協議的一部分，珊會搬進來跟我住；所以，她就跟著我們同一天搬進公寓中。

十二月的一個星期六，那天下著大雪，莉莎、菲夫、珊、伊娃、巴比、詹姆斯與我，一起從磚頭的公寓中，幫忙把莉莎所有的物品、行李，搬進新住處中；兩地距離並不太遠。我們一行人抱著檯燈與許多背包與提袋。凌晨兩點，街燈映照著白色的雪花閃閃發光，我們在濕滑的雪地上，溜溜滑滑跑跑走走，不時踉蹌滑跤，一夥人笑得前俯後合。詹姆斯拉著我往一個雪堆裡倒，兩個人四腳朝天摔成一團；他親吻我，揉著涼涼的雪球往我的臉上砸，我又叫又笑，追著他跑。磚頭已經出城去度假，所以珊與我才有機會進去屋子，發現好久之前我們留下來的幾袋舊東西，我們早已忘記還有這些東西的存在。在快要清晨時，菲夫與巴比把莉莎的床鋪搬進菲夫爸爸工作用的卡車上；他們穿著雪衣與厚重的登山靴，搬運時，因為卡車載貨平臺濕滑的關係，經常不小心失足滑倒。

按理，從那天開始，莉莎、珊與我就應該過起平順的日子。但是，才搬進去不過兩天，莉莎就失了業。我們尚未付過任何一張帳單，而按照當初的計畫，是由莉莎的薪水來支付所有開銷，當她最後一張支票兌現，買完食物後，就一毛不剩了。

最後一學期，我仍舊修習高中一整年的課程，再加上申請大學的事情，使我無法挪出時間去工作。好幾週以來，我平均每天在學校待上十個鐘頭的時間，晚上回到家則把申請學校的資料一一鋪放在廚房桌子上，填寫所需的文件，然後我們三個會依分量分食從青春之門帶回的食物。在花完存款、又沒有時間工作的情況下，還要上這麼多課，以及處理申請學校事宜，著實讓人過起日子來心驚膽戰。這全然是一場豪賭，而且彷彿選錯了賭局；至少就我來說，我原本可以盡可能一點一滴花用我的存款，小心翼翼靠著它來過生活。那筆錢如同我的保護傘。但是將它全投入在房子上，我如同走出假期汽車旅館那天時一樣一文不名。我每天離開家上學後，莉莎會仔細研讀分類廣告找工作，但運氣不佳，始終毫無所獲。斷電、斷話等通知單陸續寄來；這些以白色信封寄來的帳單，在信封上的中央下方，以紅色粗體字載明通知事項，並且印上停止服務的最終日期，讓我們可以一天天去倒數，而我們的壓力也一天比一天大。

於是去社福單位尋求協助，就顯得是一個合理的解決辦法。他們應該要協助我們度過難關。這些社福救助機關對莉莎與我並不陌生。在過去，我們就跟著媽媽一起去過好多次，所以我很清楚會碰到什麼事情。但是，我還是萬萬沒想到處理我們案子的女辦事員，可以這樣趾高氣揚、這樣粗魯無禮。我們的申請案一次又一次被退回重辦，因為她說我們這樣那樣的文件，或是沒有顯示媽媽過世，或是看不出爸爸沒有在照顧我們——你要如何證明一件沒有發生的事呢？而如果我們找不到媽媽的死亡證明，該怎麼辦？不過，在獎學金面試的那一天，我百分之百確定所有文件均已備齊，我那天早上只消去遞件，就可以完成申請手續，獲得補助身分，得到我們的租金與拿到一些食物補給票券。

「妳並不符合政府的救濟資格。」女辦事員以公事公辦的口吻說道，一邊闔起文件，扔在桌子一旁。

「這個意思是說……？」我問道；但她一臉不願多說的表情。

她發出一聲經由齒際吸氣的銳利聲響，翻了一下白眼。「大小姐，妳已經聽到我所說的了。妳資格不合。」

大小姐?!她這麼一喊我，一下子讓我籠罩在中途之家的氛圍，又彷彿回到過去與卡洛斯住在汽車旅館中的日子。人生的現實一再對我揭示一項真理：我只要一再一貧如洗，就有愈來愈多的人可以決定我的日子該怎麼過，而且事實就是這樣；我如果一直窮困潦倒，就永遠會有一個什麼人出現在我面前，說出讓我無法招架的惡言惡語。我下定決心，要讓自己建立起一個不虞匱乏的人生，讓自己有力量，希望像這位女辦事員之流的人，可以通通從眼前消失不見。

「女士，我了解您的意思。我只是在問，我為什麼資格不符？」她滔滔不絕講了許多話，翻了更多的白眼，但都沒有回答我的問題。如同那天早上我所看見的其他等待「被救濟」的人一樣，我發現自己也開始對這位冷淡的女辦事員說話大聲起來——這個女人彷彿是，橫阻在我與那些我希求的事物之間的高牆裡的某塊磚。

我可以感覺到自己的火氣上揚。在那一刻，她成為所有對我搖頭說不的人的總代表——所有之前讓我失望難受的社工師、所有先前讓我難過透頂的那些高中面試老師，所有人影全疊在她的臉上。我愈來愈火冒三丈。最後，我舉起手對她做了個「別再講了」的手勢，而且我的手幾乎就擋在她的臉前面，反擊的意味不言而喻。我說：「妳知道嗎？如果我還待在這裡跟妳浪費時間，我待會哈佛大學的面談就會遲到。」我很想要咒罵她，很想讓她知道，即便她現在對我說三道四，但我有比社福機關更重要的地方要去，有比她更重要的人要碰面。

她直接當著我的面哼笑起來。「是喔？我待會還有個耶魯大學的小姐等著要辦補助咧。那妳幹嘛不趕快去去什麼『哈——佛』的面談！笑死人了。」

我的血液往上衝，整個臉赤紅如火，立刻起身跑出去。「沒關係，」我想著，一邊推開大門，離開這間可悲的辦公室。「沒關係」，因為，儘管這個辦事員毫不相信，但我下午真的也排有一場要跟哈佛大學的畢業校友的面試要去。事實上，我當天的行程排得滿滿的：首先，就是這個我原以為只是很普通的遞件申請、獲得政府補助的案子；其次，我要去曼哈頓市中心參加大學申請面試；最後，則是要前往《紐約時報》大樓面試。由於我不想缺課太多，所以我才在同一天排滿所有的約會；我希望可以一個接一個順利進行：社福申請、哈佛面試、《紐約時報》面試，三個一舉達陣成功。而事情的結果是，當天只有社福申請案受到刁難而已。

我去到東五十街，在那位哈佛校友執業的律師事務所中與他碰面。現在回想起來，只記得整場會談充滿禮貌的問答而已，一例是關於學校的標準問題，另外還請我講述有關我的人生計畫、教育願景與生涯目標等等。我還記得面試結束後，搭乘電梯下樓時，自己覺得剛剛的談話很順利，於是拿起日記本，再一次確認下一個面試地點的地址：西四十三街二二九號。

我從冷雨中走進大樓，穿越安全檢查門，找到電梯，然後有人導引我走進一個小房間，那兒是獎學金決選入圍者的等候室。我找了一個座位坐下來，房間裡的一切立刻盡收眼底。在這間空氣不流通的房間裡，有兩名表情緊張的高中生，跟著他們的爸媽一起坐在沙發上。有個學生一直來回踱步，另外有個媽媽則不停地拍拍女兒的肩膀。一張小桌子上，堆著一落《紐約時報》。

我了解贏得獎學金的重要性，但我並不十分理解贏得「這一份」獎學金的價值在哪裡。我知道，如果自己沒有多多少少獲得任何獎學金的資助，根本無法進入頂尖大學就讀。能成為一流大學的學生，意謂著在前途規畫上擁有最多的可能性，而這正是我所追求的目標。哈佛的學費比天高，而我現在連一個火雞肉三明治都買不起，所以我明白我需要找到穩定資金的來源。但我卻完全不了解，獲得來自《紐約時報》獎學金的重要性為何。在我認識的所有人之中，我從未見過有誰讀過《紐約時報》。我沒有任何參考架構，來提供我了解這份報紙的影響力有多大。在我身邊的人當中，如果真有人在看報紙的話，主要都讀著《紐約郵報》或《紐約每日新聞報》。我唯一見過讀著厚厚一大疊《紐約時報》的人，都是看起來像是專業人士、有高學識的人，他們搭著地鐵，一邊讀著這份報紙。而說到我自己的話，我當然連翻都沒翻開過這份報紙。所以，當我看著那名來回踱步的學生，臉上明顯焦慮不安，幾乎快要呼吸不順的樣子，我全然不明瞭他為何如此緊張兮兮。我的無知讓我幸運地處在狀況外；而直到那時為止，隨著我在預校所獲得的經驗，我變得比較容易與別人對談，於是我一點也不緊張。事實上，經過漫長的一天之後，處在這間溫暖的等候室中，我反而感覺還不錯，我甚至放鬆地坐在位子上休息片刻。

坐在這間沒有窗戶的小小等候室中，我腦子裡只是簡單想著，這是我這一天的第三場約會，而我的眼睛，則流連在一張擺放甜點的桌子上。一瓶瓶水整齊排成幾列，前面則放在一盤盤可頌麵包、貝果與杯子小蛋糕等等小點。一位名叫謝拉（Sheila）的親切小姐，滿頭結著細細的非洲式髮辮、笑起來很甜，她負責接待我們這些候選人；她參照入圍名單，安排我們準備面談的程序。她鼓勵我自行去取用甜點。「小甜心，請用！到現在都還沒人碰這些甜點，最後我們就會收掉了。想吃什麼，就拿什麼，不要客氣喔。」

這正是我想聽到的話。當他們喊到我的名字時，她轉過身，領著我往前走，我很快塞了幾個甜甜圈與杯子小蛋糕，放進背包裡。是她說我可以自行取用的，而且，反正他們最後也會丟了這些甜點，不拿可惜。

我走進一間會議室；房間中央放著一張很長的橡木桌，大約有十二位穿著正式服飾的女士、先生圍坐在桌邊。在桌子一端有一個空著的座位，很清楚是要給我坐的，我於是往那張椅子走去。

我的兩隻手還沾著甜甜圈的糖粉。「不好意思，請等我一下。」我說，一邊從桌子上的面紙盒抽出一張面紙。我抹著手坐下來。十二雙眼睛開始盯著我瞧，然後聽著我說話。

我知道面談的主題，應當與我所撰寫的那篇自傳文章有關。他們當時要求參選人描述「你迄今為止所克服的困難」。由於我當時已經年滿十八歲，已經不再是兒童社福單位的強制監護處理對象，所以我以無家可歸作為我的書寫主題。我毫無保留寫出我所遭遇的困難。

在面談場合，我甚至披露出比我所寫下的文章還更多的內容。我告訴他們——這些作家與編輯個個身穿西裝與套裝，戴著看起來很昂貴的手環或領結——有關爸爸與媽媽的故事，有關學院大道的往事，有關媽媽賣掉感恩節火雞的插曲。我告訴他們，如何在慷慨的朋友協助下討生活的辛酸，與在樓梯間打地鋪過夜的權宜之計。我還告訴他們，我並非每天都有東西可吃，我總是去像青春之門這些組織的地方果腹。現場鴉雀無聲。一位打著紅色領帶、戴眼鏡的先生，傾身靠向這張巨大的會議桌，首度打破沉默。

「莉姿……還有什麼事情，是妳想告訴我們的？」他問。

我一時不知道該怎麼回答。很明顯地，我這時應該去講一些讓人印象深刻、可以反覆咀嚼的話，來讓他們相信我可以贏得獎學金。

「嗯，我需要這筆錢，」我腦子裡率先浮出這樣的想法。「我真的很需要。」在場所有人都笑了起來。如果我可以想到其他聽起來比較複雜深刻的事情，那麼我就不會這麼說，不過我真的只是簡單想到這件事。

有一個人說，很高興認識我。其他人起身過來和我握手。

一位名叫藍迪（Randy）的記者帶我上樓去他們的員工餐廳；他們每天中午都在那裡用餐。餐廳裡人來人往，個個穿著正式，員工證或是別在腰際晃來晃去，或是繫在鑰匙圈上。藍迪坐在我的對面；他是個男性白人，大約三十幾歲，身穿藍色襯衫，打著一條領帶。他很親切友善，帶我去用餐。

「莉姿，不好意思，我剛剛沒在那個面試會議室，」他拿出他的筆。「妳可以告訴我，妳怎麼一路走來變成無家可歸的人嗎？還有，為什麼妳的爸媽他們沒辦法照顧妳？」

跟他坐在那裡，我滿嘴塞滿熱熱的通心粉、乳酪與雞肉，一邊暢飲美味的甜蘋果汁。我的腦袋因為開心吃到熱食，以及這位記者先生對我的興趣而嗡嗡作響。我很興奮來到這棟貨真價實的辦公大樓，而且裡面出入的都是專業人士，如同我在電視裡看過的那些專家一樣。令人驚訝地，我毫無困難就把過去幾年所過的生活，與當天所遭遇的一切，全部一五一十告訴他。我什麼都說了。我告訴他，有關從小到大看著爸媽嗑藥的過程，有關失去媽媽的痛苦，有關汽車旅館的流浪日子，甚至是當天早上在社福機關所遭受的對待，我都一一侃侃而談。

之後幾年，我經常回想著自己當天是多麼幸運，因為，我當時毫不理解，自己在那一天所面臨的困難有多巨大。如果我知道哈佛大學或《紐約時報》的面談按理會有多困難，如果有人告訴我這些都是很艱難、幾乎不可能成功的考驗，那麼，我很可能都不會通過。不過，我當時對世事的理解，還不足以讓我事前分析自己成功的可能性；我只想著要準時赴約，然後認真面對。接下來幾年，我逐漸知道，這個世界真的有很多人等著要告訴你這樣那樣的事情的成功機率，要你務實面對所有難關。但我卻也學到，除非直接去做、去體驗，不然，在事情尚未發生前，誰也無法真正知道所謂的可能性是什麼。

當我們的談話結束之後，我走去搭電梯；在那一天，我第二次感受到過程很順利，我又往前跨出了一步。我看見那個障礙賽女跑者，疾速往前跨越奔去，又把一個欄架拋在身後。

隔週週五，新家裡的電話響起。聽見電話鈴聲，我著實嚇了一跳，因為我以為電話線早已被斷話。我們已經接到斷話與斷電的通知信好幾週了。實際上，我很確定，再過兩三週，我們就會失去一切，包含我們的公寓在內。我已經開始計畫要來整理行李。

「您好，請問伊莉莎白．茉芮小姐在嗎？」我接起電話後，聽見一個語氣非常正式而專業的聲音在找我。

「我就是。」

「我是《紐約時報》大學獎學金計畫單位的羅傑．雷黑卡（Roger Lehecka）……我打電話來，是要告訴妳，經過我們的遴選作業後，妳是六名《紐約時報》獎學金得主之一！」

「猶如一陣旋風襲來」——在想著該如何描述我贏得獎學金之後的生活時，我的心中隨即浮現這個意象。一道水閘門就此打開，我完全不知道我的生活從此將全面改觀。我之前並不十分了解《紐約時報》的影響力如何，但我很快就領略它的威力。

在通知獲選後的隔週，六名獎學金得主重新回到《紐約時報》辦公大樓拍攝合照。莉莎陪我一同前往。我們與其他得獎人及他們的父母，一起坐在那個空氣不流通的小房間的後方。莉莎的行徑變得很可愛，好奇地到處盯著東西看，一直忍住笑聲。

「我們人在哪裡啊？」她嗤嗤地笑。「真有趣。」

「我了解。」我也嗤嗤在笑。我們兩個裝酷地勉力靜靜坐在那裡，卻又對所有事情感到驚奇又有趣。

六名得獎人合照一張，然後分別獨照一張。我一個人要拍照時，被帶去搭電梯，來到《紐約時報》最高一層樓上的一間圖書室裡。站在那一架又一架的書籍之間，讓我想起，當我們還住在學院大道上時，爸爸總是帶著我上圖書館的日子。攝影師叫我坐在一個很大的窗臺邊，日光從我身後映入房間之中。當他按下快門，我想著，如果爸爸看見這張照片，不知道會說些什麼。我也想著，不知道媽媽是否也看得到我。

報導六名得主的文章刊載在都會版的頭條上（緊鄰著一篇報導比爾與希拉蕊・柯林頓夫婦的新聞），當那一份報紙出現在各個書報攤上，我才恍然大悟——所有人都會讀到它。包括我在預校的老師在內，每一個人都會知道我的生活實況。我有點擔心起來；不知道他們會不會以異樣的眼光看待我。不過，實際上恰恰相反。派瑞好以我為榮，其他老師也為我驕傲。但是每個人都深深關心，我如何支付我的房租，以及如何維持穩定的生活。而且還不只是只有老師們對我這般疼惜而已。

在《紐約時報》的訪問中，我提及了預校的名字，這引發了我萬萬沒有料想到的各界反應，我後來稱它為「天使軍團效應」。未曾謀面的人們開始來到預校找我，給我擁抱打氣，鼓勵我，送給我衣服、食物與許多食品包裹。他們前來幫助我，完全不求回報。

而寄給我的信件則如雪片般飛來。來自全美各地的人們，寄來附上他們全家人的開心合照，邀請我去他們家玩。有人則寄書給我。有一位先生得知我的情況後，號召他的朋友一起出錢，並且透過人聯絡上我的朋友圈，要幫忙支付我們所積欠的房屋租金。我們不認識的人為我們付房租、讓我們繼續有電可用，並且給我們食物塞滿冰箱。

我此後就未再露宿街頭了，一晚都沒有。

所有這些意想不到的慷慨善心，最最令人感動的是，人們在協助我時所抱持的熱誠與精神。當他們出現在學校時，他們面帶微笑，直直看著我的雙眼，詢問我有什麼需要的地方，這在在表現出，這是他們本然的個性，他們的待人處事風格一向如此。有一位女士，四十多歲，身穿一件黃色洋裝，在學校放學時間左右，來到學校門口。艾波兒到辦公室後面來叫我，當我出去見她時，這位女士看起來很緊張，一手緊抓著項鍊，模樣局促不安；她上前一步向我做自我介紹。

「我叫泰俐莎（Teresa），叫我泰俐就好……首先，我想對妳說抱歉，」她站在第十九街的人行道上對我說。我感到很困惑，因為我從沒有見過這位女士。她繼續往下說：「好幾個禮拜以來，我把報導妳的那張報紙貼在冰箱上。由於我並沒有錢可以幫妳的忙，所以我想我大概沒辦法幫妳。但是，昨天晚上，我在幫我女兒洗衣服，我突然想到，我怎麼那麼笨呢，妳應該也有衣服要洗，我可以幫妳做啊。我的想法是，當妳課業這麼忙，總是要有爸媽或是誰，來幫妳處理這些事情呀。」我不敢置信地望著她。她再問了一次：「妳有衣服要洗吧？我可以幫妳洗衣服。」

每週一次，她會在校門口停下她的銀色小房車，拿走髒衣服，留下洗好、折疊好的乾淨衣服，一如她的承諾。她甚至經常順便放一袋餅乾給我。「莉姿，我沒辦法幫太多忙，但我知道洗衣服我絕對可以做到。」所以，在我忙於應付十一堂課的那段期間，泰俐莎就幫我洗衣服。

人們突然冒出來全力支持我，而且協助的方式數也數不清。一開始出現這樣的事情時，我並不是很信以為真；我不相信，其他不是我的家人或我的朋友圈裡的人，會因為在報紙上讀到我的故事，就願意幫助我。我很確定自己並不相信，那些我之前以為處於高牆另一邊的「那些人」，會想要協助像我這樣的人。不過，事實證明，他們一一前來幫助我，而且，他們不求任何回報來幫我。而因為他們的慷慨無私，他們也一一敲碎了我心中那堵高牆裡的每塊磚。生平頭一遭，我終於真正明白，他人與我並無分別；我們都只是一般人而已。每個人都在為自己的目標努力，而我也一樣，即便我一路走來獲得許多協助，但他們與我並無多大的差別。

在我所收到的禮物中，我很喜歡一件手工縫製的被子，那是一位名叫黛比．法可（Debbie Fike）的女士寄給我的。她在這件美麗被子的包裹上，附上一紙短箋，上面寫著：「那些學生宿舍都很冷。希望妳好好為自己保暖，並知道有許多人在關心妳。」

我很想就讀哈佛大學。想瘋了。當我接到一封信——並非是申請成功通知書——告訴我，我已經列在等候名單之中，我開始信心十足，並且充滿樂觀的期待。至少我並沒有被拒絕，也就是說，我仍有機會可以雀屏中選。只是因為被給予了機會，我的生活遂因此起了大變動，比如我能夠就讀預校，並且成績優良，比如我贏得《紐約時報》獎學金，比如我能夠遇見我的天使軍團。就讀哈佛，有可能成為這一系列機會項目中，另一件改變人生的大事情。不過，在我的樂觀想法之下，卻有一絲暗影；我已經經歷了這麼多的好事情，我懷疑，我的運氣會不會已經用罄；會不會進哈佛的夢想，實在是太遠大，因而難以企及？

不確定性讓我惶恐不安。我不願隨機運擺弄我，所以我決定不能只是枯等。我自己主動打了好幾通電話，並且持續去信詢問。我甚至想辦法幫自己弄到了第二次面試的機會，於是每個人卯起來幫我做準備。預校的師長請求「新願景」（New Visions）組織前來協助我——這個設在紐約的團體，其宗旨是幫助如預校一般的另類中學的營運；他們派了一位代表來帶我去香蕉共和國服飾店買衣服，讓我可以有比較正式的衣褲可穿。莉莎與我像兩個小孩子般在店裡東挑西選、笑笑鬧鬧，從貨架上取下衣服，舉得高高的，讓對方看看是否合適。莉莎幫我挑了一條黑色長裙與一件高雅的長袖毛衣。他們也幫我買了幾雙正式場合可以穿的鞋子。

第二次的面談，如同第一次，進行得很順利，感覺事情成功在望。不過事後，我還是不確定結果會如何。我被告知要等一封信，屆時我的命運就會揭曉。所以，我開始等待。

在高中畢業前最後幾週，我腦子裡只想著郵差與他會帶怎樣尺寸的信封給我。依照老師的說法，大信封代表好消息；這一封接受我入學的信件或包裹，裡頭將裝有新生入學須知與學期行事曆，帶我回到新英格蘭地區（New England）那些莊嚴的紅磚建築中去。然而，如果是小信封，那就意謂壞消息，只會有簡單的一張信紙，信上印有一段拒絕你的公式化文字，並在信首印上哈佛大學深紅色的盾形徽章標誌。在最後那幾個月中，不管我在上網搜尋資料，或是當我在學校無人的辦公室中細讀申請簡章，或是在我的夢中，我到處都看見那枚徽章不斷出現在眼前。

過去幾個月中，哈佛成為我一心盼望的焦點。一開始還算合理，我研究著它的入學統計資料、它所提供的課程與校園生活狀況。由於我算是有入學希望的申請人，所以這些探查與研究皆情有可原。不過，因為被列入等候名單之中，原本從申請到通知只需四個月的標準作業時間，卻被拖長為痛苦的六個月，以至於我對此事的入迷，明顯惡化成無意義的鑽牛角尖與挖出更多相關資料的執迷。

舉例而言，有誰會知道，在獨立戰爭期間，加農砲的砲彈曾經剛剛好落在學生宿舍的窗戶外，造成哈佛庭園裡行人道上被撞擊出一個大坑洞？還有，每年兩次，在哈佛庭園裡會舉辦一個叫作「驚聲尖叫」的活動，時間就挑在期末考前一晚的午夜時分；學生屆時會聚在外面，沿著校園「赤身裸體」至少跑一圈，以抒發考試壓力，連冬天也不例外。在我的資料搜索中，最令人興奮的一刻是，我用網路實際測出哈佛庭園與我的公寓門階之間的距離——不多不少，大約有兩百英里。

在那些日子裡，我埋首網路搜尋這些沒用的資訊，對我來說，就像是一種進展。我沒辦法坐著枯等；

我必須感覺自己正忙著什麼事。一遍又一遍讀著這些相同的資訊，感覺比呆坐沒事好多了。

出於相同的原因，我幾乎靠著去信箱看信過日子。我每天快步從貝德佛德公園大道上的D線地鐵站走回家，然後急急把鑰匙插入信箱中，期待有新消息降臨。不過，數週以來，一無所獲。在那些日子裡，我不由得感覺自己就像媽媽在等待補助金支票時，一樣焦躁不安；我不時在家裡踱步，就好像這樣來回走動，可以讓信件早一點抵達一般。彷彿我在紐約這裡的任何動作，都將對遠在麻薩諸塞州（Massachusetts）劍橋市（Cambridge）那邊的委員會所下的決定有所影響。

我所面臨的壓力，其實對我來說很熟悉。我這一輩子彷彿充斥著如此這般的情境：有些關鍵的事情迫在眉睫，結果可能或好或壞，而唯有我可以改變——比如在學院大道的那些夜裡，爸媽整夜好幾個鐘頭不在家，置身在街頭的危險之中，而我在窗邊等待，已經準備好要報警。我的求救電話，是否可以讓爸媽脫離危險的傷害，因而平安歸來？在我還小的時候，經常三餐不繼，如果我不去找點零工做的話，會發生什麼事？如果我不自己想辦法，誰會給我東西吃？而現在，被列在哈佛的等候名單中，面對折磨人的不確定性，相同的問題依然盤旋在我的心頭：我到底應該怎麼辦？

我固定每週五從預校打電話到哈佛的新生註冊辦公室，詢問最後的入學名單是否已經出爐；如果名單已經出來了，是否已經寄出我的郵件。而每一週，我都得到相同的答案：「委員會尚未做出最後決定」；不過，歡迎我「再打電話來問看看」；當然，我很快就會「接到通知結果的郵件」。

最後，在一個星期五，對方的回話終於有些不同。由於祕書小姐不能在電話中透露特定的入學名單訊息，但她告訴我，新生名單已經出爐，而且通知函件皆已寄發。也許郵件已經寄達我的信箱，不然近日內一定可以收到。我掛上電話，幾乎要在預校的辦公室中跳起舞來；我快步跑去找我的老師們。

幾個月來，我不斷以有關大學的問題煩擾他們，但他們像聖人一樣，以無比的耐心傾聽我的問話。凱勒柏老師的父親是哈佛大學的教授，所以他是最大的受害者。我不只一次在他那間小辦公室中，打斷他的工作，纏著他好幾個鐘頭，想從他那裡打聽一些訊息。「你爸爸知道委員會是怎麼做決定的嗎？列在等候名單上的學生，最後也會被錄取嗎？」派瑞則是另一位經常被我騷擾的老師。他擁有仔細傾聽他人，真誠花時間解決學生問題的個性，這使得他對我的無度索求，只能照單全收。現在回想起那段時期，我真不知道我的這些老師是如何忍受我的糾纏，因為不管談多久的話，都無法讓我停止焦慮的心情。

那天下午，我在辦公室中到處找老師，讓我可以分享這則新消息。大部分老師幸運地逃過一劫，因為都去開會了。只有派瑞待在他的辦公室中；幾乎兩年前，他也在這一間辦公室接見我進行面談，我當時認為他是「高牆另一邊的那些人」的一員，而我那時還無法直視他或其他人的眼睛。我看到派瑞在辦公桌上批公文。他帶著友善的好奇心，抬起頭望著我。「哈囉，」他說，他放下手中的筆，等著聽我說話。

「派瑞，有好消息喔，他們已經寄出通知信了。結果就要揭曉了……很可能那封信現在就躺在我的信箱裡面。」

「喔……很好啊。」他說；然後他的身子往後靠向椅背，給我一個大大的笑臉，他的臉上洋溢著一股喜悅的表情。「真好。」他又加了一句。但他就沒再多說一個字。我原本期待他可以更熱情一點。

「很令人興奮，」我說：「對不對？」

「對呀，莉姿，很讓人開心。」他說，還稍微笑出聲一下。他的表情看起來有一點嘲諷的意味。

「我的意思是說，終於就要知道結果了，」我彷彿要把我的興奮強加給他。「真相大白的一刻……我就要知道了耶。」

做他的學生已經快兩年，我很熟悉他目前的表情意謂著他要給我一點建議。

「你想跟我說什麼？」我緊張地看著他。「你又出現這一號表情了。」我很尊敬與重視派瑞所給的意見，而如果他腦子裡轉著什麼不便說出的笑話，我也希望他可以告訴我。他的身子往前傾，聳了一下肩膀，然後他說出了一段我將永遠銘記於心的話。

「莉姿，是很開心啊……但我希望妳要了解，不管妳去哪間學校讀書，妳始終都是妳自己。不管妳去了哪裡、讀了哪所學校、應徵什麼工作、談什麼戀愛，妳都不會變……上不上哈佛，對於妳是怎樣的人，都只是一樁偶發事件而已。所以，讓自己休息一下吧……不管怎樣，妳都會一切順利的。」

要不是我敬愛派瑞、信賴派瑞，我很可能以為，他低估了某些對我很重要的事情的價值。不然，就是他生活一切平順，難以理解哈佛對像我這樣的人而言，為何如此關係重大，因為，我與他並不相同，我根本沒有餘裕可以輕鬆面對。不過，我真的很敬重派瑞，我對他的信賴感，讓我知道，我需要好好去反芻他所說的話。我點了點頭，然後說：「好吧，派瑞。」但是我整個人的樣子顯然並非真心應允。

「莉姿，我要說的意思是，不管妳後來到了哪裡去，妳都會表現良好、很出色。妳看看妳一路走到現在，妳所經營的生活，妳已經是這麼優秀了……這就是為什麼我會知道妳接下來一定會一切順利的原因……試著讓自己放鬆一下吧，不要一直逼著自己，應該給自己一點同情心。」

這一段話如同暮鼓晨鐘。原來我值得去休息，原來我甚至擁有放鬆的權利，尤其是要對自己有同情心的這個勸告，不由得讓我沉思起來……

搭地鐵回家的車程中與當晚躺在床上（我回家後發現信箱裡空空如也），我一直反覆思考著派瑞的叮嚀，讓他的話語迴蕩在腦海中，思索著他給我的建議裡的寓意。在我無止盡的奮鬥求生的過程中，我從未有過一刻停下腳步，來思考所有接連不斷發生在我身上的事情，我也不曾反省過我所經受的衝擊與影響。然而，我如何能夠停下來喘息呢？總是有太多的事情等著我去做。每天都要處理迫切的吃喝問題，每天都有許多作業要寫，每天都會發生要我立刻去解決的難題。

不過，那一晚，我躺在床上，派瑞的話語放慢了我忙亂的生活節奏，讓我知道自己有權利慢慢來，別急著去做什麼事，只要靜靜思考與感受。我自己一個人躺在關了燈的臥室裡，腦海中接連浮現出來的回憶，並不容易面對。在我團團轉的生活中，以及我至今所獲得的成績底下，卻是一連串讓人心痛的失落事件：爸爸沒有任何一絲異議，就把我的監護權交給政府單位；媽媽那一天在病房中，嘴巴無聲地動來動去，想要說出什麼話；無數個夜裡，我獨自待在樓梯間，想著自己如果死去的話，要花多久時間才會有人注意到。蒙在被子底下，我任由自己讓浮現出來的種種情緒淹沒。我嚐到淚水的鹹味，眼淚汩汩流出，我感覺自己內心深處創傷嚴重，而我最後終於騰出空間來讓自己發抒哀傷。我一直哭到我不再想哭為止。

在我讓自己體驗心中的悲痛，直接迎對我的憂傷與失落之際，卻有另一個感受躍出水面。我雖然願意面對自己過往的傷痛，我卻開始看見歡喜的一面。我開始聚焦在生活中那些隱微的美事，比如：出於對爸媽的愛，我所做出的數不清的小事；那些在友人家的早晨，毅然決然起床出門上學的決心；我打工賺錢，讓自己養活自己；我撥開臉上的頭髮，敢於跟別人的視線接觸；我擁有珍愛我的友人們；在我還一無所有之時，我卻仍天天奮力向前走。我接納了自己的哀傷，於是我就能肯定自己在面對這麼多的失落時，所展現的韌性與生命力。

然而，我心中牢牢不忘的想法卻是，誠如派瑞所說的，我如今一切都很順利。風雨飄搖的悲慘已經過去了，現在雲破天開、風和日麗。我已不再餐風露宿，我現在躺在安全的被窩當中。幾個月來，我首次不再整晚想著申請入學的通知信；我緊緊記著我如今安穩的生活，讓我的心境放鬆下來，逐漸進入夢鄉。

隔天，六月裡的一個悶熱的星期六，我帶著一本書，走到公寓前門的臺階上坐下來，等著郵差送信來。幾個小時，晃眼而過；販賣冰淇淋的小車子在街區裡穿街繞巷。幾個媽媽穿著緊身褲與人字拖，手裡抓著一大把鑰匙，三三兩兩坐在臺階上，眼睛則盯著在前面玩耍的孩童。某層樓的人家，喇叭震天價響，傳出拉丁舞曲音樂。我無休無止抖動著腳，身體因為曬著太陽而出汗，隨著書本一頁頁翻過，一分一秒等待著郵差現身。我一直注視著街角，尋找著郵差的身影。

最後，正午過後不久，我抬起頭，發現郵差站在離我四棟公寓外的地方。我闔起書。有人跟他在聊天，使他一直站在那裡。

會是大信封或小信封呢？

冰淇淋小車停在路邊；幾個小孩對著自家窗口大吼，要他們的爸媽出來幫他們買一球來吃。有人打開了消防栓，讓水柱驅散午後的熱氣。附近有幾個青少年玩著籃球。我看著郵差慢慢地愈走愈近。我知道，給我的信，非常有可能就放在他揹著的郵袋包中。在這萬般期待的一刻，我使用派瑞的話來鎮定自己的情緒：「不管怎樣，妳都會一切順利的」。

幾個月來的苦惱與憂慮、煩躁與緊張，現在，我所等待的答案即將揭曉，但我竟然沒有感到原本以為會有的焦躁。取而代之的是一種簡單的想法：不管答案是什麼，信件都已經寫好，而我現在什麼事也不能做，我也無法改變它；在那一刻，我很清楚，我已經盡力做完一切事情了。

主啊，求您賜予我平靜之心，去接受我無法改變的事物，並給予我勇氣，去改變我能改變的事物，以及，讓我擁有能分辨兩者差異的智慧……

對我來說，人生中最終能夠有所改變的事情，都是我聚精會神在少數幾個能夠予以改變的領域，所努力的成果，而我現在深深了解，人生中有更多的事情，卻是我無法改變的。

我沒辦法將珊從她的家庭中解救出來，但我可以做她的朋友。我沒辦法改變卡洛斯，但我可以離開他，好好照顧自己。我沒辦法醫治我的雙親，儘管我想要盡力嘗試，但我可以選擇原諒他們、愛他們。

我同樣也可以選擇為自己開創新的人生，讓自己不要被過去的種種所局限。

看著郵差走來，我了解，那封哈佛寄來的信件，不管將透露怎樣的結果，都不會對我的人生產生關鍵影響。我所逐漸了然於心的是，從現在開始，不管世事如何變化，不管下一步會怎麼走，我的人生絕不會只受一樁事件的影響而判定成敗；一如過去，無論發生什麼，決定我的人生的因素，都只是我一步一腳印向前行去的堅定意志。

終曲

我隻身前往阿根廷；在首都布宜諾斯艾利斯的一個會議中心，我與很多人坐在大展覽聽中，一起等待達賴喇嘛上臺演講。時序正值盛夏，但室內的冷氣空調卻有氣無力，讓我身上的兩件式裙裝濕濕黏黏、令人發癢，導致我在座位上不停動來動去；我坐在靠近舞臺邊的觀眾席上。我不得不伸長脖子，好讓視線不被前面好多人的腦袋擋住；這群聽眾來自世界各地不同的國家，個個都是頂尖企業的總裁級人物。這七百名企業菁英每年都會舉辦集會，藉以增進彼此交流的機會，並相互激發營運新思維；達賴喇嘛的演說，是這場大會的重點項目。而在他演講結束之後，就輪到我上臺發表演說。

在達賴喇嘛演講的時候，只有少數幾位企業執行長擁有對他提問的機會。大多數的問題內容都很複雜——在性質上，或是政治性、或是哲學性的問題——但達賴喇嘛一例慷慨花時間仔細答覆。在口譯員的協助下，幾乎每個問題都花上十至十五分鐘的時間，細細闡述其中要旨。當他的時段接近尾聲時，主持人在場內挑選最後一個能夠提問的聽眾。由於我是當天另一名演講人，那名主持人立刻發現到我；我被邀請對達賴喇嘛請教一個問題。不過，我可以問他什麼事情呢？在一片肅靜的展覽大廳中，所有人都望向我來；這幾百名企業菁英與達賴喇嘛皆一同看著我，等我說話。接下來的對答，將成為我生平以來，所學習到的最重要的一項人生課題，我在當場可說備受衝擊。不過，我稍後再回來細談其內容。

我在此先回溯一下，我怎麼會去參加這個會議的因由。那一天因緣際會與達賴喇嘛同處一個演講場合，是我的生活中又一個新事件；那導致後來我在布朗克斯區的友人們開玩笑地暱稱我為「阿甘」（Forrest Gump）。在幾年的時間中，他們已經逐漸習慣我在世界各地跑來跑去，與數以千計的人們一起舉辦工作坊與講座，藉以鼓舞其他人們獲得人生的創造力。我在紐約創立並主持一家名為「活出生命」（Manifest Living）的公司；我的創業宗旨是為了重新燃起人們的生命力，鼓勵他們為自己活出最有意義的人生。在從事這個工作當中，我自然而然也找到了，對我最有意義的一條人生道路。

我全然沒有料想到，事情會發展至目前的模樣。在《紐約時報》報導了我的故事之後，其他媒體也相繼跟進。有許多雜誌對我進行專訪，我也獲頒了一些獎項；美國廣播公司（ABC）的新聞雜誌節目《20/20》，為我製作了半小時的特輯；生涯電視臺（Lifetime Television）甚至也為我製播了一部影片：《從無家少女到哈佛畢業生：莉姿．茉芮的故事》。這種種事件所揭露出的一連串的經驗，是如此豐富，值得細細描述，以至於非本書的篇幅所能負載——那也自成一個完整的故事，必須以另一本書來詳談。我在這裡可以簡單概述一下：我在哈佛求學那幾年，直至我於二〇〇九年畢業，充滿著發人深省的經歷，讓我學習到人類精神的強韌力量，並且讓我了解到，來自各行各業的人們皆面臨自身的種種困境，必須學習克服逆境的方法，以超越自我。這些經驗與體悟，啟發我發展出工作坊，以協助人們充實自己的力量，改變自己的人生；我深深熱愛這樣的工作，如今我全力以赴，獻身在協助他人的行列之中。

這幾年之中，我四處旅行，進行短期或長期的研究，甚至有長達一年的休學決定。我繼續把我的基地設在紐約；在這兒，我最大的支持力量來自我的朋友關係，而我花在照顧父親身上的時間，也成為我的人生的推動力。

爸爸在檢查得知自己是愛滋病帶原者後，就停止嗑藥。他的收容所在治療他的疾病上，扮演著關鍵角色；他們為他的每種併發症尋找正確的醫療資源，以協助他暫時度過難關。當人事已盡，經過三十多年的毒品濫用生涯、最終罹患愛滋病的爸爸，他需要進行心臟外科手術以修補嚴重的心臟缺陷；而他也感染到C型肝炎，超過四分之三的肝臟已經硬化、長瘤，如同鈣化的海綿。

在我大二之前的某個學期，已經上了兩個月的課，有一天下午，我正走在哈佛庭園中，突然接到爸爸的醫生所打來的電話；他以鎮靜的口吻告訴我，爸爸的病情很嚴重。他說：「妳是彼得．芬納提的緊急聯絡人嗎？我打電話來，是要通知妳，最好趕快趕來紐約，以免為時已晚。」爸爸心臟病發作，已經接上維生系統。我趕緊跳上巴士去探望爸爸（這段車程已經很熟悉了）；在我來到病床邊不久，一名教士也來到他的床前，為他主持最後的儀式。我握著爸爸的手，在他臉上搜尋生命的跡象，但他的雙眼緊閉，接上的管子，推動他的胸膛一上一下呼吸，而他布滿皺紋的前額，讓他看起來滿臉哀愁的情狀。

但爸爸不知為何挺過了這一次，而且接下來也有好幾次與死神擦身而過，這使得我的朋友們——他們協助我照顧爸爸，也喜歡跟爸爸開玩笑，以讓他維持好心情——給他取了個綽號「九命彼得」。在醫生移掉那些插管的管子後，爸爸聽到他們這麼叫他，吃吃笑了起來，因為，他居然可以一次又一次九死一生。爸爸覺得這個綽號好有趣，當護士為他簽署出院文件時，他也說給她聽，希望可以逗她笑（可惜沒有成功）；他大聲堅稱，他「比貓還長命」。我用輪椅推著爸爸離開西奈山醫院（Mt. Sinai Hospital），自動門一打開，戶外是紐約灑滿陽光的街道，而從那一刻起，我負起照顧他的所有責任。

當愈來愈清楚爸爸的餘日不多，我於是要他搬進我在紐約的公寓中，跟我一起住。他需要一連串嚴格執行的醫療照護措施，用以維持他的生命，這包括：必須定期輪流去幾位重要醫師那兒回診；定期抽血檢查與進行其他醫療檢驗（經常讓他很痛苦）；針對他的C型肝炎，進行化學療法；監控他的愛滋病病毒數量；以及服用對抗病毒的藥物——或稱為「雞尾酒療法」，這是在媽媽過世之後，才發展出來的治療愛滋病患的技術。所以，接下來幾年，我的生活形態就是一方面照顧爸爸的醫療需求，另一方面持續去學校上課，並且旅行世界各地舉辦工作坊活動與進行演講。在這段時期中，我的心情經常起伏不定，若無友人的情義相挺，我想我無法安然度過所有的衝擊與煎熬。

在我身邊所出現的支持力量，只有奇蹟二字得以形容。我們的人生所面臨的每一次轉折與低潮，我們皆一起面對並相互扶持，而在此過程中，我們逐漸成為彼此真正的家人。我長久以來的朋友如巴比、伊娃、詹姆斯、潔米、珊與喬許，他們一直陪伴在我的身邊，而也有新朋友如魯本（Ruben）與艾德溫相繼加入我們的行列。我們一起過節、一起歡慶生日；在需要的時候，也會彼此幫忙照顧各自的家人。在我有空從波士頓回來看爸爸時，每每發現他坐在家裡客廳中看著最新一集《法網風雲》影集，而艾德溫就坐在他的身邊陪伴他；他們一起分吃同一包餅乾，一起看電視大笑。

在我需要四處跑或是回學校去，艾德溫——我是經由伊娃的介紹而認識他——總是忠實地伴隨父親左右，帶他去看門診，為他採買食品雜貨，並給他準備乾淨衣褲與確認他有熱食可吃。而且不僅如此，艾德溫還成為了爸爸的朋友。艾德溫與我特意把各自的房子租在彼此走路可及的範圍內，所以，只要我在家，我們就可以好整以暇一起帶著爸爸去附近的小館子用餐，或是去看電影；我們兩個會幫爸爸偷偷夾帶士力架巧克力棒（Snickers）與水瓶進電影院。每當爸爸帶著得意的笑容，在閃爍的電影螢幕前，拆開巧克力棒的包裝紙時，我們兩個就會心一笑。在那些時刻中，我真的相信，艾德溫與我在爸爸身上目睹了，他這輩子彷彿又一次智取「條子」時，所流露的一絲驕傲神色。

莉莎與珊最終都安然度過難關。珊如今已經結婚，跟她的丈夫住在威斯康辛州（Wisconsin）的麥迪遜市（Madison）。而莉莎經過多年的奮鬥與轉折之後，終於順利地從紐約州的帕切斯學院（Purchase College）畢業。她如今是小學老師，專門教導患有自閉症的孩童。潔米也結婚了，育有二子，住在內華達州（Nevada）。巴比還在學校讀書，想成為護理師；他也已經結婚，也有兩名小孩。我們所有人依然緊密聯繫。

我休學一段時間，回到紐約全心照顧爸爸完成開心手術，然後返回劍橋市繼續學業，而我也把爸爸接來一起同住，讓他安度最後幾年的時光。我們在靠近哈佛大學的地方，租了一個五房公寓，讓艾德溫、魯本、艾德溫負責照顧的小表弟、爸爸與我，每個人一間臥室住。在爸爸過世前一個月，艾德溫與我帶著他做了一趟久違了的舊金山之旅。爸爸堅持要領著我們去看看，那些在他年輕時意義重大的地方。我們並未詢問其中所關涉的往事細節，而他也一句不吭。艾德溫與我只是跟著他遊覽名勝景點：海特—艾許柏里區（Haight-Ashbury）、阿爾卡崔斯島（Alcatraz）與他鍾愛的城市之光書店。我們一起站在木製書架前，爸爸隨意翻閱著艾倫·金斯堡（Allen Ginsberg）與傑克·凱魯亞克（Jack Kerouac）的詩集或小說，自己一個人對著熟悉的文句微笑起來。我們在那一週的週末飛回波士頓；當我一個人在房間裡時，我發現一張爸爸偷偷塞在我的行李箱中的卡片。上面寫著：

「**小莉姿，好久好久以前，我就遠離了我的夢想，不過，我現在知道，這些夢想正安穩地與妳同在。謝謝妳願意讓我們重新成為一家人。**」

我把卡片高高貼在書桌上方的牆壁上，讓我在研讀論文或寫報告時，一抬頭，就能看見它。每一次我看見爸爸令人熟悉的有力筆跡，心中就充滿對他的愛與平靜，因為知道他的人就在自己身邊，而且受到良好照顧，一切安好。

在三個星期後，爸爸上樓睡覺，從此不再醒來。他在睡眠中，心臟停止跳動。爸爸享年六十四歲，最後八年沒碰毒品。在這最後八年的大多數時間裡，他每週帶領一個「防範毒癮復發小組」，鼓勵戒毒中的朋友；他在這個小組中擁有他所珍愛的朋友，一直有緊密的互動。在他過世的那一晚，我待在自己的房間裡，身邊圍繞著我的朋友們。伊娃、魯本、艾德溫與另外好幾個朋友，把兩個大床墊拖到我的臥室中，讓我們可以挨著彼此蓋著被子談心。我們把門緊緊關上，如此一來，艾德溫與我就不會聽見警察隨身攜帶的無線電對講機所發出的嗶剝聲，與醫療人員搬運爸爸離開家的聲響。

爸爸生前要求我們舉行火葬。在父親節那一天，莉莎、艾德溫、魯本、伊娃與我捧著他的骨灰，沿著格林威治村的幾個他生前喜愛的地點，灑上一小撮骨灰，包括：一位他的友人的公寓門前；領取美沙冬（Methadone）藥劑的診所門前；以及，在他跟媽媽還沒有小孩前一起生活的那個街區。我們接著把玫瑰花瓣放進剩下的骨灰中，從巴特里公園（Battery Park）的散步道外，將它灑進海流之中。粉紅色花瓣在落日餘暉中愈漂愈遠，莉莎、我與我的朋友們則挨著彼此坐在一張長椅上，分享我們各別所喜歡的有關爸爸的小故事。艾德溫靜靜走過來緊握我的手，我知道我們兩個人都很傷心，但也很高興爸爸能夠安詳死去，而且陪伴在他的身邊的都是愛他的人。

當我大學畢業，友人狄克（Dick）與珮蒂（Patty）在他們位於麻薩諸塞州牛頓市（Newton）的家中，為我舉行慶祝派對，莉莎與我的其他朋友全都出席參加。當他們端出蛋糕，我抬頭望著這一圈支持我的朋友們，一張張我所摯愛的臉龐，不管是老朋友或新朋友，全都聚在我的身邊：莉莎、魯本、安東尼（Anthony）、艾德溫、伊娃、謝莉（Shari）、巴比、蘇（Su）、菲力斯、狄克與珮蒂、瑪莉（Mary）

與艾迪（Eddie），所有人都為我歡唱祝賀。我站在那裡，看著他們每一個人，他們是我一個一個收集來的家人，我好愛他們。在那一刻，我可以感覺自己敞開了心懷，如同第一次被來自爸媽的愛所填滿，我看著我的朋友們，也被同樣濃密的愛所覆蓋；這是我的家人所給予我的愛。

回到我要向達賴喇嘛請教的那一天，底下就是我的問題。我想要知道：「大師，您鼓舞了這麼多人，但什麼事可以激勵您、啟發您？」他停了一會，靠向口譯員，兩人討論了一下子。然後他轉過身看著我，一臉微笑，輕快地對我說：「我不知道。我只是一介僧侶。」巨大的展覽廳頓時響起了咯咯笑聲與嘈雜的耳語聲。這是他當天在回答問題時，所花時間最短的一次，但並不因此而不惹人注目。達賴喇嘛在回答這一個問題後，演講旋即結束，很快被帶往後臺去。現場進入中場休息，所有聽眾湧入接待大廳中。我正是在接下來這一段時間中，經由其他人的反應與後來所發生的一個事件，而學到這個早上真正的一課。

我走在寬敞的接待大廳的大理石地板上，身邊是一個個企業高層人士，我試著回想剛剛的對答，想理出一個頭緒，結果出乎我的意料之外，這些企業執行長相繼向我走來，告訴我他們對於達賴喇嘛的答覆作何感想。一開始，是一位四十歲開外的大剌剌的男人，他走過來對我說：「我跟妳說，達賴喇嘛的回答可說禪意十足，他對妳講話的方式，蘊含很高的禪悟境界。他的回答充滿著簡單與純淨的意義。」一位打扮得如同女強人般的身材高眺的女士，隨即走過來，她說：「他講的意義很深；主要是有關『無知亦知』的涵意。他本身是僧侶，他可以跟人所內含的空無狀態和諧相處。」下一個來跟我講話的高大男人，額頭皺紋斑斑，明顯一臉怒意，他對我說：「莉姿，他根本沒有回答妳的問題嘛，因為他不想降低自己的身分到我們這些人的層次上，他實在太驕傲自大了！」

在這短暫的休息時間中，差不多有個十來位企業人士走來跟我講話，並且自信滿滿詮釋著達賴喇嘛對我所做的答話。過了不久，我也到了後臺，當我準備要上臺演講時，一位接待達賴喇嘛的舞臺工作人員跑來對我致歉。「莉姿，對不起，」他說：「由於剛剛口譯員在翻譯妳的問題時，說得支支吾吾的，以至於大師他無法明確了解妳的問題，真是不好意思……我們沒把事情做好。」

事情的真相是，達賴喇嘛的回答並沒有任何意義，因為他在理解我的問題上即發生偏差。或者應該說，每一個人各自所做的詮釋，並沒有任何意義。尤有甚者，我們每一個人都聽到相同的一段對答，但卻沒有人獲得相同的詮釋。

我站在那裡準備進入前臺，我往觀眾席望去，我的內心不由得微微一笑。如果說人們彼此之間的差異所在多有，但在那一刻，我卻反而深刻體會到，人們之間的相似性何其大：所有人都傾向於要賦予自己的體驗以某種意義。就像我肯認自己對於爸媽的愛，或是，我最後終於相信自己擁有改變人生的能力。這些企業菁英十分確信自己對於達賴喇嘛的詮釋，一如我那些無家可歸的朋友，他們也固執地認為自己「無路可出」。而這與我一度死抱著的信念，認為有一堵「高牆」封鎖住通往夢想的路徑，可說也有幾分相仿。而來參加我的工作坊的各方朋友，當他們最後體會到，全然擁抱生命的唯一時間點就在「眼前當下」，我就看到一模一樣的高牆從他們心中紛紛崩塌。

我走到舞臺上，站在明亮的燈光下，巨大的展覽廳裡坐著滿滿的企業人士，我看著他們，無比驚訝於一件我十分確定的事：流浪漢或企業家，醫生或教師，不管你的出身為何，有一件事對於我們每一個人都是一樣的：你給人生什麼意義，人生就會如你所願。

致謝

首先，我要感謝海比里恩出版社（Hyperion）的工作團隊；由於他們的耐心與信念，使本書順利誕生。我特別要謝謝編輯萊絲麗．威爾斯（Leslie Wells）的辛勤工作與她所提供的珍貴意見，讓本書每一頁閃閃發光。我同樣也要感謝艾倫．阿契（Ellen Archer）與伊莉莎白．戴斯卡德（Elisabeth Dyssegaard）對本書的支持與努力。謝謝妳們耐心陪我寫完本書，而且對我的故事充滿信心。妳們如同聖人一般寬大，擁有超乎常人的耐性。

謝謝我的經紀人亞倫．奈文斯（Alan Nevins）；他從最初一直陪伴我到現在。亞倫，我還能說什麼呢？從一開始，你就相信我的故事的潛力，然後你開始奔波，讓本書得以出版上市。謹致上我的萬分謝意。

我是如此與有榮焉要來感謝作家崔維斯．蒙特斯（Travis Montez）；他所提供的非凡洞見與他對編輯的意見，皆是本書得以成書的關鍵。崔維斯，謝謝你如此值得信靠，尤其你以詩文長才，在那麼多個晚上，投入你寶貴的時間思索本書的種種細節。我的書如果沒有你的協助，絕對不會達到如今的水準。

謝謝我的密友與姊妹伊娃．皮特（Eva Bitter），謝謝協助我奠下本書的基礎藍圖。伊娃，妳的洞察力與對編輯的建議，在形塑我的文風上至為關鍵，而正是妳這麼多年來對我的支持與愛，讓我有勇氣提筆寫下來。我愛妳。

我要大大感謝我的摯友與兄弟羅伯特．班德（Robert Bender）；你自始至終全然支持我的夢想，包含本書在內。我們都暱稱你巴比，謝謝你這些年來永不動搖的愛，謝謝你成為我的家人。我們是永遠的家人。

特別要感謝我親愛的朋友魯本；我今日可以成為這樣的我，我今天可以寫出這本書，都是因你之故。我永遠會謝謝你對我不懈的支持與無條件的愛；你對我敞開心房，也帶我認識你的家人。魯本，筆墨實在無法表達你對我的意義。我愛你。生生世世。

我要對我的姊姊莉莎．茉芮獻上我的感激與愛；她也是本書所敘述的對象之一。莉莎，謝謝妳在所有這些年裡對我的支持。正是妳對寫作的熱愛，啟發我提筆為文，我對妳滿懷謝忱。我愛妳。

珊，謝謝妳；她的故事也出現在本書之中，她所給我的友誼，讓我得以度過人生中最晦暗的時刻。珊，我愛妳。

非常謝謝美國廣播公司的新聞雜誌節目《20/20》的亞倫．金堡（Alan Goldberg）；因著他的遠見與努力，將幾篇報導我的報紙文章，編纂成電視節目，傳送進數以百萬計的家庭之中，對其他人產生激勵效果。亞倫，在事件造成轟動之際，我想要謝謝你的善意；你對我的家人充滿同情的回應，深深烙印在我的心底，我永遠不會忘記。

我要深深感謝「華盛頓演說家組織」（Washington Speakers Bureau）的主席克莉斯汀．費羅（Christine Farrell），謝謝她這些年來無條件支持我，前往世界各地，與數以千計的人們分享我的人生體驗。克莉斯汀，在我要兼顧照護父親與實現夢想之際，妳孜孜不倦的努力與堅定不移的友誼每每鼓舞我，讓我得以同時完成這個不可能的任務。我難以表達或衡量，我的人生因為有妳的陪伴，所達到的高度。謝謝妳。

我要謝謝我的高中老師派瑞，他也出現在本書之中；謝謝他奉獻心力誨人不倦。派瑞，你所給予我們學生最大的禮物，就是你春風化雨的熱情。謝謝你讓人文預備學校成為一個認真的學生能夠豐富自我的地方，並且願意接納他們成為學校的一員，讓他們學習成長。

我也同樣衷心感謝預校的其他老師。如果沒有你們對學生的奉獻與照顧，就絕對不會有這本書，而我也不可能累積任何的成績。深深謝謝文森・布瑞佛提、潔西・克萊、道格拉斯・克內克特（Douglas Knecht）、凱勒柏・沛金斯、伊萊哲・霍克斯（Elijah Hawkes）、瑪莉亞・翰朝卜勒斯（Maria Hantzopoulos）、約吉・柯德羅（Jorge Cordero）、蘇珊・佩崔（Susan Petrey）、克莉斯汀娜・坎普（Christina Kemp）與麥特・侯澤（Matt Holzer）。

謝謝伊莉莎白・蓋瑞森（Elizabeth Garrison）與她的兒子們，我的波多黎各裔兄弟瑞克、丹尼、約翰與西恩，他們的名字也出現在本書之中；謝謝他們餵養我、接待我留宿、愛我如同家人。我愛你們，我希望你們知道，我永遠感激你們的慷慨與善意，讓我的人生擁有美好的回憶。我們永遠都是一家人。

在我無家可歸的時候，有幾位友人為我敞開他們的家門，給我餐食，甚至即便他們擁有不多，也依然接待我。我對你們深深懷著謝意：伊莉莎白・蓋瑞森、寶拉・斯瑪依拉伊（Paula Smajlaj）、朱莉亞・布立格諾尼（Julia Brignoni）、瑪莉亞・波勒斯（Maria Porras）、瑪莎・黑多克（Martha Haddock）、瑪格麗特・S.（Margaret S.）、傑席・皮特（Jerzy Bitter）、丹尼爾・拉許卡（Daniel Lachica）與蜜雪兒・布朗（Michelle Brown）。

特別感謝友人與一起演講的同事唐尼・李茨特（Tony Litster）；他為了本書初稿，閱讀到深夜，並慷慨給我建議。唐尼，謝謝你。

謝謝《紐約時報》大學獎學金計畫單位長久以來，不斷支持著願意努力改善自己生活的學生。我的人生因為他們的支持而得以更上層樓，我知道，我底下所列出的感謝名單，一定有所不足，但我還是要特別謝謝：亞瑟・蓋爾伯（Arthur Gelb）、傑克・羅森泰（Jack Rosenthal）、南西・薛凱（Nancy Sharkey）、珍・西德洛維茨（Jan Sidorowicz）、塔娜・凱那迪（Dana Canedy）、柯利・狄恩（Cory Dean）、傑洛德・波依德（Gerald Boyd）、喜波・麥葛雷斯（Chip McGrath）、鮑勃・哈里斯（Bob Harris）、謝拉・魯爾（Sheila Rule）、比爾・施密特（Bill Schmidt）與羅傑・雷黑卡。看見你們努力協助年輕人跨越貧窮的藩籬，讓他們踏上充滿可能性的康莊大道，我每每備受感動。謝謝你們讓我們得以脫胎換骨。

我想要特別感謝我的一些友人與家人，謝謝他們在我寫作本書時，一年又一年不論甘苦地支持我。不管直接、間接，你們的愛與鼓勵都協助我順利完成本書。我好愛你們：巴比、魯本、艾德溫、伊娃、戴夫・山塔那（Dave Santana）、克里斯（Chris）、詹姆斯、謝莉・莫里（Shari Moy）、莉莎、亞瑟、潔米、喬許、瑞米樂（Ramiro）、菲力斯、菲夫、雷、梅爾明・米勒（Melvin Miller）、狄克與珮蒂、潔希・萊柏賀茲（Jaci Lebherz）、瑪莉・高帝爾（Mary Gauthier）、艾得・羅曼諾夫（Ed Romanoff）、崔維斯・蒙特斯、蘿嬪・黛安・琳、羅彬森・林恩（Robinson Lynn）、迪克・西爾伯曼（Dick Silberman）、莉莎・雷恩（Lisa Layne）與勞倫斯・費爾德（Lawrence Field）。

最後，同樣重要地，我要謝謝史坦・科提斯（Stan Curtis）與「背包中的祝福」組織（Blessings in a Backpack），邀請我擔任代言人，讓我可以為你們宣傳讓全美國的孩子免於飢餓的活動。當我還是個三餐不繼的孩子時，如果有幸可以獲得如你們這樣組織的協助，我想我就不會在那些夜裡餓著肚子輾轉難眠。謝謝你們，因為有你們持續的奉獻，美國各地數以千計的孩子可以不再挨餓度日。

一封來自莉姿・茉芮的邀請函

親愛的讀者，

我今日生活的最大重心與熱情所繫，是舉辦工作坊與講座，協助其他人重振信心，經營更美好的人生。再也沒有任何事情，比起看見人們得以超越阻礙、獲致成功，可以讓我更快樂的了。出於這樣的想法，我為您製作了一系列免費觀賞的影片，來分享我個人的心路歷程與想法，並介紹一些可以協助您、鼓舞您的實用方法。您可以在我的網站上點閱這些影片。如果您想分享有關自己重拾活力、實踐夢想的見證，我誠摯邀請您到我的網站留言：www.manifestliving.com。

期待與您在我的網站上交流。

在此同時，祝福您一切順心，充滿喜悅與愛。

莉姿・茉芮

國家圖書館出版品預行編目資料

最貧窮的哈佛女孩：那一段飢餓、無眠與被世界遺忘的倖存歲月/莉姿．茉芮（Liz Murray）著；沈台訓譯. -- 再版. -- 臺北市：商周出版：家庭傳媒城邦分公司發行，民107.04
448面；14.8X21公分
譯自：Breaking night: a memoir of forgiveness, survival, and my journey from homeless to Harvard

ISBN 978-986-477-435-7（平裝）

1. 茉芮（Murray, Liz, 1980-） 2. 傳記 3. 街友 4. 美國

785.28 07004452

最貧窮的哈佛女孩：
那一段飢餓、無眠與被世界遺忘的倖存歲月【暢銷紀念版】
Breaking Night:a memoir of forgiveness, survival, and my journey from homeless to Harvard

作　　者／莉姿．茉芮（Liz Murray）
譯　　者／沈台訓
責任編輯／韋孟岑、周怡君
版　　權／吳亭儀、翁靜如、黃淑敏
行銷業務／闕睿甫、黃崇華

總 編 輯／何宜珍
總 經 理／彭之琬
發 行 人／何飛鵬
法律顧問／元禾法律事務所　王子文律師
出　　版／商周出版
臺北市中山區民生東路二段141號9樓
電話：(02) 2500-7008 傳真：(02) 2500-7759
E-mail：bwp.service@cite.com.tw
Blog：http://bwp25007008.pixnet.net/blog
發　　行／英屬蓋曼群島商家庭傳媒股份有限公司城邦分公司
臺北市中山區民生東路二段141號2樓
書虫客服服務專線：(02)2500-7718．(02)2500-7719
24小時傳真服務：(02)2500-1990．(02)2500-1991
服務時間：週一至週五09:30-12:00．13:30-17:00
郵撥帳號：19863813　戶名：書虫股份有限公司
讀者服務信箱E-mail：service@readingclub.com.tw
歡迎光臨城邦讀書花園　網址：www.cite.com.tw
香港發行所／城邦（香港）出版集團有限公司
香港灣仔駱克道193號東超商業中心1樓
Email：hkcite@biznetvigator.com
電話：(852)2508-6231　傳真：(852)2578-9337
馬新發行所／城邦(馬新)出版集團【Cité (M) Sdn. Bhd】
41, Jalan Radin Anum, Bandar Baru Sri Petaling,
57000 Kuala Lumpur, Malaysia
電話：(603)90578822　傳真：(603)90576622
Email：cite@cite.com.my

封面設計／Copy
內頁設計及完稿／唯翔工作室
印　　刷／卡樂彩色製版印刷有限公司
經 銷 商／聯合發行股份有限公司　客服專線：0800-055-365
電話：(02)2668-9005　傳真：(02)2668-9790

■ 2011年（民100）9月初版
■ 2023年（民112）5月17日二版5刷
定價／360元

ISBN：978-986-477-435-7

Printed in Taiwan

城邦讀書花園
www.cite.com.tw